铁路通信信号技术与系统研究

李丽萍　冯晓芳　著

吉林科学技术出版社

图书在版编目（CIP）数据

铁路通信信号技术与系统研究 / 李丽萍，冯晓芳著
. -- 长春 : 吉林科学技术出版社，2022.4
ISBN 978-7-5578-9303-3

Ⅰ. ①铁… Ⅱ. ①李… ②冯… Ⅲ. ①铁路信号－信号设备－研究 Ⅳ. ①U284

中国版本图书馆 CIP 数据核字(2022)第 072876 号

铁路通信信号技术与系统研究

著　　李丽萍　冯晓芳
出 版 人　宛　霞
责任编辑　钟金女
封面设计　北京万瑞铭图文化传媒有限公司
制　　版　北京万瑞铭图文化传媒有限公司
幅面尺寸　185mm×260mm
开　　本　16
字　　数　445 千字
印　　张　20.5
印　　数　1-1500 册
版　　次　2022年4月第1版
印　　次　2022年4月第1次印刷

出　　版　吉林科学技术出版社
发　　行　吉林科学技术出版社
地　　址　长春市南关区福祉大路5788号出版大厦A座
邮　　编　130118
发行部电话/传真　0431-81629529　81629530　81629531
81629532　81629533　81629534
储运部电话　0431-86059116
编辑部电话　0431-81629510
印　　刷　廊坊市印艺阁数字科技有限公司

书　　号　ISBN 978-7-5578-9303-3
定　　价　68.00 元

《铁路通信信号技术与系统研究》编审会

李丽萍　河北轨道运输职业技术学院

冯晓芳　河北轨道运输职业技术学院

金　龙　中国铁路北京局集团有限公司调度所

吴　静　广州铁路职业技术学院

前言

铁路是我国国民经济的大动脉和大众化交通工具，对国民经济的发展起到至关重要的作用。铁路通信信号系统是保证列车安全运行、提高运输效率的关键技术装备之一，被称为铁路运输的“中枢神经”。

铁路信号系统是我国铁路保证列车运行安全和提高列车运行效率的重要技术设备，以有效可靠的技术手段对列车运行速度和列车追踪间隔距离进行实时监控和超速防护，同时能够减轻列车司机劳动强度，改善工作条件，提高旅客舒适度。中国铁路总公司通过深入研究和科学论证，立足于我国技术和装备，参照国际相关标准和经验，提出了符合我国技术政策和铁路运输需要的中国列车运行控制系统 CTCS 技术体系和总体规划。随着我国高速铁路建设的快速发展，铁路信号系统逐步完善和升级，我国已经构建了完备的高速铁路信号技术体系。铁路通信信号技术与系统采用了计算机技术、网络技术、现代通信技术的铁路信号与通信设备，逐渐成为铁路现代化的重要标志，是实现铁路行车向高速度、高密度和重载发展的重要保证。在对国外技术的引进、消化、吸收、再创新的基础上，我国铁路的新设备不断出现，有关规章制度不断更新、完善，对主要行车岗位人员的专业素质和工作技能提出了更高要求。

基于此，本书就铁路通信信号技术与系统展开全面论述。从铁路信号设备的基本知识入手，对车站信号控制系统、区间信号控制系统及列车运行控制系统，GSM-R 网络结构、GSM-R 基站建设与维护，铁路信号系统网络与信息安全等方面展开详细的叙述，针对铁路通信概述和铁路专用通信业务网系统做了简要分析，在编写上突出以下特点：第一，内容丰富、详尽，时代性强。第二，理论与实践结合紧密，结构严谨，条理清晰，重点突出，具有较强的科学性、系统性和指导性。第三，结构编排新颖，表现形式多样。在结构上编排新颖，生动形象，便于读者理解掌握。是一本为从事铁路通信信号的工作者以及相关人员量身定做的参考用书。

在本书的撰写过程中，参阅、借鉴和引用了国内外许多同行的观点和成果。各位同仁的研究奠定了本书的学术基础，对铁路通信信号技术与系统研究的展开提供了理论基础，在此一并感谢。另外，受水平和时间所限，书中难免有疏漏和不当之处，敬请读者批评指正。

Catalog 目录

第一章 铁路信号基础设备

第一节 继电器

信号继电器是铁路信号继电式控制系统的关键部件，也是电子式控制系统的主要接口部件。安全型继电器是我国信号继电器的主要定型产品，是直流 24V 系列的重弹力式直流电磁继电器。无极继电器是它的基本型号，它的基本原理是在线圈中通以一定大小的电流，继电器励磁，吸合衔铁，带动动接点运动与前接点接通。当线圈中的电流减小到一定值时，继电器失磁，衔铁依靠重力和接点弹力复位，带动继电器动接点运动与前接点断开，接通后接点。利用接点的断开和闭合就可以控制各种信号电路。

一、直流无极电磁继电器工作原理

随着电子开关技术和计算机技术的迅速发展，在工业控制系统中的电磁继电器电路已被或正被电子设备所代替。然而由于电磁继电器的某些特点，特别是一些特殊的继电器，仍然是控制系统中不可缺少的元件。在铁路信号控制系统中，具有故障 - 安全特性的安全型继电器仍占有重要地位。

（一）电磁系统与牵引特性

图 1-1 是 JWXC-1700 型直流无极继电器结构示意图，它的电磁系统由铁心、衔铁和轭铁三部分组成。铁心上绕有两个独立的线圈，这两个线圈可以串联使用也可以并联或单独使用。当接通线圈的电源后，在铁心中产生磁通，它通过由轭铁、衔铁和工作气隙构成的闭合磁路对衔铁产生电磁吸力。磁通随着电流的增加而增大，在铁心未饱和的情况下吸力与磁通量的平方成正比。当吸力增到足以克服衔铁上的机械力

时，衔铁就被吸动并经由连杆带动接点组动作到吸起状态。当切断线圈电源时，电流逐渐减小，磁通也随之减弱，当磁通减到一定值以致由它产生的吸力小于衔铁的机械力时，衔铁就释放，接点组也随之恢复到落下状态。

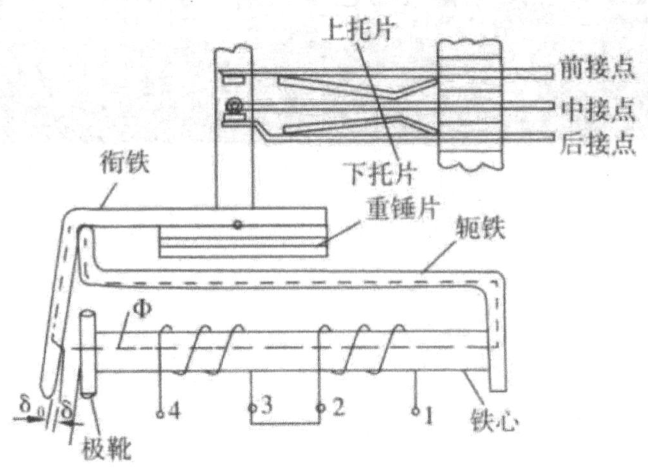

（a）结构示意图

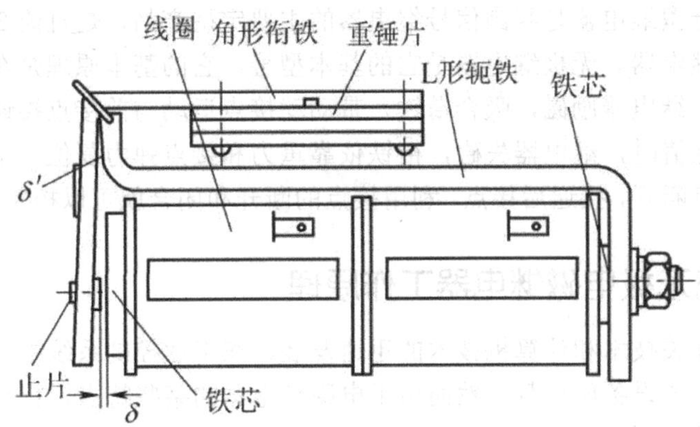

（b）电磁系统

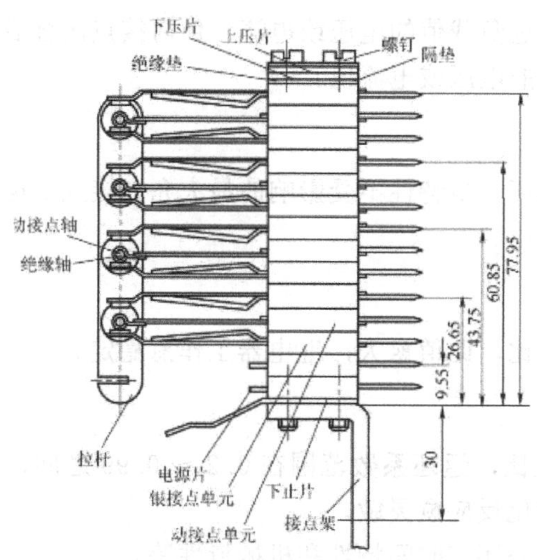

（c）接点系统

图 1-1　JWXC-1700 型直流无极继电器

（二）继电器的接点系统

继电器的工作就是控制若干接点组的闭合和断开，一个完整的接点组如图 1-1 所示，其中包括前接点、中接点、后接点以及上下两个托片。衔铁吸合时，推动中接点和前接点闭合，并使中接点与后接点断开；衔铁释放时，使中接点与前接点断开，与后接点闭合。衔铁自身的重力及所承受的接点弹力的合力称作机械力。衔铁在释放状态时，中接点与后接点闭合并使后接点承受一定压力以保证接点接触良好。

二、直流继电器的电特性

直流继电器的电特性是指关于继电器的输入电压或电流与继电器工作状态的一组参数。使用继电器时，必须根据继电器生产厂家提供的这些参数，合理地使用它。常用的参数定义如下：

（一）吸起值

使继电器中接点与前接点接触所需的最小电压或电流值。

（二）工作值

使继电器动作并满足规定的接点压力的电压或电流。

（三）额定值

继电器工作时的电源电压或电流值，一般为工作值与安全系数之积。

（四）释放值

向继电器线圈供应过负载值的电压或电流，使前接点闭合后再逐渐降低电压或电流，当前接点刚断开时的电压或电流值。

（五）过负载值

继电器线圈不受损坏，电特性不受影响的最大允许接入的电压或电流值。此值一般为工作值的 4 倍。

（六）安全系数

额定值与工作值之比，此值愈大，继电器工作愈稳定。

（七）返还系数

释放值与工作值之比，返还系数范围在 0.2 ～ 0.99 之间，返还系数愈大，继电器对于电压或电流的变化反应愈灵敏。

继电器除了电特性外还有时间特性和机械特性等。

三、其他类型安全型继电器

6502 电气集中的控制电路大都采用 JWXC-1700 型直流无极继电器，供电电压为直流 24V，安全型继电器的类型很多，除直流无极继电器外还有 JPXC-1000 型偏极继电器、JYXC 型有极继电器、JZXC 型整流式继电器等，各种型号继电器的文字符号含义如表 1-1 所示。

表 1-1　继电器型号的文字符号含义

代号	含义		代号	含义	
	安全型	其他类型		安全型	其他类型
A		安全	R		二元
B		半导体	S		时间、灯丝、双门
C	插入	插入、传输、差动	T		通用、弹力
D		单门、动态	W	无极	
DB	单闭磁		X	信号	信号、小型
H	缓放	缓放	Y	有极	
J	继电器、加强接点	继电器、加强接点、交流	Z	整流	整流、转换
P	偏极				

（一）JPXC-1000 型偏极继电器

偏极继电器具有反应电流极性的性能，一般使用在道岔表示电路及半自动闭塞电路中。偏极继电器与无极继电器的结构基本相同，只是磁路系统中有特殊部分，即铁心极靴为方形，衔铁为方形，方形极靴下端装有 L 形永久磁铁，磁路系统的结构如图 1-2 所示。偏极继电器只能在规定方向的电流通过线圈时吸起，反方向的电流不能吸起，无电时衔铁也落下。

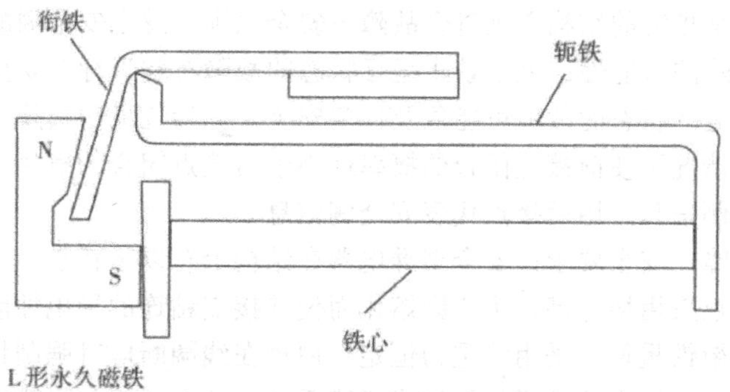

图 1-2 偏极继电器磁路系统结构

（二）JYXC 型有极继电器

有极继电器也能反应电流极性，并能保持极性状态，即当电流切断后它能保持原来电流极性工作的状态。它的结构除了磁路有特殊部分外与无极继电器基本相同。磁路特殊部分用一块端部为刀形的长条永久磁铁代替部分轴铁，永久磁铁与血铁用螺钉联结。如图 1-3 所示。

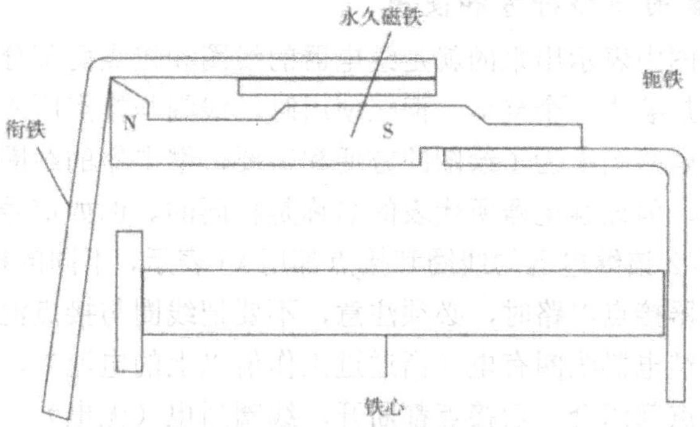

图 1-3　有极继电器磁路系统结构

（三）JZXC 整流式继电器

整流式继电器的结构与无极继电器相同。因为它用于交流电路中，在继电器中安装了半波或全波整流器，将交流变成直流以动作直流无极继电器。

除了以上介绍的三种继电器外还有时间继电器、灯丝转换继电器、交流二元二位继电器、动态继电器、电源屏用继电器等。

四、安全型继电器的特点

在铁路信号系统中，凡是涉及行车安全的继电电路都必须采用安全型继电器。所谓安全型继电器是指它的结构必须符合故障一安全原则。发生安全侧故障的可能性大于发生危险侧故障的可能性；处于禁止运行状态的故障有利于行车安全，称为安全侧故障；处于允许运行状态的故障可能危及行车安全，称为危险侧故障。它是一种不对称器件，在故障情况下使前接点闭合的概率远小于后接点闭合的概率。这样就可以用前接点代表危险侧信息，用后接点代表安全侧信息。

为了达到故障一安全要求，安全型继电器在结构上有以下特点：

第一，前接点采用熔点高，不会因熔化而使前接点粘连的导电性能良好的材料。

第二，增加衔铁重量，采用“重力恒定”原理在线圈断电时强制将前接点断开。

第三，采用剩磁极小的铁磁材料构成磁路系统，并在衔铁与极靴之间设有一定厚度的非磁性止片，当衔铁吸起时仍有一定的气隙以防剩磁吸力将衔铁吸住。

第四，衔铁不致因机械故障而卡在吸起状态。

五、继电器的图形符号和继电器电路的组成和分析方法

在前面已经了解了继电器的一般结构，继电器的特性，各种继电器的动作原理。现在讨论继电器的应用和组成继电器电路的一些基本概念。继电器的应用，包括如何使用继电器，如何看继电器接点电路，以及如何组成和分析继电器电路等。

（一）继电器的图形符号和使用

继电器在电路图中表示出来的就是继电器的线圈和接点两部分，线圈和接点在一个具体的继电器上是装成一个整体，但在使用时，线圈与接点所构成的电路是相互独立的两个回路。在电路图中为了绘图的方便和需要，继电器的线圈和接点可以分别画在几张不同的图中，但该继电器所代表的名称是相同的。例如信号继电器用汉语拼音字母XJ来表示，那么该继电器的线圈和接点都用XJ表示，不同的接点组再加上编号。因此，在信号继电器接点电路时，必须注意，不要把线圈与接点混淆起来。为此必须搞清楚以下几点：继电器线圈有电（指通过工作值以上的电流），继电器吸起则该继电器件的所有前接点都闭合，后接点都断开，线圈断电（无电），该继电器的所有前接点都断开，后接点都闭合。不能错误地理解为有电流通过接点时，就认为该接点的继电器是吸起的；继电器吸起，前接点闭合后，不一定有电流通过前接点，因为线圈与接点所构成的电路是两个不同的电的回路，该前接点是否有电流通过，这要看该接点所构成的电路是否流通。如果该接点根本没有接入电路，那么接点只是像不接入电路的开关扳动一下而已。

继电器在铁路信号电路图中所用的图形符号如表1-2和表1-3所示。图1-2为我国铁路信号继电器接点的两种表示形式。中接点用11，21，31……表示、继电器有电吸起时闭合的前接点用12，22，32……表示，继电器无电落下时闭合的后接点用13，23，33……表示由上可知接点编号中的个位数1表示中接点，2表示前接点，

3 表示后接点，编号中的十位数表示接点组的排号。极性保持继电器接点的编号多加了一个百位数 1，以区别于无极继电器的接点。目前现场使用较广的是表 1-4 中的标准图形符号，箭头方向表示该继电器在整个设备使用时经常处于的工作状态，如箭头向上表示它经常是处于吸起状态的，反之箭头向下表示它们经常处在落下状态。同时还有表示继电器接点的工作状态、粗线（实线）表示接点闭合，虚线表示接点断开，由此可知，箭头向上，粗线连接的端子便是前接点（用 12、22，……表示），虚线连接的端子便是后接点（用 13、23 等表示）。极性保持继电器接点的工作状态亦与无极继电器有些相似，粗线表示接点闭合，虚线表示接点断开，如电流由 1，3 流入，2，4 流出极性保持继电器的线圈，则该继电器为定位吸起，它所闭合的接点为定位接点（用 112、122，……表示），这时断开的接点即为反位接点（用 113、123，……表示），如电流由 2，4 流入，1，3 流出，则继电器就反位打落，这时反位接点闭合，定位接点断开。在信号电路中极性保持继电器的状态一般总是处于定位状态的，所以它的接点状态也总是处于定位接点的闭合的状态。

表 1-2　继电器接点图形符号

序号	符号		名称	说明
	标准图形	简化图形		
1	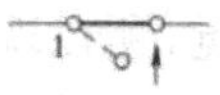	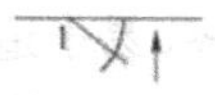	前接点闭合	
2	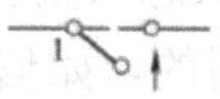		后接点断开	
3	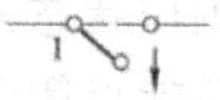		前接点断开	
4	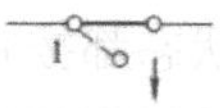	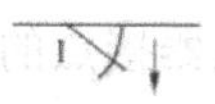	后接点闭合	
5	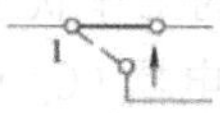	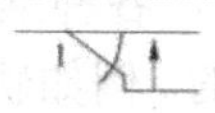	前、后接点组	前接点闭合 后接点断开
	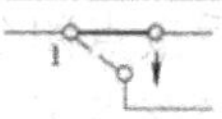	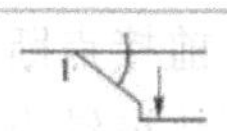		前接点断开 后接点闭合
6	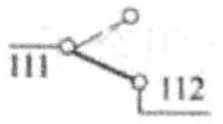 111　112	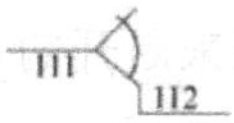 111　112	极性定位接点闭合	
7	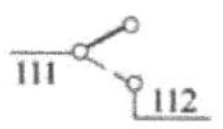 111　112	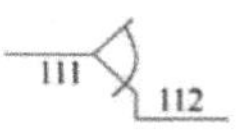 111　112	极性定位接点断开	

表 1-2　继电器接点图形符号

序　号	符　号		名　称	说　明
	标准图形	简化图形		
8	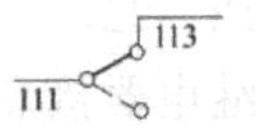 113 111	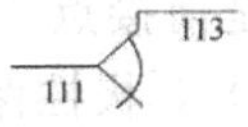 113 111	极性反位接点闭合	
9	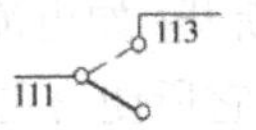 113 111	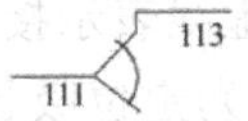 113 111	极性反位接点断开	
10	113 111 112	113 111 112	极性定、反位接点组	定位接点闭合 反位接点断开
	113 111 112	113 111 112		定位接点断开 反位接点闭合

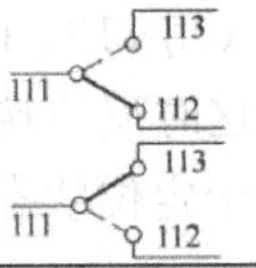

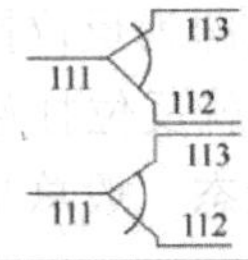

上述表 1-2 的标准图形符号在绘图时也是比较麻烦的，简化的图形符号在教学上最常用，有些工程图纸中也曾大量采用过，这种图形符号所表示的意义与标准图形符号相似，只是用刮弧的交叉与否来代替粗线（实线）和虚线，刮弧不交叉的表示接点闭合，刮弧交叉的表示接点断开。其余的表示意义与标准图形符号相同，由于这种图形符号的刮弧在绘图或印刷时较易绘错或模糊，易于造成错觉，所以现在仅用在教学上。

无论哪一种接点图形符号，它们在图纸上绘制的工作状态（前接点闭合，或后接点闭合）一般都按照设备经常（或定位）所处的状态来绘制的，如信号继电器（XJ），经常状态是落下的，那么，它的接点都按前接点．断开的工作状态来绘制的；再如轨道继电器（GJ），经常状态是吸起的，所以它的接点都按前接点闭合的工作状态来绘制的。总之，图纸上所表示出来的各种继电器接点的工作状态都按它们各自的经常状态被固定下来，但在运用中的实际信号设备，各种继电器的工作状态是随整个设备工作的需要按一定的逻辑要求而动作（变化）的。例如轨道继电器（GJ），经常是吸起的，当列车占用轨道时，该轨道继电器就落下，前接点断开，后接点闭合，但图纸上表示出来的仍是前接点闭合的。这时就要意识到轨道继电器已经落下了，它的接点工作状态已经变了，原来闭合的前接点断开了，原来断开的后接点闭合了。

表 1-3　继电器线圈图形符号

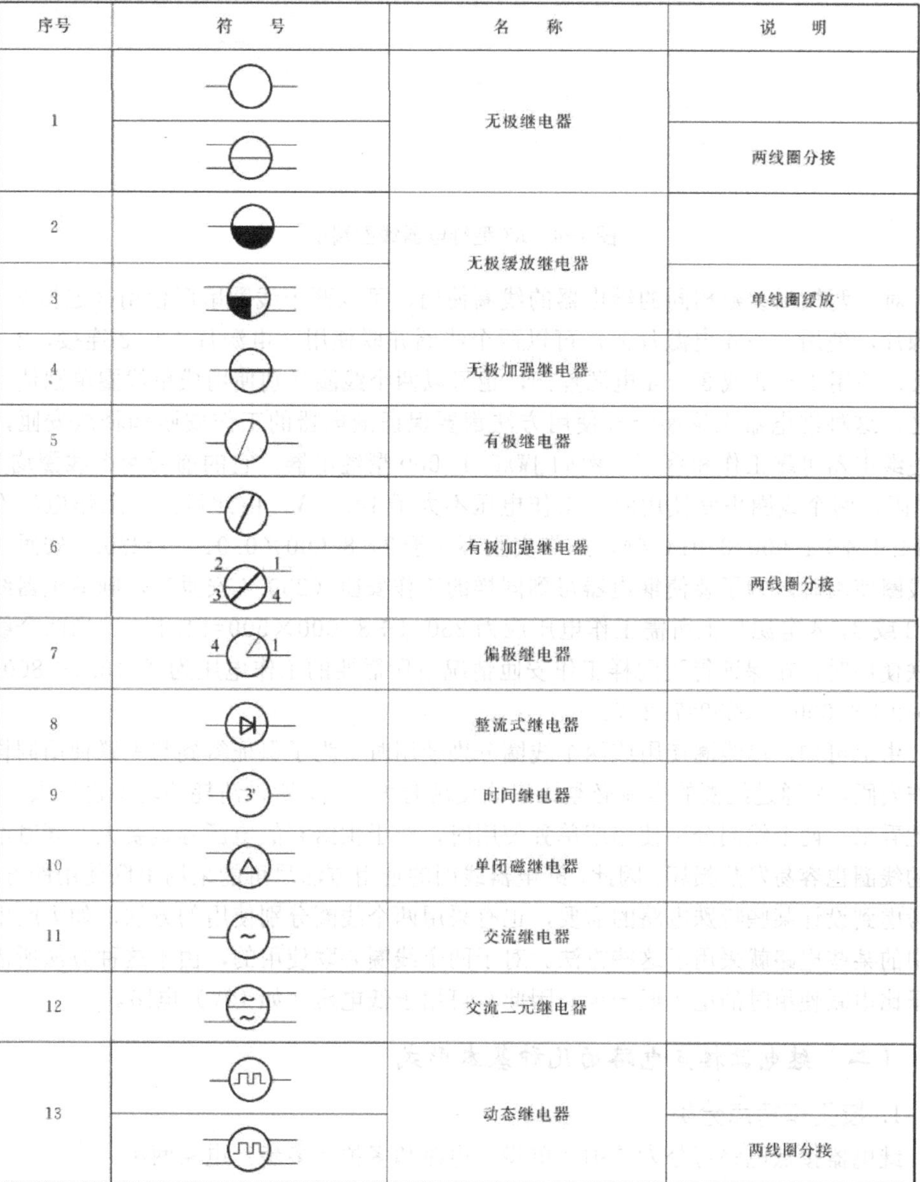

序号	符　号	名　称	说　明
1		无极继电器	
			两线圈分接
2		无极缓放继电器	
3			单线圈缓放
4		无极加强继电器	
5		有极继电器	
6		有极加强继电器	
	2 1 3 4		两线圈分接
7	4 1	偏极继电器	
8		整流式继电器	
9	3'	时间继电器	
10		单闭磁继电器	
11		交流继电器	
12		交流二元继电器	
13		动态继电器	
			两线圈分接

安全型继电器线圈的图形符号如表 1-3 所示，它有两个线圈和四个引出片（即电源片），电源片 1 和 3 一般为后、前线圈的正极，2 和 4 一般为后、前线圈的负极，如图 1-4 所示是 AX 型继电器线圈端子图。

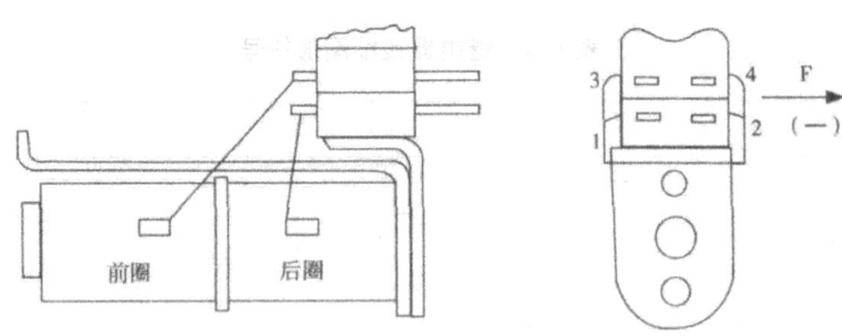

图 1-4　AX 型继电器线圈端子

对于两线圈参数相同的继电器的线圈使用，可以两个线圈串联使用（连接 2 ～ 3 电源片，使用 1 ～ 4 电源片），可以两个线圈并联使用（电源片 1 ～ 3 连接，2 ～ 4 连接，使用 1 ～ 2 或 3 ～ 4 电源片），也可以两个线圈分别使用成单线圈单独使用。总之，这种继电器无论哪一种使用方法都要保证继电器的工作安匝和释放安匝，才能使继电器可靠工作和落下。例如 JWXC-1 000 型继电器，它的前后两个线圈均为 8 000 匝，两个线圈串联使用时，工作电压不大于 14.4 V，由此可知，工作电流不大于 14.4 4÷1 000=0.014 4A，工作安匝不大于 2×8 000×0.014 4=230.4 安匝。当单线圈使用时，为了要使继电器得到同样的工作安匝（230.4 安匝），则继电器线圈 1，2 或 3，4 电源片上所需工作电压应为 230.4÷8 000×500=14.4 V。当两个线圈并联使用时，在保证得到同样工作安匝情况下所需要的工作电压为（115.2÷80004-115.2÷8 000）×250=7.2 V。

由上可知，单线圈使用或两个线圈分别使用时，为了保证得到与串联使用同样的工作安匝，则通过线圈的电流必须比串联使用时大一倍，所以消耗的功率也要大一倍。由此看来，两个线圈分别使用或单独使用时，对于供给它的电源容量要大，同时继电器的线圈也容易发热损坏。因此，继电器线圈的使用方法尽可能采用串联使用的方法，但考虑到设计某些特殊电路的需要，也有采用两个线圈分别使用的方法，如大站电气集中的某些电路就采用了这些方法。对于两个线圈并联使用的，由于这种方法所需的电压比串联使用时的电压低一半，因此，可用于低电压（如 12V）电路。

（二）继电器接点电路的几种基本形式

1. 按工作特点分类

继电器接点电路可分为单拍（单步）电路和多拍（多步）电路两种。

（1）单拍电路

单拍电路是指它所组成的电路在完成一定的控制目的时，与组成该电路的各元件的动作顺序无关，如图 1-5 所示的就是一个单拍电路，用按钮 A 和继电器 BJ、CJ 的接点等三个元件共同来控制继电器 DJ。要控制 DJ 使其吸起（↑），只要 A 按下，BJ 吸起（↑）和 CJ 吸起（↑）即可，而与它们三个元件的动作顺序无关。

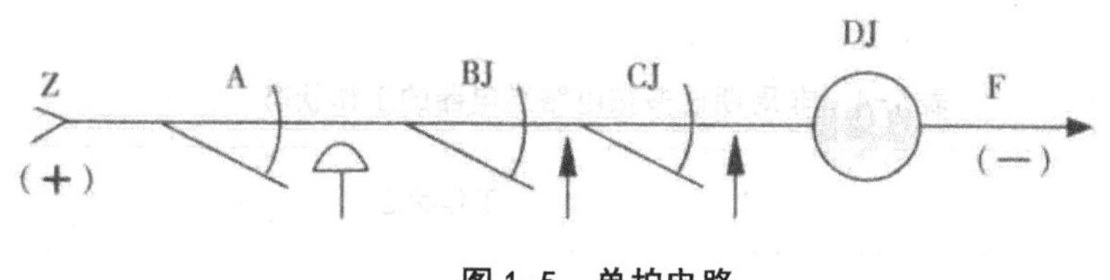

图 1-5 单拍电路

（2）多拍电路

这种电路是指该电路中的各元件必须按照一定的先后动作顺序才能达到既定的控制目的。

（3）非周期多拍电路

如图 1-6 所示的电路就属于这种电路，它共有 4 拍，每一拍节里有一个继电器的工作状态发生变化。各拍拍节里继电器的工作状态如表 1-1 所示。

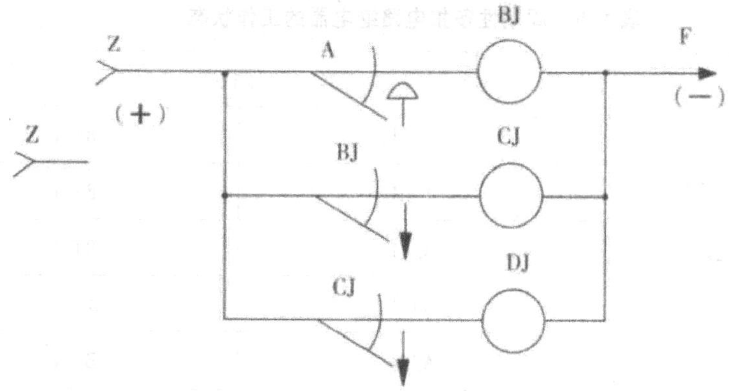

图 1-6 非周期性多拍电路

（4）周期性多拍电路

如图 1-7 所示的周期性多拍电路为最简单的脉动偶电路（即由两个继电器组成的脉冲形成电路），每一拍继电器的工作状态如表 1-5 所示，从 0 拍开始经过 1 ～ 3 拍动作后又回到 0 拍，周而复始的动作利用 AJ 或 BJ 的接点，可以得到一个脉冲输出电路。

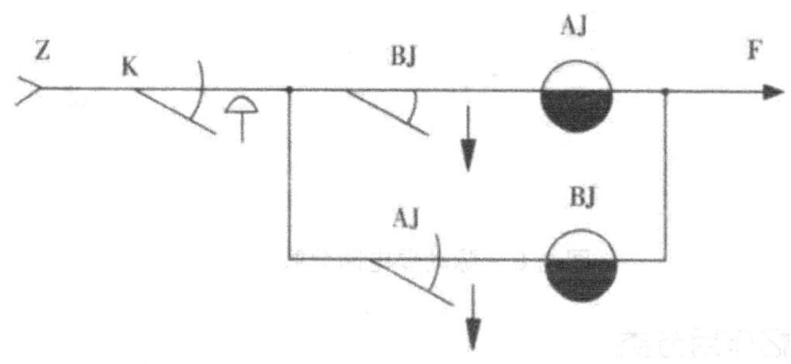

图 1-7 脉动偶电路

表 1-4　非周期性多拍电路继电器的工作状态

拍节	工作状态		
0	BJ ↓	CJ ↓	DJ ↓
1	BJ ↑	CJ ↓	DJ ↓
2	BJ ↑	CJ ↑	DJ ↓
3	BJ ↑	CJ ↑	DJ ↑

表 1-5　周期性多拍电路继电器的工作状态

拍节	工作状态	
0	AJ ↓	BJ ↓
1	AJ ↑	BJ ↓
2	AJ ↑	BJ ↑
3	AJ ↓	BJ ↑
4	AJ ↓	BJ ↓

实际上，由继电器所组成的信号设备电路，差不多都是复杂程度不同的多拍电路，但不管电路怎样复杂，都是由较为简单的单拍电路所组成，因此多拍电路都可以分解为若干个简单的单拍电路来研究。例如图 1-7 所示脉动偶电路，可以分解为如图 1-8（a），（b）所示的两个单拍电路来分析，由此可见，有关单拍电路的基本论点对多拍电路也是正确的。

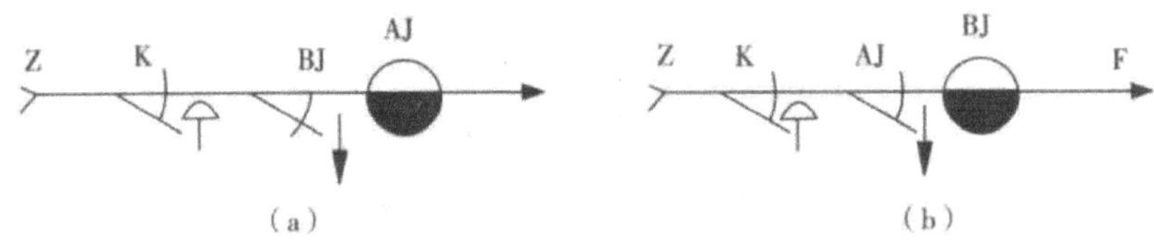

图 1-8　脉动偶电路分解

2. 按有无记忆作用分类

继电器接点电路可分为无自闭电路和有自闭电路。

（1）无自闭电路

如图 1-11 所示的电路，就是无自闭电路，按钮 A 是自复式的，当按下按钮时，AJ 通电吸起，当松开按钮时，按钮自动复原，AJ 电路切断，AJ 落下。这种电路对曾按压过按钮的动作没有记忆作用。

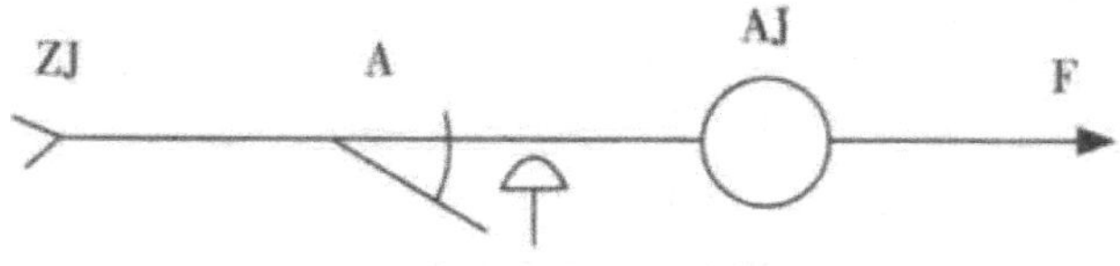

图 1-9　无自闭按钮继电器电路

（2）有自闭电路

凡是有自身前接点参与保持该继电器吸起的，称为自闭电路，如图 1-10 所示的就是用来记录（或保留）按钮动作的自闭电路。当按下按钮 A，AJ 通电吸起，当松开按钮，按钮自动复原，此时虽然按钮接点已断开，但 AJ 自身的前接点已经构成了 AJ 线圈的供电回路，所以 AJ 仍保持在吸起状态，实现了对按钮按压过的记忆（记录）作用。当记忆任务完成以后，依靠复原继电器 FUJ 的吸起，其后接点断开将 AJ 线圈的供电回路切断，使 AJ 落下恢复原状。

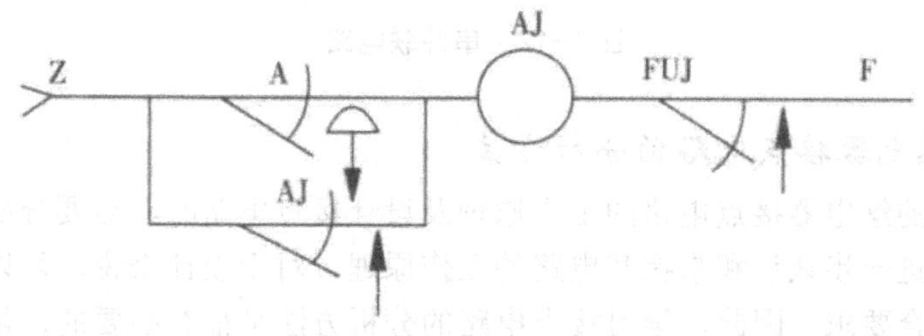

图 1-10　自闭式电路

3. 按连接形式分类

继电器接点电路可分为串联、并联、串并联和桥形等几种基本电路。无论哪种连接形式的接点电路，都由前接点和后接点组成。

串联、并联和串并联电路都很简明，桥形电路是一种非串并联的电路，这种形式的电路，在实际信号设备的电路中也常用到，只是繁简不同而已。如图 1-11 所示的是最简单的桥形电路，实际就是图 1-12 所示的串并联电路的简化，很明显图 1-11 所用的接点数比图 1-12 省一半。由此可见，串并联电路如果有条件能变换为某种形式的桥形电路，就能达到简化电路，节省接点的目的。

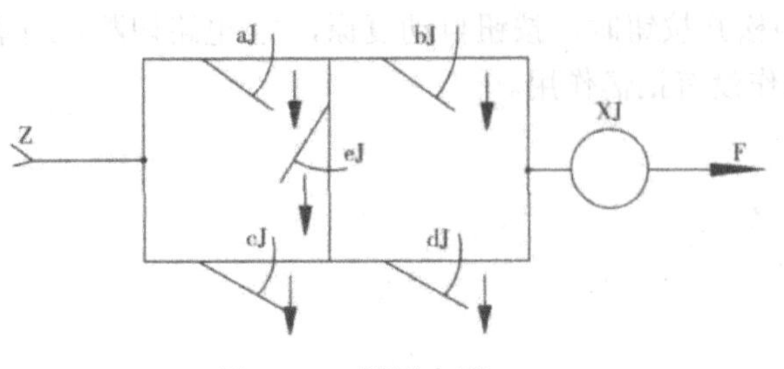

图 1-11　桥形电路

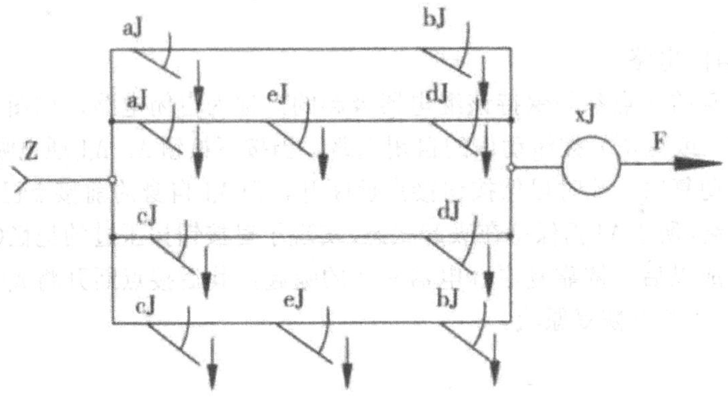

图 1-12　串并联电路

（三）继电器接点电路的分析方法

在分析新的继电器接点电路的工作原理及设计接点电路时，需要分析接点电路的动作过程，能进一步认识和掌握其电路的工作原理，对于设计来说，可以检查所设计的电路是否符合要求。因此，学习接点电路的分析方法是很有必要的，常用的分析方法有接通公式法和时间图解法两种方法。

1. 接通公式法

这种方法比较简便，因此得到广泛的应用。这种方法先用符号表示出电路中各元件的初始状态（定位状态），以便在分析过程中进行对照，然后用符号依次表示各元件状态的变化。元件的状态符号一般用“↑”表示继电器吸起，用“↓”表示继电器落下。元件之间作用联系用箭头“→”表示。例如图 1-8 所示的电路，它的动作过程就可以用以下接通公式来表示：

A ↓（按钮按下）→BJ↑→CJ↑→DJ↑

A ↑（按钮拉出）→BJ↓→CJ↓→DJ↓

2. 时间图解法

有些继电器电路的时间特性要求比较严格，整个电路的动作过程与继电器的时间特性（如缓放时间长短等）密切有关，像这种继电器接点电路，用接通公式法来分析电路，表示就不够明确，而且还可能造成分析错误，因此对于这种电路就需要采取时间图解法。时间图解法能很清楚地表示出各继电器的工作情况，相互关系及时间特性，能正确反映整个电路的动作过程。

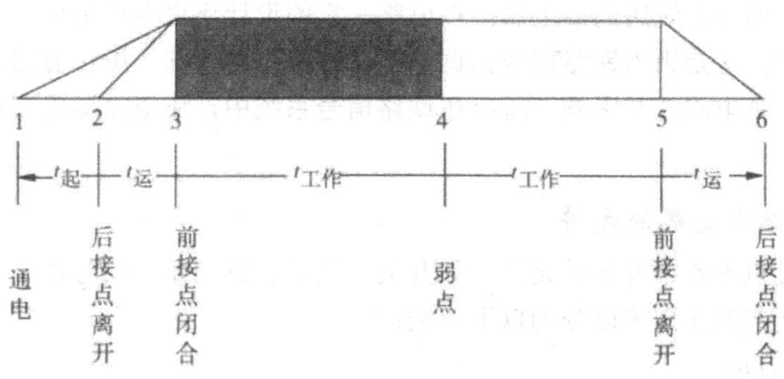

图 1-13　继电器动作时间

这种方法主要是把继电器线圈通电、后接点断开、前接点闭合、线圈断电、前接点离开及后接点闭合的时间都用时间图表示出来，如图 1-13 所示继电器之间的相互作用关系，在它们的时间图之间用箭头表示。例如图 1-7 所示的脉动偶电路，它的动作过程的时间图解见图 1-14。

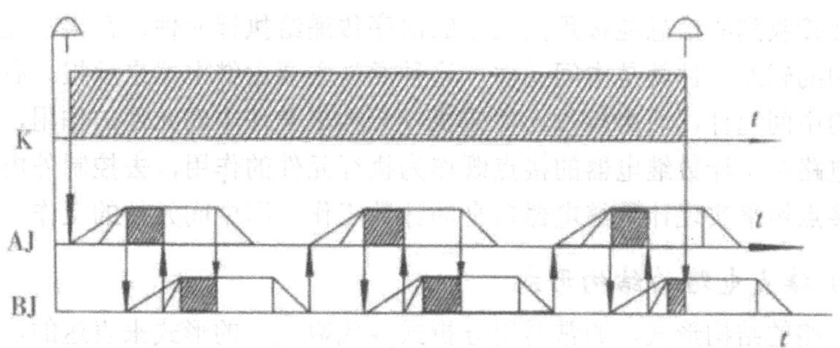

图 1-14 脉动偶电路动作时间图

六、继电器接点电路逻辑基础

（一）接点电路逻辑理论的运用概况

在自动控制与远程控制系统中，应用的继电器是非常多的，用继电器接点所构成的接点电路也是很复杂的。如果只凭自己的经验去设计接点电路，既费时间，又易出错，而且所用元件也不是最省的，如果应用接点电路逻辑理论去设计接点电路，其优点是：

第一，根据条件和任务进行综合、变换、简化，这样设计出来的接点电路，既简单、元件又用得少，而所花的时间也少，还不易出错；

第二，在满足电路的要求下，可以减少电路中某一个继电器接点，变换简化至最少；

第三，利用接点电路逻辑理论，可帮助分析已有电路的工作条件，并检查设计电路的正确性。

但是铁路信号系统用的继电器接点电路，它的设计还很少运用这一理论，而是多凭经验设计的，这是因为铁路信号强调安全，有些电路特殊．用目前的接点电路逻辑理论来解决这种电路还有困难，所以在铁路信号系统中，还很少运用这种理论来进行设计。

（二）接点电路的元件

继电器接点电路中有各种元件，如开关、按钮、继电器、信号灯、电磁铁、电动机等，按其所起的作用可以分为以下三类：

1．接收元件

用来接收外来信息的元件，如开关、按钮、转换器及继电器等，这种元件随电路的复杂程度不同，数量有一个至几个不等；

2．执行元件

用来完成预定控制任务的元件，如继电器、接触器、电磁铁、信号灯、电动机等，这种元件的数量，可由控制对象的数目来确定；

3．中间元件

为了使接收到的信息能按预先规定的次序传递给执行元件，在接收元件与执行元件之间所加的辅助元件就是中间元件，这种元件主要由继电器来承担。有些情况下，没有专用的中间元件，而用接收元件或执行元件来兼任中间元件的作用，例如，在继电器计数电路中，计数继电器的接点既作为执行元件的作用，去控制外电路的任务，又有一些接点用来实现计数继电器自身的计数工作，即中间元件的工作。

（三）接点电路的结构形式

接点电路的结构形式，通常是用分析式（代数式）的形式来表达的，这种分析式称为接点电路的结构公式，简称结构式。用乘号“•”表示串联，用加号“+”表示并联，用 a，b，c…表示前接点，用$\overline{a},\overline{b},\overline{c}$…表示后接点，大写字母 A，B，C…等代表继电器线圈，这样，把继电器接点电路的结构，用这种结构式清晰地表达出来，例如：

第一，前接点串联的电路（图 1-17），它的结构式为

$$f=a\cdot b\cdot c\cdot X \text{ 或} f(x)=a\cdot b\cdot c$$

这种接点电路在逻辑关系上称为“与”，即与门。

第二，前接点并联的电路，如（图 1-18）所示，它的结构式为

$$f=(a+b+c)X \text{ 或 } f(x)=a+b+c$$

这种接点电路在逻辑关系上称为“或”，即或门。

第三，由一个继电器的前接点与另一继电器的后接点串联的电路，如图1-17所示，逻辑关系上称为异门，它的结构式为

$$f=a\cdot\overline{b}\cdot X \text{ 或 } f(x)=a\cdot\overline{b}$$

第四，由两个相反的异门并联成为一个异或门，如图1-18所示，它的结构式为

$$f=(a\cdot\overline{b}+\overline{a}\cdot b)X \text{ 或 } f(x)=a\cdot\overline{b}+\overline{a}\cdot b$$

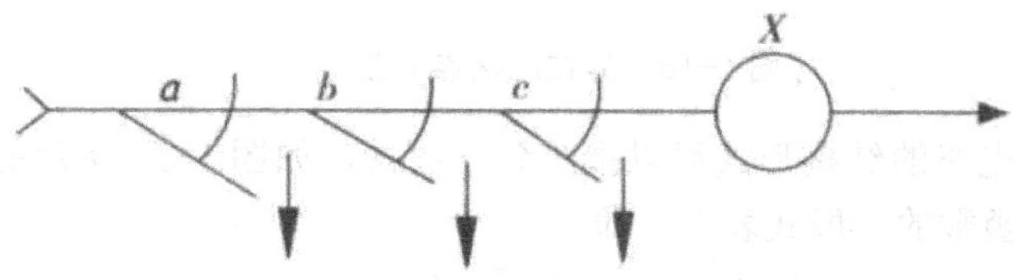

图1-15　前接点串联的电路

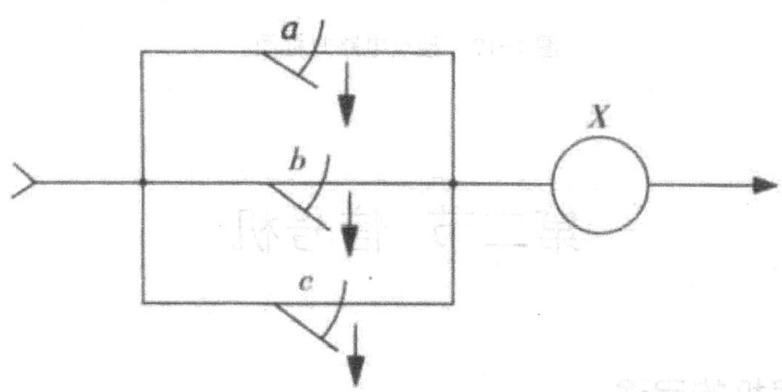

图1-16　前接点并联的电路

以上所举的几种基本接点电路结构式的右边部分，既表示了接点电路的结构形式，同时还说明了继电器线圈的工作条件，如图1-18，当继电器A的前接点闭合和B的后接点闭合（继电器A吸起和B落下）或A的后接点闭合和B的前接点闭合（继电器B吸起和A落下），使继电器X励磁吸起，可见图1-18结构式右边的$a\cdot\overline{b}+\overline{a}\cdot b$就是继电器$X$的工作条件。

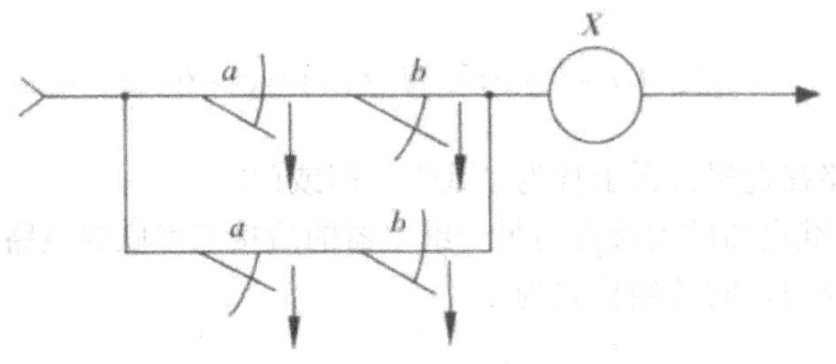

图 1-17　异门接点电路

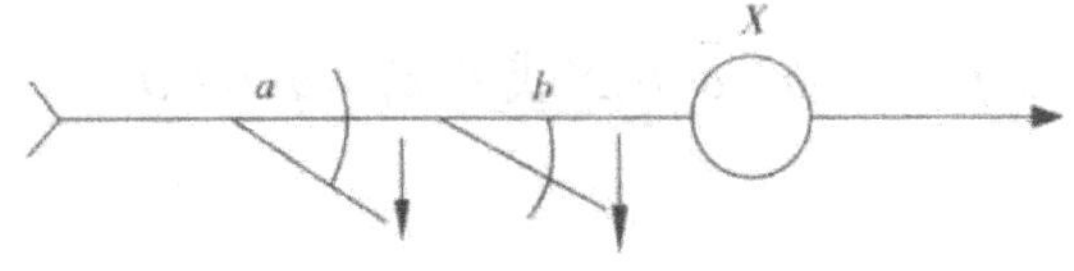

图 1-18　异或门接点电路

从具体的接点电路的结构形式可以推广到一般式，如图 1-19 所示的接点电路的结构形式就可以用函数的一般式表示，即

$F=f(a, b, c, \cdots, n, x)$ 或 $f(x)=f(a, b, c, \cdots, n)$

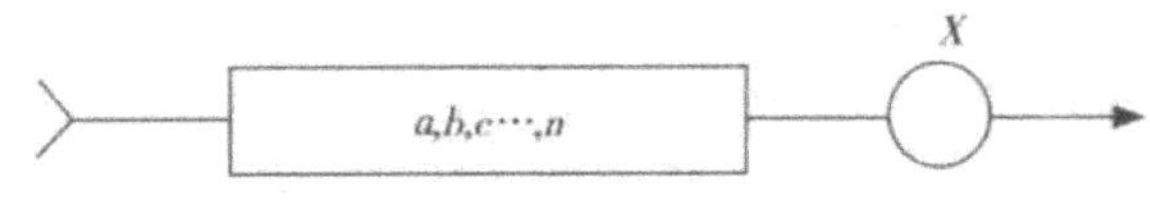

图 1-19　接点电路方框图

第二节　信号机

一、信号机的用途

信号包括听觉信号和视觉信号。听觉信号是用音响表示的信号，如用号角、口笛、机车鸣笛、响墩等发出的信号，以强度、频率和时间长短来表达信号。视觉信号是用颜色、形状、位置、显示数目及灯光状况表达的信号，如用信号旗、信号灯、信号牌、信号机、信号表示器、信号标志显示的信号。

视觉信号可分为手信号、移动信号和固定信号。其中为防护一定目标，常设于固定地点的叫固定信号。如设于地面的信号机、信号表示器和设于司机室的机车信号都属于固定信号。一般固定信号归电务部门维护而其他信号都由使用部门负责使用和维护。

信号机作为铁路运输系统室外基础信号设备之一，为实现铁路列车或列车安全、高效地运行提供了强有力的保障。信号机控制电路的电子化、模块化、智能化及轨旁化越来越普遍，可以安全可靠地控制各灯位的开放和关闭。凡是危及行车安全的地点，均应设置信号机加以防护。信号机的设置地点不同，其用途也不一样，命名也不相同。在我国铁路上规定应设置信号机的地点如下：

第一，在车站入口，这是防护接车进路，指示列车能否由区间进入车站用的进站信号机。

第二，在列车由车站向区间发车地点前方，为防护发车进路和站间区间，指示列车能否向区间发车用的出站信号机。

第三，列车由一个车场到另一个车场的起始点的前方，为防护转场进路用的进路信号机，指示列车能否到另一个场去的信号机。

第四，在所间区间和闭塞分区的入口，为了防护所间区间或闭塞分区而在区间设置的信号机，叫通过信号机。防护所间区间的通过信号机是手动或半自动的（能自动关闭，但不能自动开放），一般叫作非自动闭塞的通过信号机。防护闭塞分区的信号机是自动，因为这些信号机都设置在自动闭塞区段上，能自动动作的信号机，所以又叫作通过信号机。

第五，在区间内两条铁路线路平面交叉地点的前方，为了防护交叉地点，其指示列车能否通过此交叉点，此种信号机叫作防护信号机。

第六，在需要防护的道口，桥梁、隧道的前方为防护道口、桥梁和隧道用的信号机叫作遮断信号机。当遇有危及行车的情况发生时，适用遮断信号机指示列车停车。

第七，在站内有调车作业的地点，防护调车进路用的信号机，叫作调车信号机。指示调车机车能否进入调车进路。

第八，在驼峰调车场的峰顶上，为了指示调车机车能否向峰顶上推送，并以多大的速度推送而设置的信号机叫作驼峰信号机。

第九，进站信号机、防护信号机、所间区间的通过信号机、遮断信号机，在没有机车信号的情况下，一般都要设置预告信号机。预告信号机设置在主体信号机的外方，距其不得少于 800 m 的地方，用以预先向司机指示主体信号机的显示。

第十，复示信号机。出站信号机和进路信号机等，因地形、地物的影响达不到规定显示距离时，可设置复示信号机用以复示主体信号。驼峰信号应设复示信号机，其显示与主体信号机一样，只起复示作用。

道岔、轨道电路、信号机是信号统称的三大件，要保证绝对安全、可靠。

二、透镜式色灯信号机结构原理

采用透镜组来将光源发出的光线聚成平行光束，故称为透镜式。其虽然光源利用率和显示距离不够理想，但结构简单、安装方便、控制电路所需电缆芯线少，所以得到广泛采用。

色灯信号机根据结构不同可分为探照式、透镜式、组合式和 LED 式。目前多采用透镜式色灯信号机，因为它具有结构简单、安全方便等优点。透镜式色灯有高柱和矮柱两种类型，高柱信号机的机构安装在钢筋混凝土信号机柱上，矮柱信号机的机构安装在信号机水泥基础上。

高柱透镜式色灯信号机（如图 1-20 所示），由机柱、机构、托架、梯子等组成。机构的每个灯位配有透镜组和灯泡。托架用来将机构固定在机柱上。矮型透镜式色灯信号机（如图 1-21 所示），直接用螺栓固定在信号机基础上。

高柱透镜式色灯信号机。它由机柱、机构、托架、梯子等部分组成。机柱用于安装机构和梯子。机构的每个灯位由灯泡、灯座、透镜组、遮檐及背板等组成。机构的每个灯位配备有相应的透镜组和单独点亮的灯泡，给出信号显示。灯泡是色灯信号机的光源。为保证信号显示的不间断，均采用直丝双丝灯泡，即当点亮的主灯丝断丝时，可改为副灯丝点亮。灯座用来安放灯泡。透镜组装在镜架框上，由两块带棱的凸透镜组成，里面是有色带棱外凸透镜，外面是无色带棱内凸透镜，能满足显示距离远且具有很好方向性的要求。遮檐用来防止阳光等光线直射时产生错误的幻影显示。背板是黑色的，可衬托出信号灯光的亮度，改善瞭望条件。透镜式色灯信号机的机构按结构分为二显示和三显示两种，另有单显示的信号机构。托架用来将机构固定在机柱上。梯子用于维修人员进行攀登作业。

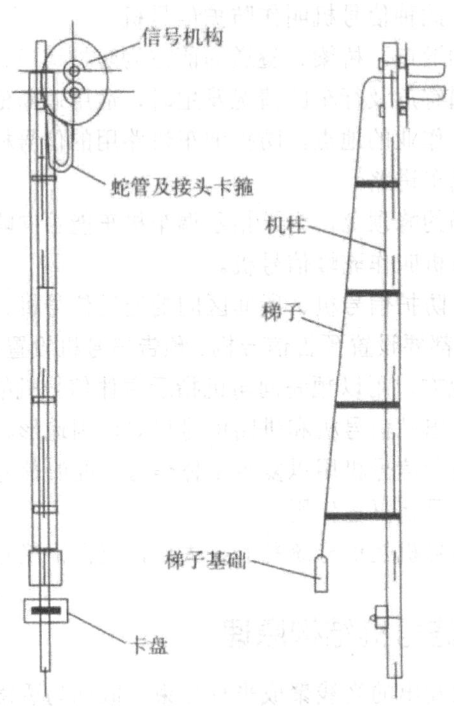

图 1-20　高柱透镜式色灯信号机

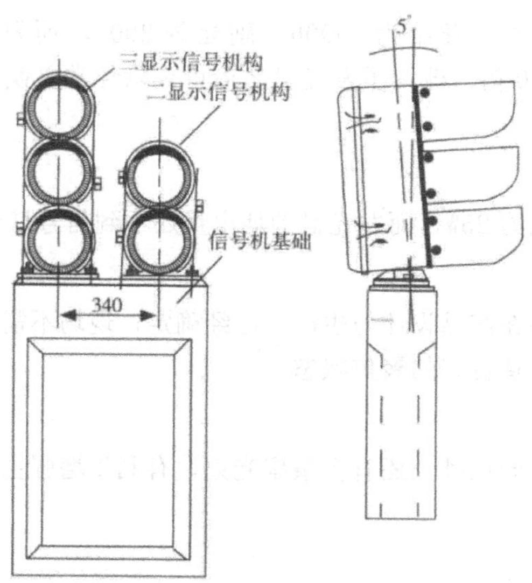

图 1-21　矮型透镜式色灯信号机

无论是高柱还是矮型，它们的机构根据需要可分别采用单显示、二显示和三显示机构。信号机构的箱体用铸铁制成，比较笨重，给施工和维修带来诸多不便，现在有用铝合金取代铸铁的趋势。

三、LED 色灯信号机结构原理

我国铁路长期以来一直采用传统的以白炽灯泡为光源的色灯信号机，这种信号机的主要缺点是可靠性差、寿命短、易断丝、工效低。随着半导体固态冷光源发光器件的发展，超高亮度发光二极管 LED 的问世，出现了新型的 LED 信号机。

LED 信号机是一种免维护、少维修的信号器材，是运用近代光电子学器材和电子稳压新技术在信号领域的一次探索。该信号机具有发光强度高、显示距离长、节能、寿命长、消除灯丝突然断丝、点灯冲击电流等优点，具有小型化、轻量化、色泽一致、光束集中、应变速度快的特点，是一种很有发展前途的信号机。

（一）LED 发光盘的优点

铁路 LED 发光盘是采用 LED 发光二极管制成的铁路信号灯的新光源，可以取代传统的双丝信号灯泡和透镜组，从而彻底消除灯丝断丝这一多发性的信号故障。实践证明，用发光盘取代信号灯泡具有以下几面的显著优点：

1. 可靠性高

发光盘是用上百只发光二极管和数十条支路并联工作的，在使用中即使个别发光二极管或支路发生故障也不会影响信号的正常显示，提高了信号显示的可靠性。

2. 寿命长

传统双丝灯泡的主丝寿命为1000h，副丝为200h，而发光二极管的寿命为100000h，是灯泡的100倍。改用了发光盘之后可免除经常更换灯泡的麻烦，且有利于实现免维修。

3. 节省能源

传统信号灯泡耗电约25W，而发光盘的耗电量还不到信号灯泡的二分之一。

4. 聚焦稳定

发光盘的聚焦状态在产品设计与生产中已经确定，现场不需调整，给安装与使用带来方便，并能始终保持良好的聚焦状态。

5. 光度性好

发光盘除有轴向主光束外，还有多条副光束，有利于增强主光束散角以及近光显示效果。

6. 无冲击电流

点灯时没有类似信号灯泡冷丝状态的冲击电流，有利于延长供电装置的使用寿命，并减少对环境的电磁污染。

（二）LED发光盘的特点

1. 兼容性

考虑到能与铁路标准信号机构兼容，LED发光盘的尺寸可与铁标TB多种传统信号机构相配：如高柱发光盘可用于高柱透镜式色灯信号机构、遮断信号机构和复示信号机构；矮型发光盘可用于矮型透镜式色灯信号机构、引导信号机构、容许信号机构等；表示器发光盘可用于表示器机构等。

2. 颜色鉴别槽

为防止装错，不同颜色的LED发光盘的安装卡圈上的颜色鉴别槽都不同。

3. 偏散镜

为满足曲线上的信号显示需要，可加装不同角度的偏散镜。

4. 灯丝继电器

用发光盘取代信号灯泡，由于工作电流大幅度降低使原来的JZXC-H18型灯丝继电器无法正常工作，所以必须使用JZXC-H142型灯丝继电器或其他配套的灯丝继电器。

5. 专用点灯装置

发光盘专用点灯装置提供了发光盘所用的能自动切换的主备DC12V电源。当发光盘内部LED发光二极管损坏数量超过30%会给出告警信号。两路电源中有一路发生故障也会给出告警信号。点灯装置中安装了防雷模块。

四、铝合金色灯信号机构

国内铁路目前使用的色灯信号机构，大多数还是整体式铸铁材质，机体笨重，安装调整困难，维修维护工作量大。为了适应铁路信号事业发展的需要，研制了新型的铝合金色灯信号机构，具体做法有两种：一种是外形尺寸与原来的铁路标准信号机构相同，采用高强度铝合金材料整体压铸而成，可与原来的透镜组配套使用，也可与新型的LED发光盘配套；另一种是组合式信号机构，外壳用硅铝合金压铸而成。内外表面均涂无光黑漆，可防止光反射。结构合理，密封性能好，体积小，重量轻，安装简单方便，可减少施工、维护等高空作业的劳动强度。组合式信号机的光学原理，由光源（信号灯泡）发出的光，通过滤色片变成色光，经过非球面透镜将散射的色光会聚成平行光，再经过偏散镜进行折射偏散，将其中的一部分光保持原方向射出，称为主光；另一部分光按偏散镜的偏散角度射出称为偏光。主光主要用于远距离显示，光强较高。偏光主要用于曲线部分，随着列车的运行，逐渐接近信号机，对于光强的需要也逐渐减弱，所以偏光的光强也随着偏散角度加大相应地逐渐减弱，从而充分有效地利用了光源，使得在曲线上各个位置看到的信号灯光亮度均匀一致。

五、信号机的计算机控制

计算机技术的迅速发展使得计算机迅速渗透各行各业，同时其网络化、微机化和模块化的特征为其开辟了广阔的应用前景，使计算机成为很多行业不可缺少和不可替代的强有力的控制工具。铁路系统也不例外，从计算机联锁系统到铁路旅客列车车票的全国联网出售，计算机的使用大大提高了铁路运输的安全性和可靠性，也大幅度减轻了铁路职工的工作量，已成为铁路系统不可缺少的工具。

目前，我国铁路系统中仍大量使用机械式继电器控制信号机，这有力地保障了铁路系统的安全运输。但是，随着铁路线路网的复杂化和列车运行速度的提高，也暴露出了机械式继电器固有的缺点，如维修和维护不方便，占用大量的人力和物力等。近年来，由于计算机控制技术、现代电力电子技术以及检测技术的迅速发展，继电器检测和控制的缺点日益突出。为了解决以上问题，在信号机的控制和信号点灯状态检测中引入计算机控制技术，可以对信号机进行计算机控制。

通常，计算机控制系统由控制计算机本体和受控对象两大部分组成。实际应用中，控制对象常常各有特点，而控制系统采用的控制器结构也各有差异，所以自动控制系统也各具特色。但是，总的来说控制系统可以分为两大类，即开环控制系统和闭环控制系统。其中，闭环控制系统以系统的输出为控制量，将控制量的变化反馈到输入端与系统的输入量进行比较；而开环控制系统控制量的输出直接根据给定信号去控制系统要控制的对象。

为了提高信号机控制的安全可靠性、充分发挥计算机控制系统的优点，在列车信号模块的研究中采用闭环控制的方法对列车信号机进行相应的控制。其中，包括给联锁机发来的控制命令，被控对象为信号机，控制器为微控制器。信号机控制系统中引进微控制器，就可以充分运用微控制器强大的计算、逻辑判断和记忆等信息处理能力。只要运用微控制器的各种指令，就能编出符合信号机控制要求的程序．微控制器执行该程序，就能对信号机进行控制。

在信号机的计算机控制系统中，计算机处理的输入量是数字量，输出量是开关量。因此在系统中需要将模拟量转换为数字信号的模／数转换器。信号机计算机控制系统执行控制程序的过程如下：

第一，状态实时监测：对信号状态的参数（电流）按一定的采样间隔时间进行检测；

第二，实时处理：对状态检测信息进行处理后，按信号控制要求进行决策；

第三，实时控制：根据实时处理结果和联锁控制命令，将控制信号作用到控制的执行机构；

第四，信息管理：通过网络，将当前信号的状态信息送给联锁机和监测机。

上述测、算、控、管的过程以很小的时间间隔不断重复，使信号机的闭环计算机控制系统能够按照信号机的控制要求进行工作，并且对信号设备出现的异常情况进行及时的处理。

第三节 转辙机

一、道岔

道岔是列车从一股道转向另一股道的转辙设备，它是铁路线路中最关键的特殊设备，也是铁路信号的主要控制对象之一。信号工作人员必须熟悉它的基本结构、作用和表示符号。

（一）道岔的组成

1. 机械结构

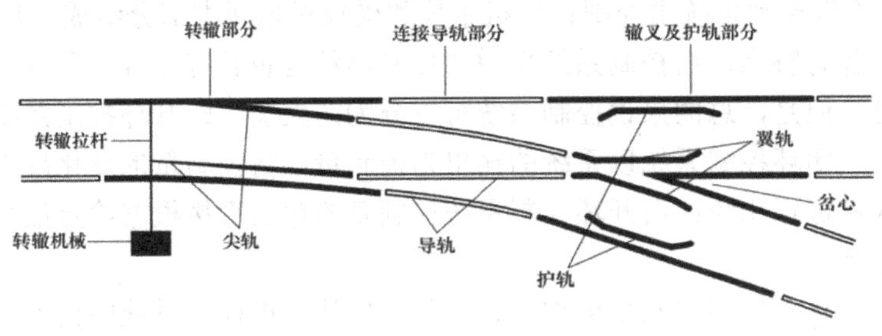

图 1-22 单开道岔的结构

普通单开道岔一般由转辙部分、连接导轨部分和辙叉部分组成，如图 1-22 所示。

它有两根可以移动的尖轨，尖轨的外侧是两根固定的基本轨、与尖轨和基本轨相连接的是四根导轨。其中两根导轨是直的，两根导轨是弯的，两根内侧导轨相连的是辙叉。它由两根翼轨，一个岔心和两根护轨组成。护轨和翼轨为固定车轮运行方向的。

2. 动力转辙机

动力转辙机是道岔控制系统中的执行机构，它的基本任务是转换道岔、锁闭道岔和反映道岔的位置和状态。转辙机的传动机构是将电动机的高速旋转变换成动作杆的低速直线运动，再由动作杆带动尖轨转换，传动机构的另一作用是驱动尖轨的锁闭机构。转辙机的传动机构有齿轮传动和液压传动等形式。

（1）齿轮传动机构

采用齿轮传动时必须采用摩擦连接器，其原因有二：一是到尖轨已转换完毕时而电机不能立即停转，利用摩擦连接器克服电机的转动冲击。二是当尖轨在转换过程中受阻而不能继续动作时，摩擦连接器进入摩擦状态，使电机能继续转动而不致烧毁。

（2）液压传动机构

电动机驱动一个油压泵，将加压的液体注入储能油罐中使罐内空气压缩以储存一定能量。在转换道岔时，除了使电动机工作，同时将控制油路的阀门打开，使受压油液注入油缸中，借助活塞与油缸的相对运动推动油缸，再由油缸带动动作杆使尖轨转换。

当道岔的尖轨转换到规定的位置且与基本轨保持一定的密贴力时，转辙机应能把尖轨机械锁闭在密贴状态，以保证在火车通过道岔时，尖轨不致因受震动而离开基本轨而造成“挤岔”或“四开”。

3. 道岔表示器

显示道岔开通方向。连接杆、尖端杆、密贴调整杆、表示杆、连接双动道岔的导管。

（二）道岔的位置和状态

道岔有两根可以移动的尖轨，一根密贴于基本轨，另一根尖轨离开基本轨，可以同时改变两根尖轨的位置，使原来密贴的分离，而原来分离的密贴，可见道岔有两个可以改变的位置。我们通常把道岔经常所处的位置叫作定位，临时根据需要改变的另一位置叫作反位。为改变道岔的两个位置，在道岔尖轨处需要安装道岔转辙设备。

尖轨与基本轨密贴的程度如何，对行车安全影响很大，比如列车迎着尖轨运行时，如果尖轨密贴程度差，即间隙超过一定限度（大于 4mm），则车的轮缘有可能撞着或从间隙中挤进尖轨尖端而造成颠覆或脱轨的严重行车事故。因此，对尖轨和基本轨的密贴程度规定有严格的标准。

当高速列车通过道岔时，虽然道岔尖轨与基本轨密贴良好，但由于列车震动仍有可使道岔改变状态的可能性，为了防止此种危险的发生，在道岔转换设备中，都附有锁闭装置，以便把道岔锁在密贴良好的规定状态。

二、对向道岔和顺向道岔

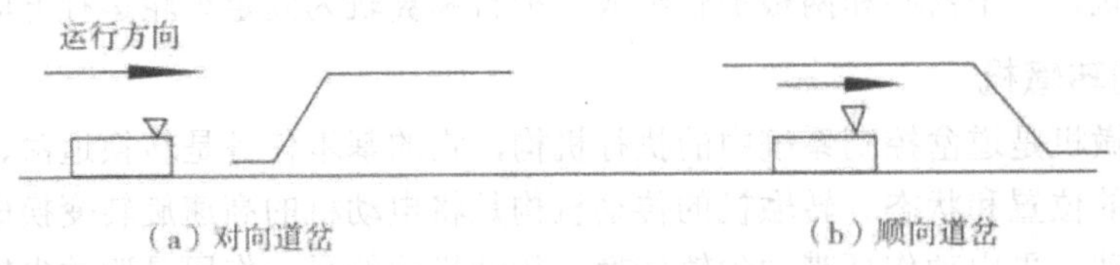

图 1-23　道岔的对向和顺向

道岔本身并无顺向和对向之分，它只是根据列车运行方向而言的。列车迎着道岔尖轨运行时，该道岔就叫对向道岔。反之，列车顺着道岔尖轨运行时，就叫顺向道岔，如图 1-23 所示。

对向道岔和顺向道岔的不安全因素不一样，导致事故的后果也不同。当列车迎着岔尖运行时，如果道岔位置扳错了，则列车就被接向另一条线路上去了。如果这条线路已停有车辆，就会造成列车冲撞。另外，如果道岔位置虽然对，但其尖轨与基本轨不密贴（状态不良），则车轮轮缘有可能将密贴的一根尖轨挤开，造成“四开”，从而引起列车颠覆事故。当列车顺着岔尖运行（即从辙叉方面开来），这时道岔位置如果不对，车轮轮缘可以从尖轨与基本轨间挤进去，并推动另一根尖轨靠近基本轨，发生这种情况，叫挤岔。挤岔时有可能使道岔和道岔转换器遭到损伤。但应当指出，同一组道岔，根据经由它的列车运行方向不同，有的是对向的，有的却又是顺向的。

为了保证行车安全，凡是列车经过的道岔，不论对向的还是顺向的，都要和信号机实现联锁。在电动的道岔转换器和锁闭器的结构上也要反映出道岔不密贴和挤岔等危险情况，一旦道岔不密贴或被挤时，就不能使信号机开放。

三、动力转辙机的基本任务

转辙机是转辙装置的核心和主体，除转辙机本身外，还包括外锁闭装置和各类杆件及安装装置，它们共同完成道岔的转换和锁闭。

（一）转辙机的作用

转辙机的作用具体如下：

第一，转换道岔的位置，根据需要转换至定位或反位；

第二，道岔转至所需位置而且密贴后，实现锁闭，防止外力转换道岔；

第三，正确地反映道岔的实际位置，道岔的尖轨密贴于基本轨后，给出相应地表示；

第四，道岔被挤或因故处于“四开”（两侧尖轨均不密贴）位置时，及时给出报警及表示。

（二）对转辙机的基本要求

对转辙机的基本要求具体如下：

第一，作为转换装置，应具有足够大的拉力，以带动尖轨做直线往返运动；当尖轨受阻不能运动到底时，应随时通过操纵使尖轨恢复原位。

第二，作为锁闭装置，当尖轨和基本轨不密贴时，不应进行锁闭，一旦闭锁，应保证不致因车通过道岔时的振动而错误解锁。

第三，作为监督装置，应能正确地反映道岔的状态。

第三，道岔被挤后，在未修复前不应再使道岔转换。

（三）转辙机的技术要求

第一，转辙机的安装应与道岔成方正，转辙机外壳纵侧面的两端于基本轨或中分线垂直距离的偏差，不大于 10 mm（外锁闭道岔，不大于 5mm）。

第二，列车运行速度大于 120 km/h 的道岔应采用外锁闭装置。

第三，多点（含两点及以上）牵引道岔应采用多机牵引方式。

第四，发生挤岔时，转换设备（快速转辙机除外）应可靠切断道岔表示。

第五，列车运行速度大于 120 km/h 的线路，道岔应采用三相 380V 电源电压的交流电动、电液转辙机牵引。

第六，多机牵引道岔使用不同动程的转辙机，应满足道岔同步转换的要求。

第七，尖轨、心轨的第一牵引电转辙机，应采用动作杆和锁闭杆同时锁闭的方式。

第八，道岔密贴的检查。

列车运行速度 120 km/h 及以下的道岔密贴检查应满足单点牵引道岔牵引点中心线处有 4 mm 及其以上间隙时，密贴尖轨和心轨不得锁闭和接通道岔表示。两点及三点牵引道岔第一牵引点中心线处有 4mm 及其以上间隙时，密贴尖轨和心轨不得锁闭和接通道岔表示，其余牵引点检查 6 mm。尖轨密贴段，在牵引点有 10 mm 及以上缝隙时不得接通道岔表示。

列车运行速度大于 120 km/h 小于 160 km/h 区段的道岔密贴检查应满足：单点牵引道岔牵引点中心线处有 4 mm 及其以上间隙时，密贴尖轨和心轨不得锁闭和接通道岔表示。两点及三点牵引道岔第一牵引点中心线处有 4 mm 及其以上间隙时，密贴尖轨和心轨不得锁闭和接通道岔表示，其余牵引点检查 6 mm。尖轨密贴段，在牵引点有 10 mm 及以上缝隙时不得接通道岔表示。

列车运行速度大于 160 km/h 区段的道岔密贴检查应满足：牵引点中心线处尖轨与基本轨、心轨与翼轨间有 4 mm 及以上间隙时，锁闭机构不得锁闭和接通表示。尖轨、心轨密贴段，在牵引点间有 5 mm 及以上缝隙时不得接通道岔表示。

（四）转辙机的分类

1. 按动作能源和传动方式分类

转辙机可分为电动转辙机、电动液压转辙机和电空转辙机。

电动转辙机由电动机提供动力，采用机械传动的方式。多数转辙机都是电动转辙机，包括我国铁路大量使用的 ZD6 系列转辙机和 S700K 电动转辙机。

电动液压转辙机简称电液转辙机，由电动机提供动力，采用液压传动的方式。ZY（J）系列转辙机即为电液转辙机。

电空转辙机由压缩空气作为动力，由电磁换向阀控制。ZK 系列转辙机即为电空转辙机。

2. 按供电电源种类分类

转辙机可分为直流转辙机和交流转辙机。

直流转辙机采用直流电动机，工作电源是直流电。ZD6 系列电动转辙机就是直流转辙机，由直流 220 V 供电。直流转辙机的缺点是，由于存在换向器和电刷，易损坏，因此故障率较高。

交流转辙机采用三相交流电源或单相交流电源，由三相异步电动机或单相异步电动机作为动力。目前推广的提速道岔用的 S700K 型电动转辙机和 ZYJ7 型电液转辙机均为交流转辙机。交流转辙机采用感应式交流电动机，由于不存在换向器和电刷，因此故障率低，而且单芯电缆控制距离远。

3. 按动作速度分类

转辙机可分为普通动作转辙机和快动转辙机。

大多数转辙机转换道岔时间在 3.8s 以上，属于普通动作转辙机。ZD7 型电动转辙机和 ZK 系列电空转辙机转换道岔时间在 0.8s 以下，属于快动转辙机。快动转辙机主要用于驼峰调车场，以满足分路道岔快速转换的要求。

4. 按锁闭道岔的方式分类

转辙机可分为内锁闭转辙机和外锁闭转辙机。

内锁闭转辙机依靠转辙机内部的锁闭装置锁闭道岔尖轨，是间接锁闭的方式。ZD6 系列等大多数均采用内锁闭方式。锁闭可靠程度较差，列车对转辙机的冲击大。

外锁闭转辙机虽然内部也有锁闭装置，但主要依靠转辙机外锁闭装置锁闭道岔，将密贴尖轨直接锁于基本轨，斥离尖轨锁于固定位置，是直接锁闭的方式。用于提速道岔的 S700K 型电动转辙机和 ZYJ7 型电液转辙机均采用外锁闭方式。外锁闭方式锁闭可靠，列车对转辙机几乎无冲击。

5. 按是否设有挤岔保护装置分类

转辙机可分为可挤型转辙机和不可挤型转辙机

可挤型转辙机内设挤岔保护（挤切或挤脱）装置，道岔被挤时，动作杆解锁，保护了整机。

不可挤型转辙机内不设挤岔保护装置，道岔被挤时，挤坏动作杆与整机联结机构，应整机更换。电动转辙机和电动液压转辙机都有可挤型和不可挤型

此外，各种转辙机还有不同转换力和动程的区别。

四、ZD6 系列电动转辙机

ZD6 系列电动转辙机是我国铁路使用最广泛的系列电动转辙机，它用于非提速区段以及提速区段的侧线上 ZD6 型系列电动转辙机采用内锁闭方式，不适用于提速道岔。各型 ZD6 电动转辙机的额定工作电压都为直流 160V。

ZD6-A 型、D 型、F 型转辙机单机使用时．摩擦电流为 2.3 ～ 2.5A，E 型和 J 型双机配套使用时，单机摩擦电流为 2.0 ～ 2.5A。

（一）ZD6-A 型电动转辙机

ZD6-A 型电动转辙机主要由电动机、减速器、摩擦联结器、主轴、动作杆、表示杆、移位接触器、外壳等组成。

电动机为电动转辙机提供动力，采用直流串激电动机．

减速器用来降低转速以获得足够的转矩，并完成传动。由第一级齿轮和第二级行星传动式减速器组成。两级间以输入轴联系，减速器由输出轴和主轴联系，

用弹簧和摩擦制动板，组成输出轴与主轴之间的摩擦联结，防止尖轨受阻时损坏机件。

主轴由输出轴通过起动片带动旋转，主轴上安装锁闭齿轮。

锁闭齿轮和齿条相互动作，将转动变为平动，通过动作杆带动道岔尖轨运动，并完成锁闭作用。

动作杆和齿条块用挤切销相连，正常工作时，齿条块带动动作杆。挤岔时，挤切销折断，动作杆和齿条块分离，避免机件损坏。

表示杆由前、后表示杆及两个检查块组成。表示杆随尖轨移动，只有当尖轨密贴且锁闭后，自动开闭器的检查柱才能落入表示杆缺口，接通道岔表示电路挤岔时，表示杆被推动，顶起检查柱，从而断开道岔表示电路。

自动开闭器由静接点、动接点、速动点、速动爪、检查柱组成，用来表示道岔尖轨所在位置。移位接触器用来监督挤切销的受损状态，道岔被挤或挤切销折断时，断开道岔表示电路。

安全接点（遮断接点）用来保证维修安全。正常使用时，遮断接点接通，才能接通道岔动作电路。检修时，断开遮断接点，以防止检修过程中转辙机转动影响维修人员作业。

壳体用来固定转辙机各部件，防护内部部件免受机械损伤和雨水、尘土的侵入，提供整机安装条件。它由底壳和机盖组成。底壳是壳体的基础，也是整机安装的基础。底壳上设有特定形状的窗孔，便于整机组装和分解。机盖内侧周边有盘根槽，内镶有密封用盘根（胶垫）。

（二）ZD6-B 型和 ZD6-C 型转辙机

ZD6-B 型将额定负载加大。与 ZD6-A 型相比，有较大的减速比，因而加大了负载能力，相对延长了动作时间。

ZD6-C 型是为满足复式交分道岔的需要研制的。它与 ZD6-B 型相比，增加了转辙机的副锁闭力，即在表示杆和检查片上钻有销孔，插入副锁闭销，使检查片和检查柱相配合，完成副锁闭作用。考虑到副锁闭力的存在，不设置移位接触器。这是因为主锁闭销折断时，副锁闭销仍有副锁闭力，道岔处于密贴锁闭状态。而此后道岔转换时，尖轨会出现 3 mm 不密贴，检查柱进不了表示杆缺口，自动开闭器接点不会接通。但

是挤岔时，由于某种原因副锁闭销可能未能被挤断，表示杆发生形变，检查柱未能抬起，不能断开表示电路，这是不安全因素。

ZD6-B 型和 ZD6-C 型已停止生产。

（三）ZD6-D 型转辙机

ZD6-D 转辙机是在 ZD6-A，B，C 型转辙机的基础上研制的，适用于牵引道岔尖轨。它扩大了表示杆的功能，使之对尖轨也有机械锁闭作用，构成双锁闭。在表示杆检查块处增加一个销子（副锁闭销），使检查块与表示杆联为一体，检查柱落入缺口，道岔便被表示杆锁住。挤岔时副锁闭销切断，表示杆照常有挤岔断表示的功能。在前表示杆上设有前、中、后三个横穿孔，使后表示杆与之配合时有更大的选择余地，这样一来就扩大了表示杆动程的可调范围，使之既能适应普通道岔尖轨动程，也能适应交分道岔和可动心轨道岔的动程需要。

（四）ZD6-E 型转辙机

ZD6-E 型转辙在原有电流消耗的前提下，增大了牵引力，扩大了转换动程，具有双锁闭功能，还设计了与之配套的电动机适用于特种断面的道岔、大号码道岔将单侧圆弧锁闭改进为卧式圆柱体下方两侧对称圆弧接触面，实现双圆弧组成的圆槽锁闭，提高了锁闭的可靠性。起动齿结构从原来的半齿弱力起动改进为全齿啮合抗过载强力起动，提高了耐磨性能，延长了零件的使用寿命，强化了减速器，采用轴承钢，增设了固化板，行星齿轮的滚动轴承由滚珠式改为滚柱式，增加壳体局部厚度，提高了机械强度。

（五）ZD6-F 型转辙机

ZD6-F 在 ZD6-E 型基础上研制而成，将动程缩短为 130 mm，适用于可动心轨道岔的心轨主要改进是：在主轴轴尾原有的弹性制动防逆转措施基础上，叠加了刚性制动防逆转措施，采用了专用起动片和专用速动片。在自动开闭器下方设有方棒锁闭杆，以满足辅助锁闭、监督心轨位置和挤岔报警的要求。

五、外锁闭装置

（一）道岔的锁闭方式

道岔的锁闭是把尖轨或可动心轨等可动部分固定在某个开通位置，当列车通过时不因外力作用而改变。

1. 内锁闭方式

内锁闭是当道岔由转辙机带动至某个特定位置后，在转辙机内部进行锁闭，由转辙机动作杆经外部杆件对道岔实现位置固定。例如 ZD6 型转辙机就是由其内部的锁闭齿轮的圆弧面和齿轮条块的削尖齿实现锁闭的。实质上内锁闭方式锁闭道岔是对道岔可动部分进行间接锁闭。

内锁闭的特点是结构简单，便于日常维护保养，且转换比较平稳，属定力锁闭；

道岔的两根尖轨由若干根连接杆组成框架结构，使尖轨部分的整体刚性较高，而且框式结构造成的反弹力和抗劲较大；由于两尖轨由杆件连接，当杆件受到外力冲击时，如发生弯曲变形，会使密贴尖轨与基本轨分离，严重威胁行车安全；当列车通过道岔产生冲击时，其冲击力经过杆件将直接作用于转辙机内部，使转辙机部件易于受损，挤切销折断，移位接触器跳开等。因此，内锁闭式转换设备已不能适应提速的需要，必须采用分动外锁闭道岔转换设备。

2. 分动外锁闭方式

当道岔由转辙机带动转换至某个特定位置后，通过本身所依附的锁闭装置，直接把尖轨与基本轨或心轨与翼轨密贴夹紧并固定，称为道岔的外锁闭。道岔的锁闭主要不是依靠转辙机内部的锁闭装置，而是依靠转辙机外部的锁闭装置实现的。

由于外锁闭道岔的两根尖轨之间没有联结杆，在道岔转换过程中，两根尖轨是分别动作的，所以又称为分动外锁闭道岔。

分动外锁闭道岔转换设备的特点是改变了传统的框架式结构，使尖轨的整体刚性大幅度下降；尖轨分动后，转换器动力小，而且一根尖轨的变形不影响另一根尖轨，由此造成的反弹、抗劲等转换阻力均减小许多；两根分动尖轨在外锁闭装置作用下，无论是在起动解锁，还是密贴锁闭过程中，所需的转换力均较小，避开了两根尖轨最大反弹力的叠加时刻；同时承担两根尖轨弹性力的过程是在密贴解锁以后到斥离尖轨锁闭以前这一较短的时间内，而此时正是电动机功率输出的最佳时刻，使电气特性和机械特性得到良好的匹配；外锁闭装置一旦进入锁闭状态，车辆过岔时，轮对对尖轨和心轨产生的侧向冲击力基本上不传到转辙机上，即具有隔力作用，有利于延长转辙机及各类转换部件的使用寿命；由于两尖轨间无联结杆，所以密贴尖轨很难在外力作用下与基本轨分离，可靠地保证了行车安全；由于密贴尖轨与基本轨之间由外锁闭装置固定，克服了内锁闭道岔靠杆件推力或拉力使尖轨与基本轨密贴易造成 4 mm 失效的较大缺陷。

分动外锁闭道岔尖轨转换采用分动方式，设多个牵引点，做到尖轨全程密贴，以防止尖轨反弹。还做到多点检查尖轨密贴情况，可动心轨也采用多点牵引。外锁闭道岔转换设备消除了内锁闭方式的缺陷，适应了列车提速的要求：外锁闭装置先后出现了燕尾式和钩式两种

（二）燕尾式外锁闭装置

燕尾式外锁闭装置属于平面锁闭，是我国铁路提速初期采用的外锁闭装置。主要是借鉴德国铁路的经验设计的。

燕尾式外锁闭装置有分动尖轨型和可动心轨型两种。

1. 分动尖轨型燕尾式外锁闭装置

燕尾式外锁闭装置由锁闭铁、连接铁、滑块、销轴、燕尾锁块、外锁闭杆和锁钩组成。外锁闭装置与道岔的连接方法是将锁闭铁固定在基本轨上，燕尾锁块通过销轴与连接铁相连。燕尾式外锁闭装置通过道岔解锁、道岔转换和道岔锁闭三个过程来完

成道岔的转换道岔解锁和锁闭过程中两尖轨是分别动作的，只有道岔转换过程中两尖轨同时动作。

道岔解锁过程是在转辙机动作杆的带动下，外锁闭杆开始向左运动，右侧燕尾锁与外锁闭杆的锁闭量逐渐缩小，左侧尖轨与基本轨的开程也逐渐变小。

道岔转换过程是外锁闭杆开始通过两侧的燕尾锁块带动两尖轨同时向左运动。

道岔锁闭过程是当左侧尖轨密贴后，由于转辙机动作杆继续向左运动，左侧燕尾锁块与锁闭杆侧面接触面的长度在逐渐加大，同时右侧尖轨继续向左运动，使其开程逐渐加大。由于转辙机的内锁功能，能使锁闭杆处于不动的位置，对斥离尖轨也实现了锁闭。

2. 可动心轨型燕尾式外锁闭装置

可动心轨外锁闭装置由外锁闭杆、锁闭铁、接头铁、燕尾锁块等组成。可动心轨部分转换及锁闭过程也分为道岔解锁、道岔转换、道岔锁闭三个阶段。现以道岔由右向左转换为例。

道岔解锁过程。当转辙机动作杆向左运动时，两牵引点燕尾锁块与锁闭杆侧面接触面长度逐渐缩小，道岔开始解锁。

道岔转换过程。道岔解锁后，由于转辙机动作杆带动外锁闭杆继续向左运动，所以经外锁闭杆左侧燕尾槽的钝角面，推动左侧燕尾锁块，由该锁块带动心轨向左运动。当转辙杆动作杆向左运动，两牵引点左侧的燕尾锁块已开始被锁闭杆左侧的燕尾槽钝角面推出时，心轨与翼轨密贴，道岔转换结束。

道岔锁闭过程。心轨和翼轨密贴后，转辙机动作杆继续向左运动，左侧燕尾锁块与锁闭杆侧面的接触面长度逐渐加大。锁闭杆不再运动时，与燕尾锁块的侧面接触面的长度不再变化。这时转辙机实现内锁，锁住锁闭杆，使其不能随意串动。在心轨转换和锁闭过程中，左侧燕尾锁块不起作用。它与锁闭杆右侧燕尾槽的两个斜面有间隙。

（三）钩式外锁闭装置

燕尾式外锁式装置在结构受力和安装调整方面不适合我国铁路道岔的实际情况，对道岔尖轨病害的适应能力差，卡阻现象时有发生，故障率较高，产品工艺性差、质量不易控制，于是又参考英国铁路经验，研制成钩式外锁闭装置。

钩式外锁闭装置的锁闭方式为垂直锁闭。锁闭力通过锁闭铁、锁闭框直接传给基本轨。锁闭铁和锁闭框基本不承受弯矩，锁闭更加可靠。同时各配件全部是锻造调质处理，具有良好的综合机械性能，避免了原尖轨部分燕尾式外锁闭装置的锁闭铁因承受弯矩和铸造缺陷而出现断裂现象。钩式外锁闭装置受力结构合理，能有效适应道岔尖轨的不良状态，锁闭可靠，安装调试方便，正逐渐取代燕尾式外锁式装置。

钩式外锁闭装置可分为分动尖轨用和可动心轨用两种。

分动尖轨用钩式外锁闭装置由锁闭杆、锁钩、锁闭框、尖轨连接铁、锁轴、锁闭铁组成。当转辙机动作杆带动锁闭杆移动，密贴尖轨处的锁钩缺口随之入槽并移动，当动作到另一侧尖轨与基本轨密贴时，锁钩沿锁闭杆斜面向上爬起，锁钩升至锁闭杆凸块顶面时，锁钩同时被锁闭铁和锁闭杆卡住不能落下，实现了锁闭：本侧锁钩的缺口卡在锁闭杆的凸起处不能移动，保持尖轨与基本轨的开口基本不变。

可动心轨用钩式外锁闭装置亦由锁闭杆、锁钩、锁闭框、锁闭铁组成，但锁闭杆的尺寸、锁钩的外形与尖轨所用完全不同。可动心轨用钩式外锁闭装置的工作过程也分为解锁、转换、锁闭三个阶段。可动心轨用钩式外锁闭装置结构简单，与燕尾式外锁闭装置相比零部件大大减少。安装调整方便，动作灵活。取消了道岔Y形接头拉板，解决了拉板松动的问题。心轨可以在锁钩楔形槽内自由伸缩，使心轨的爬行不影响外锁闭装置的锁闭，但锁钩较长，对生产工艺要求较高。

六、S700K型电动转辙机

S700K型电动转辙机是由于提速需要，从德国西门子公司引进设备和技术，经消化吸收和改进后，在主要干线推广运用的转辙机。该型电动转辙机结构先进、工艺精良，不但解决了长期困扰信号维修人员的电机断线、故障电流变化、接点接触不良、移位接触器跳起和挤切销折断等惯性故障，而且可以做到少维护无维修口

（一）S700K型电动转辙机的特点

S700K型电动转辙机适用于尖轨或可动心轨处采用外锁闭的道岔，它具有以下特点：

第一，采用三相交流电动机，不仅从根本上解决了直流电动机必备的整流子而引起的故障率高、使用寿命短、维修量大的不足，而且减少了控制导线截面，延长了控制距离，单芯电缆控制距离可达2.5 km。

第二，采用直径32 mm的滚珠丝杠作为驱动装置，延长了转辙机的使用寿命。

第三，采用具有簧式挤脱装置的保持联结器，并选用不可挤型零件，从根本上解决了由挤切销劳损造成的惯性故障。

第三，采用多片干式可调摩擦联结器，经工厂调整加封，使用中无须调试。

（二）S700K型电动转辙机的分类

S700K型电动转辙机规格齐全，不仅能满足道岔尖轨、可动心轨的单机牵弓I，还能满足双机、多机的需要。S700K型电动转辙机的机身是通用的，经配件组装，可组成不同种类。不同种类的转辙机，动作杆、表示杆也有不同的动程，转换力不同，也可以根据需要重新进行组合成为新的种类。根据安装方式不同，每一种类又分为左装、右装两种。左装（面对尖轨和心轨，转辙机安装在线路左侧）的转辙机型号用字母A加上奇数表示，如A13，A15。右装（面对尖轨和心轨，转辙机安装在线路右侧）的转辙机型号用字母A加上偶数表示，如A14，A16等。不同种类的S700K型电动转辙机不能通用。

（三）S700K型电动转辙机的动作原理

1. S700K型电动转辙机的传动过程

电动机的转动通过减速齿轮组传递给摩擦联结器；摩擦联结器带动滚珠丝杠转动；滚珠丝杠的转动带动丝杠上的螺母水平移动；螺母通过保持连接器经动作杆、锁

闭杆带动道岔转换；道岔的尖轨或可动心轨经外表示杆带动检测杆移动。

2.S700K 型电动转辙机的动作过程

S700K 型电动转辙机的动作可分为三个过程。第一为解锁过程，也是断开表示接点的过程；第二为转换过程；第三为锁闭过程，也是接通表示接点的过程。

第四节 轨道电路

轨道电路是利用钢轨线路和钢轨绝缘构成的电路。它用来监督线路的占用情况，以及将列车运行与信号显示等联系起来，即通过轨道电路向列车和相邻轨道电路传递行车信息。轨道电路是铁路信号的重要基础设备，它的性能直接影响行车安全和运输效率。

一、轨道电路概述

（一）轨道电路的基本原理

轨道电路是以轨道交通线路的两根钢轨作为导体，两端加以机械绝缘（或电气绝缘），接上送电和受电设备构成的电路。最简单的轨道电路如图 1-24 所示。轨道电路的送电设备设在送电端，由轨道电源 E 和限流电阻 R 组成。限流电阻的作用是保护电源不致因过负荷而损坏，同时保证列车占用轨道电路时，轨道继电器可靠落下。接收设备设在受电端，一般采用继电器，称为轨道继电器，由它来接收轨道电路的信号电流。

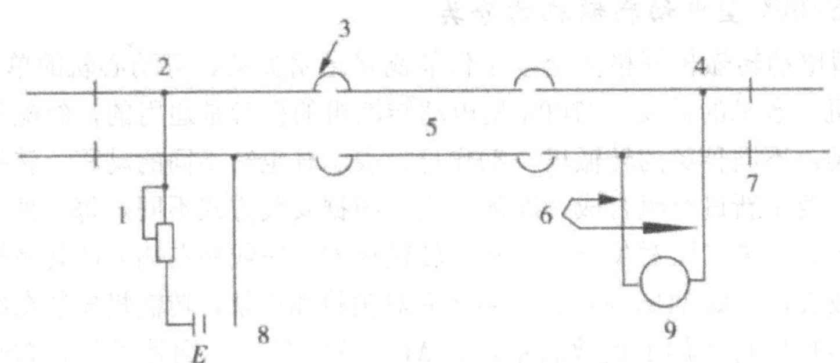

1- 限流器；2- 送电端；3- 轨端连续线；4- 受电端；5- 钢轨线路；6- 引接线；7- 钢轨绝缘；8- 轨道电源；9- 轨道继电器（GJ）

图 1-24 最简单的轨道电路

送、受电设备一般放在轨道旁的变压器箱或电缆盒内，轨道继电器在信号楼内。送、受电设备由引接线直接接向钢轨或通过电缆过轨后由引接线接向钢轨。

钢轨是轨道电路的导体，为减小钢轨接头的接触电阻，增设了轨端接续线。钢轨绝缘是为分隔相邻轨道电路而装设。两绝缘节之间的钢轨线路的长度就是轨道电路的长度。

当轨道电路内钢轨完整，且没有列车占用时，轨道继电器吸起，表示轨道电路空闭。轨道电路被列车占用时，它被列车轮对分路，轮对电阻远小于轨道继电器线圈电阻，流经轨道继电器的电流大大减小，轨道继电器落下，表示轨道电路被占用。

（二）轨道电路的作用

轨道电路的第一个作用，是监督列车的占用。利用轨道电路监督列车在区间或列车和调车车列在站内的占用，是最常用的方法。由轨道电路反映该段线路是否空闲，为开放信号，建立进路或构成闭塞提供依据，还利用轨道电路的被占用关闭信号，把信号显示与轨道电路是否被占用结合起来。

轨道电路的第二个作用是传递行车信息。例如移频自动闭塞利用轨道电路中传递不同的频率来反映前行列车的位置，决定各信号机的显示，为列车运行提供行车命令。轨道电路中传送的行车信息，还为列车运行自动控制系统直接提供控制列车运行所需要的前行列车位置、运行前方信号机状态和线路条件等有关信息，以决定列车运行的目标速度，控制列车在当前运行速度下是否停车或减速。即轨道电路广泛作为传递行车信息的通道。

（三）轨道电路的分类

轨道电路有较多种类，也有多种分类方法。

1. 按动作电源分类

轨道电路可分为直流轨道电路和交流轨道电路。

轨道电路电源采用直流，称为直流轨道电路，如图 1-25 所示。它用于交流电源不可靠的非电力牵引区段。采用蓄电池浮充供电方式，交流有电时，由整流器供电，交流停电时，由蓄电池供电。该轨道电路电源设备安装较困难，检修不方便，易受迷流影响，现已很少采用。

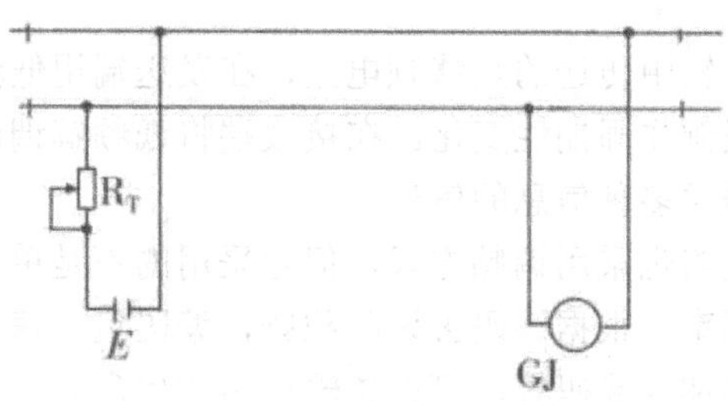

图 1-25　直流轨道电路

采用交流供电的轨道电路，称为交流轨道电路。交流轨道电路的种类很多，所用频带大体可分为三段：低频，300 Hz 以下；中频 300 ～ 3 000 Hz；高频 10 ～ 40 kHz。一般交流轨道电路专指工频 50 Hz 的轨道电路。25 Hz 和 75 Hz 的轨道电路也属于交流轨道电路，但必须注明电源频率，以示区别。

2. 按工作方式分类

轨道电路可分为开路式轨道电路和闭路式轨道电路。

开路式轨道电路平时呈开路状态，它的发送设备和接收设备安装在轨道电路的同一端。轨道电路无车占用时，不构成回路，轨道继电器落下。有车占用时，轨道电路通过车辆轮对构成回路，轨道继电器吸起。由于轨道继电器经常落下，不能监督轨道电路的完整，遇有断轨或引接线、接续线折断等故障，不能立即发现。若此时有车占用，轨道继电器也不能吸起，很不安全。因此极少采用。

闭路式轨道电路平时构成闭合回路，其发送设备（电源）和接收设备（轨道继电器）分别装设在轨道电路的两端。轨道电路上没有车占用时，轨道继电器吸起。有车占用时，因车辆分路，轨道继电器落下。当发生断轨、断线等故障时，轨道继电器落下，能保证安全。所以几乎所有轨道电路都采用闭路式。

3. 按所传送的电流特性分类

轨道电路可分为连续式、脉冲式、计数电码式和频率电码式以及数字编码式。

连续式轨道电路中传送连续的交流或直流电流。这种轨道电路的唯一功能是监督轨道占用与否，不能传送更多信息。

脉冲轨道电路是一种传送断续电流脉冲的轨道电路。其送电端为发码器，发送脉冲电流至钢轨，受电端通过译码器译码，使轨道继电器吸起。我国铁路曾采用的极性频率脉冲（简称极频）轨道电路和不对称脉冲轨道电路就属于此类。前者有四种脉冲编码，除监督空闲与否外，还能传送行车信息。后者只有一种频率的脉冲，只能当一般的轨道电路用。

计数电码轨道电路传送的是断续的电流，即由不同长度脉冲和间隔组合成电码。电码由发码器产生，同时只能发一种电码。传到受电端，由译码电路译出，使轨道继电器动作。我国铁路的交流计数电码（包括25 Hz、50 Hz、75 Hz）轨道电路就属此类，它可传送行车信息。

移频轨道电路在钢轨中传送的是移频电流，在发送端用低频作为行车信息去调制载频，使移频频率随低频作周期性变化。在接收端将低频解调出来，去动作轨道继电器。移频轨道电路可传送多种信息的信号。

数字编码式轨道电路也采用调频方式，但它采用的不是单一低频调制频率，而是若干比特的一群调制频率，根据编码去调制载频，编码包含速度码、线路坡度码、闭塞分区长度码、路网码和纠错码等，可以传输更多的信息。

4. 按分割方式分类

轨道电路可分为有绝缘轨道电路和无绝缘轨道电路。

有绝缘轨道电路用钢轨绝缘将轨道电路与相邻的轨道电路互相隔离，一般称轨道电路即是指有绝缘轨道电路。

钢轨绝缘在车辆运行的冲击力、剪切力作用下很容易破损，使轨道电路的故障率较高。绝缘节的安装，给无缝线路带来一定的麻烦，有时需锯轨，降低线路的轨道强度，增加线路维护的复杂性。电气化铁路的牵引回流不希望有绝缘节，为使牵引回流能绕过绝缘节，必须安装轭流变压器因此有绝缘的轨道电路不理想。无缝线路和电气化铁路希望采用无绝缘轨道电路无绝缘轨道电路在其分界处不设钢轨绝缘，而采用不同的方法予以隔离。

5. 按使用场合分类

轨道电路分为区间轨道电路和站内轨道电路。

区间轨道电路主要用于自动闭塞区段，不仅要监督各闭塞分区是否空闲，而且要传输有关行车信息。一般来说，区间要求轨道电路传输距离较长，要满足闭塞分区长度的要求，轨道电路的构成也比较复杂。

站内轨道电路，用于站内务区段，一般只有监督本区段是否空闲的功能，不能发送其他信息。为了使机车信号在站内能连续显示，要对站内轨道电路实现电码化，即在列车占用本区段或占用前一区段时用切换方式或叠加方式转为能发码的轨道电路。站内轨道电路除了股道外，一般传输距离不长。

（四）轨道电路的应用

轨道电路主要用于区间和站内。

区间的轨道电路通常是与自动闭塞制式相一致的轨道电路，按照自动闭塞通过信号机的设置划分闭塞分区，每个闭塞分区都有轨道电路，在半自动闭塞区段，区间一般不设轨道电路，只有在进站信号机的外方设有接近区段的轨道电路，以通知列车的接近以及构成接近锁闭。在半自动闭塞区段，为了监督区间是否空闲，也装设长轨道电路。位于区间的道口，其接近区段必须装设轨道电路。

站内轨道电路应用更为广泛。对于电气集中联锁来说，列车进路和调车进路都必须安装轨道电路，牵出线、机待线、出库线、专用线及其他用途的尽头线入口处和调车信号机前方，虽不在进路之内，也应装设一段长度不小于 25 m的轨道电路，用来保证信号开放后，机车车辆接近时完成接近锁闭后及时了解上述线路是否有车接近或占用。在驼峰调车场，除推送进路设有轨道电路外，峰下每组分路道岔，警冲标处均设有轨道电路。

对于机车信号来说，各种制式的区间轨道电路和站内电码化以后的轨道电路，就是其地面发送设备，也就是信息来源。对于列车运行超速防护来说，带有编码信息的轨道电路是车 - 地之间传输信息的通道之一。

二、工频交流连续式轨道电路

（一）工频交流轨道电路的组成和工作原理

工频交流连续式轨道电路采用 50 Hz 交流电源，以 JZXC-480 型继电器为轨道继电器，故又称 JZXC-480 型交流轨道电路。这种轨道电路实质上是交直流轨道电路，电源是交流电，钢轨中传输的是交流电，而轨道继电器为整流式。与交流轨道电路相比，无须调整相位角。

工频交流连续式轨道电路因结构简单，曾经是我国铁路站内轨道电路运用最为广泛的制式。但是该轨道电路存在诸多缺点，如道碴电阻变化适应范围小，极限传输长度短，分路灵敏度低，防雷性能差，容易出现雨天“红光带”和分路不良等影响行车的情况，所以工频交流轨道电路已经逐渐被相敏轨道电路等制式代替。

工频交流轨道电路由送电端、受电端、钢轨绝缘、钢轨引接线、钢轨接续线以及钢轨组成。送电端包括 BG1-50 型轨道变压器、R-2.2/220 型变阻器，安装在变压器箱内，电源由室内用电缆送至送电端。受电端包括 BZ1 型中继变压器及 JZXC-480 型轨道继电器。其中，中继变压器在变压器箱或电缆盒中，轨道继电器在室内组合架上。

送、受电端根据相邻轨道电路的不同组合，有双送、一送一受、双受以及单送、单受等不同情况。变压器箱或电缆盒用钢轨引接线接向钢轨。钢轨接续线用来连接相邻钢轨，以减小钢轨接头处的接触电阻。钢轨绝缘设于轨道电路分界处，用于隔离开相邻的轨道电路。

（二）道岔区段轨道电路

道岔区段轨道电路与无岔区段轨道电路不同之处在于钢轨线路被分开产生分支，为此需增加道岔绝缘和道岔跳线，还有一送多受的问题。

道岔绝缘是道岔区段除各种杆件、转辙机安装装置等要加装绝缘外还要加装切割绝缘，以防止辙叉将轨道电路短路。道岔绝缘视需要，可设在道岔直股钢轨上，也可设在道岔侧股钢轨上。

道岔跳线是为了保证信号电流的畅通，道岔区段除轨端接续线外，还需装设道岔跳线。道岔跳线由塞钉和镀锌低碳钢绞线组成，两端焊在圆锥形塞钉上。

道岔区段轨道电路的连接方式有串联式和并联式两种。串联式道岔区段轨道电路的电流要流经整个区段的所有钢轨，可以检查所有跳线和钢轨的完整，因此比较安全。但结构较复杂，增加一组道岔绝缘，在直股和弯股两根钢轨间加装两根用电缆构成的连接线或用长跳线，给施工和维修带来不便，所以它在我国未被广泛采用。并联式道岔区段轨道电路，较简单。直股或弯股有车占用时轨道继电器因分路均能落下，但在分支线路上只有电压检查没有电流检查勺当跳线、连接线折断，列车进入弯股时，因弯股未设受电设备，轨道继电器不会落下，这是非常危险的，解决的方法是用双跳线防护，即增加第二跳线，以减少跳线折断的概率（为提高可靠性，现场使用中也将所有跳线改为双跳线）。另外，当弯股钢轨折断或弯股钢轨表面不洁或分支线路过长，列车占用时，轨道继电器也不落下，所以这种轨道电路不符合故障一安全的要求。鉴于这一严重缺陷，提出了一送多受轨道电路，使各分支线路都得到检查。

一送多受轨道电路设有一个送电端，在每个分支轨道电路的另一端各设一个受电端。各分支受电端轨道继电器的前接点，串联在主轨道继电器电路中。当有列车占用任一分支分路时，分支轨道继电器落下，主轨道继电器也落下，将主轨道继电器接点用在联锁电路中，以实现对整个轨道电路空闲与否的检查。

三、电气化牵引区段的轨道电路

（一）电气化牵引区段对轨道电路的特殊要求

电气化牵引区段的轨道电路必须满足以下特殊要求：

1. 必须采用与牵引电流频率不同的轨道电路

我国电气化铁路均采用工频 50 Hz 交流供电，钢轨既是牵引电流的回流通道，又是轨道电路信号电流的传输通道。因比在铁路上轨道电路必须采用非工频制式，且该制式对 50 Hz 牵引电流的基波及其谐波干扰应具备有效可靠的防护措施，以保证轨道电路设备安全可靠地工作。

2. 必须采用双轨条式轨道电路

双轨条轨道电路用轴流变压器沟通牵引电流成双轨条回流轨道电路处于平衡状态，便于实现站内电码化。而单轨条由一根轨条沟通牵引电流，对牵引电能损耗较大，轨道电路仅一根轨条通过信号电流，且易造成站内电码化串码、掉码，故不能采用。

3. 交叉渡线上两根轨道都通过牵引电流时应增加绝缘节

为了确保交叉渡线上轨道电路和机车信号设备能正常工作，当交叉渡线上两根轨道都通过牵引电流时，该交叉渡线上应增加绝缘节。

4. 钢轨接续线截面加大

电气化区段的钢轨接续线，除应保证通过一定电流外，还要尽量减小钢轨接头的接触电阻，使两根钢轨阻抗平衡，减小牵引电流对轨道电路的干扰及牵引电能的损耗，以及保证设备和人身安全。因此，要求钢轨接续线有一定的截面积，且必须双套。

（二）电气化区段站内轨道电路制式

我国电气化铁路采用的轨道电路制式有 75 Hz 交流计数电码轨道电路、25 Hz 交流计数电码轨道电路、移频轨道电路、25 Hz 相敏轨道电路、不对称脉冲轨道电路、城轨交通渡线上采用 50 Hz 相敏轨道电路。以上各种制式均采用了相应的技术措施来防干扰，以保证轨道电路的可靠工作。

75 Hz 或 25 Hz 交流计数电码轨道电路，交流计数电码轨道电路中传输的是不同脉冲和间隔的计数电码，非电化区段采用 50Hz，电源供电，电化区段采用 75 Hz 或 25Hz 电源供电。采用“频率－电路”两级防护措施，信号频率选为 75 Hz 或 25 Hz，具有频率防护能力，将脉动工作定为正常状态，对连续干扰具有防护功能。

移频轨道电路，站内用的移频轨道电路亦采用频率调制方式。相邻区段采用 300 Hz、400 Hz、500 Hz 的不同载频，对绝缘破损有可靠的防护性能。站内移频轨道电路仅作为监督轨道电路区段的空闲与占用，故只需要一种低频信息即可，调制频率为 8Hz。

25 Hz 相敏轨道电路，发送端采用铁磁变频器，将 50 Hz 交流电变频为 25 Hz 交流电，对轨道电路有良好的传输特性。采用集中调相方式，供使用的局部电源电压恒超前于轨道电源电压 90°。不需对每段轨道电路进行个别调相，接收端采用二元二位轨道继电器，局部线圈和轨道线圈分别由独立的局部和轨道分频器供电，具有可靠的频率选择性和相位选择性，因而抗干扰能力强，有可靠的绝缘破损防护。

不对称脉冲轨道电路中传输的是每分钟 182 次，正负脉冲幅值比例为（4～8）：1 的不对称脉冲。不对称脉冲由发码器中的晶闸管通过电子电路去控制工频交流电的导通角而形成。不对称脉冲译码器采用积分式脉冲波形鉴别器，动作作为轨道继电器的二元差动闭磁路继电器。有较高的瞬时功率，故分路灵敏度高，对工频正弦波和规定比例以外的各种干扰有很强的抗干扰能力。

在以上电气化区段轨道电路中，应用最广泛的是 25 Hz 相敏轨道电路。

四、轨道电路的基本工作状态

轨道电路的基本工作状态为调整状态、分路状态和断轨状态三种。轨道电路在各种工作状态下，要受到许多外界因素的影响，其中受道晴电阻、钢轨阻抗和电源电压的影响最大，这三个参数的变化，对各种工作状态造成的影响又各不相同。

（一）轨道电路的调整状态

轨道电路的调整状态，就是轨道电路完整和空闲。接收设备（如轨道继电器）正常工作的状态。在调整状态，对轨道继电器来说，它从钢轨上接收到的电流越大，它的工作就越可靠。但这个电流值将随着道碴电阻、钢轨阻抗、发送电压的变化而变化。调整状态的最不利条件是：发送电压最低、钢轨阻抗最大、道碴电阻最小，同时轨道电路长度为极限长度。在最不利条件下，轨道电路接收设备应能可靠工作，反映轨道电路的空闲状态。

（二）轨道电路的分路状态

轨道电路分路状态，就是当轨道电路区段有车占用时，接收设备（如轨道继电器）应被分路而停止工作的状态。当列车占用轨道时，它的轮对在两钢轨之间形成的电阻，按一般电路的分析，可看成是短路作用，但轨道电路是低电阻电路，所以列车占用时，只能看成两钢轨间跨接了一个分路电阻，故称分路状态。分路状态的最不利条件是：发送电压最高、钢轨阻抗最小、道碴电阻最大、列车分路电阻也最大。在分路状态的最不利条件下，轨道电路接收设备应能可靠地停止工作，反映轨道电路区段有车占用。

（三）轨道电路的断轨状态

轨道电路的断轨状态，是轨道电路的钢轨在某处折断时的情况，此时钢轨虽已折断，但轨道电路仍可通过大地构成回路，接收设备中还会有一定值的电流流过。为了确保安全，断轨时接收设备应不能工作。断轨状态的最不利条件是，断轨时轨道电路的参数变化使轨道接收设备中获得最大电流。它除了与钢轨阻抗模值最小、发送电压最大有关外，断轨地点和道碴电阻的大小也有一定的影响，使接收设备中电流最大的、最不利数值 —— 临界断轨地点和临界道碴电阻。

第二章　车站信号控制系统

铁路运输和轨道交通是以轨道、机车车辆和通信信号技术等为基础设备，以沿线的车站为生产基地，完成旅客和货物运输任务的庞大系统。车站信号控制系统又称联锁系统，是轨道交通领域里重要的控制系统之一。该系统的主要功能是以技术手段保证车站行车安全，并在此基础上提高运输效率，为实现运输管理现代化提供信息。同时，该系统必须是一种安全系统，是以故障一安全为核心的系统，必须具有在系统的任何环节发生故障时，其输出导向行车安全的性能。

第一节　车站信号控制系统基本概念

在车站范围内，列车和调车车列（以下简称车列）由某一指定地点运行至另一指定地点所经过的径路称作进路。此时，保证行车安全就是保证列车或调车车列在其进路上运行的安全。简单地说，要保证行车安全，列车或车列在驶入进路之前必须确定进路是在空闲状态；必须确定进路上的所有道岔的位置正确而且被锁在正确的位置，防止由于震动或扳动道岔而使运行中的列车或车列脱轨；必须确定其他列车或车列不会从正面、侧面和尾部闯入进路而造成撞车事故。只有上述三个条件都满足时才允许向列车或车列发出允许信号，让列车驶入进路，或者说只有在条件满足时，防护该进路的信号机才有开放的可能。

当一条进路的始端和终端确定后，那么检查进路空闲的范围及哪些道岔的状态需要检查也就明确了至于如何保证不会发生撞车事故则须做些分析。在一车站上，根据站场结构和作业情况，可以划分成许多进路。在这些进路中，如果一条进路与另一条进路没有任何共用的路段，那么这样彼此无关的进路同时建立时是不会导致撞车事故的，这类进路中的一条是另外一条进路的平行进路。车站信号控制系统应保证值班人员可以同时建立平行进路，以提高运输效率。当一条进路与另一条进路具有共用的路段时，显然这样的两条进路不应同时建立，否则将有导致撞车的危险。实际上，当两条具有共用路段的进路又都经由某一道岔，但对该道岔的位置要求不一样时（例如一条进路要求该道岔在定位，另一条进路要求在反位），其中一条进路建立后，另一条由于道岔位置不符合要求是不能建立的，因此，不需要采取技术措施以防此类进路同时建立。由于此类进路不可能同时建立，也就避免了侧面撞车的可能，如果两条进路既有共用的路段又对共用道岔的位置要求相同，在这种情况下，不可能借助道岔位置的不同来防止它们同时建立，而必须采取技术措施加以防范，称这一条进路和另一条进路是敌对进路关系。防止同时建立敌对进路的措施是保证不发生正面和尾部撞车事故的基本措施。因此，对于任何一条进路，必须确切判明它有哪些敌对进路，以便采取相应措施，这是至关重要的。

以上简要地说明了在信号、道岔和进路之间必须建立一定的制约关系（或条件）才能保证行车安全。

一、进路与信号机

（一）车站股道

车站是有站线的分界点。由于车站的技术作业不完全相同，所以有中间站、会让站、越行站、区段站和编组站之分。按其业务性质又可分为客运站、货运站和客货混合站。

车站是办理客货转运作业的基地。一般是由许多线路组成的，它除了有与区间直接连通正线外，还配有站线及特别用途线。例如供接发旅客列车或货物列车用得到发线；供解体或编组货物列车用的调车线和牵出线；办理装卸作业的货物线；办理其他各种作业的线路，如机车走行线、存车线和检修线等。特别用途线是指为保证行车安全而设置的安全线和避难线。在这些路线之间用道岔连接，使机车车辆能从一条线路转向另一条线路。车站股道两端是道岔汇聚的区域称为咽喉区，是车站技术作业最繁忙的地方。

两条股道汇合在一起时，在两汇合股道中心相距 4 m 的地方设置安全标志（称作警冲标）。4 m 值是根据机车车辆限界 3.4 m 再加上一些富裕间隙确定的。列车进站在股道上停车时，其尾部（一般指车钩）必须越过警冲标，由另一咽喉开来的停站列车，其头部不得越过警冲标，否则会妨碍其他机车车辆由另一股道进出，造成两列车侧面冲突的危险。

（二）列车进路与列车信号机

车站的技术作业可分为列车作业和调车作业两类。列车作业主要是指列车的接车、发车、转场和通过作业；调车作业是指车辆的解体和编组、摘挂车辆、机车车辆转线及机车出入库等。按作业性质，进路的种类大体上可分为列车进路和调车进路两类。列车进路又可划为接车进路、发车进路、转场进路和通过进路。凡是列车进站所经由的路径叫接车进路；列车由车站发往区间所经由的路径叫发车进路；列车由车站的一车场开往另一车场所经由的路径叫转场进路；列车由车站正线通过由正线接车进路和正线同方向发车进路组成的进路叫通过进路。各种不同性质的进路，应有不同用途的信号机进行防护。

1. 进站信号机

为了防护车站，指示列车能否由区间进入车站，在车站的入口处设置的信号机叫作进站信号机。它的具体位置设在车站最外方道岔尖轨尖端（顺向为警冲标）不少于50 m的地点，如因调车作业和制动距离的需要，可适当外移，但一般不宜超过400 m。进站信号机实际上是用来防护接车进路的。

2. 进路信号机

列车由Ⅰ场至Ⅱ场或由Ⅱ场至Ⅰ场所经由的径路，叫作转场进路。转场进路要设置进路信号机防护。接车进路信号机和进站信号机一样，都必须设有引导信号，而发车进路信号机和出站信号机一样，都不需要设引导信号。

3. 出站信号机

列车出站时所经过的径路，叫作发车进路。发车进路要设置出站信号机防护。出站信号机除防护发车进路外，还要防护闭塞分区或所间区间或站间区间。

在信号机的编号中，“X”表示下行，“S”表示上行。没有数字注脚的是进站信号机。有数字注脚的表示属于哪一股道的出站信号机，注有“L”的为进路信号机。凡是在正线上设置的列车信号机，都用高柱信号机。凡在站线设置的列车信号机，准许使用矮型信号机。信号机应设在列车运行方向的线路左侧.

（三）调车进路与调车信号机

设置信号机能够指挥调车作业，并能保证调车进路的安全，根据调车作业需要可以归纳为三种不同用途的调车信号机。

1. 调车起始信号机

这类信号机设于一个完整的调车作业的起点。故由股道、专用线、牵出线、机待线、调车场以及机务段等处向咽喉区调车时，都需要在调车进路的始端设置调车起始信号机。

2. 调车折返信号机（又称回程信号机）

这类信号机是指挥机车车辆折返用的，应当注意的是不仅仅股道与股道间的调车转线作业含有折返行程，其他如调车场与到发线之间，机务段与专用线之间许多调车作业都可能包含折返过程。因此，布置折返信号机时应从多方面去考虑。

3. 调车阻拦信号机（或称目标信号机）

设置这类信号机的目的是增加平行作业，以提高车站通过能力。

把调车信号机划分为以上三种，只是为了在布置调车信号机时有所遵循，但并不是说一架信号机只能起到一种作用。

为了方便叙述，我们根据调车信号机设置的特点，把设置在股道头部的调车信号机，统称为股道头部调车信号机；把设置在牵出线、专用线、机待线、机车出入库线等处的调车信号机统称为尽头型调车信号机；把在咽喉区中间设置的折返调车信号机和阻拦调车信号机统称为咽喉调车信号机。上述各种调车信号机的设置特点不仅仅是为了叙述方便，由于它们设置的特点不同，控制它们的联锁条件也不完全一样。

二、道岔的位置和状态

道岔是列车从一股道转向另一股道的转辙设备，它是铁路线路中最关键的特殊设备，也是铁路信号的主要控制对象之一。道岔有两根可以移动的尖轨，尖轨的外侧是两根固定的基本轨，与尖轨和基本轨相连接的是四根合拢轨。其中两根合拢轨是直的，两根合拢轨是弯的，两根内侧合拢轨相连的是辙叉。它由两根翼轨、一个岔心和两根护轮轨组成。护轮轨和翼轨用于固定车轮运行方向。由于列车通过道岔时都要经过辙叉的，如果不固定车轮轮缘的前进方向，就有可能造成脱轨事故。

道岔有两根尖轨，一根密贴于基本轨，另一根离开基本轨，前者称作闭合尖轨，后者称作开启尖轨。道岔尖轨位置是开通正向时，习惯称正向为道岔直轨。如果将闭合尖轨变换为开启尖轨，而开启尖轨变换为闭合尖轨，则开通侧向，习惯称侧向为道岔弯轨。由此可见，道岔有两个可以改变的位置，通常把道岔经常所处的位置叫作定位，定位一般开向正向。那么，办理进路需要临时改变的另一位置叫作反位。道岔的定位和反位为正常工作状态。为了改变道岔的两个位置，在道岔尖轨处需要安装道岔转辙设备。

道岔的定位和反位的定义反映了尖轨和基本轨之间的相对位置，亦反映了进路开通的方向。道岔的另一个问题是尖轨与基本轨之间密贴的程度，以及开启尖轨与基本轨之间离开程度，它们的好坏对行车安全影响很大。

如果闭合尖轨与基本轨密贴程度差，即间隙没有达到规定标准，列车迎着尖轨运行时，车的轮缘有可能从间隙中挤进尖轨尖端造成前后轮对进入不同的轨道，称为四开状态，从而造成列车脱轨和颠覆严重行车事故；如果开启尖轨离开基本轨的距离没有达到规定标准，也会造成此种危险。道岔的四开状态是不正常的非工作状态。由此说明，道岔的状态如何对行车安全危险极大。因此，铁路上对尖轨与基本轨的密贴程度有严格的规定和标准。规定装有转换锁闭器、电动转辙机、电空转辙机的道岔，当在转辙杆处的尖轨与基本轨之间插入厚 4 mm，宽为 20 m 的铁板时，应不能锁闭和开放信号。

当高速列车通过道岔时，虽然道岔尖轨与基本密贴良好，但由于列车震动仍有使道岔改变状态的可能性，为了防止此类危险的发生，要求在道岔转换到位后，闭合尖轨和基本轨达到规定密贴程度时，必须对尖轨锁住。只有将闭合尖轨锁住，才能保证道岔，不致受外力作用使道岔改变状态，所以在道岔转换设备中，都附有锁闭装置，以便把道岔锁在密贴良好的规定状态。

三、道岔、进路和信号机之间的联锁

（一）联锁的定义

无论是列车进路还是调车进路，总是由某一指定地点运行到另一指定地点，沿途要经过一组或多组道岔，因此，一条进路是由道岔的位置所决定的，在进路的入口处设有信号机进行防护。道岔是线路上可动作部分，如果办理一条进路，进路中的道岔位置不正确，或者位置虽然正确，但在进路使用过程中还能对它进行操纵，就有可能造成列车或车列进入异线或脱轨的危险。所谓建立进路，就是办理进路时不仅要求把道岔转换到进路所要求开通的位置上，而且必须将道岔锁在进路开通的位置上，然后再将该进路的防护信号机开放。进路上的道岔不对，则不准信号机开放。但一旦信号机开放后就不准许进路上的道岔再变动位置，直至信号机关闭，列车或调车车列通过道岔为止。

一条进路可以走上行车也可以走下行车，在这条进路上分别由上行和下行两架信号机防护。显然，同时建立上行进路和下行进路是敌对进路关系。所以在开放上行信号机之前，下行信号机必须在关闭状态；一旦上行信号机开放后，就禁止下行信号机再开放，一直到上行车进入进路上行信号机关闭，并且经过机车车辆本身对这条进路控制后，即必须检查机车车辆确实通过出清了进路，才解除对下行信号机控制。从而防止从正面、尾部闯入进路而造成撞车事故。

以上不难看出，为了保障列车或调车车列在其进路上运行的安全，在进路、道岔和信号机之间存在某些互相制约的关系，而且必须按照一定的程序才能动作和建立，通常把这种互相制约关系和程序叫作联锁。

联锁必然存在于两个对象之间。例如上面所说的道岔和信号机之间的联锁，上行信号机与下行信号机之间的联锁等。联锁既然存在于两个对象之间，而且又是相互制约的，所以两个对象之间是一种互锁的关系。如果道岔不扳在规定位置上，就把信号机锁在关闭状态；一旦信号机开放，信号机又把道岔锁在规定位置上。这样做的理由很简单，若信号机不锁道岔，在信号机开放后，道岔仍可变换位置，则道岔锁信号机就没有意义了。因为在信号机开放以前道岔位置虽然正确，但信号开放以后，道岔仍可扳到错误的位置上去。

两个对象之间也存在不是一种互锁的情况，如进站信号机不亮红灯，不准许信号开放。但进站信号机开放以后不要求红灯锁在亮的位置上，而是要求红灯灭灯，才能改亮绿灯或黄灯。这就是进站信号机红灯和开放的关系是一种单锁关系。不过单面锁的联锁关系较少，我们所说的基本联锁的内容都是互锁关系。

（二）道岔、进路和信号机之间的基本联锁的内容

1. 道岔、进路之间的联锁

道岔有定位和反位两个工作位置，进路则有锁闭和解锁两个状态。道岔位置正确，进路才能锁闭，进路解锁后，道岔才能改变其工作位置。这就是存在于道岔和进路之间的基本联锁关系。

进路号	进路名称	道岔
1	Ⅰ道下行接车进路	（1）
2	Ⅱ道下行接车进路	1

图 2-1　道岔与进路间的联锁

在图 2-1 中，进路 1 是Ⅰ道下行接车进路，进路 2 为Ⅱ道下行接车进路。进路 1 要求道岔 1 在反位；进路 2 要求道岔 1 在定位。从表中看出带括号的代表道岔在反位，不带括号的代表道岔在定位。表中的意义是进路 1 与道岔 1 之间有反位联锁关系，道岔 1 不反位进路 1 就不能锁闭；反过来进路 1 锁闭后，把道岔 1 锁在反位位置上，不准许道岔再变位。在进路 2 与道岔Ⅰ之间有着定位锁闭关系，即道岔 1 不在定位，进路 2 就不能锁闭；反之，当进路 2 锁闭以后，把道岔 1 锁在定位位置上，不准许道岔再变位。

上述的定位锁闭关系叫定位锁闭，反位锁闭关系叫反位锁闭。简而言之，定位锁闭即 A 不在定位，B 不能反位；B 反位后，把 A 锁在定位；反位锁闭即 A 不在反位，B 不能反位；B 反位后，把 A 锁在反位。

有时进路范围以外的道岔也与该进路有着联锁关系，这种道岔叫作防护道岔，如图 2-2 所示。在下行 1 道接车进路的延续进路中有一条安全线，它是为接 1 道下行接车进路而设置的，因为在 X 进站信号机前方制动距离内有较大的下坡道，列车进站到达股道后有可能停不住车，为防止上行Ⅱ道接车进路上的列车发生侧撞事故而考虑的。道岔 4/6 不在下行Ⅰ道接车进路上，但如果允许在道岔 4/6 反位的情况下建立上行 DI 道接车进路的话，当上行列车进站行驶在道岔 2 的期间有可能与下行Ⅰ道的列车相撞，这是很危险的。因此，道岔 4/6 虽是上行Ⅲ道接车进路以外的道岔，也要求道岔 4/6 与上行Ⅲ道接车进路发生联锁关系，即 4/6 不在定位，禁止进路 3 锁闭（即禁止防护进路 3 的信号机开放）一旦进路锁闭后，禁止道岔 4/6 变位，把道岔 4/6 锁在定位位置上。很明显 4/6 道岔锁在定位后，才能使下行Ⅰ道的接车进路与进路 3 隔离开来了，也就消除了上述的危险性。

防护道岔与进路联锁关系，表中用中括号表示。如图 2-2 中所示，［4/6］表示该道岔与进路 3 为定位锁闭关系；若是反位锁闭，则用［（4/6）］表示。

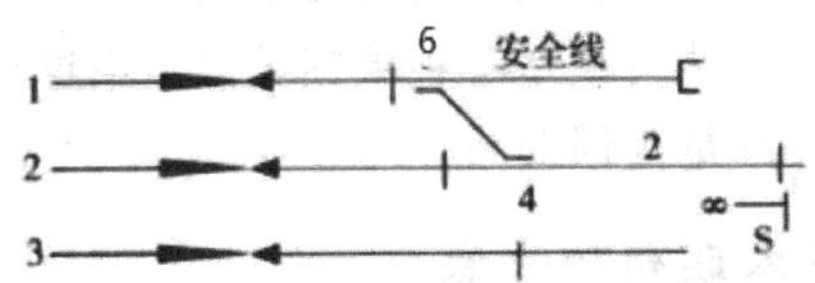

进路号	进路名称	道 岔
1	Ⅰ道下行接车进路	2,（4/6）
2	Ⅱ道上行接车进路	2,4/6
3	Ⅲ道上行接车进路	2,（4/6）

图 2-2　防护道岔

2. 道岔与信号机之间的联锁

进路是由信号机防护的，故道岔与进路之间的联锁也可以用道岔与信号机之间的联锁来描述。

如图 2-3 所示，下行进站信号机 X 防护着两条进路：一条是Ⅰ道下行接车进路，要求 1 号道岔在反位；另一条是Ⅱ道下行接车进路，要求 1 号道岔在定位。因信号机 X 与 1 号道岔的联锁关系，既有定位锁闭关系，又有反位锁闭关系，叫作定反位锁闭，定反位锁闭就意味着道岔 1 在定位时，允许信号机 X 开放；在反位时也允许信号机 X 开放。那么是否可以不必采取锁闭措施呢？不是的。因为道岔有定位和反位以外，还有一种非工作状态，即不在定位又不在反位的状态，如道岔不密贴或被挤等，处在四开状态。就是说道岔在不正常状态，是不允许信号机开放的。

信号机	信号机名称	道 岔
X	下行进站信号机	1,(1)

图 2-3　道岔与信号机的联锁

锁闭信号机有两种不同的办法，一种是锁操纵信号机的握柄（机械操纵器件），即道岔位置不对，把信号握柄锁住，使之不能扳动；一种是锁控制信号机灯光用的信号继电器，如道岔位置不对时，禁止信号继电器励磁。采用前一种方法，用图 2-3 的格式来描述为宜。因为具体的锁闭措施要在信号握柄和道岔握柄间实现。若采用后一种锁闭方法，则用图 2-2 的格式描述为宜。因为这种格式每条进路对道岔位置的要求表示得比较清楚。

3. 进路与进路间的联锁

车站上有许多条列车和调车进路，进路与进路之间存在着三种不同性质的进路关系：一是平行进路，二是抵触进路，三是敌对进路。如果两条进路没有任何共用路段，彼此互不妨碍．同时办理同时建立不会危及行车安全的进路，称作平行进路。若两条进路具有共用路段，又都经由某一道岔，但该道岔的位置要求不相同的（一条进路建立后，另一条进路由于道岔位置要求不符合则不能建立），这类进路存在相互妨碍，但用道岔位置能够区分的进路，称作抵触进路。由于这类进路不可能同时建立，也就避免侧向撞车的可能。如果两条进路既有共用路段又对共用道岔位置的要求相同，在这种情况下，不可能借助道岔位置防止它们同时建立，这类进路称作敌对进路，敌对进路关系的进路必须采取技术措施防止它们同时建立，从而保证不发生正面和尾部撞车事故。因此，对于任何一条进路，必须确切地判明它有哪些敌对进路，这是非常重要的。

抵触进路，如下行接车进路有三条，即进路 1、进路 2 和进路 3。这三条进路因为要求道岔位置各不相同，而且在同一时间只能建立一条进路。任何一条进路锁闭以后，在其未解锁以前，进路中的道岔仍在锁闭，因此就不可能再建立其他两条进路了。所以这些进路属于互相抵触的进路。既然抵触进路不可能同时建立，那么在抵触进路之间要不要采取锁闭措施呢？回答是不需要。不需要采用锁闭措施的联锁内容，就没有必要列在联锁表内。

但是，也有一种例外的情况。若信号机与道岔均由扳道员在两个咽喉区分别操纵，车站值班员仅仅用电话指挥，那么肩负行车安全责任的车站值班员无法对扳道员进行有效控制和监督。因此，在上述情况下值班员室需安装一种用来发送建立进路命令的设备。当值班员操纵一个操纵元件，发出一个电信号，这样扳道员只能按着车站值班员的意图（即按着接收到的电信号）来建立进路，从而受到车站值班员控制和监督。但是设在值班员室内的设备必须具备一种功能，即不允许值班员有可能同时发出两个有抵触的进路命令。因为车站值班员若能同时发出两个有抵触进路的命令，例如建立进路1和进路3，则最后决定权还取决于扳道员，这就失去了设置此设备的目的。因此，在值班员室内发送建立进路命令的设备上要求在抵触进路之间采取一定的锁闭措施，实施抵触进路之间的联锁。这时联锁表内，必须把抵触进路也列出来。

敌对进路，用道岔位置不能间接控制的两条进路，这两条进路又存在着抵触关系的进路。它们是同一股道不同方向的接车进路，不能用道岔位置间接控制，允许同时接车会有危险，所以这两条进路为敌对进路是很明显的。有时两条敌对进路分别属于两个不同的咽喉区，过去所采取的锁闭措施分别设在两个咽喉区的信号楼内，故两条进路之间锁闭，又称照查锁闭，意思是两楼间实行照查。现在一个车站只设一个信号楼，但仍沿用照查锁闭这个概念。在同一咽喉区也有敌对进路，不过这些敌对进路都属于同一咽喉区的，所以它们之间的锁闭不属于照查锁闭，它们之间实现锁闭比较容易。

上述抵触进路和敌对进路之间的联锁关系都属于定位锁闭而不存在反位锁闭关系。

4. 进路与信号机之间的联锁

进路与进路之间的联锁关系，可用进路与信号机之间的联锁关系来描述。因为进路较多时，这样描述较明显，不需要从进路号码中查找进路名称了。

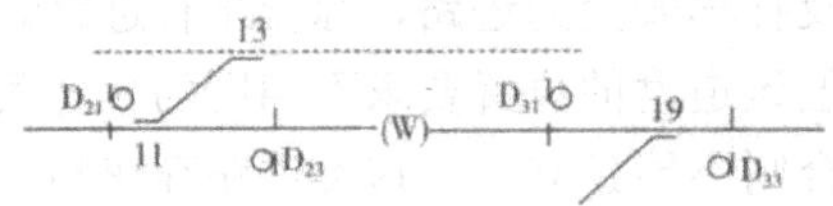

进路号	进路名称	敌对信号
1	D_{21} 至 W	D_{23}，（19）D_{33}
2	D_{33} 至 W	D_{31}，（11/13）D_{21}

图 2-4　进路与信号机之间的联锁

如图 2-4 所示，进路 1 是从 D21 信号机至无岔区段 W 的调车进路，D23 信号机所防护的进路与上述进路为敌对进路，所以 D23 为进路 1 的敌对信号，在联锁表中进路 1 的敌对信号栏中记作“D23”。

D33 信号机防护着两条进路：一条经由道岔 19 反位；另一条经由道岔 19 定位至无岔区段 W。由于无岔区段一般较短，故禁止同时由两个方向向该无岔区段内调车。即 D21 至 W 的调车进路与 D33 至 W 的调车进路是敌对进路。但这两条敌对进路，只是在道岔 19 在定位时，才能构成，反之则构不成。这种有条件的敌对进路在进路 1 的敌对信号栏中记作“＜ 19 ＞ D33”，如图 2-4 所示。如果记作“＜（19）＞ D33”，则说明是反位条件。同理，进路 2 与调车信号机 D21 也存在着条件敌对关系，故在进路 2 的敌对信号栏内，记有“＜ 11/13 ＞ D21”。凡是两对象间存在着一个或几个条件才构成锁闭关系，称为条件锁闭，而这里的条件一般指道岔位置。

5. 信号机与信号机间的联锁

既然进路与进路之间联锁可以用进路与信号机间的联锁关系来描述，当然也可以用信号机与信号机间的联锁关系来描述。若以图 2-5 中的四架调车信号机为例，则这四架信号机之间的联锁关系可用图 2-5 所示。图中，D21 与 D33 之间的关系是条件联锁，条件是道岔 11/13 定位和道岔 19 定位。

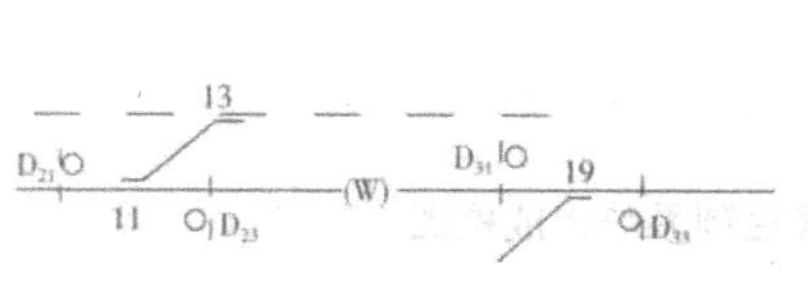

信号机编号	信号机名称	敌对信号	
		条件	锁闭
D_{21}	调车信号机		D_{23}
		19	D_{33}
D_{23}	调车信号机		D_{23}
D_{31}	调车信号机		D_{33}
D_{33}	调车信号机		D_{31}
		11	D_{21}

图 2-5　信号机与信号机间的联锁

四、联锁系统概述

车站信号控制系统是实现联锁的系统，所以也称作车站联锁系统。车站信号控制系统的功能主要表现在两个方面：一是控制道岔、进路和信号机；二是实现道岔、进路和信号机之间的联锁。随着铁路运输事业的发展以及科学技术的进步，控制道岔和信号的技术以及实现联锁的技术也在不断地发展控制道岔、信号机以及实现联锁的集中化程度已由非集中联锁系统发展成集中联锁系统；实现联锁技术方面已经经历了机械化和电气化两个阶段，并正向着电子化阶段发展。

目前，广为使用的联锁系统是计算机联锁系统和电气集中联锁系统，其中电气集中联锁系统是用继电器及其电路实现联锁的，典型的系统是 6502 电气集中联锁系统。随着计算机技术的发展，以及容错理论和技术的发展，用计算机作为系统的联锁机构取代继电电路，故称这类联锁系统为计算机联锁系统。计算机联锁系统的使用标志我国车站联锁技术发展进入了一个新阶段。

（一）车站信号控制系统组成

车站信号控制系统组成框图如图 2-6 所示。系统的设备组成主要由室外和室内设备组成，室外包括色灯信号机、动力转辙机、轨道电路等。室内有联锁机构、控制台、电源以及设备之间的连接电缆等。显然，色灯信号机是作为开闭信号机显示用的执行机构；电动转辙机是作为转换道岔用的执行机构；而轨道电路则是监督进路和信号机接近区段内有无车的执行设备。对信号机、道岔和进路进行控制和监督，实际上就是对色灯信号机、电动转辙机和轨道电路进行控制和监督。联锁机构是联锁系统的核心部分，对于电气集中联锁系统而言，图 2-6 中的联锁机构是指实现联锁功能的继电器及其电路，在计算机联锁系统的联锁机构是微型计算机或微处理器及接口电路等。

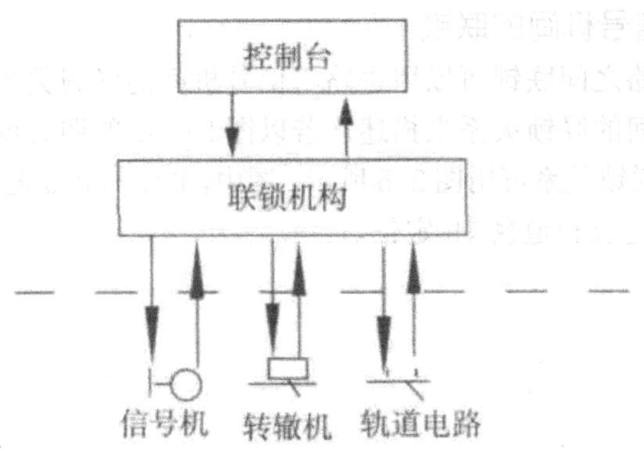

图 2-6　车站信号控制系统组成框图

在图 2-6 中，联锁机构与外部设备之间的联系线主要是反映了它们之间的信息联系与流向。联锁机构输入信息包括：接收来自控制台的操作信息；来自信号机控制环节的信号状态信息；来自动力转辙机的道岔状态信息以及轨道电路的状态信息，联锁机构对这些信息进行逻辑运算加工处理，形成输出信息，包括道岔控制信息、信号控制信息以及表示信息。用道岔控制信息使道岔转换；用信号控制信息使信号机改变显示；用表示信息向行车人员及信号设备维护人员反映车站作业状况及信号设备的状况。

（二）联锁系统的基本技术

控制道岔和信号以及实现联锁的技术主要运用以下几个方面的技术。

1. 信号机控制技术

前面已描述，在车站上设置的信号机有列车信号机和调车信号机两种，它们是分别用来防护列车进路和调车进路的。信号机的显示是作为列车是否可以驶入进路的凭证，信号机的开放与关闭直接关系到行车安全。所以只有当确认信号开放的技术条件满足时才允许信号机开放，否则信号机必须处在关闭状态。信号开放后，还必须对信号开放有关技术条件不间断地进行检查。一旦信号设备发生故障或开放信号技术条件发生变化时，信号必须立即关闭。

色灯信号机是作为开闭信号显示用的执行机构，是联锁系统进行控制和监督的对象。信号机是联锁系统的基础设备之一。

2. 道岔控制技术

道岔是进路上的可动部分，如果对它控制不当，就有可能造成列车或车列脱轨，或驶入停有车辆的邻路而发生撞车事故。因此，如何控制道岔是非常重要的．在现代的联锁系统中，对于道岔的控制技术主要包括动力转辙机和道岔控制电路两部分，也是联锁系统的基础设备之一。

动力转辙机是用于转换道岔的装置，其基本任务是转换道岔、锁闭道岔以及反映道岔的状态。道岔控制电路是控制动力转辙机动作的电路。为了保证行车安全，动力转辙机和道岔控制电路必须满足规定的技术条件。

3. 进路空闲检测技术

检查进路空闲是控制道岔转换和开放信号一项重要的联锁条件。轨道电路技术是检查股道、道岔区段、无岔区段以及信号机的接近区段上有无车辆存在的主要手段，铁路信号自动控制离不开轨道电路技术。

4. 联锁技术

为了保证行车安全，我们要制订周密而详细的保证行车安全规程和措施，由行车有关人员严格执行，以保证行车安全。作为有人介入的系统，人为的操作和判断失误都是难免的，因此，仅仅依靠有关人员的遵章守纪以保证行车安全是不可靠的。所以，一是要减少和防止操作失误；另一方面，一定要依靠技术采用技术手段来保证行车安全。

联锁技术是实现信号、道岔和进路之间联锁关系的技术，就是采用技术手段防止系统中任一环节故障以及人为操作和判断失误情况下仍能保证行车安全的技术。联锁技术是车站信号自动控制研究的主要内容。

5. 故障一安全技术

故障一安全是指系统发生故障时，其后果不应危及行车安全。如道岔控制系统发生故障时，道岔不应错误转换并锁在原来位置不动；信号机控制设备发生故障时应导致信号机关闭。总之，故障导向安全原则在铁路信号领域里成为不可动摇的原则，是必须遵循的原则。故障－安全技术就是当器件、部件和系统发生故障不致产生危险侧输出的技术。在铁路信号系统中常用的故障－安全技术有：

重力法技术——利用物体被外力抬高而获得位能，当外力消失时物体靠自身的重力而落下，失去了位能。将失能状态与安全侧相对应就是重力法实现故障－安全的技术。安全型继电器的结构就是利用“重力恒定”原理，增加了衔铁的重量，在线圈断电时强制将前接点断开，保证在故障情况下使前接点闭合的概率远小于后接点闭合的概率。安全型继电器是一种不对称器件。

闭路法技术——利用闭合电路断开时输出对应安全侧，以电路闭合时输出对应危险侧的方法称为闭合电路法。闭合电路法的安全对应原则是和安全型继电器的安全对应原则是一致的。闭合电路必须采用安全型继电器才能达到故障－安全的目的。

锁闭法——锁闭法就是实现联锁的方法，即使出现误操作或检查的各种联锁条件中任何一个条件因故障而不满足时，将信号锁在不能开放状态或道岔锁在不能转换状态，用锁闭法来实现故障－安全原则。

（三）信息的开关特性

车站信号控制系统的对象绝大多数具有两种状态。如信号的开放和关闭、道岔的定位和反位、进路的锁闭和解锁、区段的出清和占用等。因此无论对于对象或者对于对象之间的关系，可以用具有两个状态的器件（也称二值器件），如继电器励磁、接点闭合，失磁、接点断开来反映，也可以抽象为二值逻辑量来运算。

联锁机构输入信息一般有来自控制台运输值班人员的操作信息；有来自反映信号机、转辙机以及轨道电路等状态信息，这些输入信息都具有开关性。所以可以用各种用途的继电器的状态来描述，如用按钮继电器的励磁吸起与失磁落下和记录信号按钮按下与复原相对应；用信号继电器的励磁吸起与失磁落下和信号开放与关闭相对应，或者和敌对信号开放与关闭相对应；用锁闭继电器励磁吸起和失磁落下和道岔处于解锁与锁闭相对应；用道岔区段轨道继电器励磁吸起与失磁落下和反映道岔区段空闲与有车占用相对应；用道岔定位（反位）表示继电器的励磁吸起与失磁落下和道岔在定位（反位）状态与不在定位（反位）状态相对应等，

（四）信息的安全性要求

系统的输入和输出信息不仅具有开关性的特性，而且还要求具有安全性。安全性是以防止人身伤亡和财产损失为目的的，因此输入和输出信息的安全性根据与行车安全的关系程度可分成两类：一类是与行车安全不直接相关的信息，称为非安全性信息（简称非涉安信息），另一类是与行车安全有关的信息，称为安全性信息（简称涉安信息）。

联锁机构与控制台之间交换的操作信息和表示信息属于非安全信息。操作信息是反映操作人员操作的信息，例如建立进路、单独操作道岔、取消进路等，操作人员的操作难免发生误操作或误碰的可能性，从而产生错误的操作信息在有人介入的系统里，一是要减少和防止操作失误；另外，即使在错误操作的情况下也不致出现危及行车安全的后果，即不会发生信号机错误开放，道岔错误动作，进路错误解锁等。这是靠联锁机构的联锁功能来保证。至于联锁机构向控制台（或屏幕显示器）输出的各种表示信息，是向操作人员和维护人员反映车站作业状况及信号设备的状况，表示信息如果发生错误，只会引起操作和维护人员的误解和困惑，影响作业效率，但不致危及行车安全，所以把操作信息和表示信息称之为非安全性信息。

联锁机构与监控对象之间交换的信息包括反映信号机、转辙机以及轨道电路状态的信息即状态信息；以及控制信号机和转辙机动作的信息即控制命令。状态信息是参与联锁的信息，都是决定信号机能否开放的重要联锁条件，它们必须具有安全性。如果状态信息发生错误，则要破坏联锁的正确性，可能产生错误的控制命令，从而危及行车安全。如果控制命令发生错误，使信号和道岔出现错误动作，也是危及行车安全。所以要把状态信息和控制信息称之为安全性信息。为了保证信息的安全性，要求产生各种用途的状态信息的逻辑电路以及控制命令输出电路必须是故障－安全电路，同时要有明确的安全侧对应关系。

（五）安全侧、危险侧

在确定信息的安全性以后，还必须确定每个信息的安全侧若只确定信息的安全性而不确定信息的安全侧是没有意义的，因为不明确信息的安全侧，也就没有办法判断某一信息是否具有安全性。

任何安全信息的两个状态对于行车的作用是不同的，其中一个状态是允许列车运行的，为危险侧；另一个状态则是禁止列车运行，为安全侧，对控制信号机的信息来说，一种状态是关闭信号，禁止列车运行；另一种状态是开放信号，允许列车运行，

显然关闭信号的状态比开放信号的状态更具有安全性，应以前者作为安全侧。对控制道岔的信息来说，一种状态准许道岔转换，另一种状态禁止道岔转换，因此后者应作为安全侧。再如轨道电路．用它反映进路上有车还是空闲，轨道电路有车占用状态禁止信号机开放，禁止列车驶入，而轨道电路空闲是允许信号开放允许列车运行，所以应把轨道电路的有车占用状态作为安全侧总之，我们把安全信息其中一个状态与禁止列车运行的安全侧相对应，这种对应方法又称为安全对应法。

安全信息是由逻辑元件构成的电路或系统输出的，其两个输出值的安全性是不同的。因此，要把其中一个值与禁止列车运行相对应，称为安全侧的输出值；另一个值与允许列车运行相对应，称为危险侧的输出值。根据故障－安全原则，硬件设备发生故障时，要求处于禁止运存状态的可能性要远远大于允许运行状态的可能性如果硬件发生故障其输出值是处于禁止运行状态的是有利行车安全，所以称这种故障为安全侧故障。如果硬件故障而出现允许列车运行状态的输出，则可能发生危机行车安全的后果，称这种故障为危险侧故障。显然，当设备内部发生任何故障时，其电路或系统能给出预定的安全侧的输出值，就会使设备动作不会产生危险后果。

如上所述，在设计一个故障－安全系统时，必须首先分析判断系统的输入、输出信息的安全性要求，对于那些有安全性要求的信息，应当明确规定它的安全侧；其次对故障－安全电路或系统，在发生故障时能给出一个预定输出值，即安全侧的输出值；三是系统中所使用的每一个逻辑元、器件，应具有在故障时给出预定输出值的要求，如安全继电器是一种不对称器件，在故障时都能给出预定的输出值“0”，而我们用“0”控制设备于安全侧。电子逻辑元、器件及其所构成电路或系统的故障－安全性能仍然是大家所关注的问题。

五、进路控制过程

进路控制过程是指一条进路从办理到列车或车列通过进路的全过程，我们称该过程为进路控制过程。这个过程是信号、道岔和进路之间的联锁过程。我们分析进路的控制过程可以看到：一是整个进路控制过程都体现了一个安全控制的要求，二是反映了联锁的逻辑关系。而且无论是列车进路还是调车进路，它们的控制过程基本上是一样的。

进路控制过程可分成进路建立和进路解锁两个过程。进路建立过程是指从车站操作人员办理进路到进路锁闭防护该进路的信号机开放。进路解锁过程，是指当列车或车列确实通过了进路中的道岔区段后，应使该区段内的道岔解锁及相关的敌对进路解锁，或者由操作人员人工解除已建立的进路。

（一）进路的建立过程

建立进路的过程又可以进一步分解进路选择、进路锁闭和开放信号三个阶段。每个阶段应完成的基本任务是：

1. 进路选择

在办理进路时，进路选择的基本任务：一是记录车站值班人员的操作，记录进路的范围、进路的性质（是列车进路还是调车进路）、进路方向以及进路的特征（基本进路、变更进路、复合进路和通过进路等）；二是选择进路有关的道岔，根据已确定的进路范围，从许多进路中自动选出一条要办理的进路，选择进路中有关道岔的位置；三是道岔转换，当选出的道岔实际位置不符合时要将道岔转换到与进路要求的位置。但是，在转换之前必须检查道岔区段是空闲的，道岔是在解锁状态等。

2. 进路锁闭

在进路选取后，首先做先排一致性检查，检查进路中各个道岔位置是否已符合所选进路要求，为锁闭道岔做准备；在确定进路在空闲状态（包括接车股道）、道岔位置正确及敌对进路（包括本咽喉敌对进路和接车股道迎面敌对进路）未建立的条件下，将道岔和敌对进路锁闭，使道岔不能转换，使敌对进路不能再建立，这种锁闭称为进路锁闭。为开放信号创造条件。

3. 开放信号

在进路锁闭后，通过检查开放信号有关联锁条件，使防护进路的信号机开放，指示列车或车列驶入进路。在信号保持开放期间需要不间断地检查进路空闲、道岔的状态等开放信号的联锁条件，如果出现有非法车辆进入进路，或者道岔位置发生变化等危及行车安全的因素，信号应立即关闭。当列车一旦驶入进路时，信号要立即自动关闭。对于调车信号机来说，考虑调车作业一般由调车机车推送运行，所以规定当车列全部进入调车进路后信号才关闭。

综上所述，整个过程反映了进路控制过程每个阶段之间的动作次序，反映了对采集的各种信息进行加工处理及传递的层次，都是以联锁为依据的程序逻辑关系。进路必须按照这一程序并满足一定条件才能建立，只有遵循这种关系和程序才能保证行车安全。

（二）进路的解锁过程

进路控制过程的第二阶段是进路解锁过程，进路解锁是指对已建立的进路要进行解除锁闭。当列车或车列确实通过了道岔区段后，应解除对道岔和敌对进路的锁闭。

进路的锁闭和解锁是一个问题的两个方面，二者比较起来，进路解锁尤为重要。因为进路因故不锁闭，信号不开放，这是安全的。而进路解锁过程一般是在信号开放之后进行的。被锁闭的进路一旦错误解锁了，意味着进路上的道岔可以转换，敌对进路可建立。如果在信号开放后，在列车或车列已接近进路的情况下，出现进路错误解锁，这是非常危险的。另外，当列车或车列正在进路中运行时发生了错误解锁事故，同样是非常危险的，都将危及行车安全。因此，对于进路解锁的重点是防止错误解锁。

进路解锁和列车或车列是否接近进路有着密切关系。为了反映列车或车列是否接近进路，每架信号机的前方原则上都应设一段轨道电路作为进路的接近区段。列车进路的接近区段长度不小于制动距离8 00m；调车进路的接近区段长度不小于最短一节钢轨的长度 25 m。

进路解锁过程将根据列车或车列是否驶入进路为分界。由于解锁的条件和时机的不同，进行解锁方式也不同。

1. 列车或车列未驶入进路的解锁方式

取消进路是在进路锁闭后，信号由于某种原因没有开放，或者信号已经开放而列车或车列尚未驶入接近区段时，操作人员采用办理取消手续来解锁进路。这种解锁方式称为取消进路。

人工解锁进路是当信号开放后，列车或车列已驶入接近区段，根据需要允许操作人员办理人工解锁手续来解锁进路。但必须从信号关闭时算起，延迟一定时间后进路才能解锁。延迟时间是司机看到禁止信号后采取制动措施能够使车停下来所需要的时间，只有停车后再使进路解锁是安全的。这种人工延时解锁方式称为人工解锁进路。人工延时解锁的延迟时间对于接车进路和正线发车进路规定延时 3 min；对于侧线发车进路和调车进路规定延时 30 s。

2. 列车或车列驶入进路的解锁方式

正常解锁是指列车或车列通过进路中的道岔区段后，进路即自动解锁。正常解锁分为一次解锁和逐段解锁两种形式。一次解锁是指列车或车列出清了进路中全部道岔区段后，各个道岔区段同时解锁的形式。逐段解锁是指列车或车列每驶过一段道岔区段，该道岔区段逐段自动解锁的形式，逐段解锁形式有利于提高线路的利用率。检查列车或车列是否已经通过该道岔区段，检查道岔区段是否空闲是利用轨道电路技术。然而轨道电路的动作可能是机车车辆的运动造成的，也可能是由于轨道电路故障原因引起的。为了防护由于轨道电路故障而引起错误解锁，不能简单地用一段轨道电路动作就确切反映机车车辆通过了该区段，而必须采用多段轨道电路的顺序动作反映机车车辆的实际运行。所以在采用逐段解锁方式时，一般要采取记录相邻三段轨道电路顺序动作，作为一区段解锁的条件（三点检查法）。

调车中途折返解锁是调车进路的一种自动解锁方式。当进行转线调车作业时，完成整个调车作业过程，包含有牵出作业和折返作业。为牵出作业而建立的进路称为牵出进路，然后为折返，作业建立的进路称为折返进路。当调车车列驶入牵出进路后，往往在牵出的中途根据折返进路的信号开放车列而返回。由于车列没有完全通过牵出进路上的道岔区段而中途折返以致牵出进路上的部分道岔区段不能按正常解锁方式解锁。为此，需要用一种特殊的解锁方式，使牵出进路上未能正常解锁的区段予以自动解锁。这种特殊的自动解锁方式称为调车中途折返解锁。

3. 故障解锁

随着列车或车列通过进路，各道岔区段应按正常解锁方式自动解锁，然而由于轨道电路故障，破坏了三点检查自动解锁的条件，而使进路因故障不能自动解锁，需采用特殊的方式，由操作人员介入使进路解锁。故障解锁是以道岔区段为单位实施故障解锁。

第二节 车站信号控制系统设计和6502电路原理

一、电气集中设备简介

6502电气集中是用继电器逻辑电路构成车站信号控制系统，是在计算机联锁出现之前在国内使用比较普遍的一种联锁设备。

（一）设备组成

6502电气集中设备可分为室内、室外两大部分。室内部分主要有控制台、故障解锁盘、继电器组合及组合架。室外部分主要有信号机、动力转辙机和轨道电路等。

控制台上设有许多按钮和表示灯，用来对道岔、进路和信号机进行控制和监督，监督室外设备的状态及线路运用情况；监督操作过程是否完成。故障解锁盘用于故障情况下对进路实行人工解锁，继电器组合和组合架用来放置各种用途的功能继电器和逻辑电路，完成联锁设备的逻辑运算；电源是供电设备；分线盘通过电缆连接室内外设备；信号机是信号显示的机构；动力转辙机是转换道岔的机构；轨道电路是监督列车占用的设备。

（二）系统特点

在车站信号楼集中控制和监督道岔、进路和信号机；在车站信号楼实现道岔、进路和信号机三者的联锁，是一种集中联锁设备。

为了防止误动一个按钮而构成错误操作命令，原则上采用按压两个按钮才构成一个有效操作命令的方式。如办理进路时，在控制台上，按压该进路的始端和终端部位两个信号按钮就能将进路中有关道岔自动转换到规定位置，且防护该进路的信号机自动开放。这种始、终端按钮操作方式称为进路操作方式。

电路设计采用定型标准电路，这种定型标准电路称为组合单元定型组合可分为三种基本类型：一是信号组合，二是道岔组合，三是区段组合。用这三种基本类型的组合可以拼贴成任何车站用的电路图，这种电路又称站场形网络图。运用组合单元拼装构成的电气集中又称为组合式电气集中。电路定型化有利设计，有利于工厂化生产，有利于施工，也有利于维修管理。进行解锁采用逐段解锁制，是以每一道岔区段为逐段解锁单元，有利于提高车站作业效率。

二、进路选择电路

电气集中电路一般可分成进路选择电路和执行电路两个部分．在进路建立整个过程中，从办理进路按压进路始、终端按钮到选出进路中的道岔位置，属于进路选择过程，所涉及的逻辑电路习惯称为选择组电路，然后经历道岔转换、进路检查、进路锁闭、开放信号完成进路开通，一直到使用进路、进路解锁的过程，属于进路处理。实现进路开通建立到进路解锁的电路习惯称为执行组电路。

（一）进路选择电路功能

进路选择电路的功能是：一是记录进路控制命令。二是根据进路的控制命令选择进路中各个道岔的位置。两点间既有基本进路又有变更进路，这就要求必须优先选出基本进路。在辅助操作情况下，又必须选出变更进路。三是根据按压按钮的顺序确定进路的始端和终端。

1. 记录电路

记录电路包含两部分内容，一是对应每个按钮设有一个按钮继电器（AJ），用它接收按压按钮给出的控制命令；二是鉴别进路的性质和运行方向。在两点间有列车进路和调车进路，称它为进路的性质；有接车方向和发车方向，称它为进路的方向：两点间的进路一般有 4 种情况：即列车接车方向进路，用列车接车方向继电器（LJJ）进行鉴别；列车发车方向进路，用列车发车方向继电器（LFJ）进行鉴别；调车接车方向进路，用调车接车方向继电器（DJJ）进行鉴别；调车发车方向进路，用调车发车方向继电器（DFJ）进行鉴别。把这 4 个继电器作为一组，组成互锁电路，就可以鉴别出进路的性质和方向，故称为方向电路。

2. 选岔电路

根据进路两端给出的控制命令，要自动选出进路中的道岔位置，是通过选岔电路输出定位操纵（DCJ）或反位操纵（FCJ）的命令，由 DCJ 或 FCJ 条件接通道岔控制电路，使动力转辙机带动道岔变位至定位或反位。

为了保证道岔可靠动作到位，当 DCJ 或 FCJ 励磁后，立即构通自闭电路。另外，DCJ 或 FCJ 接点条件要作为校核所选进路与实际排列进路是否一致性的检查条件所以 DCJ 或 FCJ 的工作时间要一直延长到进路锁闭时才终止落下。

3. 选出进路的始端和终端电路

进路式操纵不仅要选出进路中的道岔位置，还要选出进路的始端和终端。用方向电路的 DJJ 或 DFJ、LJJ、LFJ 与进路始端和终端的按钮继电器 AJ 相配合，就可以确定进路的始端和终端，

4. 证明进路选出电路

进路上有若干组道岔是否全部被选出，一般采用选出证明的办法。所以对应每一个信号点（指可以作进路的始端或终端的位置）分别设一个进路选择继电器（JXJ）。该继电器并接在选岔网路中，和选道岔位置的道岔操纵继电器一并顺序动作。

（二）进路选择电路

进路选择电路由按钮继电器、方向继电器、道岔操纵继电器、进路选择继电器、辅助开始继电器和终端继电器等继电器电路组成，若按它们的功能而论，按钮继电器

和方向继电器主要是记录值班员操作信息的，鉴别进路的性质和方向，所以称为记录电路；道岔操纵继电器是选择道岔位置的，所以称为选岔电路；进路选择继电器的主要功能是检查进路是否被选出；辅助开始继电器和终端继电器是在进路选出后继续记录进路始端和终端，它们在进路选择电路与执行组电路之间起着承上启下的作用。

1. 按钮继电器电路

每一个列车信号按钮和调车信号按钮分别都要设按钮继电器。一个信号按钮的用途可分为：一是办理进路时作始端按钮或作终端按钮；二是非办理进路时作为始端信号按钮要参与重复开放、取消进路和人工解锁进路的操作。

信号按钮是AJ的起始信号。它除了经起始信号的励磁电路外，还有一条经其前接点接通的保持电路，该电路习惯叫自闭电路。信号开放的过程中，为了防护误碰该进路始端信号按钮而引起错误励磁吸起可能带来的影响，所以在AJ的自闭电路中接有信号继电器XJ后接点条件，在XJ励磁过程中此条电路不构通。

按钮继电器是对应一个信号按钮设一个按钮继电器的基本电路结构原理，还有一种信号按钮，一个信号按钮需要设多个按钮继电器，如单置调车信号机信号按钮设有：AJ、1AJ、2AJ。用它们的组合来决定按钮的用途：作始端按钮1AJ、AJ两个按钮继电器励磁吸起；作终端按钮1AJ、2AJ两个按钮继电器励磁吸起；作变通按钮1AJ、2AJ、AJ三个按钮继电器多励磁吸起，这也是一种电路设计方法。

2. 方向继电器电路原理

方向继电器电路是用四个继电器组成的一组互锁电路。电路的特点是一个咽喉区共用一组方向电路，所以把该咽喉区的所有信号按钮分成四组：即列车接车方向始端按钮、列车发车方向始端按钮、调车接车方向始端按钮、调车发车方向始端按钮，将每组的各按钮继电器前接点并联起来，作为该组的方向继电器励磁电路的控制条件。由始端的按钮继电器前接点作为其励磁条件，由终端的按钮继电器前接点作为其自闭条件。当选路完成始、终端的按钮继电器都释放，则方向继电器失磁落下终止工作。

3. 选岔电路原理

选岔电路结构是一种站场形并联传递式双网路结构。站场形是指电路的图形结构与站场的形状相同。在选路过程中，为了记录各个道岔被选出的位置，以便控制动力转辙机将道岔转换到规定位置，对应每一个道岔要设定位操纵继电器（DCJ）和反位操纵继电器（FCJ）。为了检查进路是否被选出，作为进路的始端和终端分别设进路选择继电器（JXJ）。将这些继电器线圈采用并联接法接在一对网路线上，称为并联双网路。另外，一对网路中的继电器动作顺序采取从左往右传递式顺序动作。

采用并联传递式选岔电路可以用电路最右端的JXJ励磁吸起条件，来证明进路已全部选出；操纵继电器顺序选出，道岔顺序启动，可以降低动力转辙机动作电源的电流峰值；不管一对网路线上并联多少继电器，顺序动作时同时由网路线供电的仅两个继电器，有利于电路的稳定工作。

三、执行组电路

（一）执行组电路功能

进路选择电路完成选路任务后，将进入执行组电路工作。由执行组电路执行开通进路和进路使用完后的进路解锁。

1. 执行组电路的功能

第一，根据进路选择电路中的道岔操纵继电器励磁吸起条件．接通道岔启动电路，使进路中的道岔转换，转换完毕给出道岔表示。

第二，对所选进路进行选排一致性检查和开放信号的基本条件（道岔位置正确、进路空闲、未建立敌对进路）的检查，当检查符合要求后，将进路锁闭，锁闭有关道岔和敌对进路。

第三，进路锁闭后，由信号控制电路检查有关联锁条件执行开放信号。

第四，进路使用完后，要执行进路的解锁．进路解锁方式包括：进路的正常解锁、人工解锁进路、取消进路、调车中途折返解锁以及故障情况下的区段故障解锁。

第五，在信号机故障或是轨道电路故障不能正常开放进站或接车进路信号机时，可以办理引导接车．开放引导信号必须按进路锁闭方式或按全咽喉所有联锁道岔全部锁闭方式进行引导信号用完后进路要解锁。这也是由执行组电路来完成。

向控制台提供表示信息，显示命令的执行情况、信号设备状况和列车、车列的动态信息等。

2. 执行组的电路

选路任务后到进路开通需要经过很多工作程序，主要由以下电路环节组成：

（1）转换道岔电路

进路中的所有道岔，根据 DCJ 或 FCJ 的吸起条件，接通道岔启动电路，使动力转辙机带动道岔转换，转好后给出道岔表示，定位时使道岔定位表示继电器 DBJ 励磁吸起，反位时使道岔反位表示继电器 FBJ 励磁吸起。转换道岔的电路称为道岔控制电路

（2）校核选排一致性电路

所谓选排一致性检查是指道岔所选位置与道岔实际位置是否一致的检查根据 DCJ 或 FCJ 吸起条件，相应转辙机电路应正常工作，当因故障应该变位的而未变位，则实际排通的进路就有可能与所选的进路出现不一致现象：因此在对进路锁闭前需要对进路的选排是否一致进行检查口实际排通进路用 DBJ 或 FBJ 反映，所选进路用 DCJ 或 FCJ 反映。由于道岔涉及整个咽喉区，所以设计一条选排一致性校核网络，以 FKJ 和 ZJ 作为网络的起始和终端条件，若选排是一致的网络有输出，即开始继电器 KJ 励磁吸起。

（3）检查有无开放信号的可能性电路

在进路锁闭前要检查开放信号的基本联锁条件是否满足。基本联锁条件有三项：一是进路中的道岔位置正确，二是进路空闲（包括接车股道），三是敌对进路未建立（包括本咽喉的敌对进路和迎面敌对进路）。由于检查的内容涉及整个咽喉区，所以设计

一条检查基本联锁条件的网络，该网络的起始条件是始端的 FKJ，KJ 和终端的 ZJ 吸起条件。检查结果，用信号检查继电器 XJJ 励磁吸起表示基本联锁条件满足，不吸起即说明不可能开放信号。

（4）进路锁闭电路

大站电气集中进路解锁采用逐段解锁制，即列车或调车机车车辆每越过一个道岔区段，该道岔区段应立即解锁，以便及时排列其他进路。这样，锁闭和解锁的对象就不是整条进路，而是进路中每个道岔区段。因此，对应每一个道岔区段设计一套锁闭和解锁电路，其中包括一个区段检查继电器 QJJ 电路，两个进路继电器 1LJ 和 2LJ 电路以及一个锁闭继电器 SJ 电路。用 QJJ 来选择究竟哪一个道岔区段可以锁闭或可以解锁，当进路中各道岔区段的 QJJ 一旦励磁吸起，这些区段的进路继电器 1LJ 和 2LJ 以及锁闭继电器 SJ 相继失磁落下，就使进路中各区段进入锁闭状态。哪个区段的 QJJ 失磁落下，就为该区段解锁准备了条件（能否解锁还要检查其他条件）。进路继电器 1LJ 和 2LJ 是检验该区段解锁条件用的；锁闭继电器 SJ 是反映该区段是在锁闭状态还是解锁状态。当 SJ 落下，反映该区段已转入锁闭状态。

为了实现对迎面敌对进路的锁闭与解锁，对应每一股道入口处要设照查继电器 ZCJ 电路和股道检查继电器 GJJ 电路。进路中每个道岔区段的 QJJ 并联在一条网路线上，该网路称为锁闭进路用的网路，当取得可以锁闭进路的证明时即 XJJ 励磁吸起条件，该网路线才开始工作，由进路终端 ZJ 吸起条件确定进路锁闭的范围，使与进路有关道岔区段的 QJJ 励磁吸起，从而使各个道岔区段转入锁闭状态。

（5）开放信号电路

进路锁闭后，将进入开放信号工作程序；一旦该进路的防护信号机开放，说明进路开通了或者说进路建立。控制开放信号的电路是信号继电器 XJ 电路，用来检查开放信号联锁条件，只有在符合进路空闲、道岔位置正确、敌对进路未建立、道岔和敌对进路已经被锁闭等联锁条件时，XJ 才能励磁吸起，才能使信号开放。

（二）道岔控制电路

道岔控制电路是控制动力转辙机动作的电路，由道岔启动电路和道岔表示电路两大部分组成。启动电路指动作动力转辙机的电路，而表示电路是指把道岔位置反映到信号楼里的电路。道岔控制电路由于动力转辙机采用的类型不同，电路结构略有不同，但对于道岔控制电路的技术条件以及故障 - 安全原则要求是一样的。道岔控制电路是控制动力转辙机动作的电路。目前采用的四线制道岔控制电路适用于 ZD6 型直流电动转辙机控制电路；五线制道岔控制电路是适用于 ZYJ7、ZD（J）9 型等提速道岔转辙机控制电路。对应每组单动道岔或每组双动（多动）道岔需各设一套控制电路。

道岔表示电路的输出，不仅用来监督道岔位置，而且要参与联锁，是联锁的一项重要的条件，所以表示电路必须是故障 - 安全电路，必须满足以下技术条件：

第一，用表示电路输出继电器的吸起状态与道岔的正确位置相对应，反映道岔在定位用道岔定位表示继电器 DBJ 的吸起状态，反映道岔在反位用反位表示继电器 FBJ 的吸起状态，而不能合用一个表示继电器，而且道岔表示继电器必须使用安全型继电器。

第二，道岔表示电路的执行继电器在信号楼内，而反映道岔位置状态的信号在道岔现场，存在室外的联系线路。因此不仅要考虑断路故障，还要考虑混线故障，即当电路断线、停电、两条控制线相混或混进其他电源时，DBJ 和 FBJ 都必须处于失磁落下状态。

第三，当转辙机一旦启动及转换过程中或发生挤岔状态时，道岔应该处于无表示状态，即 DBJ 和 FBJ 必须处于失磁落下。

四、进路解锁电路

进路锁闭的对象是对道岔和敌对进路的锁闭，只有将进路中的道岔和敌对进路锁闭，才准许开放信号。进路解锁就是解除对道岔和敌对进路的锁闭。进路要解锁必须在信号关闭后才准许进路解锁；必须证明车确实通过了进路，以及符合其他必要的联锁条件。根据进路锁闭的性质有预先锁闭、接近锁闭和故障锁闭等，对进路解锁的不同方式解锁条件有不同的要求。

（一）正常解锁

进路解锁方式分一次解锁和分段（逐段）解锁两种。一次解锁是指列车通过进路所有道岔区段后，整条进路一次解锁。分段解锁是指列车每通过一个道岔区段，该道岔区段就立即自动解锁，即整条进路随着列车的占用从每一道岔区段，自始至终逐段自动解锁。进路解锁一般采用逐段解锁方式。进路正常解锁时，必须满足以下条件，进路才能自动解锁：①证明信号已经关闭，信号不关闭不准进路解锁；②对一次解锁而言，证明列车确实通过进路中所有道岔区段，对逐段解锁而言要证明列车确实通过了道岔区段，否则不准许进路解锁。

（二）调车中途折返解锁

转线调车作业过程中，需要有牵出和折返两个过程。在牵出时，往往没有走完牵出进路的全程，就根据反向的调车信号开放而中途返回了。从而使牵出进路部分岔道区段，甚至整个牵出进路不能按正常解锁方式解锁。对于牵出进路中未解锁的道岔区段要按一种特殊的解锁方式进行解锁，这种解锁方式称为调车中途折返解锁。

牵出进路的中途折返解锁有两种情况：一是牵出进路有一部分区段已经解锁，还留有一部分没有解锁；二是牵出进路全部区段都没有解锁构成调车中途折返解锁的条件：①证明防护进路的信号机确实已经关闭；②证明车确实曾占用过进路；③证明车全部退出进路。

（三）取消进路

信号开放后列车还没有到达接近区段，即进路处于预先锁闭状态时，需使进路解锁采用取消进路方式° 取消进路时必须符合以下条件才准许进路解锁：①办理了取消进路的手续，证明信号机已经关闭；②证明接近区段没有车；③证明进路是空闲的

（四）人工解锁进路

信号开放后车已经占用接近区段，即进路处于接近锁闭状态（或者称完全锁闭）时，要想改变进路，必须采用人工延时解锁办法使进路解锁。人工解锁进路必须符合以下条件：①证明办理了人工解锁手续及信号机已经关闭；②证明进路已处于接近锁闭状态；③保证所规定的延时时间，从信号机关闭时算起，接车进路和正线发车进路要延时 3 min 解锁，站线发车进路和调车进路要延时 30 s 解锁，用以保证解锁前车已经停住；④在整个延时过程中，证明车没有冒进信号，进路是空闲的

（五）故障解锁

引起故障锁闭的原因一般有当列车通过进路后，由于某道岔区段轨道电路故障造成区段不能解锁；由于停电而引起的锁闭；在日常维修由于插拔继电器而引起的错误锁闭等都属于故障锁闭。

上述正常解锁、取消进路和人工解锁进路在实施解锁时都是针对某一条进路的解锁但是故障锁闭则不同，有时可能是整条进路的锁闭，也可能发生在某一个或几个道岔区段故障锁闭因此解除故障锁闭办法采用人工分段解除区段故障锁闭方式，因为一条进路的故障解锁也可以用一个区段一个区段的故障解锁办法使之解锁。为此，每个区段设有区段人工解锁按钮（简称事故按钮）用于区段故障解锁。

第三节 6502 电气集中电路结构

6502 电气集中电路的结构采用站场型网路式结构。所谓站场型网路式结构是指电路的图形结构形状模拟于站场线路和道岔位置的形状。这种电路结构形式具有以下优点：

第一，电路图形与站场形状相似（交叉渡线和复式交分道岔两种情况除外），信号机、道岔和轨道电路区段可选用相应的组合类型图，只需按照站场形状拼贴起来。每张组合类型图相当于一个模块，即电路采用模块化设计，使设计过程比较容易，使设计速度加快。

第二，相同用途的继电器可以接在同一条网路线上，不需要反复检查同样的条件，这样既简化了电路，又减少了继电器接点，使电路动作清晰、规律性强、安全程度高。

6502 电气集中电路主要由选择组电路和执行组电路两大部分组成，共有 15 条网路线。此外，还有道岔控制电路和信号机点灯电路等单元电路。

一、选择组电路

选择组电路主要分为记录电路、选岔电路和开始继电器电路三部分。

（一）记录电路

记录电路由按钮继电器电路和方向继电器电路组成。其作用是记录车站值班员按下按钮的动作，记录进路的性质和运行方向。

由于进路按钮采用二位自复式按钮，当按下按钮时按钮接点接通，松开后自动断开，为了使车站值班员下达的操纵命令不随进路按钮的复原而消失，因此需要把按下按钮的动作记录下来。其方法是对应每一个进路按钮设有按钮继电器，按下按钮使该按钮继电器励磁吸起并自闭。当按钮复原后，按钮继电器就以其吸起状态记录下控制命令。

进路的性质（指列车进路和调车进路）和运行方向（指接车方向和发车方向），是根据首先按压的进路按钮来确定的，利用按钮继电器和方向继电器共同完成这一任务。

（二）选岔电路

选岔电路由六条网路线组成，所以又称为六线制选岔网路。其作用是按照车站值班员的意图。经操纵后选出道岔的位置。

选岔电路六条网路线用途如下：

第一，第 1、2 线为“八”字形第一笔双动道岔反位操纵继电器 FCJ 的网路线。

第二，第 3、4 线为“八”字形第二笔双动道岔反位操纵继电器 FCJ 的网路线。

第三，第 5、6 线为双动道岔定位操纵继电器 DCJ、单动道岔定位操纵继电器 DCJ 和反位操纵继电器 FCJ，以及信号点的进路选择继电器 JXJ 用的网路线。

当车站值班员按下进路始、终端按钮，相应的按钮继电器均已动作后，能自动使道岔定位操纵继电器 DCJ 或反位操纵继电器 FCJ 动作，通过道岔操纵继电器前接点接通道岔启动电路，自动转换道岔。道岔转换完毕，接通道岔表示电路，给出道岔位置的正确表示。

进路上所有的道岔操纵继电器吸起时称为进路选出。当进路上所有道岔都转换到规定位置，并给出相应的表示后，称为进路排通。

为了缩短选路时间，进路选出后，用进路选择继电器 JXJ 的吸起，及时使按钮继电器和方向继电器复原，为继续选另外的进路准备好条件。但这时先选的进路还没有排通，信号还没有开放。当记录电路复原后，进路的始端和终端的条件要由辅助开始继电器 FKJ 和终端继电器 ZJ 来记录。FKJ 和 ZJ 不占用网路线，由于列车进路的终端是网路线两端，一般不设 ZJ。

（三）开始继电器电路

第 7 线是开始继电器 KJ 的励磁网路。凡是作进路始端的信号机，在其信号组合里的开始继电器都接在 7 线网路上，用以检查进路选排的一致性。当进路上道岔操纵继电器全部吸起（DCJ 或 FCJ），并且当进路上道岔都转换到规定位置，给出相应的表示后（DBJ 或 FBJ 吸起），即进路选出与进路排通一致（DCJ 与 DBJ. FCJ 与 FBJ 动作一致）. 接在 7 线网路上的开始继电器 KJ 方能吸起。进路选排的一致性是很重要的联锁条件，锁闭进路、开放信号前要进行这一检查，它是保障行车安全的关键措施之一。

二、执行组电路

在选择组电路完成选路工作后，将选择组电路所确定的进路始端和终端转入执行组电路。执行组电路的主要作用是：检查进路中道岔位置是否正确、进路是否空闲、未建立敌对进路，实现进路锁闭；检查开放信号联锁条件后，开放信号；完成进路的正常解锁、取消、人工解锁、调车中途返回解锁、引导进路解锁等任务。

执行组电路共有 8 条网路线，各网路线主要用途如下：

第一，第 8 线为信号检查继电器 XJJ 的励磁网路线。用来预先检查开放信号的可能性，当进路道岔位置正确、进路空闲、没有建立敌对进路，满足上述基本联锁条件，才能锁闭进路和开放信号。

第二，第 9 线为区段检查继电器 QJJ 和股道检查继电器 GJJ 的励磁网路。设有 Q 组合的轨道电路区段，均设有一个区段检查继电器 QJJ，当检查了本区段空闲后，本区段的 QJJ 方能吸起，实现区段锁闭。向股道建立进路时，GJJ 吸起，用它锁闭另一咽喉的迎面敌对进路。

第三，第 10 线是 QJJ 的自闭网路线。通过信号继电器 XI 的励磁条件，使 QJJ 自闭。用来防止进路迎面错误解锁。

第四，第 11 线为信号继电器 XJ 的励磁电路。当全面检查了开放信号的联锁条件满足后，使 XJ 吸起。接通信号机点灯电路，开放信号。

第五，第 12、13 线为解锁网路，对称地接有两个进路继电器 1LJ 和 2LJ。用来实现进路锁闭，完成进路的正常解锁、取消、人工解锁、调车中途返回解锁和引导进路解锁等任务。

第六，第 14、15 线是控制台光带表示灯用的网路线。14 线用于控制白光带，15 线用于控制红光带。

在执行组电路中，除上述 8 条站场型网路外，还有道岔控制电路、信号机点灯电路、取消继电器电路、预告继电器电路、照查继电器电路、锁闭继电器电路以及各种表示灯电路、报警电路等。这些电路都不接在网路线上。

6502 电气集中电路结构严密，虽然电路复杂，但电路动作层次分明、清晰、规律性很强。

电路动作应遵循以下步骤：

办理进路→进路选出→道岔转换→进路锁闭→开放信号→列车或调车车列进入→进路解锁。

对于上述动作步骤，6502 电气集中电路都有相应的电路环节与其对应，办理进路与记录电路对应；进路选出与选岔网路对应；道岔转换是从选岔网路得到命令；道岔控制电路动作与道岔选排一致；进路锁闭与 XJJ、QJJ、LJ 等锁闭进路用电路对应；开放信号与 XJ 及信号机点灯电路对应；车进入与轨道电路有关电路环节对应；进路解锁与解锁网路对应等。在电路动作步骤变换时，应特别对承上启下的继电器动作时机予以关注，这是掌握 6502 电气集中电路动作规律的关键所在。

第四节 计算机联锁系统

计算机联锁系统是运用计算机或微处理机构成联锁运算的车站信号控制系统该系统的特点：一是用软件完成全部联锁运算；二是采用数字通信技术实现信息传输，以现代计算机技术代替了传统的继电器逻辑电路，是新一代车站信号联锁设备。

该系统的优点主要表现在以下方面：一是由于计算机的逻辑运算功能为继电器逻辑电路具有共同的理论基础，因此不仅能实现继电逻辑电路已具备的功能，而且可以弥补继电电路的局限性，使功能得到扩展和完善，为铁路信号向信息化、智能化、网络化和综合化发展创造条件；二是计算机联锁系统能够更方便地与调度监督系统、调度集中系统以及行车管理的其他系统，如旅客服务系统、列车运行监督系统、行车调度管理信息系统（DMIS）提供各种信息并有机结合，为运输管理现代化提供了技术基础；三是由于计算机联锁技术的飞速发展以及可靠性技术、容错技术和安全技术的进步，计算机联锁系统具有更高的可靠性和安全性；四是计算机联锁系统的管理维护功能比电气集中联锁系统更为完善，容易实现系统的故障诊断以及设备的监测功能，便于分析查找故障，有利于提高维护管理的现代化水平；五是采用通用的计算机人机接口设备，简化了操作手续，使站场及信号设备状况的显示更直观，能表现更多的表示信息；六是计算机联锁系统的标准化程度远高于目前的电气集中联锁系统，有利于缩短设计、生产、施工的时间，便于维护，尤其是减少对继电器的检修工作量，减少建筑的使用面积，节省干线电缆等方面都有明显的优势。

一、计算机联锁系统的硬件结构

计算机联锁系统的硬件包括控制与表示设备，有实现各种功能用的微型计算机、电源以及监控对象——道岔、信号机和轨道电路等。和电气集中联锁系统相比较，计算机联锁是用计算机或微处理机构成联锁运算代替继电逻辑电路对铁路车站信号设备实行控制的自动控制系统。所以这里所指的系统硬件结构主要是指计算机以及接口设备。

尽管目前计算机联锁系统的制式比较多，而且在硬件结构上都不完全相同，但它们的主要功能一般都大同小异。计算机联锁系统的功能有：第一，人机对话功能即接受操作人员输入的操作信息并输出表示系统状态信息的功能；第二，联锁控制功能是整个系统功能的核心；第三，系统维护功能即对系统主要组成设备的工作状态进行监测的功能；第四，与其他系统交换信息功能，能够与上一级系统如调度集中系统（CTC）或调度管理信息系统（DIMS）的通信网络联网。

（一）系统的硬件结构特点

1. 系统功能模块化

系统一般都将它们划分成若干彼此相对独立又有一定联系的功能模块，每一功能模块配置不同的计算机承担处理，所以计算机联锁系统是一种多微机系统。

计算机联锁系统由人机对话机、维修机、联锁机构成。其中人机对话机完成控制命令采集和屏幕显示，维修机用于设备状态的监测和与其他系统的联系，联锁机用于完成联锁逻辑处理功能和与监控对象的联系。

2. 系统的层次结构

计算机联锁系统的功能要求和可靠性、安全性的性能要求是非常高的实时控制系统，只采用单层结构是难以全面完成各项技术要求，根据进路控制过程而论，整个系统一般要求分成三个层次，每一层次赋予规定的任务。

系统的三层结构如图 2-7 所示，由人机会话层、联锁运算层和执行层组成。人机会话层的计算机有人机会话机、维护机等。人机会话机的主要任务是对操作命令进行接收、判断与发送；站场信息显示和系统有关信息提示等。维护机的任务是完成系统的维护诊断，负责站场状态的跟踪与回放，操作命令记录与故障记录以及对输入输出故障定位等。另外，人机会话层还要承担与上级系统联网任务，如调度集中系统(CTC)、调度管理信息系统（DIMS）。联锁层的计算机为联锁机，主要用于完成联锁逻辑运算、控制命令的输出等，它是整个系统的核心部分，无论在可靠性方面还是在安全性方面都有很高要求。执行层是指联锁机与室外设计的各个监控对象（道岔、信号机和轨道电路）之间的控制电路层。执行层主要任务：一是接收来自联锁机的控制码，经过变换形成控制命令以驱动相应的控制电路；二是接收监控对象的状态信息，经过编码再传送到联锁机。

3. 室内外设备联系方式

室内外设备联系方式是指联锁机与室外监控对象（即执行层）之间的联系方式。联锁机与执行层的联系方式基本上可分成专线方式和总线方式两种。专线方式如图 2-9 所示，在这种方式中，对应每一监控对象都有专门的控制命令输出口和状态信息输入口相对。或者说，室外的监控对象分别直接用专用电缆芯线与联锁机的接口电路相连接，仍然保留了电气集中联锁系统的道岔和信号机控制电路。这种方式适用于对既有电气集中联锁设备的结合而不需要改变室外设备。

总线方式如图 2-8 所示。该方式的特点是把室外的监控对象按它们地理位置划分若干群，亦可以把一个咽喉区的监控对象划为一群，然后对于每一群设置一个现场控制器（或称集中器）。控制器是由微处理器及安全电路构成。控制器处于联锁机与监控对象之间的中间环节，其任务一是接收来自联锁机的控制命令，再输出到相应的监控对象；二是接收来自监控对象的状态信息，再传送给联锁机。图 2-10 是一种多个控制器构成的系统，每个控制器采用串行数据传输方式与联锁机交换数据、传输控制命令和状态信息，故称为多总线方式或分布式结构，具有分散控制，集中信息管理的特点。控制器与各个监控对象之间的连接仍要用专用电缆芯线连接。一般安装于对象群的附近，以缩短控制器与对象之间的电缆长度，这不仅有利于节省电缆，而且有利降低电缆芯线之间的干扰。联锁机与控制器之间采用总线方式通信可以节省干线电缆的费用，而且为使用光缆创造了条件，由于光缆有较强的抗干扰的性能，有利于提高系统的可靠性和安全性。

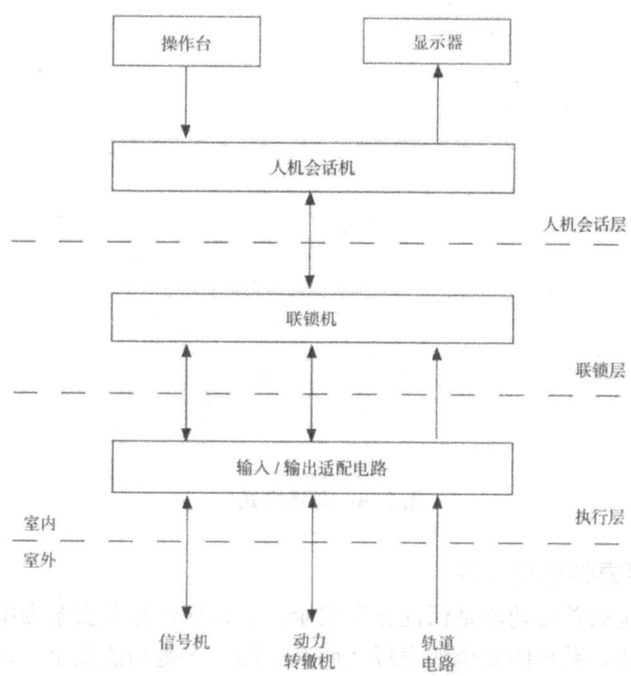

图 2-7　计算机联锁系统的层次结构图

控制器一般不负有联锁处理的任务。但是它所接受、发送及处理的信息都属于安全信息，总线中传输的信息就是控制器与监控对象之间的交换的信息。所以总线和控制器不仅要求可靠，而且必须具有故障-安全性能。总之，控制器在功能和结构规模上与联锁机有所区别外，在可靠性和安全性方面要求是相同的。

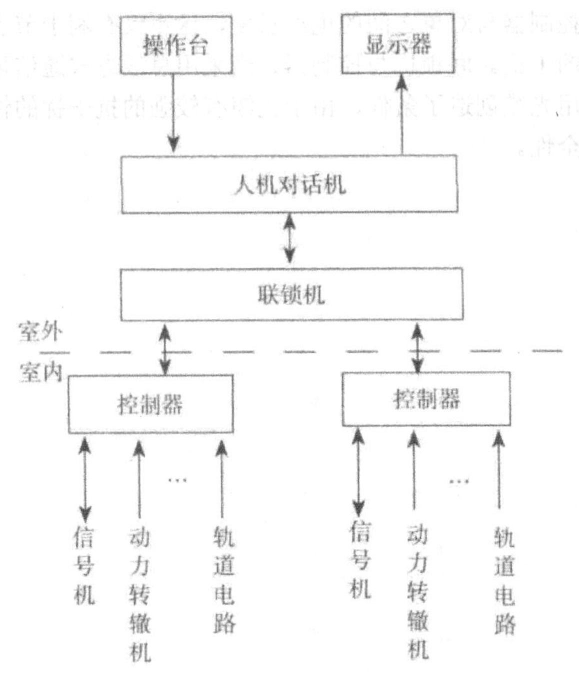

图 2-8　总线方式

4. 系统的可靠性与安全性

铁路信息系统的首要功能是保证行车安全，是以保证行车安全为中心的，所以系统是一种安全系统。系统的安全性表现在两个方面：一是功能安全，即系统在正常工作中，具有保证行车安全的性能，能实现预期的保证行车安全功能；二是技术安全，即系统发生故障后其仍能导致行车安全，即具有保证导向安全性能。

传统的电气集中联锁系统是一个故障 - 安全系统，其实现故障 - 安全性能的基本方法：一是使用具有故障不对称特性的安全型继电器构成联锁电路；二是采用安全对应法技术。由于安全型继电器及其构成控制系统在故障情况下，其输出具有很高的故障不对称性，或称故障输出的定向性，即输出“0”的概率占压倒优势．同时利用安全对应法，以概率极大的状态代表安全侧，与系统的安全侧相对应。

作为计算机联锁系统必须连续不间断地工作；必须及时、准确地进行联锁运算和输出控制信息，同时要求出了故障能及时发现，及时修复。这就要求它必须具有非常自的可靠性，以达到在规定的时间内和规定的环境条件下完成规定功能的能力。另外、为了保证行车安全要求系统应少发生故障，一旦发生故障，系统应不发生危险侧故障，即具有故障 - 安全性。然而，对于计算机联锁系统，在实现故障 - 安全性原则方面要困难得多。首先，由于计算机本身不是故障 - 安全部件，以及使用的集成电路芯片、电子元件等也不具有故障 - 安全特性，因而我们无法指望用非故障 - 安全的器件、部件来构成故障 - 安全系统；其次，一个由计算机构成的系统，其故障的种类也是多种多样的。按照故障的后果可以分为“0”或者“1”故障；按照故障的持续时间有永久性故障、瞬间故障、间歇故障等；除了硬件故障之外，还有软件故障等，所以无法确定计算机发生了什么故障，无法确知该故障将导致怎么样的结果。因此，对于以计算机作为主体构成的计算机联锁系统来说，必须采取技术措施，即目前广泛采用的冗余技术，利用冗余技术构成具有容错控制功能的计算机联锁系统，从而来提高系统的可靠性和安全性，构成故障 - 安全系统。

所谓冗余是指系统除了完成其功能所必需的资源外，还必须具有额外（备份）的资源。容错技术是指系统的某一部分发生故障情况下仍使系统保持正常工作、完成规定功能的技术。容错技术是建立在冗余技术基础上的。而容错控制系统有两种重要的硬件结构，即可靠性冗余结构和安全性冗余结构。

（1）可靠性和安全性

计算机联锁系统的可靠性是指该系统在规定的时间内、规定的条件下完成规定功能的能力。可靠性的定量标准是可靠度，用平均故障间隔时间 MTBF 来表示。计算机联锁系统的 MTBF 应达到 106h。计算机联锁系统的可靠性冗余结构一般采用双机备用的或门系统，如图 2-9 所示。

系统 A 和系统 B 经或门输出，两个系统只要有一个模块正常输出即可保证整个系统正常输出，提高了系统工作的可靠性。计算机联锁系统中的人机对话层的上位机一般采用可靠性冗余结构。

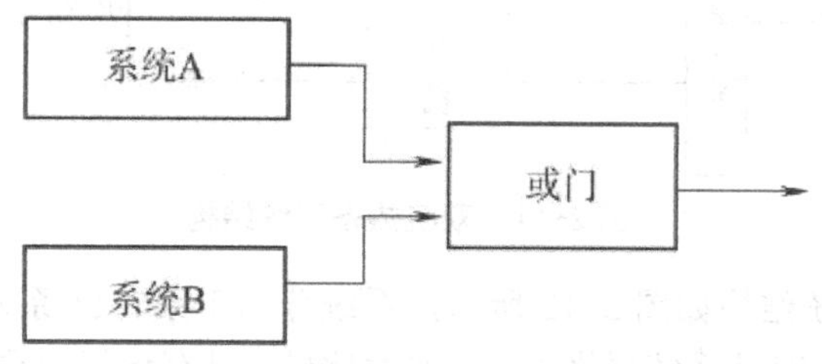

图 2-9　可靠性冗余原理结构图

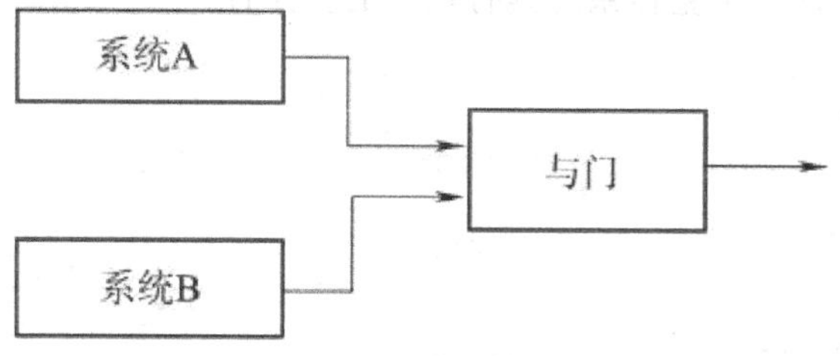

图 2-10　安全性冗余原理结构图

计算机联锁系统的安全性是指当系统的任何部分发生故障时，其后果不会导致人身伤亡或财产重大损失的性能。安全性的技术指标是系统产生不安全性输出的平均间隔时间。计算机联锁系统平均危险侧输出间隔时间应大于 1011 小时。为了提高安全性，计算机联锁系统应采用安全性冗余结构。计算机联锁系统的安全性冗余结构一般采用双机同时工作的与门冗余系统，其原理结构图如图 2-10 所示。

系统 A 和系统 B 经与门输出，两个系统同步工作，只有两个输出一致才能保证整个系统正常输出，只要有一个故障，系统将不能正常输出。提高了系统的安全性，减少了危险侧输出的概率。计算机联锁系统中的联锁机和驱采机一般采用安全性冗余结构。

（2）计算机联锁系统的冗余结构

为了使系统既具有可靠性又具有安全性，计算机联锁系统采用多重冗余结构，常用的有双机热备系统、二乘二取二系统、三取二系统。

双机热备结构如图 2-11 所示，系统由双套相互独立、结构相同的系统同时工作，双机互为热备，通过比较器确定系统正常工作后，才能输出控制指令。当一套系统出现故障时，自动切换到另一套系统上工作并给出故障报警和提示。

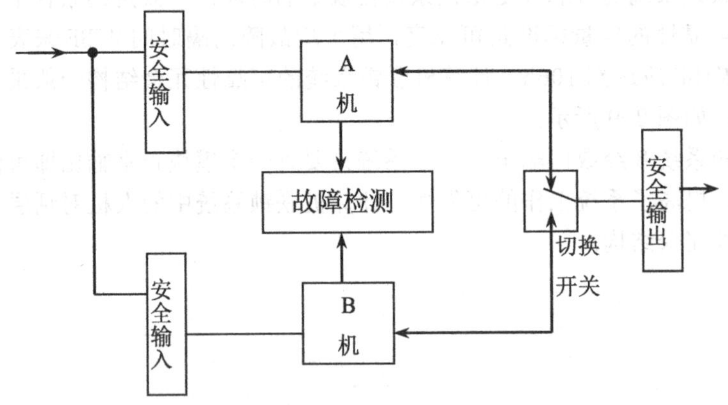

图 2-11　双机热备系统结构

二乘二取二系统结构如图 2-12 所示，系统分为 I 系、II 系两套，一套系统中又集成双套 CPU 系统，双套系统严格同步，实时比较，只有运行一致才能对外输出结果。由两套“二取二”系统组合，采用热备或并用的方式，即构成二乘二取二系统。这样，通过“单系保证安全，双系提高可靠性”实现整体系统的安全性和可靠性。系统具有完备的自检功能，保证了整体系统具有较高的安全性。

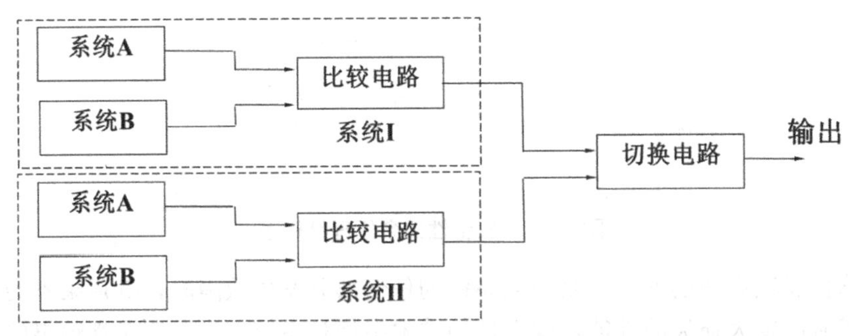

图 2-12　二乘二取二系统结构

三取二系统，又称为三机表决系统，如图 2-13 所示，采用三台计算机同时工作，各计算机间通过两两相互比较保证整体系统的安全性，当有两个及以上结果相同时，认为正确无误方可输出。当某一个 CPU 故障或运行产生差错时，通过表决器后屏蔽该结果，则另外两个 CPU 相当于组成一个二取二的系统，并给出正确的输出。同时，系统将表决结果通过异或门与各系统比较后，给出故障报警。

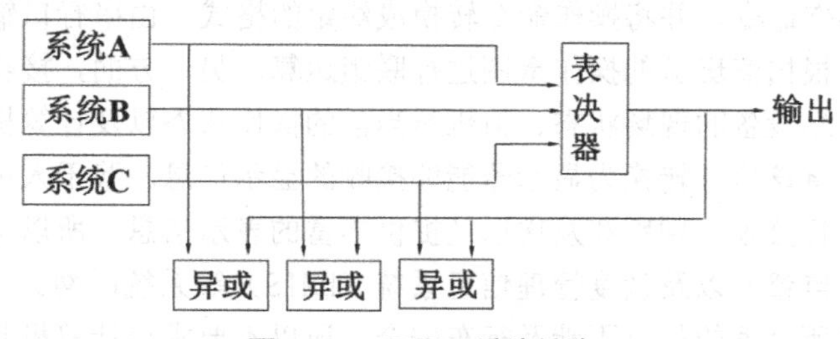

图 2-13　三取二系统结构

目前，常用的双机热备计算机联锁系统有铁道科学研究院通信信号所的 TYJL-II 型、北京交通大学微联公司的 JD-1A 型等，二乘二取二计算机联锁系统有铁道部通信信号研究设计院的 DS6-60 型、北京交通大学微联公司的 EI32-JD 型等，三取二计算机联锁系统有铁道科学研究院通信信号所的 TYJL-TR9 型计算机联锁系统等。

（二）系统的硬件构成

计算机联锁系统的组成包括硬件系统和软件系统。硬件系统根据系统的层次结构分别由人机会话层的硬件、联锁层硬件以及执行层硬件等组成，如图 2-14 所示。

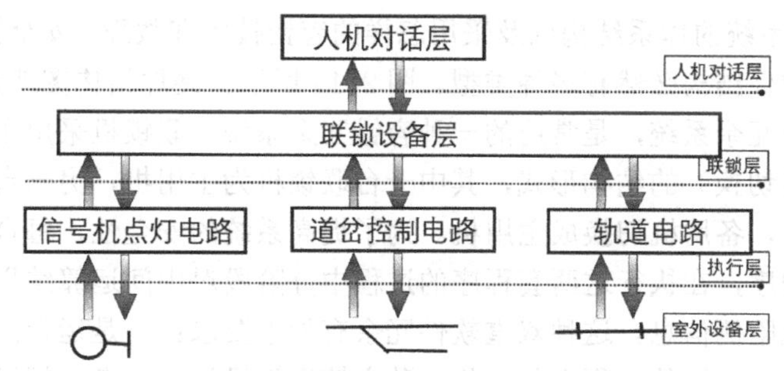

图 2-14　系统的硬件结构示意图

1. 人机会话层的硬件

车站联锁系统是有人介入的人机系统。在人机系统中，人与设备之间存在着信息和操作的交换过程。因此需要有人机界面。通过人机界面，值班员可向监控设备传达信息和操作，并可接受现场监控对象及设备的信息，如电气集中联锁系统的控制台就是人机接口设备。计算机联锁系统把完成操作和表示功能的人机接口部分称为人机会话层，人机会话层的硬件主要有操作和显示设备、人机会话计算机及接口设备等组成。

操作和显示设备的用途是对道岔、进路和信号机进行控制和监督，并提供表示信息，反映车站技术作业情况、设备工作情况以及值班员操作过程。电气集中联锁系统是利用操纵部分和表示部分混合为一体的单元控制台。计算机联锁系统的操作设备，一般采用通用的计算机人机接口，如鼠标、键盘。显示设备采用大屏幕显示器，根据车站规模可配置多个大屏幕显示器。

人机会话计算机的主要任务是接收来自键盘或鼠标的操作输入，判别操作输入能否构成有效的操作命令，并将操作命令转换成约定的格式，由串行口输出与联锁机通信，从而联锁机根据值班员的操作意图进行联锁运算。另一方面，接收来自联锁机的表示信息（如车站设备的现场状态、值班员当前的操作状态以及计算机联锁系统的系统状态等），并将该信息转换为显示器能够接收的显示信息。鉴于人机会话机的功能是对操作命令进行接收、判别和发送以及提供丰富的表示信息。所以可将它作为与调度集中（或调度监督）以及调度管理信息系统（DMIS）等系统联网。

人机会话机所处理的信息不涉及行车安全，所以不要求该计算机具有故障－安全功能，但它必须具有可靠性要求才能保证联锁系统正常工作。为此，人机会话计算机一般用工业用个人计算机构成双机冗余结构，为了简单起见，可用人工方式控制主机与备机的切换。

2. 联锁层的硬件

联锁层的硬件主要由联锁计算机、接口电路和容错电路等组成。

联锁计算机是整个系统的核心部分。赋予联锁机的功能：一是对操作命令和现场信息的处理；二是联锁运算；三是控制命令的输出。它所完成的功能都是系统的安全性功能，涉及保证行车安全，因此必须具备故障导向安全保障措施。

为了使系统既具有可靠性又具有安全性，联锁机的硬件结构一般采用多重冗余结构。由于与联锁系统的体系结构以及采用怎样的容错技术和故障－安全技术密切相关，因此联锁机的硬件结构必然有多种类型。图 2-14 所示的硬件结构图就是其中的一种，该图所示为二重冗余系统，是常用的一种容错冗余系统。联锁机采用了双机热备（即双机冗余、热备切换）的结构形式，其中一台联锁机为主用机，另一台为备用机，当主机发生故障时，备用机切换成主用机。为了提高系统的安全性，每台联锁机中运行双份联锁运算程序，在执行这两套程序的过程中分阶段对中间运算结果进行比较，防止输出错误的危险侧信息。这种双重软件冗余有如下要求：一是运行两套功能相同的联锁程序，应出自不同的编程人员在相互独立情况下设计，二者之间没有共同之处，以防止因两套软件潜伏相同的软件错误而同时给出相同的错误运算结果。二是在计算机内存中，这两套程序应分别存放在不同区域，现场设备状态信息和控制命令输入计算机后应复制成双份，分别存放在各自的内存区域，这相当于采取了时间冗余和空间冗余技术。当两套软件的处理结果经过比较一致时，证明计算机的软件没有发生错误，允许输出控制信息，否则就不形成或不输出控制信息，输出禁止行车的信息，即安全侧信息，达到系统故障－安全的目的。与此同时，产生一个故障报警信号用以控制切换开关动作，使备用机投入使用，以提高系统的可靠性。

3. 执行层的硬件

执行层的硬件设备包括联锁机的输入输出接口电路以及外部设备道岔、信号机控制电路的结合，完成控制命令的输出和表示信息的输入。

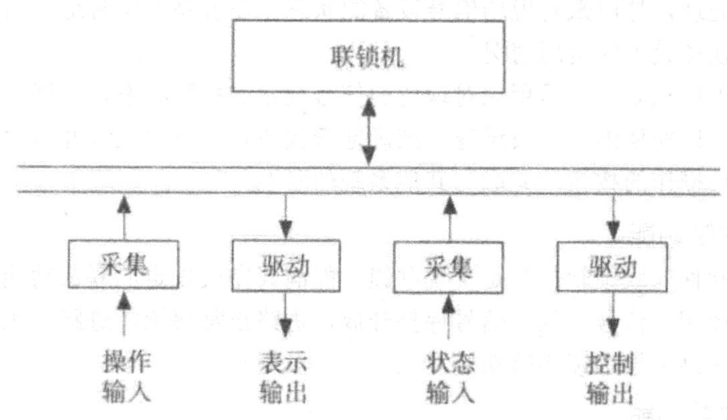

图 2-15　输入输出接口

联锁机与外部设备之间交换的数据都是开关量，这些数据都需要通过接口电路来实现交换。如操作输入、表示输出、状态输入以及控制输出，因此一般要有四类通道和相应的接口电路。如图 2-15 所示，其中操作输入通道是来自控制台的操作信息，把值班员操作按钮的接点动作变换为计算机内的数据形式输入到联锁机中；表示输出通道是将联锁机向操作人员提供的各种表示信息传送到控制台或显示器上；状态输入通道是采集现场监控对象的状态输入到联锁机中作为联锁的数据。如采集反映道岔区段状态的轨道继电器、反映道岔状态的道岔表示继电器、反映信号机状态的信号继电器、灯丝监督继电器等接点条件。控制输出通道是输出控制信息，驱动执行继电器执行开放信号灯灯光显示和转换道岔变位。

二、计算机联锁系统的软件简介

（一）计算机联锁系统的软件功能

计算机联锁系统的软件组成是与系统的硬件结构和功能要求分不开的，如果采用总线方式的多微机系统，每个微机模块就有它自己的软件及相应的总线管理软件；如果采用双机热备的二重系统中，就需要有相应的故障检测及切换软件。一旦系统硬件结构确定后，与硬件结构有关的软件也就固定了，将不随车站规模的大小而改变。计算机联锁系统的软件一般应具有以下功能：

1. 人机界面信息处理功能

人机界面信息处理软件有三个方面基本功能：一是操作信息处理，二是表示信息处理，三是维护与管理信息处理。

操作信息处理，是用来对正常的操作进行处理，形成有效的操作命令，并在屏幕上给出相应地表示，以便使值班员确认自己的操作；对错误的操作进行处理，并在屏幕上给出相应提示，以便使值班员能够立即发现自己的错误操作，及时采取措施纠正错误的操作。

表示信息处理，是用来对现场信号设备的状态，在屏幕上实时地给出显示，使值班员随时监督现场设备的运用情况。

维护与管理信息处理，是用来对现场的信号设备的故障状态，在屏幕上及时地给出特殊的显示，以便使维护人员迅速、准确地查找故障；自动记录并储存值班员办理作业的时间及被操作的按钮；完成与其他系统的联系。

2. 进路控制功能

进路控制软件（联锁软件）是实现联锁功能的其完成规定的联锁功能主要有：进路选出，进路锁闭，信号开放，信号保持开放，进路正常解锁，进路非正常解锁，道岔单独操纵，进路引导总锁闭等功能。

3. 执行控制功能

执行控制软件的功能：一是控制输出，二是状态输入。

输出控制：根据联锁软件生成的信号机和转辙机控制命令来驱动现场设备控制电路。输入控制：采集现场监控对象的状态信息，为联锁提供数据。

4. 自动检测及诊断功能

监测与诊断软件主要用来故障检测，故障检测是联锁计算机安全性保障的主要手段。故障检测包括在联锁计算机上电或复电之后尚未执行联锁运算之前所进行的静态检测和联锁计算机在工作期间周期性的动态检测。静态检测主要对计算机硬件资源进行检测和诊断，其目的在于发现硬件资源的物理失效故障，指明故障位置，以便更换或修复。动态检测主要检测在执行联锁程序中软件的缺陷产生故障现象，如停机、死循环、联锁运算错误包括中间结果和最终结果的错误；由于地址译码器故障而导致数据去向错误等。在上述故障现象中，除了停机故障外，其他故障都有产生危险侧信息的可能。因此在检测出这些故障后，不仅需要输出一个故障信号，驱动双机切换电路工作，而且要采取措施防止危险侧信息的发生和输出。

5. 其他功能

非进路调车控制，平面调车溜放控制，站内道口控制，与调度集中系统联系，与调度监督系统联系，与其他系统如站内调度、管理信息系统等的联系，监测联锁设备状态等。

上列各项功能尽管存在某些联系，但它们各自的目的是不相同的，而且在一个具体车站上也不是需要联锁系统具备所有功能，因此对于每项功能应设计成独立的软件模块甚至是独立的计算机来实现。系统软件将随着功能的简繁有所变化，相应的软件也将增加和减少。但是，在这些软件中，人机界面信息处理软件、进路控制软件（基本联锁软件）、执行控制软件、自动检测与诊断软件是计算机联锁系统所必须具备的。

（二）软件的总体结构

计算机联锁系统是以计算机为主要技术实现车站联锁控制的系统，该系统应保证运行安全，提高运输效率，改善劳动条件，并为管理、服务现代化提供条件；应能满足各种站场规模和运输作业的需要。因此，系统软件的基本结构应设计成实时操作系统或者实时调度程序支持下的多任务实时系统。

综合国内外研制的计算机联锁系统，其软件的基本结构可归结如下：

1. 软件的层次结构

从系统层次结构来看，软件的层次结构可以划分为三个层次：人机会话层、联锁运算层和执行层。其中，人机会话层完成人机界面信息处理，联锁运算层完成联锁运算，而执行层完成控制命令的输出和表示信息的输入。

2. 软件的冗余结构

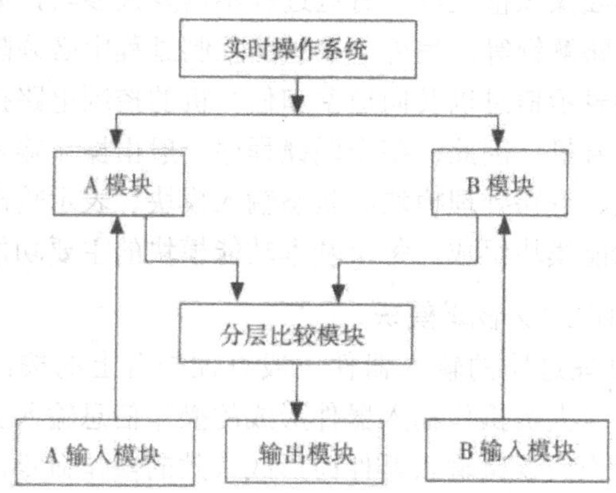

图 2-16 双版本软件结构

从冗余结构来看，可分为三取二的单软件结构和双机热备的双版本软件结构。如图 2-16 所示。

3. 联锁数据的组织形式

从联锁数据的组织形式来看，可分为联锁图表式结构和进路控制式二种软件结构形式。

其中进路控制式的软件结构（模块化结构）具有各个模块之间相互独立，只有数据交换，没有程序上的联系，使得程序系统结构清晰，设计、编程均可实现标准化等诸多优点。

4. 联锁数据与数据结构

联锁软件由联锁程序和联锁数据两部分构成。联锁数据是指在联锁计算机中，凡是参与联锁运算的数据称为联锁数据。这些数据中若由于硬件故障或干扰而发生错误时，其后果不仅仅要导致系统失效，而且会造成危险输出。因此，必须应用数据编码和差错控制技术，以提高数据和数据传输方面的可靠性和安全性。另外，参与联锁的数据量很大，它们在存储器中的组织方法称为数据结构，直接关系到占用空间、搜索时间以及搜索算法等衡量系统的参数。数据有静态数据（常量）和动态数据（变量）两类，相应地有静态数据结构和动态数据结构。

（三）进路控制软件的组成基本模块

进路控制软件（联锁软件）是用来完成规定联锁功能的。虽然各个车站的规模大小和站场结构简繁程度的不一样，仅仅影响进路的数量不一样。但是，各条进路的控制过程基本上是一样的，从进路办理到进路解锁都要经历进路选取、进路锁闭、信号开放以及进路解锁等阶段。这种相同性是由安全作业的要求所决定因此，以进路控制过程作为联锁程序设计的依据，设计成标准化程序，可使各条进路所共用，为各个车站所通用。

在进路控制中，有些过程是有操作人员参与的，如办理进路、取消进路、人工解锁、办理引导接车、单独操纵岔道等。有些过程不需要人参与，如选排一致检查、进路锁闭、信号开放、进路解锁等。另外，在进路控制过程中必须随时了解监控对象的状态、向操作人员提供表示信息以及向道岔和信号机的控制电路提供驱动信息，即控制命令，驱动道岔和信号机一因此，整个联锁程序一般由操作输入及操作命令形成模块、操作命令执行模块、进路处理模块、状态输入模块、表示输出模块以及控制命令输出模块等六个基本功能模块组成。每个基本功能模块的主要功能：

1. 操作输入及操作命令形成模块

计算机联锁系统办理进路的输入器件一般有控制台上的按钮、鼠标、键盘或光笔等。操作输入是指值班人员操作输入器件形成的操作信息输入至计算机中并记录下来。为了防止由于误操作或误碰输入器件而形成有效的操作命令，原则上采用由两个或两个以上的操作信息才能构成一个操作命令。因此该模块的主要功能一是记录操作信息，二是对操作信息进行分析，分析操作信息是否能够构成合法的操作命令，错误的操作视为不合法则拒绝接收，并给出“操作命令无效”的提示

值班人员操作种类有很多，如进路操作、取消进路、人丁．解锁、开放引导信号、重复开放信号、道岔单独操纵、道岔单独锁闭等。因此根据操作信息的输入，通过该模块形成相应的操作命令，例如进路操作命令、进路取消命令、人工解锁命令等该模块一般由人机对话计算机完成。人机对话计算机将形成的操作命令经由串行数据通道输送到联锁计算机中，并储存在一个操作命令表中。

2. 操作命令执行模块

操作命令执行模块是根据操作命令执行相应功能的程序模块。在该执行模块中由若干子模块组成，即有多少种操作命令就有多少个子模块。在执行“操作命令执行模块”时，根据操作命令表的每一条当前的命令，从操作命令执行模块中找出相应的子模块予以执行。如果执行结果达到预期目的，则从操作命令表中删去相应的操作命令，

否则应给出表示信息，提醒值班人员采取相应的措施。

3. 进路处理模块

进路处理模块是继操作命令执行模块中对进路操作命令确认并执行进路搜索子模块，对所办理的进路搜索出来之后，对进路进行处理的模块。

4. 状态输入模块

该模块是将道岔、信号机和轨道电路等现场设备的状态信息输入到联锁机中。

5. 控制命令输出模块

该模块是将已形成的道岔控制命令和信号控制命令通过相应的输出通道，以控制道岔控制电路和信号控制电路

6. 表示信息输出模块

该模块是将已形成的各种表示信息通过相应的接口，驱动表示灯和CRT工作。

上述六个模块中，操作输入及操作命令形成模块由人机会话机执行，然后将形成的操作命令经由串行数据通道传给联锁机。其余的五个模块由联锁机执行，于是联锁机需要对各程序模块进行调度管理。

三、计算机联锁系统举例

EI32-JD型计算机联锁系统是由日本信号株式会社和北京交通大学微联公司联合开发研制的计算机联锁系统，采用日本信号株式会社开发的EI32电子联锁系统硬件系统、北京交大微联公司开发研制的软件系统，实现了一套性能可靠、功能完善、操作简单、维护方便、符合故障-安全要求的车站联锁系统。

（一）系统结构

EI32-JD型计算机联锁系统属于分布式计算机控制系统，也称集散型测控系统，其特点是分散控制、集中信息管理。系统包括人机对话层（也称操作表示层）、联锁运算层、执行层，体系结构如图2-17所示。各部分具体功能如下：

1. 操作表示机

操作表示机属于人机对话层，简称上位机。它和联锁机构成上下位分层结构，操作表示机采用PC系列工业控制计算机，两台操作表示机同时工作，一台主用，一台热备，当主用机发生故障时，自动切换到备用机。

主用机运行时，接收鼠标操作，向联锁机发送车站值班员的操作命令，播放语音提示信息。备用机运行时，不接收鼠标操作，不向联锁机发送值班员的操作命令，不播放语音提示信息。但接收联锁机传来的站场状态信息，实时显示站场运行情况、系统运行情况等。具体功能如下：

（1）办理进路等操作功能

它接收车站值班员的操作按钮，将按钮通过网络通信传送给联锁机。

（2）站场及信息显示功能

它接收来自联锁机的站场状态数据和提示信息等，在CRT显示器或控制台上显示站场情况、系统工作状况、提示信息、报警信息等，对主要的错误或故障提供相应的语音报警。

（3）信息转发功能

将站场状态数据及提示信息、报警信息、系统状态信息等转发给电务维修机。

2．联锁机

联锁机属于联锁运算层，也称下位机。两套共4个CPU构成二乘二取二容错系统。联锁机接收来自操作表示机传来的操作命令、接收驱动采集机传来的室外信号设备状态、进行联锁运算，向驱动采集机传输室外信号设备动作命令，同时向操作表示机传输表示信息。

联锁机为二乘二取二结构，由Ⅰ系、Ⅱ系组成，每系的核心部件为二取二安全型CPU板，集成了完全相同的两套计算机系统，包括时钟、RAM、ROM和必要的接口电路，还集成了实现双机校核的总线比较电路。两套CPU硬件完全相同，所装系统软件和应用软件完全相同。正常情况下，A、B两套CPU电路应当工作完全相同。Ⅰ系、Ⅱ系之间为热备关系，只有主系对外的输出被采纳，备系的输出虽然也被送到局域网上，但不被取用，仅用于联锁机双系之间的校验。当联锁机的主系发生故障时，才自动地倒向备系。

联锁机具体功能如下：

（1）接收操作表示机下发的操作命令。

（2）进行联锁运算。

（3）根据运算结果，产生控制命令；并通过LAN通信，将控制命令传送到驱采机。

（4）通过LAN通信，接收驱采机传送的采集站场状态。

（5）将站场状态信息、提示信息、故障信息等传送给操作表示机。

3．驱采机

驱动采集计算机也是二乘二取二的冗余结构。其作用为采集室外信号设备的状态，并传送到联锁机；接收联锁机传送的控制命令，驱动室外信号设备动作。

驱采机有以下功能：

（1）控制采集电路工作；通过LAN通信，将采集到的站场状态传送到联锁机。一个采集机箱可插11块采集电路板，每块采集板有64路采集。联锁机通过采集机箱的接口电路采集组合架继电器接点状态，每个采集点都通过两路进行采集，即双套采集，两路采集结果通过LAN通信传送到联锁机，联锁机以此作为联锁运算的依据。

（2）通过LAN通信，接收联锁机传送的控制命令；并根据控制命令控制相应驱动电路。一个驱动机箱可插11块驱动电路板，每块驱动板有16路输出。联锁机通过驱动机箱的接口电路驱动组合架相应的继电器，两路驱动电路的输出并联后再驱动继电器，即双套驱动。当某路驱动故障，另一路仍可继续工作。

4．接口电路

指机械室的继电器接口电路，包括采集和驱动两部分。采集电路在驱采机的控制下，采集组合架继电器状态；驱动电路在驱采机的控制下，驱动组合架继电器动作。

5．接口配线

组合架继电器与采集、驱动电路间一一对应，即接口信息表规定好了某采集电路采集哪个继电器，某驱动电路驱动哪个继电器。从组合架室内分线盘到采集电路、驱动电路间通过 32 芯电缆相连。

6．电务维修机

维修机通过电务维修网与操作表示机相连，功能如下：

（1）接收操作表示机传来的站场状态信息、操作信息、提示信息、故障信息等。

（2）显示站场运行状况、车站值班员操作信息、故障信息、系统运行状况等。

（3）记录一个月的历史信息，可查看一个月内站场运行状况、车站值班员操作信息、故障信息等。

（4）为调度监督、DMIS 系统、微机监测等提供接口。

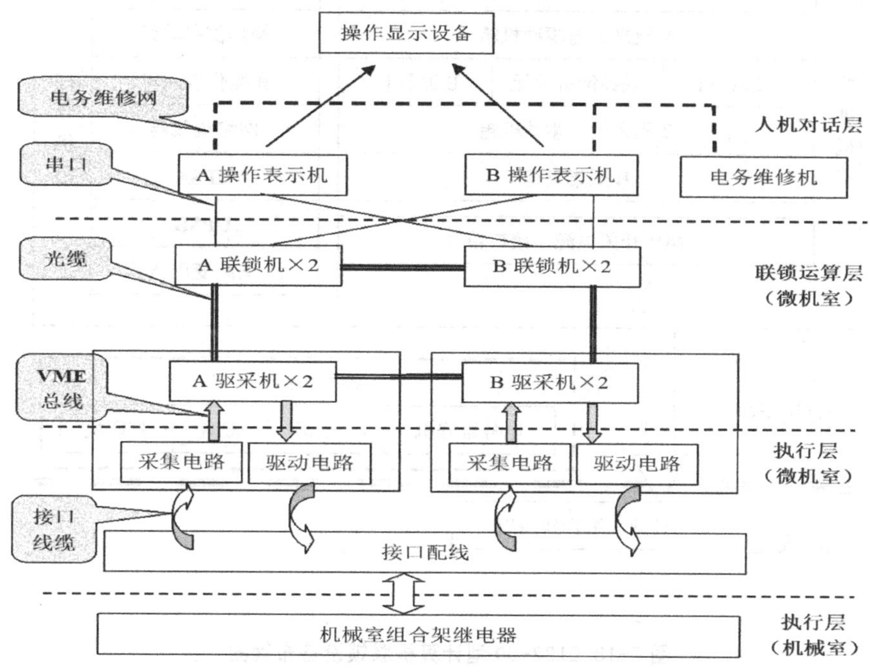

图 2-17 EI32-JD 型计算机联锁结构框图

（二）硬件组成

EI32-JD 型计算机联锁的设备主要分布在运转室、微机室和机械室，如图 2-18 所示。其中：

运转室放置计算机联锁的操作显示终端，通过车务前台的显示器、音箱、输入设备（鼠标）等为车站值班员提供操作表示界面。

在微机室，有联锁机柜、综合机柜、分线柜，以及提供给电务人员的维修机终端设备。其中联锁机柜包括倒机电路、24V 开关电源、联锁机、驱采机、采集机箱、驱动机箱、以及和组合架间的配线接口。综合机柜中包括操作表示机、操作表示机倒机单元、网络集线器、以及不间断电源 UPS、隔离变压器等。分线柜用于实现采集板、驱动板与继电器之间的连接，从分线盘到采集电路、驱动电路间通过 32 芯电缆相连。如图 2-19 所示。

机械室中放置了继电器组合架，包括驱动电路和采集电路所使用的各种继电器、侧面端子、配线等。

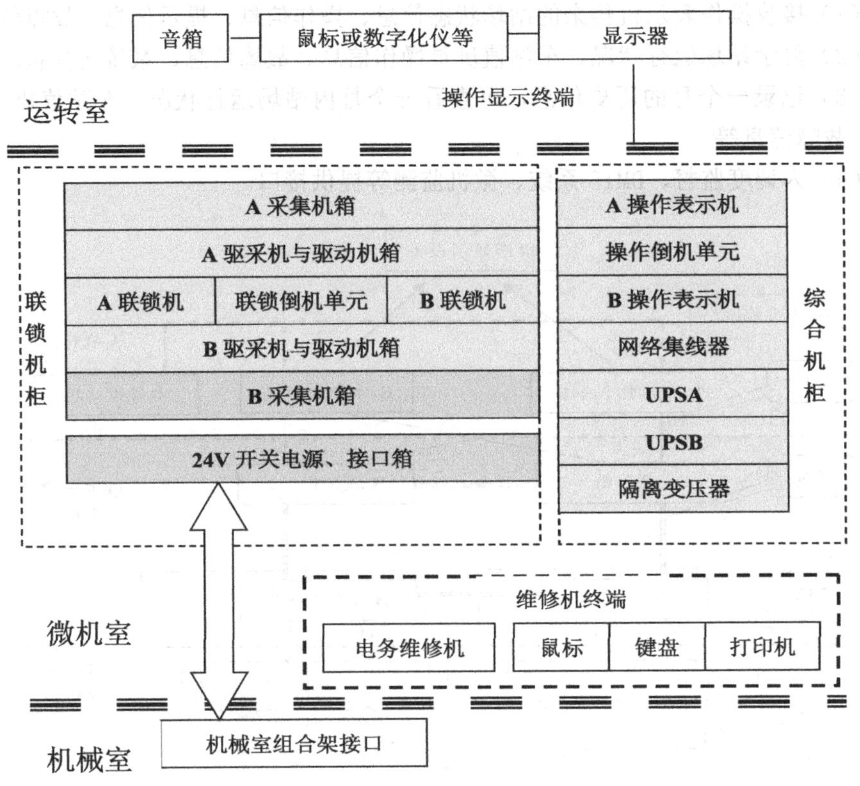

图 2-18 EI32-JD 型计算机联锁设备布置图

图 2-19 EI32-JD 型计算机联锁机柜布置图

（三）计算机联锁系统的日常维护

典型的 EI32-JD 型计算机联锁系统日常维护内容包括：

1. 巡视计算机房，观察计算机联锁的正常工作状态。具体观察下列内容：

a. 联锁机柜的故障表示盘的指示灯是否正常点亮，有无故障红灯；

b. 电务维修机的网络图中是否有红线；

c. 联锁机中应有一系工作在主用状态，另一系工作在备用状态。并且只有主用状态的指示灯点亮；

d. UPS 电源有无故障报警灯或故障报警声；

2. 巡视控制台显示器上表示联锁机、操作表示机、维修机的工作情况。应随时注意是否有变为红色状态。如有此种情况出现，表明此时某机已停止工作。应及时给予处理，避免联锁机长时间工作于单机状态。

3. 联锁机双机应定期试倒机一次。试倒机时应选择全站无任何列车接近和运行的情况下进行。试验后不必倒回。

4. 操作表示机应定期试倒机一次，试验可在联锁机不间断运行的情况下进行。试验后不必倒回。

5. 联锁机或操作表示机在脱机状态下，均可进行在线维护。

6. 联锁机发生 I/O 接口故障后，故障信息将自动送往维修机予以记录。当发现联锁机故障停机后，可从电务维修机中调出故障记录，并依据此记录更换相应的接口板。

7. 在单机有故障且维持工作运行期间，可根据表示盘面板指示灯或电务维修机判断故障位置。同时应加速维修备机，使备机尽快投入运行，以替换故障机。

第三章　区间信号控制系统

第一节　闭塞的概念和分类

作为铁路专用名词的“闭塞”的含义：闭塞就是用信号或凭证，保证列车按照空间间隔制运行的技术方法。空间间隔制就是前行列车和追踪列车之间必须保持一定距离的行车方法。

从各种不同的角度看，闭塞可以有各种不同的分类。

一、站间闭塞

自动站间闭塞就是两站间只能运行一列列车，其列车的空间间隔为一个站间。其按技术手段和闭塞方法又可分为电话闭塞、路签闭塞，路牌闭塞、半自动闭塞、自动站间闭塞等。

半自动闭塞就是人工办理闭塞手续，列车凭信号显示发车后，出站信号机自动关闭的闭塞方法。其特征：站间或所间只准走行一列列车；人工办理闭塞手续；人工确认列车完整到达和人工恢复闭塞。

自动站间闭塞就是在有区间占用检查的条件下，自动办理闭塞手续，列车凭信号显示发车后，出站信号机自动关闭的闭塞方法。其特征：有区间占用检查设备；站间或所间区间只准走行一列列车；办理发车进路时自动办理闭塞手续；自动确认列车到达和自动恢复闭塞。

二、以地面信号为主的自动闭塞

以地面信号为主的自动闭塞就是根据列车运行及有关闭塞分区状态自动变换信号

显示，而司机凭信号行车的闭塞方法。其特征：把站间划分为若干闭塞分区，有分区占用检查设备，可以凭通过信号机的显示行车，也可凭机车信号或列车运行控制的车载信号行车；站间能实现列车追踪；办理发车进路时自动办理闭塞手续；随列车走行自动变换信号显示。

以地面信号为主的自动闭塞一般设地面通过信号机，装备有机车信号，保证列车按照空间间隔制运行的技术方法用信号或凭证来实现。目前，自动闭塞一般适用于列车最高运行速度在 160 km/h 及以下，它可分为三显示自动闭塞、四显示自动闭塞。

三显示自动闭塞就是通过信号机具有 3 种显示，能预告列车前方两个闭塞分区状态的自动闭塞。其特征：通过信号机具有 3 种显示；能预告列车前方两个闭塞分区状态；分为两个速度等级，一个闭塞分区的长度满足从规定速度到零的制动距离。

四显示自动闭塞就是通过信号机具有 4 种显示，能预告列车前方 3 个闭塞分区状态的自动闭塞。其特征：通过信号机具有 4 种显示；能预告列车前方 3 个闭塞分区状态；分为 3 个速度等级，两个闭塞分区的长度满足从规定速度到零的制动距离。

三、带有列控系统的自动闭塞

列车运行自动控制系统（简称列控系统）是保证列车按照空间间隔控制运行的技术方法，是靠控制列车运行速度的方式来实现。

运行列车间必须保持的空间间隔首先是满足列车制动距离的需要，考虑适当的安全余量和确认信号时间内的运行距离。所以，根据列控系统采取的不同控制模式会产生不同的闭塞制式。列车间的追踪运行间隔越小，运输能力就越大。

列控系统是在自动闭塞基础上发展起来的，早期的列控系统采用固定闭塞方式，仍保留闭塞分区的概念；先进的列控系统采用移动闭塞方式，扬弃了闭塞分区的概念，使列车间的追踪运行间隔更小。

列控系统采用的闭塞制式可分为固定闭塞和移动闭塞两大类。为了更精确地表达系统的技术特征，又习惯于把列控系统采用的闭塞制式细分为 3 类：固定闭塞、准移动闭塞（含虚拟闭塞）和移动闭塞。

（一）固定闭塞

列控系统采取分级速度控制模式时，采用固定闭塞方式。运行列车间的空间间隔是若干个闭塞分区，闭塞分区的长度依划分的速度等级而定，每一闭塞分区的长度要满足一个速度等级制动距离的要求。固定闭塞列控系统的追踪目标点为前行列车所占用闭塞分区的始端，后行列车从最高速度开始制动的计算点为要求开始减速的闭塞分区的始端，这两个点都是固定的，空间间隔的长度也是固定的，所以称为固定闭塞。

当列控系统采用滞后型阶梯式控制模式时，需要增加一个闭塞分区作保护区段，运行列车间的空间间隔大一点；当列控系统采用曲线式分级速度控制模式时，不需要增加一个闭塞分区作保护区段。

（二）准移动闭塞

列控系统采取目标－距离控制模式时，采用准移动闭塞方式。目标－距离控制模式根据目标距离、目标速度及列车本身的性能确定列车制动曲线，采用一次制动方式。

目标点是前行列车或限速点所占用闭塞分区的始端，目标速度是目标点的限速值，目标距离是本列车至目标点的距离。本列车从最高速开始制动的计算点是根据目标距离、目标速度及列车本身的性能计算决定。目标点相对固定，不依前行列车在同一闭塞分区内走行而变化，在前行列车出清原占用闭塞分区时，目标点前移一个闭塞分区，本列车的制动曲线随着目标点的移动而发生跳变。本列车制动曲线的起始点随线路参数和列车本身性能不同而变化，空间间隔的长度不固定。

由于采用了一次制动方式不需设定速度等级，闭塞分区的长度可以等长。由于目标点是前行列车所占用闭塞分区的始端，所以，闭塞分区的长度在一定程度上也会影响列车的追踪运行间隔。由于要与移动闭塞相区别，所以称为准移动闭塞。

虚拟闭塞是准移动闭塞的一种特殊方式，它不设轨道占用检查设备，采取无线定位方式（或轨道电缆定位方式）来实现列车定位和轨道占用的检查功能，闭塞分区以计算机技术虚拟设定。

（三）移动闭塞

移动闭塞方式的列控系统采取目标－距离控制模式。目标－距离控制模式根据目标距离、目标速度及列车本身的性能确定列车制动曲线，采用一次制动方式。移动闭塞的追踪目标点是前行列车的尾部（留有一定的安全距离），后行列车从最高速度开始制动的计算点是根据目标距离、目标速度及列车本身的性能计算决定。目标点是前行列车的尾部（留有一定的安全距离），与前行列车的走行速度有关，随时变化，而制动曲线的起始点随线路参数和列车本身性能不同而变化，列车间的空间间隔长度不固定，所以称为移动闭塞。其追踪运行间隔要比准移动闭塞更小一些。移动闭塞一般采用无线通信和无线定位技术来实现。

第二节　半自动闭塞

一、半自动闭塞的定义和技术特征

半自动闭塞是用人工来办理闭塞及开放出站信号机，而由出发列车自动关闭出站信号机并实现区间闭塞的一种闭塞方式。

半自动闭塞的技术特征是：①站间区间或所间区间同时只允许开行一列列车。②人工办理闭塞手续。③以出站信号机或线路所通过信号机的绿灯显示作为列车占用区间的凭证。④人工确认列车完整到达和人工解除闭塞。

我国铁路采用的是64型继电半自动闭塞，是以继电电路的逻辑关系来完成两站间闭塞作用的半自动闭塞。64型继电半自动闭塞分为64D型、64F型和64Y型。64D型用于单线，64F型用于双线，64Y型是带预办功能的半自动闭塞。目前大量使用的是64D型继电半自动闭塞。

二、半自动闭塞系统的作用

半自动闭塞应能完成以下作用：①甲站要向乙站发车，必须保证区间空闲并得到乙站同意后，才能开放出站信号机。②列车从甲站出发后，区间闭塞，两站都不能向该区间发车。③列车到达乙站，车站值班员确认列车整列到达，办理到达复原后，区间才能解除闭塞。

三、半自动闭塞系统的主要特点

64D型继电半自动闭塞是结合我国铁路运输的实际情况研制的，它的主要特点是：

1. 发车站和接车站值班员按照“请求一同意”方式共同办理闭塞，大大提高了设备的可靠性。

2. 采用三个不同极性的脉冲构成允许发车信号，而且请求发车信号检查了接车站闭塞机和外线的良好状态，从而提高了闭塞设备的安全性。

3. 在办理闭塞后、开放进站或出站信号机前，允许进行站内调车、变更进路和取消闭塞，因而提高了车站作业效率，适应我国铁路运输的需要。

4. 闭塞电路设计严密，办理手续简便，表示方式清楚。

5. 闭塞外线可与既有的闭塞电话线共用；使用的继电器和元件类型少；功耗低，可以用于无交流电源区段；能与各种车站信号设备相结合。

四、半自动闭塞系统的技术要求

为了保证行车安全，提高运输效率，方便使用和经济，对单线继电半自动闭塞提出以下技术要求：

（一）保证行车安全方面

第一，单线继电半自动闭塞，只有在区间空闲时，由发车站发出请求发车信号并收到接车站的同意接车信号之后，发车站的闭塞机才能开通，出站信号机才能开放。接车站发出同意接车信号后，闭塞机应处于闭塞状态。

第二，当列车出发进入发车轨道电路区段时，双方站的闭塞机均处于闭塞状态。

第三，列车到达接车站，进入并出清轨道电路区段，接车进路解锁并办理到达复原后，才能使双方站的闭塞机复原。

第四，闭塞机处于闭塞状态后，在接车站未发送到达复原信号或事故复原信号之前，当发生各种故障或错误办理时，均不能使接车站闭塞机复原，更不能使发车站闭塞机开通。

第五，发车站闭塞机开通并开放出站信号机后，如果轨道电路发生故障，应使双方站闭塞机处于闭塞状态；列车到达接车站，如果轨道电路发生故障，允许使用事故按钮办理事故复原。

第六，继电半自动闭塞专用的轨道电路，其长度不少于25 m。半自动闭塞专用的轨道电路最好能避免人为无意分路的影响。

第七，继电半自动闭塞的外线，任何一处发生断线、接地、混线、混电及外电干扰故障或错误办理时，均应保证闭塞机不能错误开通。

第八，继电半自动闭塞与站间闭塞电话共用外线时，应保证电话振铃电流不干扰闭塞机的正常运用；使用闭塞机时也不应降低通话质量和影响振铃信号。

第九，继电半自动闭塞电源设备停电恢复时，闭塞机应处于闭塞状态。只有两站车站值班员确认区间空闲后，用事故按钮才能使闭塞机复原。

（二）提高行车效率方面

第一，闭塞机开通后和列车未出发之前，允许发车站在出站信号机关闭状态下取消已办好的闭塞或变更发车进路。

第二，闭塞机开通后，在发车站未开放出站信号机或接车站未开放进站信号机之前，允许进行站内调车作业。

第三，闭塞机应动作迅速、办理简便、表示清楚，具有请求、开通、闭塞、列车出发通知和列车到达等表示。

第四，闭塞机能区分一般通话的呼叫信号和请求发车信号。

第五，闭塞机具有便于检查闭塞设备、轨道电路和外线的性能，以便及时发现故障，迅速修复，保证正常运用。

第六，在保证故障一安全原则下，应尽量减少元件，简化电路，提高闭塞机的可靠性，保证设备安全运用。

五、64D 型半自动闭塞的设备组成

64D 型单线继电半自动闭塞室内设备主要有：半自动闭塞机和设在控制台盘面上的按钮及表示灯；室外设备主要有：半自动闭塞轨道电路和受闭塞机控制的出站信号机等。

1. 半自动闭塞机

半自动闭塞机指的是完成半自动闭塞功能的继电电路，设在机械室的继电器组合架上，每个发车方向设一套，并通过闭塞外线与相邻车站连接。

两站间的闭塞机应保证实现半自动闭塞系统的基本作用。

2. 办理闭塞的按钮及表示灯

采用 64D 型单线半自动闭塞设备时，在控制台上设有闭塞按钮（BSA）、事故按钮（SGA）、复原按钮（FUA）及接车表示灯（JBD）、发车表示灯（FBD）、计数器和电铃。

3. 出站信号机

车站的出站信号机不仅和发车进路上的有关道岔相联锁，而且受车站闭塞机内的继电器电路控制。只有相邻两站值班员办理好闭塞手续，发车站控制台上的发车表示灯显示绿灯时，发车站办理发车进路才能开放出站信号机。

4. 半自动闭塞轨道电路

为了检查列车的出发和到达，在车站进站信号机内方应设置一段不少于 25m 的闭路式轨道电路。出发列车进入此轨道电路时，通过轨道继电器的动作证明列车出发；到达列车进入此轨道电路时，通过轨道继电器的动作证明列车到达。

在集中联锁车站，不必专门设置半自动闭塞用轨道电路，只要将站内有关轨道电路条件加在半自动闭塞的电路中即可。

六、继电半自动闭塞的基本原理

发车站要向区间发车，必须检查区间空闲，经两站车站值班员同意，办理闭塞手续后区间才能开通，发车站的出站信号机或线路所的通过信号机才能开放。

列车进入区间后，发车站的出站信号机或线路所的通过信号机自动关闭，而且在列车未到达接车站以前，向该区间发车用的所有信号机都不得开放。

列车到达接车站，由车站值班员确认列车整列到达，办理到达复原后，使两站闭塞机复原。继电半自动闭塞可用于电气化和非电气化区段，能与各种联锁设备相结合。

七、半自动闭塞的办理方法

64D 型继电半自动闭塞要求两个车站值班员共同办理闭塞手续，包括正常办理、取消复原、故障复原三种。

1. 正常办理

所谓正常办理是指两站间列车的正常运行及闭塞机处于正常状态时的办理方法，共有五个步骤。设甲站为发车站，乙站为接车站，办理步骤如下：

（1）甲站请求发车

甲站要向乙站发车，甲站值班员应先检查控制台上的接、发车表示灯处于灭灯状态，并确认区间空闲后，通过闭塞电话与乙站联系，然后按下“闭塞”按钮，向乙站发送请求发车信号。此时，乙站电铃鸣响。当甲站值班员松开“闭塞”按钮后，乙站自动向甲站发送自动回执信号，使甲站发车表示灯亮黄灯，同时电铃鸣响。当发完自动回执信号后，乙站接车表示灯也亮黄灯。这说明甲站办理请求发车的手续已完成。

（2）乙站同意甲站发车

乙站如果同意甲站发车，乙站值班员在确认接车表示灯亮黄灯后，按下“闭塞”按钮，向甲站发送同意接车信号。此时，乙站接车表示灯黄灯熄灭，绿灯点亮，甲站发车表示灯黄灯也熄灭，改亮绿灯，同时电铃鸣响。

至此，两站间完成了一次列车占用区间的办理闭塞手续。闭塞机处于区间开通状态，表示乙站同意甲站发车，甲站至乙站方向区间开通，甲站出站信号机可以开放。

（3）列车从甲站出发

甲站值班员看到发车表示灯亮绿灯，即可办理发车进路，开放出站信号机。当出发列车驶入出站信号机内方，出站信号机自动关闭。当列车驶入进站信号机内方第一个轨道区段时，甲站发车表示灯变为红灯，并自动向乙站发送出发通知信号，使乙站接车表示灯也点亮红灯，同时电铃鸣响。

至此，双方站的闭塞机均处于区间闭塞状态，表明该区间内有一列列车在运行，此时双方站的出站信号机均不能再次开放。

（4）列车到达乙站

乙站值班员在同意接车后，应准备好列车进路。当接车表示灯由绿灯变红灯及电铃鸣响后（说明列车已从邻站开出），应根据列车在区间运行时分的长短，及时建立接车进路，开放进站信号机，准备接车。当列车到达乙站，进入乙站进站信号机内方第一个轨道区段时，乙站的发车表示灯和接车表示灯都亮红灯，表示列车到达。此时，乙站进站信号机自动关闭。

（5）到达复原

列车全部进入乙站股道后，接车进路解锁。乙站值班员在确认列车完整到达后，按下“复原”按钮，办理到达复原。此时，乙站接、发车表示灯的红灯均熄灭，同时向甲站发送到达复原信号，使甲站的发车表示灯红灯熄灭，电铃鸣响。

至此，两站闭塞机均恢复定位状态。

2. 取消复原

取消复原是指办理闭塞手续后，列车因故不能发车时，而采用的取消闭塞的方法。取消复原有以下三种情况：

（1）发车站请求发车，收到接车站的回执信号后取消复原。此时，发车站的发车表示灯、接车站的接车表示灯均亮黄灯，如果接车站不同意对方站发车或发车站需取消发车时，经双方联系后可由发车站车站值班员按下“复原”按钮办理取消复原。

（2）发车站收到对方站的同意接车信号后，但其出站信号机尚未开放以前取消复原。这时发车站的发车表示灯和接车站的接车表示灯均亮绿灯，如需取消闭塞，也须经两站车站值班员联系后，由发车站车站值班员按下“复原”按钮，办理取消复原。

（3）在电气集中联锁的车站，发车站开放出站信号机后，列车尚未出发之前要取消复原，须经两站车站值班员电话联系后，确认列车未出发，发车站车站值班员先办理发车进路的取消或人工解锁（视列车接近的情况）。在出站信号机关闭，发车进路解锁后，再按下“复原”按钮，办理取消复原。

以上三种情况的取消复原，执行者均为发车站车站值班员，如由接车站车站值班员办理取消复原，则是无法实现的。

3. 事故复原

使用“事故”按钮使闭塞机复原的方法，叫事故复原。事故复原是在闭塞机不能正常复原时，所采用的一种特殊复原方法。由于事故复原不检查任何条件，行车安全全靠人为保证，因此两站车站值班员必须共同确认区间没有被占用（列车没有出发、区间没有列车运行、列车整列到达），双方出站信号机均关闭，并应在“行车设备检查登记簿”中登记，然后由发生故障一方的车站值班员打开铅封，按下“事故”按钮使闭塞机复原。

在下列情况下，允许使用“事故”按钮办理事故复原：

（1）闭塞电源断电后重新恢复供电时。

（2）列车到达接车站，因轨道电路故障不能办理到达复原时。

加封的“事故”按钮，破封后不准连续使用。装有计数器的“事故”按钮，破封后可以继续使用。无论装计数器是否，每办理一次事故复原，车站值班员都应在“行车设备检查登记簿”中登记，并在交接班时登记计数器上的数字，以便明确责任。“事故”按钮使用后，应及时加封。

八、继电半自动闭塞的技术经济效益

运用实践证明，继电半自动闭塞的技术经济效益很显著，具有设备简单、使用方便、维修容易、投资少、安装快等优点。由于用出站信号机的允许信号显示取代实物凭证，极大地提高了行车安全程度，改善了司机、车站值班员的劳动条件，提高了列车运行速度。在单线区段，与路签（牌）闭塞相比，可提高通过能力 20% ～ 30%。

但是，采用半自动闭塞虽然在一定程度上保证了行车安全，但不能充分发挥铁路线路（尤其是双线）的通过能力。而且由于区间没有空闲检查设备，须由人工确认列车的整列到达，尤其是事故复原的安全操作得不到保证，所以行车安全程度不高，影响运输效率。

第三节　自动站间闭塞

一、自动站间闭塞概述

目前我国铁路在单线区段普遍使用的 64D 型继电半自动闭塞，由于没有区间检查设备，区间的占用或空闲及列车是否完整到达均需由车站值班员人工确认，因此，存在着不安全因素。一旦车站值班员违章和疏忽。错误办理解除闭塞而向有车占用的区间发车，就会造成车毁人亡的重大事故。为确保单线区段的行车安全，完善和改进现有 64D 型继电半自动闭塞的功能，提高运输效率，减轻车站值班人员的劳动强度，铁路总公司在行车安全措施中，要求逐步对现有的半自动闭塞进行技术改造，增加区间空闲与占用状态的检查设备。

在半自动闭塞区段，配套计轴设备或长轨道电路，可自动地确认列车的完整到达，使区间闭塞设备自动复原构成自动站间闭塞。

（一）自动站间闭塞的类型

自动站间闭塞分两种类型，一种是在现有 64D 型继电半自动闭塞的基础上增加计轴设备或长轨道电路构成的自动站间闭塞；另一种是在双线双向自动闭塞区段，反方向按自动站间闭塞运行。

（二）自动站间闭塞的基本原理

第一种自动站间闭塞是在现有 64D 型继电半自动闭塞的基础上增加计轴设备或长轨道电路构成的两站间的自动闭塞。当发车站办理发车进路时，区间自动构成闭塞，并切断对方站的发车条件。出站信号机开放，应连续检查闭塞正确及区间空闲。列车出发后，解除闭塞前，两站防护区间的出站信号机均不能开放。当列车到达接车站，经检查区间空闲后，自动解除闭塞。

第二种自动站间闭塞在检查了整个站间区间空闲并改变运行方向后，即可形成自动站间闭塞。

以下所述均为第一种自动站间闭塞。

（三）自动站间闭塞的技术经济效益

自动站间闭塞无需车站值班员办理闭塞和确认列车完整到达，缩短了车站办理接发车时间，相应地提高了区间通过能力。更重要的是，克服了在没有区间空闲检查设备状况下半自动闭塞区段因区间遗留车辆、车辆溜逸和错误办理事故复原等造成的不安全情况。

二、计轴设备

（一）计轴设备的主要技术条件

第一，车轮传感器的安装点应符合下列要求：检测轨道区段长度应大于最大轴距，安装应符合建筑接近限界的要求，距信号机的安装位置应符合信号机处钢轨绝缘安装位置的要求；用于站间闭塞区间轨道检查的磁头安装于进站信号机内方 2 ～ 3 m 处，应安装在轨枕间的钢轨上且应避开轨距杆等金属部件，两组磁头应安装于同一侧钢轨上，在双线轨道区段，磁头应安装于外侧钢轨上。

第二，车轮传感器安装须用绝缘材料与钢轨隔离。车轮传感器安装应牢固，磁头齿与底座齿必须对准密合，各部螺栓，螺母上的扭矩应符合规定要求，底座无裂纹，外壳无损伤。

第三，计轴设备的数据传输通道应采用不加感通信电缆，铝护套计轴综合电缆中的通信四芯组线对或光缆，通道质量应符合有关技术标准。

第四，计轴设备主机的电缆连接线屏蔽层不得与室外引入电缆屏蔽层接地相连，也不得与机械室内分散接地的信号地线相连。

第五，计轴设备应有可靠电源供电，输入电源断电 30 min 以内，应保证计轴设备正常工作。

第六，计轴设备发生任何故障，作为检查轨道区段空闲与占用状态的轨道继电器应可靠落下，并持续显示占用状态；故障排除后，未经人工办理，不得自动复位。

第七，计轴设备的电源、传输通道、磁头等部位应有雷电防护措施。

（二）计轴设备的组成

计轴设备由室内设备和室外设备两部分组成。室外设备和室内设备通过传输线路相连接。室外设备计轴点，包括车轮传感器和电子连接箱，主要用于产生车轴脉冲。室内设备有运算器、继电器、电源等。运算器，包括计数、比较、监督、表示等装置，对计轴点产生的车轴脉冲进行计数和确定列车运行方向，比较计轴点入口和出口所记轴数及记录计数结果。电源提供可靠的供电。传输线路用来传递计轴信息。

（三）计轴设备的基本工作原理

计轴设备利用车轮传感器、计数器来记录和比较驶入和驶出轨道区段的轴数，以此确定轨道区段的占用或空闲，其工作原理是：当列车出发，车轮进入轨道传感器作用区时，发车站微机开始计轴，轮对经过传感器磁头时，向微机传送轴脉冲，微机开始计数，判定运行方向，确定对轴数是累加计数还是递减计数。系统规定，凡进入防护区段的轮轴数进行加轴运算，凡离去防护区段的轮轴数进行减轴运算。列车进入区间，计轴器对轮轴进行计数，并发出区间占用信息，区间轨道继电器落下。列车全部通过车轴计轴点时，停止计数，并经传输线向对方站发送本站所计的发车轴数。当列车到达接车站计轴点时，由于列车是驶离区间，计轴器进行减轴运算，同时接车站在列车全部通过后，将所计轴数，再传递给发车站，然后两站的微机同时对驶入区间和驶离区间的轮轴数进行比较运算，两站一致时，发出区间空闲信息表示，区间轨道继电器吸起，这时微机控制闭塞设备自动复原，否则区间仍将处于占用状态。

目前，我国铁路使用的计轴设备有从德国引进的AzL90-3型、ZP30CA型、AzS（M）350型计轴设备和国产的JZ1-H型计轴设备等。现以ZP30CA型和JZ1-H型为例予以介绍。

三、计轴自动站间闭塞系统

（一）计轴自动站间闭塞主要技术条件

计轴自动站间闭塞的主要技术条件有：

第一，办理闭塞、取消闭塞及事故复原应在检查区间空闲后。

第二，列车进入计轴自动站间闭塞区间的凭证是出站信号机开放。

第三，发车站办理发车进路时，区间应自动构成闭塞状态。

第四，出站信号机开放，必须连续检查闭塞正确及区间空闲。

第五，列车出发后、闭塞解除前，两站防护该区间的出站信号机均不能再次重复开放。

第六，列车到达接车站，经检查区间空闲后，闭塞应自动解除。

第七，区间闭塞后、发车进路解锁前，不能解除闭塞；取消发车进路、发车进路解锁后，闭塞应随之自动解除。

第八，计轴设备工作正常、区间空闲且未办理闭塞时．破铅封操纵闭塞方式转换按钮，计轴自动站间闭塞方式与半自动闭塞方式可直接相互转换，同一区间的闭塞方式应一致。

第九，计轴设备应连续对主机自身状态与执行环节状态是否一致进行监测。当出现不一致时，应处于“区间占用”状态，并使对方站也处于“区间占用”状态。

第十，计轴设备故障后，可按规定的作业程序办理，停用计轴设备，改按原半自动闭塞方式行车。

十一，计轴系统发生任何故障，作为检查区间空闲与占用状态的区间轨道继电器应可靠落下，并持续显示“占用”状态。故障排除后，必须办理预复零（即断通电一次），并采用其他闭塞方式经过走行一列列车，计轴器计入与计出的轴数相同，确保区间空闲后，计轴设备方可自动复零。

十二，计轴设备正常工作时，控制台上应给出区间空闲或占用表示；设备故障后，应给出计轴故障和区间占用表示及音响报警。

十三，计轴设备应有可靠电源供电，交流停电后，应能连续供电 30 min 以上且控制台上仍能给出区间空闲与占用表示。

十四，计轴设备检修或停电后复原，应由双方车站值班人员确认区间空闲后，同时办理预复零，方能使设备复原。

十五，计轴信息的传输通道应采用专用通道且应满足数据传输通道的要求。

十六，计轴设备应连续监测站间通道是否良好，当通道发生故障后，两站设备均应处于“区间占用”状态。

十七，计轴自动站间闭塞系统应具有良好的电磁兼容性和防雷设施。

十八，计轴自动站间闭塞系统与结合电路设计必须符合故障一安全要求。

（二）计轴自动站间闭塞系统组成

目前使用的计轴自动站间闭塞系统是在现有 64D 型继电半自动闭塞设备的基础上增加了计轴设备、计轴专用电源、轴数显示器、计轴检测盒、滤波器、计轴综合电缆、计轴器与原 64D 型继电半自动闭塞结合电路及防雷设备等构成的。

下面以 ZP30CA 型计轴器构成的计轴自动站间闭塞为例，说明其系统构成。系统采用 ZP30CA 型计轴器作为区间空闲与占用状态的检查设备，每个区间安装两套，分别设在两站进站信号机内方 2 ～ 3 m 处。该计轴设备采用直流供电，站间数据通信与继电半自动共线传输方式，其系统构成如图 3-1 所示。

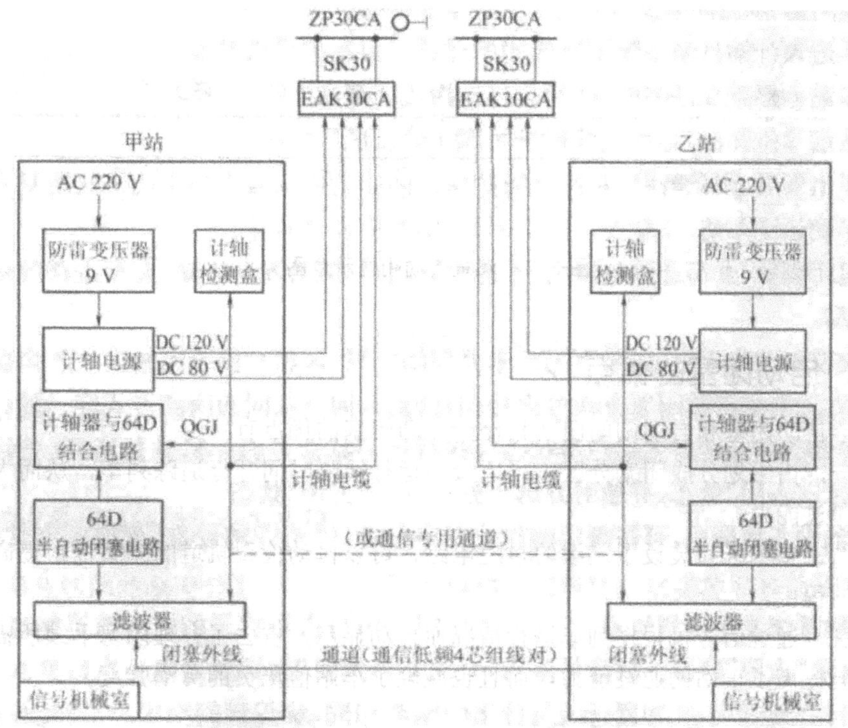

图 3-1 计轴自动站间闭塞系统构成框图

第四节 自动闭塞

一、自动闭塞概述

自动闭塞是先进的闭塞制度，自动闭塞系统是保障铁路行车安全的重要信号控制系统。自动闭塞和机车信号、列车超速防护一起，构成列车控制系统，是现代化信号设备的重要组成部分。

自动闭塞是将站间区间划分为若干闭塞分区，根据列车运行及有关闭塞分区状态，自动变换信号显示和发送列车移动授权信息，列车凭地面信号或车载信号行车的闭塞方法。

自动闭塞把区间分成若干小段即闭塞分区，在各闭塞分区的起点装设通过信号机用以防护该闭塞分区。每个闭塞分区内都装设轨道电路。双线单方向自动闭塞示意如图 3-2 所示，通过轨道电路将列车和通过信号机的显示联系起来，根据列车运行及有关闭塞分区的状态使通过信号机的显示自动变换，不需要人工操纵。

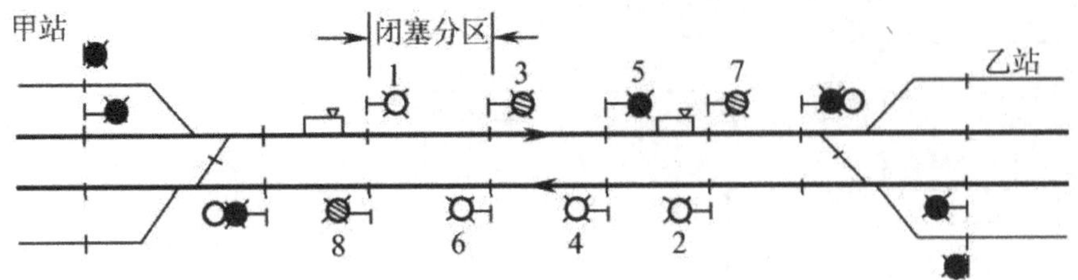

图 3-2 双线自动闭塞示意图

二、自动闭塞的优点

与半自动闭塞和自动站间闭塞相比，自动闭塞的优点有：

第一，由于划分成闭塞分区，可用最小运行间隔时间开行追踪列车，从而大大提高区间通过能力。

第二，整个区间装设了连续的轨道电路，可以自动检查轨道的完整性，提高了行车安全的程度。

第三，通过信号机根据列车运行情况而自动显示，省去了办理闭塞手续所需的时间，不但提高了车站的通过能力。而且也减轻了车站值班员的劳动强度。

三、自动闭塞的原理

通过信号机定位显示绿灯，只有当列车占用该闭塞分区或线路故障时，才显示红灯。如图 3-3 所示，以三显示自动闭塞为例，具体工作过程如下：

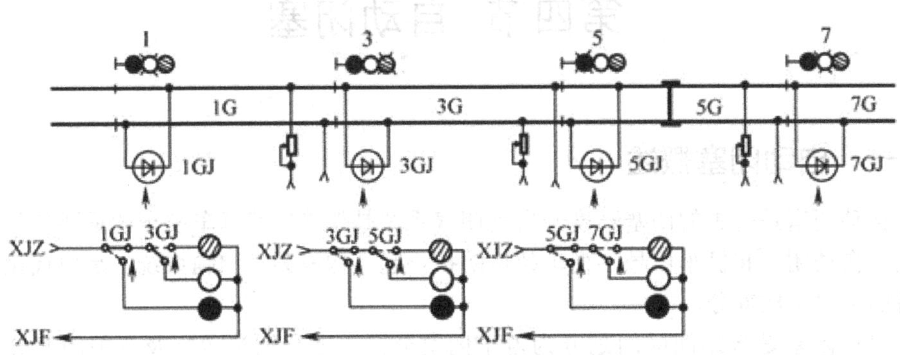

图 3-3 三显示自动闭塞原理图

当列车进入 3G 闭塞分区时，3G 闭塞分区的轨道电路被列车车轮分路，轨道继电器 3GJ 落下，通过信号机 3 显示红灯，通过信号机 1 显示黄灯。当列车驶入 5G 闭塞分区并出清 3G 闭塞分区时，轨道继电器 3GJ 吸起，5GJ 落下，通过信号机 3 显示黄灯，通过信号机 1 显示绿灯（四显示时为绿黄灯）。

可见，通过信号机的显示是随着列车运行的位置而自动改变的。当显示黄灯时，列车运行前方只有一个闭塞分区空闲；当显示绿灯时，列车运行前方至少有两个闭塞分区空闲（四显示为三个闭塞分区空闲）。

（2）通过信号机的灯光显示是利用轨道电路传送的；三显示自动闭塞必须传递三种以上的信息，四显示自动闭塞必须传递四种以上的信息。

（3）利用轨道电路传送信息，每一个闭塞区段要有本区段信息的接收设备，还要有向前方区段发送信息的发送设备。

四、自动闭塞的分类

（一）根据行车组织方法分

1. 单线双向自动闭塞

在单线区段，既要运行上行列车又要运行下行列车。为了调整双方向列车的运行，在线路两侧都要装设通过信号机，这种自动闭塞称为单线双向自动闭塞。根据某一时刻列车运行的需要，经两端车站值班员的操作，使某一方向的自动闭塞开通，而另一方向关闭。反之若需改变运行方向时，亦经两端车站值班员的操作，可使相反方向的自动闭塞开通，另一方向关闭。

2. 双线单向自动闭塞

在双线区段上采用单方向列车运行，即一条线路只允许上行列车运行，而另一条线路只允许下行列车运行。为此对于每一条线路仅在一侧装设通过信号机，只能对一个运行方向指示运行条件、进行防护的自动闭塞。这种自动闭塞叫作双线单向自动闭塞。双线单向自动闭塞只防护列车的尾部。

3. 双线双向自动闭塞

为了充分发挥轨道线路的运输能力，在双线区段的每条线路上都能双方向运行列车，这样的自动闭塞称为双线双向自动闭塞。如图 3-4 所示。其地面通过信号机的设置同双线单向自动闭塞。有两种方式：一种是反方向按自动闭塞行车；另一种是反方向按站间闭塞行车。这两种方式的反方向均不设通过信号机（按自动闭塞行车时设停车标志），反方向运行的列车是按机车信号显示作为行车命令，即此时以机车信号作为主体信号。

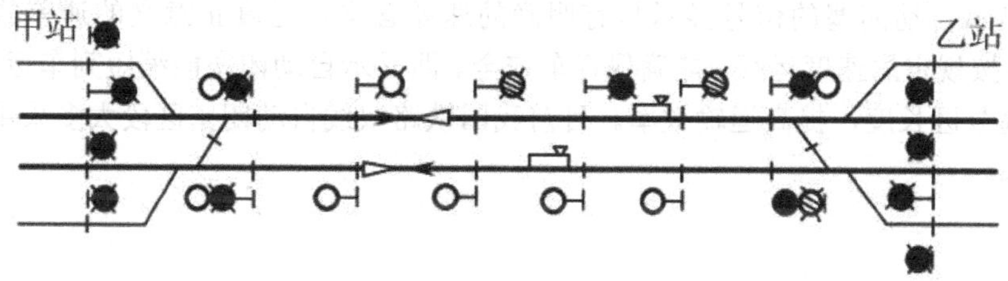

图 3-4 双线双向自动闭塞

单线和双线双向自动闭塞必须对列车的尾部和头部两个方向进行防护。为了防止两方向的列车正面冲突，平时规定正方向通过信号机亮灯，反方向通过信号机灭灯或双线反方向的机车信号没有信息。只要在需要改变运行方向，而且在区间空闲的条件下，由车站值班员办理一定的手续后才能允许反方向的列车运行。所以单线自动闭塞和双线双向自动闭塞必须设置改变运行方向电路。

（二）按通过信号机的显示制度分

自动闭塞可分为三显示和四显示自动闭塞。三显示自动闭塞，通过信号机具有三种显示，能预告列车前方两个闭塞分区状态的自动闭塞。四显示自动闭塞具有四种显示，能预告列车前方三个闭塞分区状态的自动闭塞。

列车的第一个轮对进入该信号机所防护的闭塞分区时，通过信号机的显示变换为禁止显示，当最后的轮对出清闭塞分区时，通过色灯信号机的显示则变换为允许显示。根据信号显示制度，前方信号机也变换其显示。如果区间通过色灯信号机或进站色灯信号机的灯丝断丝，该信号机应显示禁止信号，而其前方的色灯信号机也应转换为相应的灯光显示。

1. 三显示自动闭塞

三显示自动闭塞的通过信号机具有红灯、绿灯和黄灯三种显示。当通过信号机所防护的闭塞分区被列车占用时显示红灯；其运行前方仅有一个闭塞分区空闲时显示黄灯；有两个及以上的闭塞分区空闲时显示绿灯。

列车运行在三显示自动闭塞区段，越过显示黄灯的通过信号机时开始减速，至次架显示红灯的通过信号机前停车，因此要求每个闭塞分区的长度绝对不能小于列车的制动距离。随着列车速度和密度的不断提高，要求实现最小运行间隔，闭塞分区长度越短越好；而高速客车、重载货车制动距离长，闭塞分区长度又不能太短。三显示自动闭塞不能解决这一矛盾，提高区间通过能力的最好方法是采用四显示自动闭塞。

2. 四显示自动闭塞

四显示自动闭塞是在三显示自动闭塞的基础上增加一种绿黄显示，如图3-5所示。它能预告列车运行前方三个闭塞分区的状态，规定列车以规定的速度越过绿黄显示后必须减速，以使列车在抵达黄灯显示下运行时不大于规定的黄灯允许速度，保证在显示红灯的通过信号机前停车；而对于低速、制动距离短的列车越过绿黄显示后可不减速。由于增加了绿黄显示，就圆满地解决了上述矛盾。

四显示自动闭塞的信号显示具有明确的速差含义，是真正意义的速差式自动闭塞，列车按规定的速度运行，能确保行车安全。四显示自动闭塞能缩短列车运行间隔，缩短闭塞分区长度，提高运输效率。目前我国铁路双线自动闭塞区段大多采用四显示自动闭塞。

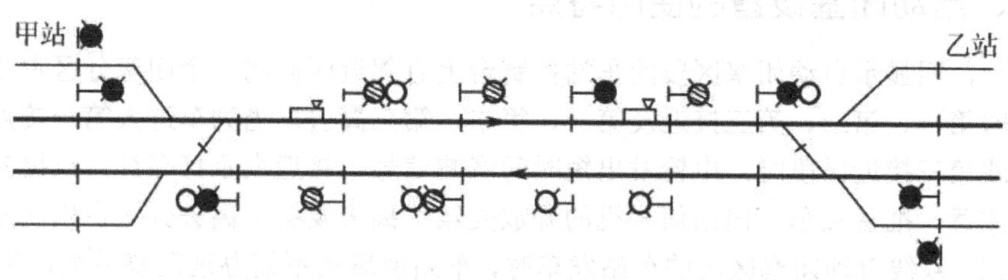

图 3-5 四显示自动闭塞

（三）按是否设置轨道绝缘分

可分为有绝缘自动闭塞和无绝缘自动闭塞。

传统的自动闭塞在闭塞分区分界处均设有钢轨绝缘，以分割各闭塞分区。但钢轨绝缘的设置不利于线路向长钢轨、无缝化发展，钢轨绝缘损坏率高，影响了设备的稳定工作且增加了维修工作量和费用。尤其是电气化区段，牵引电流为了通过钢轨绝缘，必须安装扼流变压器，缺点更显著。

后来出现的无绝缘自动闭塞以无绝缘轨道电路为基础，取消了区间线路的钢轨绝缘，满足了铁路无缝化、电气化发展的需要。

（四）按传递信息的特征分

可为交流计数电码自动闭塞、极性频率脉冲自动闭塞和移频自动闭塞。

1. 交流计数电码自动闭塞

以交流计数电码轨道电路为基础，以钢轨作为传输通道传递信息，靠电码脉冲和间隔构成不同的电码组合来区分。用不同的电码周期解决相邻轨道电路的干扰。交流计数电码自动闭塞工作稳定，传输性能好，轨道电路长度可达 2600m，具有断轨检查性能。但是在技术上已经落后，信息量少，不能满足所需要的信息要求，不能适应铁路运输发展的需要，经过微电子改造后，性能有所改善。

2. 移频自动闭塞

移频自动闭塞以移频轨道电路为基础，用钢轨传递移频信息。选用频率参数作为控制信息，采用频率调制的方法，把包括信息的低频信息搬移到载频上，形成振幅不变、频率随低频信号的幅度作周期性变化的调频信号。将此信号用钢轨作为传输通道来控制通过信号机的显示，达到自动指挥列车运行的目的。移频自动闭塞抗干扰性能强，设备无接点化，工作寿命长，维修方便，信息量相对较多，技术上较先进，适用于电气化和非电气化区段。但也存在一定的问题，如检查断轨性能差；因频率较高，轨道电路长度受到限制；设备较复杂，造价较高等。

移频制式有国产 4 信息、8 信息和 18 信息移频自动闭塞，UM71 系列、WG-21A 型和 ZPW-2000 系列，只是频率参数不相同。目前，我国铁路自动闭塞的统一制式是 ZPW-2000 系列，其他制式的自动闭塞已经基本被淘汰。

五、自动闭塞设备的使用特点

第一，四显示自动闭塞区段的车站控制台上有邻近区间的三个闭塞分区占用情况表示，即第一、第二、第三接近及第一、第二、第三离去。当列车进入第一接近、第二接近或第三接近区段时，电铃发出短时间音响信号，接近表示灯亮灯，以提醒车站值班员注意，准备接车。出站信号机的开放受第一离去及第二离去分区占用的限制。

第二，双线自动闭塞区段的车站发车时，车站值班员不需办理闭塞手续，发车前，检查确认进路道岔位置正确，影响进路的调车作业已经停止后方可开放出站信号机，交付行车凭证，即可发车。为便于接车站做好接车准备，应向接车站通报列车车次、出发时刻及有关注意事项。

第三，单线自动闭塞区段上的发车方向一经确定，发车站得到列车调度员准许后，按下发车按钮，发车站就可以连续发出列车。为保证列车运行秩序或不影响某些重要列车的运行，车站值班员在转换发车方向之前，除确认站间区间空闲外，须得到列车调度员的同意，方可办理转换手续。

第四，在自动闭塞区段，车站的进站和出站信号机的开放，仍需要车站值班员在控制台上进行操纵。

装有自动按钮的车站，若连续运行通过列车时，可以将进路开通正线并开放出站信号机和进站信号机后，再把控制台上的自动按钮按下，则进站、出站信号机均纳入自动闭塞系统，其显示同区间通过信号机。

六、ZPW-2000 系列自动闭塞

（一）主要特点

1. 充分肯定、保持 UM-71 无绝缘移频轨道电路整体结构上的优势。

2. 解决了调谐区断轨检查，实现轨道电路全程断轨检查（长轨道和短轨道）。

3. 在解决调谐区断轨检查后，实现了对轨道电路全程断轨的检查，大幅度减少了调谐区“死区”长度（20m 减小到 5m 以内），实现了对调谐单元的断线检查和对拍频信号干扰的防护，大大提高了传输的安全性。

4. 轨道电路调整按固定轨道电路长度与允许最小道碴电阻方式进行。既满足了 1Ω·km 标准道碴电阻、低道碴电阻最大传输要求，又为一般长度轨道电路最大限度提供了调整裕度，提高了轨道电路工作稳定性。

5. 利用新开发的轨道电路计算软件实现了轨道电路参数的优化，大大提高了轨道电路的传输长度，将 1.0 Ω·km 道床电阻的轨道电路传输长度提高了 44%（从 900m 提高到 1300m），将电气—机械绝缘节的轨道电路长度提高了 62.5%（从 800m 提高到 1300m），改善了低道床电阻轨道电路工作的适应性。

6. 用 SPT 国产铁路信号数字电缆取代法国的 ZC03 型电缆，线径由 1.13mm 降至 1.0mm，减少了备用芯组，加大了传输距离（从 7.5km 提高到 10km），使系统的性能价格比大幅度提高，显著降低了工程造价。

7. 采用钢包铜引接线取代调谐区设备的 70mm2 的铜引接地线，方便了维修。

8. 采用单片机和数字信号处理芯片代替晶体管分立元件和小规模集成电路，提高了发送移频信号频率的精度和接收移频信号的抗干扰能力。

9. 系统中发送器采用“N+1”冗余，接收器采用成对双机并联运用，提高了系统可靠性，大幅度提高了单一电子设备故障不影响系统正常工作的“系统无故障工作时间”。

（二）ZPW-2000 系列无绝缘轨道电路技术条件

1. 一般规定

（1）ZPW-2000 系列无绝缘轨道电路，满足以机车信号为行车凭证的自动闭塞系统要求。适用于电气化牵引区段和非电气化牵引区段的区间及车站轨道电路区段，也可用于机械绝缘节轨道电路区段。电气化牵引区段工作环境：轨道回流≤ 1000A，不平衡系数≤ 10%。

（2）ZPW-2000 系列无绝缘轨道电路采用调谐式电气绝缘节，沿钢轨按规定距离敷设补偿电容，进行传输补偿。

（3）ZPW-2000 系列无绝缘轨道电路采用标准载频为：1700Hz、2000Hz、2300Hz、2600Hz。每个载频有 -1、-2 两种。载频中心频率见表 3-1。

表 3-1　载频中心频率

载频类型 /Hz	中心频率 /Hz	载频类型 /Hz	中心频率 /Hz
1700（F_1）	1701.4	2300（F_1）	2301.4
1700（F_2）	1698.7	2300（F_2）	2298.7
2000（F_1）	2001.4	2600（F_1）	2601.4
2000（F_2）	1998.7	2600（F_2）	2598.7

传输的低频调制信号频率为 10.3+N×1.1Hz，N=0 ～ 17，即从 10.3 ～ 29Hz，每隔 1.1Hz 一个，呈等差数列，共 18 个：10.3Hz、11.4Hz、12.5Hz、13.6Hz、14.7Hz、15.8Hz、16.9Hz、18Hz、19.1Hz、20.2Hz、21.3Hz、22.4Hz、23.5Hz、24.6Hz、25.7Hz、26.8Hz、27.9Hz、29Hz。它们的信息码见表 3-2。

表 3-2　低频频率信息码

编号	频率 /Hz	信息码	信息定义	说明
F18	10.3	L3	准许列车按规定速度运行，表示运行前方 5 个闭塞分区空闲	列车运行速度小于或等于 200km/h 自动闭塞区段列车超速防护系统所用
F17	11.4	L	准许列车按规定速度运行	
F16	12.5	L2	准许列车按规定速度运行，表示运行前方 4 个闭塞分区空闲	列车运行速度小于或等于 200km/h 自动闭塞区段列车超速防护系统所用
F15	13.6	LU	准许列车按规定速度注意运行	

续表

编号	频率（Hz）	信息码	信息定义	说明
F14	14.7	U2	要求列车减速到规定的速度等级越过接近的地面信号机，并预告次一架地面信号机显示两个黄色灯光	
F13	15.8	LU2	要求列车减速到规定的速度等级越过接近的地面信号机，并预告次一架信号机显示一个黄色灯光	在列车运行速度小于或等于160km/h，列车制动到停车需3个闭塞分区
F12	16.9	U	要求列车减速到规定的速度等级越过接近的地面信号机，并预告次一架信号机显示一个红色灯光	
F11	18	UU	要求列车限速运行，表示列车接近的地面信号机开放经道岔侧向位置进路	
F10	19.1	UUS	要求列车限速运行，表示列车接近的地面信号机开放经 18 号及以上道岔侧向位置进路，且次一架信号机开放经道岔直向或 18 号及以上道岔侧向位置进路；或表示列车接近设有分歧道岔线路所的地面信号机开放经 18 号及以上道岔侧向位置进路	
F9	20.2	U2S	要求列车减速到规定的速度等级越过接近的地面信号机，并预告次一架地面信号机显示一个黄色闪光和一个黄色灯光	
F8	21.3	L5	准许列车按规定速度运行，表示运行前方 7 个及以上闭塞分区空闲	200km/h 动车组在客运专线上运行所需
F7	22.4	U3	要求列车减速到规定速度等级越过接近的地面信号机，表示接近的地面信号机显示一个黄色灯光，并预告次一架信号机为进站或接车进路信号机且显示一个红色灯光	仅适用于双红灯防护的自动闭塞区段第三接近区段用
F6	23.5	L4	准许列车按规定速度运行，表示运行前方 6 个及以上闭塞分区空闲	200km/h 动车组在客运专线上运行所需
F5	24.6	HB	表示列车接近的进站或接车进路信号机开放引导信号，或通过信号机显示容许信号	
F4	25.7			载频切换，用于站内闭环电码化
F3	26.8	HU	要求及时采取停车措施	
F2	27.9			反向站间闭塞及站内闭环电码化检测用
F1	29	H	要求列车采取紧急停车措施	仅适用于双红灯防护的自动闭塞区段

（4）两相邻平行 ZPW-2000 系列无绝缘轨道电路采用相同载频时，必须具备可靠的邻线干扰防护能力。

（5）ZPW-2000 系列无绝缘轨道电路必须满足双线双方向运行要求。

（6）ZPW-2000 系列无绝缘轨道电路发送器输出电动势，波动 ±3%时，该轨道电路接收器必须实现一次调整。

（7）ZPW-2000 系列无绝缘轨道电路必须工作可靠并符合“故障—安全”原则。出现故障后，不能造成地面信号和机车信号显示升级。

（8）ZPW-2000 系列无绝缘轨道电路采用计算机技术，通过硬、软件措施实现轨道电路系统的安全性。

（9）ZPW-2000 系列无绝缘轨道电路（单套设备）平均故障间隔时间（MTBF）≥ 4.38×10 4 h/ 区段。

（10）ZPW-2000 系列无绝缘轨道电路计算机软件的安全性完善度等级应为 4 级。

（11）ZPW-2000 系列无绝缘轨道电路电子设备有关电源、外部接口及电磁兼容等环境条件和使用条件的设计应采用与安全性完善度等级相适应的设计方法。

（12）ZPW-2000 系列无绝缘轨道电路硬件和软件结构应实现模块化、标准化、系列化和软件工程化管理。

（13）ZPW-2000 系列无绝缘轨道电路应能向其他系统提供数据。

（14）ZPW-2000 系列无绝缘轨道电路与其他系统通信时，应采用统一、专用的安全通信协议。

（15）ZPW-2000 系列无绝缘轨道电路应具备自检和在线监测联网功能。

（16）ZPW-2000 系列无绝缘轨道电路同序列号设备必须具备互换性。

（17）ZPW-2000 系列无绝缘轨道电路必须具备实现数字化升级的条件。

2. 基本功能

（1）调整状态

在标准传输条件下（电缆长度 10km），最低道床电阻不小于表 3-3 所列值，轨道电路必须满足一次调整，轨道电路接收器输入电压，不小于 240mV，轨道电路设计长度为表 3-3 规定值，该设计长度已有 8%的余量。当实际道床电阻低于 0.4Ω·km 时，可适当缩短轨道电路设计长度，特殊处理。

表 3-3 适用于轨道电路两端均采用电气绝缘节或一端为电气绝缘节、一端为机械绝缘节或两端均采用机械绝缘节的配置情况。

表 3-3 轨道电路设计长度

单位：m

载频（Hz）	道床电阻值（Ω·km）					
	1.5	1.2	1.0	0.8	0.6	0.4
1700	1900	1750	1500	1050	850	600
2000	1900	1750	1500	1050	800	550
2300	1800	1650	1500	1050	800	550
2600	1800	1650	1460	1050	800	550

（2）分路状态

①在最不利条件下，用 0.15Ω 分路电阻在轨道电路任一处轨面分路时（电气绝缘节区域内除外），轨道电路接收器输入电压不大于 140V。

② ZPW-2000 无绝缘轨道电路电气绝缘节区域内分路死区长度不大于 5m。

③在最不利条件下，在轨道电路任一处轨面机车信号短路电流不小于表 3-4 规定值。

表 3-4 机车信号短路电流

载频（Hz）	1700	2000	2300	2600
机车信号短路电流（A）	0.5	0.5	0.5	0.45

④断轨检查。当 ZPW-2000 系列无绝缘轨道电路钢轨出现电气断离时，轨道电路接收器得到可靠占用检查。

3. 室外设备

（1）ZPW-2000 系列无绝缘轨道电路设置钢轨补偿电容，沿钢轨按均匀间隔原则设置。根据轨道电路载频选用补偿电容值或采用一种补偿电容值，通过不同间距，实现对轨道电路各种载频信号的补偿。补偿电容容值不多于 4 种，补偿电容间距不小于 50m。

（2）ZPW-2000 系列无绝缘轨道电路设置空芯线圈，根据轨道电路载频设置调谐单元，并采用专用引接线构成电气绝缘节。该电气绝缘节长度不大于 30m。电气绝缘节隔离系数不小于 10。必要时，可设置第 2 级零阻抗器件，进一步防护轨道电路载频信号向其他区段的纵向串音。

（3）补偿电容、调谐单元、空芯线圈等器材的安装，应满足大型自动化养路机械设备施工要求。

（4）ZPW-2000 系列无绝缘轨道电路宜采用铁路内屏蔽数字信号电缆，以实现多区段同频合缆敷设方式。也可采取轨道区段 1 个信号点 1 根电缆的敷设方式。在实际电缆长度基础上，增加电缆模拟盘补充长度，以补足规定长度。当电缆长度超过 10km，但不大于 15km 时，进行特殊处理或设置中继站。

电缆芯线使用必须遵守以下原则：①相同频率的发送线对和接收线对不能使用同一根电缆；②相同频率的发送线对或接收线对不能使用同一四芯组。

4. ZPW-2000 系列无绝缘轨道电路电子设备

（1）ZPW-2000 系列无绝缘轨道电路接收器和发送器的可靠度指标：平均故障间隔时间（MTBF）≥ 15×10 4 h。

（2）ZPW-2000 系列无绝缘轨道电路接收器和发送器要求最高的安全性完善度等级，其安全度指标要求平均危险侧输出间隔时间≥ 10 11 h。

（3）ZPW-2000 系列无绝缘轨道电路接收器和发送器应考虑热插拔设计。接插件应接触可靠，易于插拔，结构坚实，不发生机械变形，并应具有防错插措施。接插件插拔次数应保证在 500 次以上。

5. 供电及电源设备

ZPW-2000 系列无绝缘轨道电路接收器和发送器采用 24V 或 48V 直流稳压电源、不间断供电。

6. 电磁兼容与雷电防护

（1）ZPW-2000 系列无绝缘轨道电路雷电防护措施，应符合相关规定。

（2）ZPW-2000 系列无绝缘轨道电路使用的内屏蔽数字信号电缆，在电缆始、终端，内、外屏蔽层必须良好连接，并可靠接地。当接地断线时，不能造成地面信号和机车信号显示升级。

（3）ZPW-2000 系列无绝缘轨道电路信号楼内布线应采用电磁兼容和防雷设计，发送和接收线对必须单独使用屏蔽扭绞线对。

（4）地线设置。室外贯通地线和室内接地网接地电阻值不大于 1Ω 或执行相关规定。对于重雷害地区，地线设置还应采取特殊措施。

（三）ZPW-2000A 型无绝缘轨道电路的系统组成

ZPW-2000A 主要由室内设备和室外设备组成，如图 3-6。

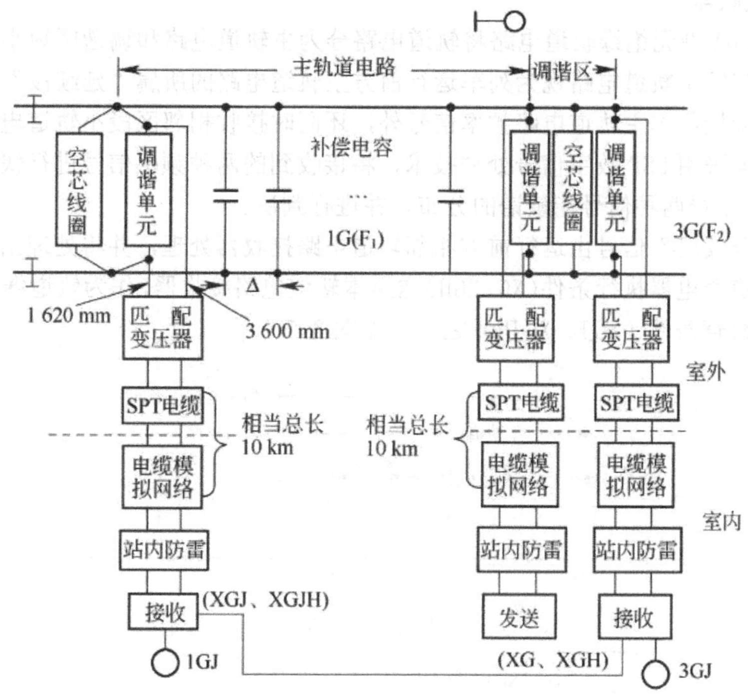

图 3-6 ZPW-2000A 系统组成

1. 室外部分

（1）调谐区（JES-JES）：按 29m 设计，实现两相邻轨道电路电气隔绝。电气调谐区又称电气绝缘节，取消了机械绝缘节，实现了相邻轨道电路的隔离。

（2）机械绝缘节：由“机械绝缘节空心线圈”与调谐单元并接而成，其特性与电气绝缘节相同。

（3）匹配变压器：一般情况下，按 0.25 ～ 1.0Ω·km 道床电阻设计，实现轨道电路与 SPT 传输电缆的匹配连接。

（4）补偿电容：根据通道参数兼顾低道床电阻道床传输，考虑容量。使传输通道趋于阻性，保证轨道电路良好传输性能。

（5）传输电缆：SPT 型铁路信号数字电缆，ϕ1.0mm，一般情况下，电缆长度按 10km 考虑。根据工程需要，传输电缆长度可按 12.5km、15km 考虑。

（6）调谐区设备引接线：采用 3600mm、1600mm 钢包铜引接线构成。用于 BA、SVA、SVA' 等设备与钢轨间的连接。

2. 室内部分

（1）发送器

用于产生高精度、高稳定移频信号源。产生足够功率的输出信号，额定输出功率 70W（400Ω 负载），最大输出功率 105W。对移频信号进行自检测，故障时给出报警及“N+1”冗余运用的转换条件。

（2）接收器

ZPW-2000A 型无绝缘轨道电路将轨道电路分为主轨道电路和调谐区短小轨道电路两部分，并将短小轨道电路视为列车运行前方主轨道电路的所属“延续段”。

接收器除接收本主轨道电路频率信号外，还同时接收相邻区段小轨道电路的频率信号。接收器采用 DSP 数字信号处理技术，将接收到的两种频率信号进行快速傅氏变换（FFT），获得两种信号能量谱的分布，并进行判决。

上述“延续段”信号由运行前方相邻轨道电路接收器处理，并将处理结果形成小轨道电路轨道继电器执行条件(XG、XGH)送至本轨道电路接收器，作为轨道继电器(GJ)励磁的必要检查条件（XGJ、XGJH）之一，如图 3-7

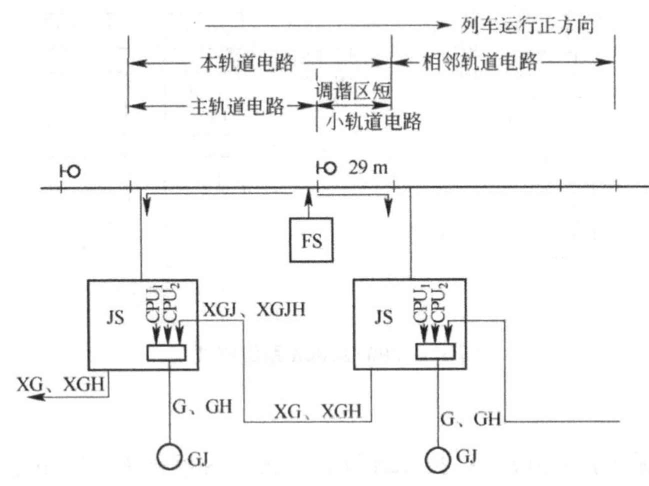

图 3-7 主轨道与小轨道检查

综上，接收器用于接收主轨道电路信号，并在检查所属调谐区短小轨道电路状态（XGJ、XGJH）条件下，动作本轨道电路的轨道继电器（GJ）。另外，接收器还同时接收邻段所属调谐区短小轨道电路信号，向相邻区段提供短小轨道电路状态（XG、XGH）条件。系统采用成对双机并联运用方式。

（3）衰耗

用于实现主轨道电路、小轨道电路的调整。给出发送接收故障、轨道占用表示及发送、接收用 +24 电源电压、发送功出电压、接收 GJ、XGJ 测试条件。

（4）电缆模拟网络

设在室内，按 0.5、0.5、1、2、2、2×2km 六段设计，用于对 SPT 电缆的补偿，总补偿距离为 10km。

（四）ZPW-2000A 型无绝缘轨道电路基本原理

1. 谐振式无绝缘轨道电路的构成和原理

谐振式无绝缘轨道电路由设于室内的发送器、接收器、轨道继电器和设于室外的调谐单元 BA、空芯线圈 SVA、匹配变压器及若干补偿电容组成，如图 3-8 所示。

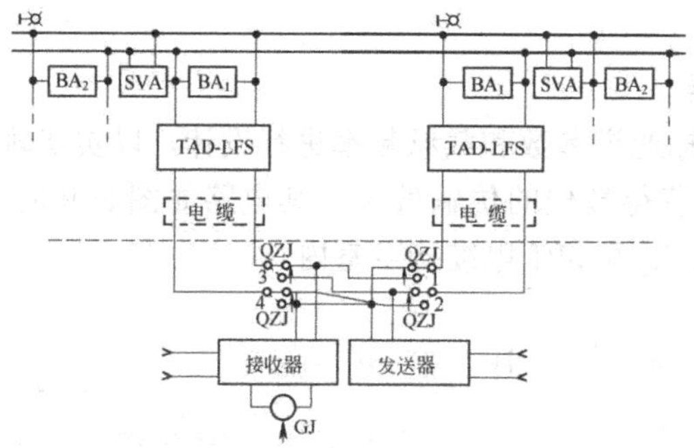

图 3-8 谐振式无绝缘轨道电路原理图

两个调谐单元 BA1 与 BA2 间距离 29m，空芯线圈 SVA 位于 BA1、BA2 的中间。BA1、BA2、SVA 及 29m 长的钢轨构成电气调谐区，实现了相邻轨道电路的隔离。

电气绝缘节的绝缘原理是利用谐振来实现的。当载频确定后，选择 BA1 与 BA2 的参数，使本区段的调谐单元对相邻区段的频率呈串联谐振，只有百分之几欧姆的阻抗（称为“0 阻抗”），移频信号被短路；而对本区段的频率呈容抗，与 29m 钢轨的电感和 SVA 的电感配合产生并联谐振，有 2 ～ 2.5Ω 的阻抗（称为“极阻抗”），移频信号被接收。这样，某种载频的移频信号只能限制在本区段传送，而不能向相邻区段传送，构成了电气隔离。

2. 室外设备

室外设备包括电气绝缘节、电气—机械绝缘节、匹配变压器、补偿电容。

（1）电气绝缘节

电气绝缘节（调谐区）由调谐单元、空芯线圈及 29m 钢轨组成，用于实现两轨道电路的电气隔离。电气绝缘节两端各设一个调谐单元 BA。电气绝缘节中间设置空芯线圈。

①调谐单元

调谐单元BA是由电感线圈和电容器组成的二端网络。它有F_1型和F_2型。F_1型，又称BA_1型，由L_1、C_1两个元件构成，分别用于上、下行频率较低的载频（1700Hz和2000Hz）。F_2型，又称BA_2型，由L_2、C_2、C_3三个元件构成，分别用于上、下行线频率较高的载频（2300Hz和2600Hz）。

②空芯线圈

空芯线圈SVA由直径1.53mm的19股铜线绕成，无铁芯，带有中间抽头。单圈可通过100A电流，全圈可通过200A电流。

SVA主要作用有：

a）平衡两根钢轨间的不平衡牵引回流；

b）为谐振回路提供合适的品质因数Q值，保证调谐区的稳定工作；

c)每隔一定距离，上、下行线路间的两个SVA中间抽头连在一起并接地，可平衡上、下行线路间的不平衡牵引回流，还可保证维修人员的安全；

d）在道岔弯股绝缘两侧各安装一个空芯线圈，将两线圈的中间抽头连接可作为扼流变压器使用。

（2）匹配变压器

匹配变压器按传输通道参数和载频频率进行设计，以实现轨道与SPT铁路数字信号电缆的匹配连接，获得最佳的传输效果。其电路如图3-9所示。V1、V2经调谐单元端子接至轨道，E_1、E_2经SPT电缆接至室内。

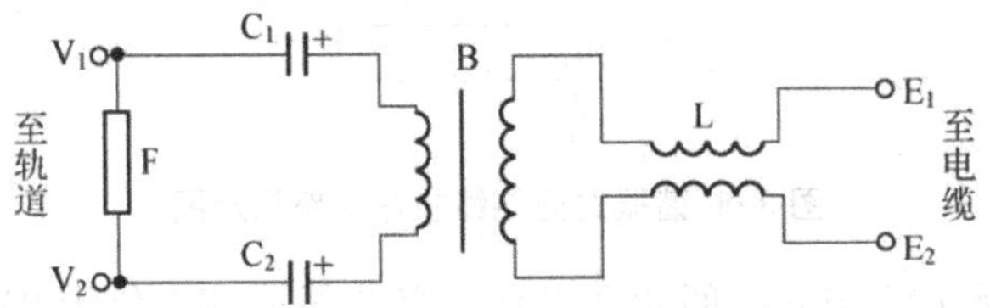

图3-9 匹配变压器电路图

（3）补偿电容器

补偿电容器据传输通道参数传输特性优选，并兼顾低道床电阻的道床的传输。其作用主要有：保证轨道电路的传输距离；保证接收端信号有效信干比；实现断轨状态检查。

补偿电容器补偿原理可理解为将每补偿段钢轨电感L与电容C视为串联谐振，如图3-10所示。这样，在补偿段入口端（A、B）取得一个趋于电阻性负载R，在出口端（C、D）取得一个较高的输出电平。

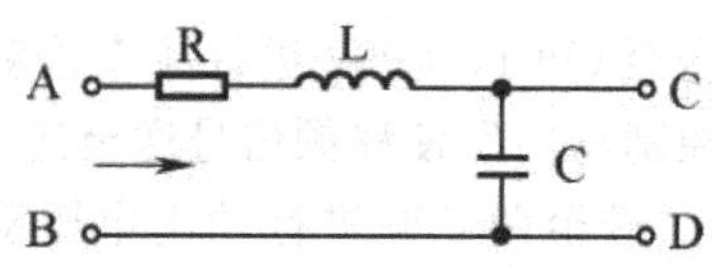

图 3-10 补偿电容器的原理图

补偿电容器的设置容量应有一个优选范围。补偿电容器设置密度加大，有利于改善列车分路，减少轨道电路中列车分路电流的波动范围，有利于延长轨道电路传输长度，过密设置又增加了成本，带来维修的不便，要适当考虑。

（4）电缆

传输电缆采用国产内屏蔽铁路信号数字电缆 SPT，ф1.0mm，总长度按 10km 考虑。

SPT 铁路信号数字电缆可实现 1MHz（模拟信号）、2Mbit/s（数字信号）及额定电压交流 750V 或直流 1100V 及以下铁路信号系统中有关设备和控制装置之间的连接，传输系统控制信息及电能。可在铁路电气化和非电气化区段使用。

3. 室内设备

室内设备包括发送器、接收器、衰耗器和电缆模拟网络等。发送器、接收器、衰耗器安装在移频柜上，电缆模拟网络等安装在综合柜上。

（1）发送器

①作用：

a）产生 18 种低频信号 8 种载频（上下行各四种）的高精度、高稳定的移频信号。

b）产生足够功率的输出信号。

c）调整轨道电路。

d）对移频信号特征的自检测，故障时给出报警及“N+1”冗余运用的转换条件。

②发送器的工作原理

发送器的原理如图 3-11 所示。

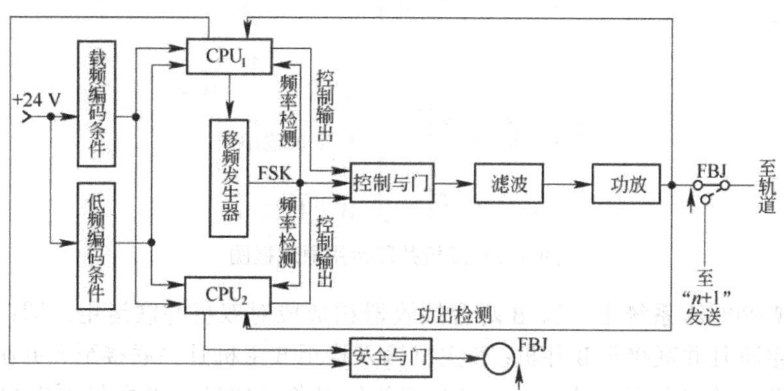

图 3-11 发送器的原理框图

同一载频编码条件、低频编码条件源，以反码形式分别送入两套微处理器

CPU1、CPU2 中，其中 CPU1 控制“移频发生器”产生低频控制信号为 FC 的移频键控信号 FSK。该移频信号分别送至 CPU1、CPU2 进行频率检测。检测结果符合规定后，即产生控制输出信号，经“控制与门”使移频信号送至滤波环节，实现方波—正弦波变换。功放输出的移频信号，送至两 CPU 进行功出电压检测。两 CPU 对 FSK 信号的低频、载频和幅度特征检测符合要求后，打开安全与门，使发送报警继电器 FBJ 励磁，并使经过功放的移频信号输出至轨道。当发送输出端短路时，经检测使“控制与门”有 10s 的关闭（称“装死”或“休眠保护”）。

（2）接收器

接收器为无选频方式，接收到对应本闭塞分区的载频的移频信号，不论何种低频信号调制，都使轨道继电器吸起，相当于一个电子继电器。接收器双机并联运用设计，与另一台接收器构成相互热机并联运用系统（或称“0.5+0.5”），以保证接收器的高可靠运用。

①作用

a）用于对主轨道电路移频信号的解调，并配合与送电端相连接调谐区短小轨道电路的检查条件，动作轨道继电器。

b）实现对与受电端相连接调谐区短小轨道电路移频信号的解调，给出短小轨道电路执行条件，送至相邻轨道电路接收器。

c）检查轨道电路完好，减少分路死区长度，还用接收门限控制实现对 BA 断线的检查。

②接收器的双机并联运用原理

接收器由本接收“主机”及另一接收“并机”两部分组成，构成成对双机并联运用，如图 3-12 所示。

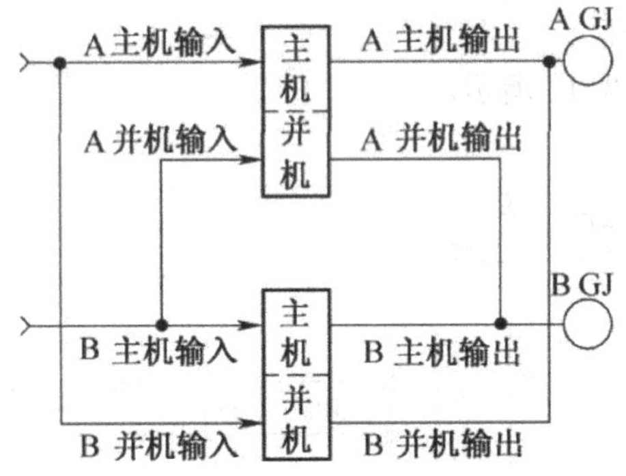

图 3-12 双机并联运用原理框图

在 ZPW-2000A 系统中，A、B 两台接收器构成成对双机并联运用，即：A 主机输入接至 A 主机且并联接至 B 并机；B 主机输入接至 B 主机且并联接至 A 并机。A 主机输出与 B 并机输出并联，动作 A 主机相应执行对象（AGJ）；B 主机输出与 A 并机输出并联，动作 B 主机相应执行对象（BGJ）。

③接收器基本工作原理

接收器采用DSP进行解调，增加了调谐区轨道电路的输入、调整、采集、执行环节，其原理如图 3-13 所示。

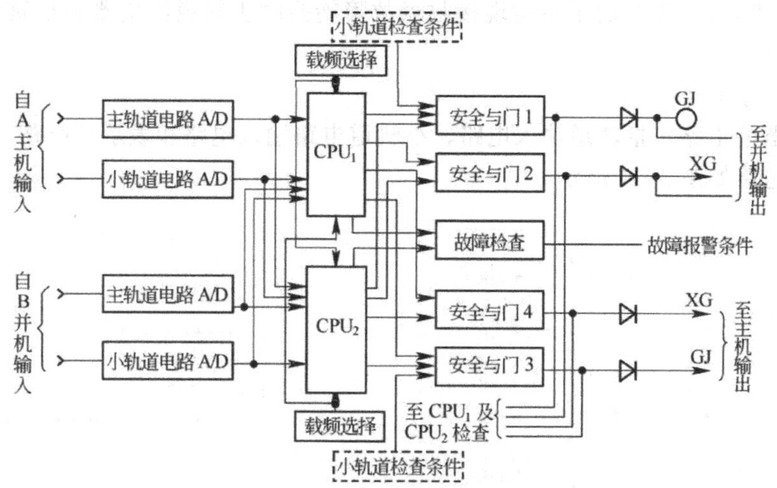

图 3-13　接收器原理框图

主轨道电路 A/D、小轨道电路 A/D 为模数转换器，将主机、并机输入的模拟信号转换成计算机能处理的数字信号。

CPU1、CPU2 完成主机、并机载频判定、信号采样、信息判决和输出驱动等功能。

安全与门 1 ～ 4 将两路 CPU 输出的动态信号变成驱动继电器（或执行条件）的直流输出。

载频选择电路根据要求，利用外部的接点，设定主机、并机载频信号，由 CPU 进行判决，确定接收器的接收频率。

接收器根据外部所确定载频条件，送至两 CPU，通过各自识别，并通信、比较确认一致，视为正常，不一致时，视为故障并报警。外部送进来的信号，分别经过主机、并机两路模数转换器转换成数字信号。两套 CPU 对外部四路信号进行单独的运算，判决处理。表明接收信号符合幅度、载频、低频要求时，就输出 3kHz 的方波，驱动安全与门。安全与门收到两路方波后，就转换成直流电压带动继电器。如果双 CPU 的结果不一致，安全与门输出不能构成且同时报警。电路中增加了安全与门的反馈检查，如果 CPU 有动态输出，那么安全与门就应该有直流输出，否则就认为安全与门故障，接收器报警。如果接收器收到的信号电压过低，就认为是列车分路。

（3）衰耗器

衰耗器在使用中有两种类型，ZPW·PS 型与 ZPW·PS_1 型。无论是 ZPW·PS 型还是 ZPW·PS_1 型，其作用、原理都基本一样。两者仅在测试塞孔引出方面有差异。

①作用

a）用作对主轨道电路的接收端输入电平调整。

b）对小轨道电路的调整（含正、反向）。

c）给出有关发送、接收用电源电压、发送功出电压、轨道输入输出、GJ 和 XGJ 测试条件。

d）给出发送、接收故障报警和轨道占用指示灯等。

e）在“N+1”冗余运用中实现接收器故障转换时主轨道继电器和小轨道继电器的落下延时。

②工作原理

衰耗器的电路包括轨道输入电路、小轨道电路输入电路和表示灯电路，ZPW·PS 型衰耗器电路如图 3-14 所示。

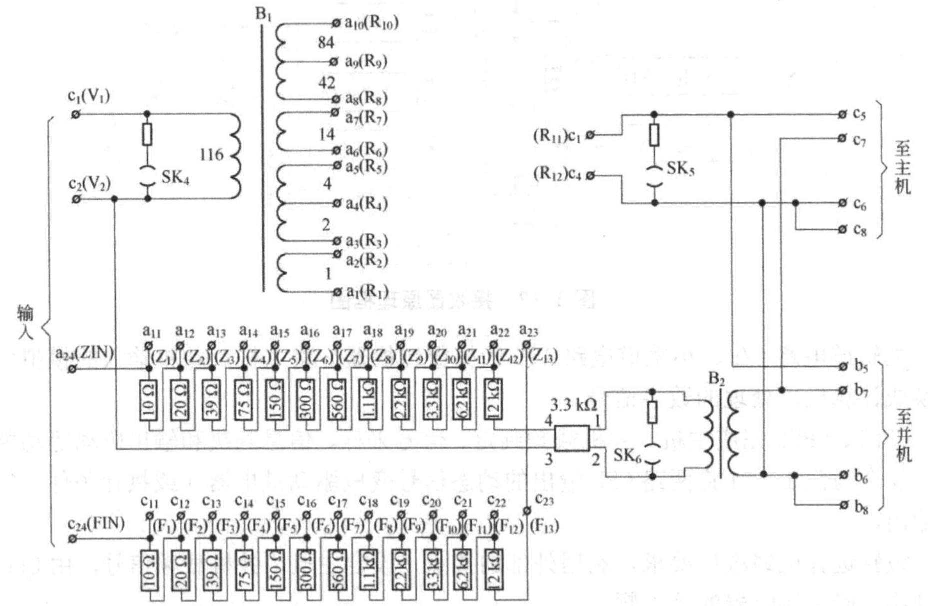

图 3-14 衰耗器原理框图

a. 轨道输入电路

主轨道信号自 C_1、C_2 输入变压器 B_1，B_1 变压器阻抗约为 36 ～ 55Ω（1700 ～ 2600Hz），以稳定接收器输入阻抗。变压器 B_1 匝比为 116:（1 ～ 146）。次级通过变压器抽头连接，可构成 1 ～ 146 共 146 级变化，按调整表调整接收电平。

b. 小轨道电路输入电路

根据方向电路变化，接收端将接至不同的两端短小轨道电路，故短小轨道电路的调整按正、反两方向进行。正方向调整用 a_{11} ～ a_{23} 端子，反方向调整用 c_{11} ～ c_{23} 端子，负载阻抗为 3.3kΩ。为提高 A/D 模数转换器的采样精度，短小轨道电路信号经过 1:3 升压变压器 B2 输出至接收器。

c. 表示灯电路

发送工作灯通过发送器 FBJ 条件构成，并通过光耦 1 接通发送报警条件（BJ-1、BJ-2）。正常时光耦 1 输入端的发光二极管导通，发送工作灯点亮。并通过光耦 1 输出端（BJ-1、BJ-2）控制移频总报警继电器 YBJ。故障时光耦 1 无输出，发送工作灯灭灯。

接收工作灯通过输入接收器 JB+、JB- 条件构成，并通过光耦 2 接通接收报警条件（BJ-2、BJ-3）。正常时光耦 2 输入端的发光二极管导通，接收工作灯点亮。同时也通过光耦 2 输出端（BJ-3、BJ-2）控制移频总报警继电器 YBJ。故障时光耦 2 无输出，接收工作灯灭灯。

轨道占用灯通过输入接收器 G、GH 条件构成，轨道空闲时光耦 4 导通，其输出端发光二极管被短路，轨道占用灯灭灯。轨道占用时，通过光耦 4 的受光器关闭，使轨道占用灯点灯。在 ZPW·PS_1 型衰耗器中，轨道电路空闲显示绿灯，占用显示红灯。

（4）站防雷和电缆模拟网络

站防雷和电缆模拟网络包括站内防雷组合及电缆模拟网络。

①作用

用作对通过传输电缆引入室内雷电冲击的防护（横向、纵向）。通过 0.5、0.5、1、2、2、2×2km 六节电缆模拟网络，补偿实际 SPT 数字信号电缆，使补偿电缆和实际电缆总距离为 10km，以便于轨道电路的调整和构成改变列车运行方向电路。

②工作原理

站防雷和电缆模拟网络的原理框图如图 3-15 所示。

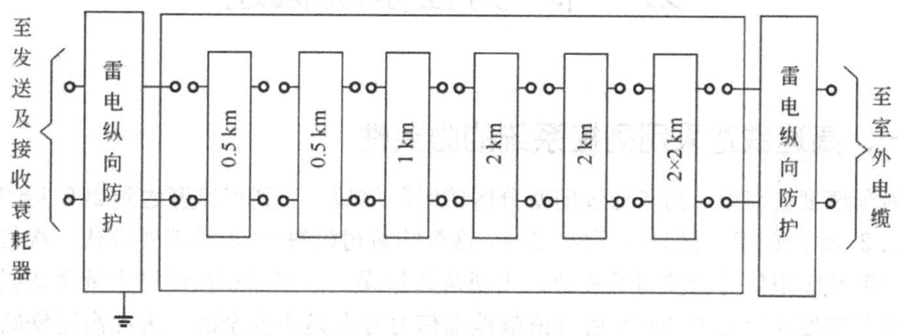

图 3-15 站防雷和电缆模拟网络原理框图

站防雷电路对通过传输电缆引入室内雷电冲击进行防护，以保护模拟网络及室内发送、接收设备。采用横向与纵向雷电防护，纵向为低转移系数的防雷变压器，横向为带劣化显示的压敏电阻。

横向雷电防护：采用～280V 左右防护等级压敏电阻。压敏电阻应具有模块化、阻燃、有劣化指示、可带电插拔及可靠性较高的特点。

纵向雷电防护：对于线对地间的纵向雷电信号可采用加三极放电管保护、加低转移系数防雷变压器防护和室外加站间贯通地线防护三种方式。

加站间贯通地线防护的方式防雷效果最佳，贯通地线作为钢轨对地不平衡的良好泄流线。在双线区段上/下行线路为完全横向连接时，可将 SVA 中心线直接接地；简单横向连接时，可通过防雷元件接地。此时室内电缆模拟网络不再考虑纵向防护。

第四章 列车运行控制系统

第一节 列控系统概述

一、高速铁路采用列控系统的必要性

列车速度提高后，列车通过闭塞分区的时间缩短，当列车速度达到200 km/h时，通过1.2 km的闭塞分区只有不到22 s。这意味着司机每20多秒就要辨认一次信号。这么频繁地瞭望信号会使司机疲劳，出现辨认错误。一些国家在经过大量辨认试验后认为列车速度超过200 km/h后再依赖地面信号行车是不安全的。因此高速铁路必须以机车信号作为行车凭证。这样高速铁路再设置地面信号机就没有必要了。

司机按照地面信号驾驶列车，这种传统的行车方式列车安全要靠司机保证。司机首先要正确地识别信号，正确地理解信号，然后还要及时正确地执行。这三个环节只要有一个不正确就会出现险情。为防止司机失误影响行车安全，需要使车载信号设备把地面传送上来的信号命令直接转变为对列车制动系统的控制。

列控系统具备了高速铁路行车所需要的以速度信号代替色灯信号，以车载信号作为行车凭证，车载信号设备直接控制列车减速或停车这三大安全要求。因此高速铁路必须采用列控系统。

列车运行控制系统简称为列控系统，它是铁道智能化的重要组成部分。它根据与先行列车之间的距离及进路条件，在车内连续地显示出容许的运行速度，列车按该速度的显示自动或人工控制其运行，具有这种功能的信号系统称为列车运行控制系统。在该系统中，车载信号成为主体信号，直接指示列车应遵守的速度，可靠地防止由于人为因素所造成的事故。列控系统已普遍应用于高速铁道、既有铁道及城市轨道交通。

在城市轨道交通中，列控系统包括列车自动保护系统（Automatic Train Protection，ATP，也称列车超速防护系统），列车自动监督系统（Automatic Train Supervision，ATS）及列车自动运行系统（Automatic Train Operation，ATO）三个子系统组成，这是一套相辅相成的控制、监督、管理系统，位于管理级的ATS较多地采用软件方法实施联网、通信及指挥列车安全运行；车载ATP设备接收轨旁ATP设备传递的信号指令，经校验后送至车上ATO子系统完成部分运行的操作功能。三个子系统既独立又相互联系，构成完整的列车运行控制系统，以确保列车安全、快速、短间隔地运行。

在高速铁路中，更加注重ATP系统的发展和应用。目前，世界各国有关ATC的定义不尽相同，但ATC和ATP系统是各国铁路、尤其是高速铁路大力发展的设备。在高速铁路上，车载设备主要是以ATP设备为主。本书把ATC系统和ATP系统统称为列控系统，介绍其组成及工作原理。

随着铁路运输速度的不断提高，促使铁路通信信号技术发生了重大变化。车站、区间和列车控制的一体化，通信信号技术的融合，行车调度指挥自动化等技术，使过去功能单一、控制分散、通信信号相对独立的传统技术被彻底地取代，促使铁道信号技术向数字化、智能化、网络化和综合化方向的发展。欧盟各国为解决跨国运行时ATP的兼容问题，联合制定了ETCS（European Train Control System，欧洲列车运行控制系统）技术规范和适合铁路应用的GSM-R系统技术标准，使原有独立、分散、业务单一的模拟无线通信改变为具有综合功能、数字化的移动通信系统，为列控系统跨国运行，建立了可靠的搭载平台。

二、列控系统的发展及应用现状

国外列车运行控制系统应用比较普遍，各种速度的铁路都有运用，但在高速铁路上的应用更显示出其高水平和具有代表性。目前，高速铁路正在欧洲和亚洲快速发展，目前投入使用的列控系统主要有法国TVM300和TVM430、日本铁路ATC和数字ATC、德国LZB80、欧洲ETCS等系统设备。

1. 法国U/T系统

法国高速铁路的列控系统，车载信号设备采用TVM300或TVM430，地对车的信息传输以无绝缘轨道电路UM71/UM2000为基础，该列控系统简称U/T系统，从功能上看，该系统属于ATP系统。

TVM300系统在1981年于巴黎—里昂首先投入使用，系统构成简单，造价较低。采用无绝缘轨道电路UM71，地对车的信息传输容量仅有18个，速度监控是滞后阶梯式的。UM71无绝缘轨道电路是法国1971年研制的一种防电气化谐波干扰的移频轨道电路，它的载频分为1700 Hz、2000Hz、2300Hz、2600Hz四种，两个相邻轨道电路间采用电气分隔接头，实现了无轨缝无机械绝缘的电气隔离，但有26m死区段。配合TVM300系统，UM71无绝缘轨道电路向机车发出18种TBF低频调制信息。

滞后阶梯式速度监控（TVM300），只检查列车进入轨道区段的入口速度，为确保安全，它需要有一个保护区段，这对线路的通过能力有一定影响，运行间隔一般为4～5 min。

TVM430系统在1993年于法国第三条北方线高速铁路首先投入使用。随着列车速度不断提高，时速已达320 km/h，法国CS公司对模拟电路构成的U/T系统进行了数字化改造：数字电路技术使设备结构小型化、模块化；采用无绝缘轨道电路UM2000，数字通信技术使车-地间的信息传输数字编码化；其速度监控方式改为分级速度曲线控制模式。

为配合TVM430系统，对UM71无绝缘轨道电路进行了数字化改造，发展成为UM2000，低频信号增加到28种，其中一种低频信号为轨道占用信息，将27种低频信号进行编码处理，使信息传输量由18个增加为227个，其中传输防护码6位，有效信息量为221个。

分级速度曲线控制模式的速度监控（TVM430），是按速度等级分段制动的，其列车追踪间隔主要与闭塞分区的划分和列车速度有关，而闭塞分区长度的确定是以线路上运行的最坏性能的列车为依据，对高中速列车混合运行的线路采用这种模式能力是要受到较大的影响，运行间隔一般为3min。

近年来，法国CS公司又开发了计算机联锁（SEI）和列控（ATC）一体化的系统，在地中海线、海峡—伦敦线和我国的秦沈客运专线采用了该系统。

2. 日本ATC系统

日本在1964年开通了世界上第一条高速铁路——东海道新干线。日本新干线现有的ATC系统普遍采用超前阶梯式速度监控，它的制动方式是设备优先的模式，即列控车载设备根据轨道电路传送来的速度信息，对列车进行减速或缓解控制，使列车出口速度达到本区段的要求，它没有滞后控制所需的保护区段，在线路能力上较滞后控制有所提高。

（1）ATC的功能

ATC系统是一个完备的列车速度监督系统，根据与前行列车的间隔以及进路的状况，从地面向车上传送容许驾驶速度信息的同时，在车上连续地对列车速度进行照查，当其超过容许速度，系统就自动地进行减速控制，确保列车的行车速度不超过容许速度。这时，从ATC的应用方向来说，有两种方式：①减速控制实行人控优先，驾驶方式中把ATC始终作为后援设备发挥功能，被应用在自动闭塞制式的地面信号机设置区间。这种方式在驾驶员疏忽大意时会动作ATC制动装置。②驾驶方式中实行设备优先的减速控制，被应用在车载信号区间。日本采用这种方式的区段很多。

（2）ATC的定义

是集加速、减速、定位停车等驾驶控制为一体，减速控制使用趋于自动化的装置；根据与前行列车的间隔以及曲线、分歧器等进路的条件，在车内连续地显示对列车容许速度的指示信号。

（3）ATC的应用范围

应用在原有线的电化（直流以及交流）区段，而要在非电化区段范围内也实现

ATC 的应用则正在被关注。

（4）ATC 的信息传送方式

对于轨道电路，根据前行列车与进路条件等送出 AF 信号，由此信号检知在地面有无列车，在车上进行 ATC 信号的接收。再者，在联锁站内从轨道电路等处进行列车检知，对于向车上信号传送用的 AF 信号需要重叠起来。

（5）ATC 的系统构成

ATC 系统是由 ATC 地面装置、ATC 车上装置、轨道电路、信号传送线路（电力线路）、电源装置等构成。ATC 地面装置被容纳在 ATC 机械室内。

从 1991 年日本铁路方面开始试验数字式 ATC，亦称 I-ATC，现在东海道新干线上已开通运用了一段。数字式 ATC 采用目标距离一次制动模式曲线方式，车载设备根据地面轨道电路传送来的信息和各开通区间的长度，求取与前方列车所占用区间的距离，综合线路数据、制动性能和允许速度等计算出列车运行速度，若列车接近前方减速点时，即刻生成目标距离一次制动模式曲线。目标距离一次制动模式曲线缩短了制动距离，并可根据列车性能给出不同的模式曲线，提高了运输效率。

3. ETCS 系统

随着欧洲铁路的发展，欧盟各国都面临如何解决跨国运行时 ATP 的兼容问题。为此，20 世纪 90 年代中期欧洲各信号公司联合制订了 ETCS 技术规范。ETCS 在装备形式上主要分为三级。

（1）ETCS 一级

地面信号＋查询应答器 + 轨道电路。采用固定追踪间隔形式；司机依靠地面信号行车，地面信号机前设备产生速度监控；依靠轨道电路或计轴设备检查列车占用和完整性；利用查询应答器覆盖各国现有信号系统，并用于列车定位和传送控制命令。该系统是典型的点式 ATP。

（2）ETCS 二级

轨道电路 + 查询应答器＋ GSM-R。与一级相比，司机完全依靠车载信号设备行车（可取消地面信号机）；通过 GSM-R 连续传送列车运行控制命令，车—地间可双向通信；在点式设备的配合下，车载设备对列车运行速度进行连续监控；依靠轨道电路或计轴设备检查列车占用和完整性；建有无线移动闭塞中心。该系统是基于移动通信的连续式 ATP。

（3）ETCS 三级

查询应答器＋ GSM-R。与二级相比是靠车载设备来检查列车完整性，不需要轨道电路；点式设备、GSM-R 是系统的主要设备。取消地面信号机和轨道电路后，室外线路上的信号设备减少到最低程度；列车追踪间隔依靠点式设备和无线移动闭塞中心实现，具有明显的移动自动闭塞特征。

4. 德国 LZB 系统

德国 LZB 系统是基于轨道电缆传输的列控系统，是世界上首次实现连续速度控制模式的列控系统。1965 年在慕尼黑—奥斯堡间首次运用，德国已装备了 2000 km 铁路线，1992 年开通了西班牙马德里—塞维利亚 471km 高速线。

LZB 是 1965 年以前开发的系统。它利用轨道电缆作为车—地间双向信息传输的通道，另要轨道电路来检查列车占用，轨旁设备较多，给维修带来不便。LZB 以地面控制中心为主计算制动曲线，车载信号设备智能化不够，与其他列控系统兼容比较困难。

三、列控系统的重要性与发展方向

通过对国外先进列控系统的研究，可以得到以下结论：

第一，当列车运行速度超过 160 km/h 后，再由司机依靠地面信号行车已无法保证行车安全（160 km/h 时常用制动距离为 1949 m），必须把对列车的开环控制变为闭环控制。因此，当列车速度大于 160 km/h 后，列控系统成为行车安全不可缺少的重要技术装备。

第二，列控系统是由地面信号设备和车载设备共同组成的闭环高安全系统，是地面联锁向车载设备的延伸，在此基础上实现了以车载设备为主的行车方式。各国铁路在实施列车运行控制过程中，都是以故障安全作为最重要的技术条件，将地面和车载设备按一个系统统一设计，同步进行技术更新或强化改造，以保证整个系统的高安全、高可靠性。

第三，通信信号一体化是现代铁路信号的重要发展趋势。实现对移动体的控制，移动通信是最便捷的手段。因此，基于通信特别是基于无线移动通信的列控系统是今后的重要发展方向。

四、列控系统基本原理

（一）列控系统的构成

列控系统通常是由地面列控中心或无线闭塞中心、轨道电路、地面点式信号设备、车地传输设备和车载速度控制设备构成，用于控制列车运行速度保证行车安全和提高运输能力的控制系统。

地面设备一般应具有如下功能：①检测列车的位置。②根据前行列车的位置和进路的情况确定列车的限制速度。③向列车传递限制速度信息、线路信息等。

车载设备完成的功能有：①接收限制速度信息并显示。②对列车运行速度进行监督，超过限制速度自动制动减速，以保证列车在限速点前速度降到限速值以下。

列控系统设备构成示意图见图 4-1。

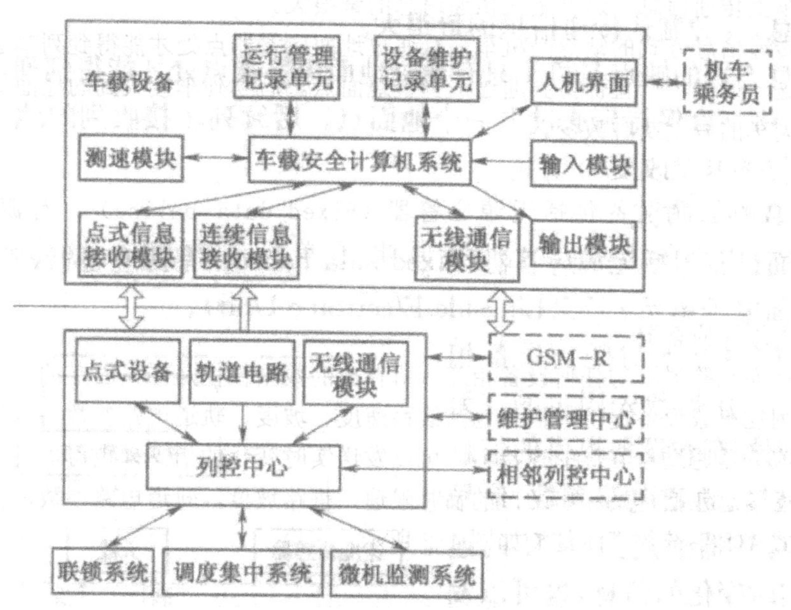

图 4-1 列控系统设备构成示意图

地面列控中心是列车运行控制系统的核心，列控中心根据列车的运行位置，前后列车之间的运行间隔距离产生列控车载系统所需的地面信息，包括列车的目标速度、列车到目标点的距离、线路的坡度和线路的允许速度等。地面信息传输通道根据列控中心的信息进行编码，并通过地面传输通道发送给机车上的车载设备。

列控车载设备接收点式、轨道或无线传输的信息，根据预先输入的列车参数（总重量、制动力、换长）实时计算列车当前运行允许速度，生成速度控制曲线，在司机显示器显示，列控车载设备实时检测列车当前运行速度并在司机室显示器显示，司机根据显示器上的目标速度、目标距离、允许速度和实际速度控制列车运行。当列车的实际速度超过允许速度，列控车载设备自动控制制动装置，列车制动减速，保证列车在停车点前停车或在限速点前速度降低到限速值以下。

（二）列控系统信息传递方式

根据上述典型的列控系统介绍中看出，列控系统车地间传输媒介主要包括以下几种方式，有的列控系统仅用一种传输媒介，有的列控系统以一种为主，辅以其他方式。

1. 点式设备

利用点式设备提供列控系统信息传输通道的方式已经广泛采用。点式设备主要包括点式应答器和点式环线两种。在欧洲 ETCS1 级标准中利用点式设备提供全部控车信息，在欧洲 ETCS2 级标准中主要提供列控系统的辅助信息，如里程标、线路数据、切换点等。在 CTCS2、CTCS3 标准中，由应答器向车载设备传输定位信息、进路参数、线路参数、限速信息等。点式传递方式是在地面某些固定点，如闭塞分区分界点处，从地面向车上传递信息，这种制式传递信息的量很大。

点式传递信息方式的缺点是机车只有通过地面应答器点处才能得到列车运行前方的信息，这一信息将一直保持到通过下一个地面点。后续列车接收到的地面信息不能随着前行列车的位置及时改变。

（1）应答器（Balise）方式

应答器的地面设备包括无源应答器（Fixed-data balise）、有源应答器（Transparent-data balise）和地面电子单元LEU（Lineside Electronic Unit）。

①无源地面应答器

无源地面应答器不与任何设备相连，所存放的数据往往是预先固定的。无源应答器通常向列控车载设备提供的信息包括线路速度、坡度、轨道电路参数、信号点类型等。有源应答器通过与LEU的连接，即可以发送实时变化的信息，也可以发送固定的信息，这些信息包括进站和出站口的临时限速，进路坡度，轨道电路参数，信号点类型等。点式ATP系统的基本结构如图4-2所示。

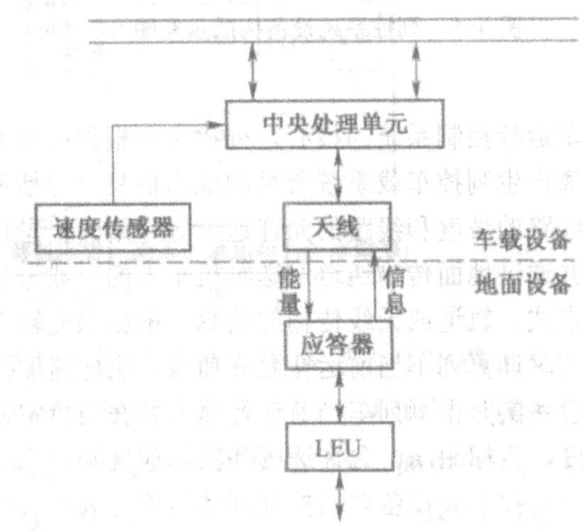

图4-2　点式ATP系统的基本结构

应答器内部寄存器按协议以数码形式存放实现列车速度监控及其他行车功能必须的数据。当列车驶过地面应答器，且车载应答器天线与地面应答器对准时，车载应答器首先应以一定的频率，通过电磁感应方式将能量传递给地面应答器；地面应答器的内部电路在接收到来自车上的能量后即开始工作，将所存储的数据以某种调制方式（通常用频移键控FSK方式）仍通过电磁感应传至车上。

②地面电子单元LEU

地面电子单元LEU是有源应答器与列控中心之间的电子接口设备，其任务是接收外部发送的应答器报文或控制命令，并连续向应答器发送。

③车载设备

车载天线是一个双工的收发天线，既要向地面发送激活地面应答器的功率载波，还要接收地面应答器发送的数据报文。

（2）点式环线

点式接收器为连续式机车信号的辅助设备。其用途：①为连续式机车信号的自动接通及接收上、下行载频的自动转换；②连续式机车信号的自动切断；③设置限速点；④设置绝对停车点。

点式信息的电路板装在点式组匣（IPTRC）内，主要有 AP_{12} 和 FHFD 两块电路板，信息继电器放在继电器板或其他电路板内。点式接收系统的框图见图 4-3，CAP 为点式传感器，AP_{12} 为宽带放大器，FHFD 为选频滤波器。

图 4-3 点式信息接收框图

2. 轨道电路

列控系统信息基于轨道电路传输是传统方式。CTCS2 标准、U/T 系统、日本 ATC 系统等均采用轨道电路传输。利用轨道电路，通过机车上安装的传感器可以连续地接收到地面传递的信息，接收的信息可以随前行列车位置的变化及时改变。

连续式列车运行控制系统的工作原理：由轨道电路或轨间环线向车载设备连续传递限速信息，车载连续信息接收模块接收该信息并解调传递给安全计算机；同时，安全计算机根据测速测距模块提供的列车实际运行速度信息和定位信息，生成制动模式曲线，来监督列车的运行。根据地对车提供的信息不同和车载设备的不同工作模式，列控系统对列车运行速度的控制模式又可分为分级速度控制模式和目标距离速度控制模式。

根据列车速度控制方式的不同，列控系统地面设备向车上所要传递的信息是不同的。对于分级速度控制方式，只需要从地面向车上传递目标速度信息，信息量较少，目前使用的 ZPW-2000A（UM）自动闭塞的轨道电路就可以满足要求。

对于目标距离控制方式，从地面向车上传递的信息量要大量增加，信息包括目标速度、分区长度、坡度等。因此需要采用数字轨道电路或在原有自动闭塞轨道电路上叠加数字信息或点式信息。

（1）模拟轨道电路 ZPW-2000A（UM）

车载设备中的轨道电路信息接收模块（Specific Transmission Module，STM）用于接收轨道电路信息，采用冗余结构。STM 具有同时接收不同载频的功能，可根据应答器信息或司机操作锁定上下行载频或单载频。STM 将接收的载频、解调后的信息发送给安全计算机（VC）。

（2）AF902/904 数字编码轨道电路

①系统组成

AF-902/904 系统由轨旁设备和信号设备室内的处理设备构成。轨旁设备由轨道耦合单元、导接线和轨道环线构成，如图 4-4 所示，室内的处理设备构成如图 4-5 所示。

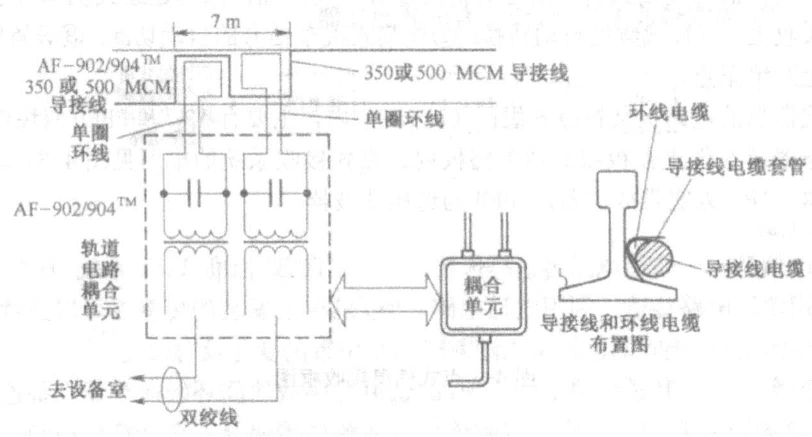

图 4-4 轨道耦合单元、350 或 500 MCM 导接线和轨道环线

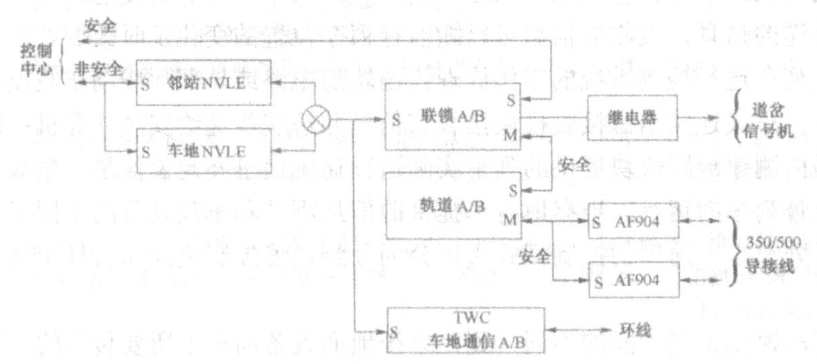

图 4-5 室内处理设备

②系统工作原理

AF902/904 轨道耦合单元将轨道信号和组匣上的发送和接收单元连接起来。并提供了轨道电路载频的调谐功能。耦合单元内部包括两个完全独立和隔离的耦合电路，每一个电路包括自己的变压器和跳线可调的电容组，用于实现和轨道环线相匹配的频率调谐。

AF902/904 轨道电路采用了 Motorola 68HC16 微控制器单元（MCU），这个 MCU 通过串行通信从轨道逻辑处理器获得传送的异步安全数据，加入本地轨道电路数据，并将此数据转换为同步协议规程要求的数据格式。转换后的数据通过发送器、发送器耦合器以及导接线耦合进入钢轨传送给车载设备。同时通过一个预先分配的接收器耦合单元监视已发送的信号，并检测轨道电路的占用状态，载频和轨道 ID 数据信号的幅度用于检测轨道占用。当 AF902/904 的接收器接收到的信号低于预先设定的门限水平或轨道 ID 号错误数据帧时，它表示本区段已经被存在的列车分路占用。MCU 最终将轨道电路当前状态以及系统工作状况、本地速度限制通过 RS-485 串行链路传送给联锁 MICROLOK Ⅱ系统。

如图 4-6，载频 F1 调制的数据中包含了下一区段机车信号频率 F3 的信息。在列车上，一个接收器被调谐到 F1，另一个被调谐到 F3，当列车接近 350/500 MCM 导接线时，信号 F1 水平降低，一旦有效的数据和电平在 F3 端口被检测到，列车将不再对从先前 F1 接收器的“旧”数据进行处理。然后新的数据将被解码，列车的逻辑控制将重新调整接收滤波器（先前调谐到在 F1）至轨道电路频率切换序列中的下一机车信号频率上。

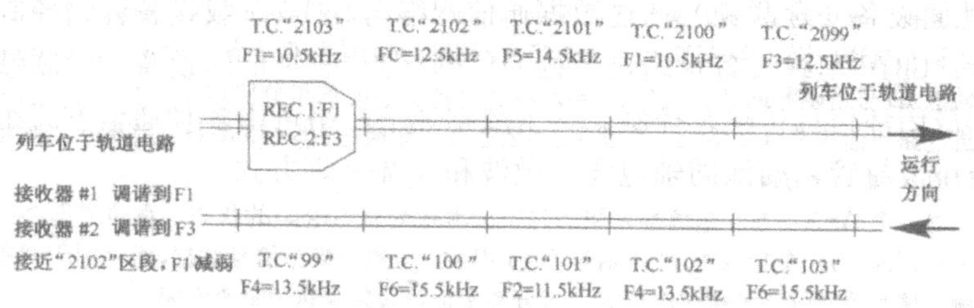

图 4-6 轨道电路中机车信号频率的应用

3. 无线传输

基于通信技术的列车控制（Communication Based Train Control，CBTC）系统是一种采用先进的通信和计算机技术，连续控制、监测列车运行的移动闭塞方式。它摆脱了用轨道电路判别对闭塞分区占用与否，突破了固定（或准移动）闭塞的局限性，较以往系统具有更大的技术优越性，特点如下：①实现车载设备与地面设备之间的实时双向通信，信息量大；可构成闭环系统，提高了列车运行的安全性。②可减少轨旁设备，便于安装维修，有利于紧急状态下利用线路作为人员疏散的通道，有利于降低系统全生命周期内的运营成本。③实现线路列车双向运行而不增加地面设备，有利于线路故障或特殊需要时的反向运行控制。④可以适应各种类型、各种车速的列车，由于移动闭塞系统基本克服了准移动闭塞和固定闭塞系统地对车信息跳变的缺点，提高了列车运行的平稳性，增加了乘客的舒适度。⑤基于 CBTC 的列控系统，可以实现移动闭塞（Moving Au-tomatic Block System，MAS），以及节能控制、优化列车运行统计处理、缩短运行时分等多目标控制。⑥确立“信号通过通信”的新理念，使列车与地面（轨旁）紧密结合、整体处理，改变以往车－地相互隔离、以车为主的状态。意味着车—地通信采用统一标准协议后，就有可能实现不同线路间不同类型列车的联通联运。对于信号系统而言，联通联运主要是指某系统的地面设备可以与另一系统的地面设备互联、系统的车载设备可以与另一系统的地面设备协同工作，同一列车首尾的不同厂家的车载设备可以在同一线路上实施列车运行控制。

（1）CBTC系统结构

IEEE CBTC标准列举了典型的基于通信的列车控制（CBTC）系统结构框图，如图4-7所示。

由图4-7可知：整个CBTC系统包括“CBTC地面设备”和“CBTC车载设备”，地面设备和车载设备通过“数据通信网络”连接起来，构成系统的核心。CBTC设备和ATS（CTC）设备共同构成基于通信的列车自动控制系统（CBTC）。功能框图中还单独列出了“联锁”功能模块，该功能模块与CBTC地面设备连接。考虑到不同的线路长度可能需要多套的CBTC地面设备，所以在典型框图中还列出了“相邻的CBTC地面设备”模块。最后，在CBTC设备的基础上，增加ATS（CTC）模块，用于实现系统的ATS（CTC）功能。

CBTC地面设备（含联锁）通过数据通信网络向CBTC车载设备传输控制信息，控制列车运行；CBTC车载设备也通过数据通信网络向CBTC地面设备（含联锁）传送列车信息，形成闭环信息传输及控制。这里数据通信网络可由多种通信方式组成，如无线电台、裂缝波导管、漏泄同轴电缆、微波和GSM-R等方式。

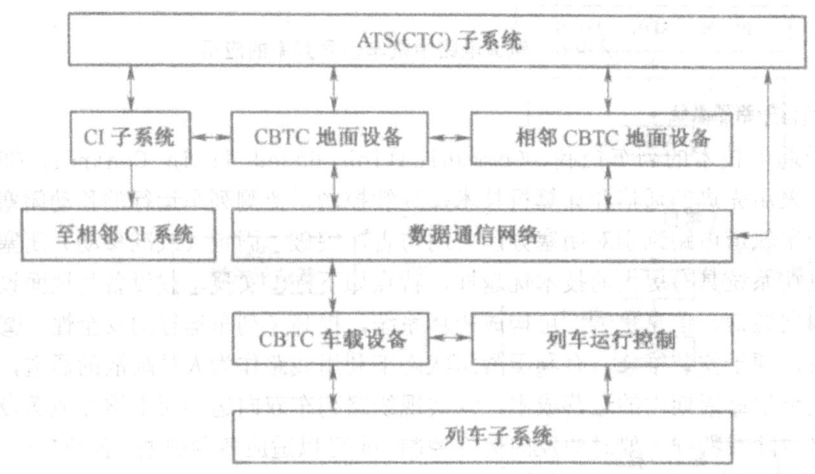

图4-7　典型的基于通信的列车控制（CBTC）系统结构框图　ATS—列车自动监控系统；CI—微机联锁系统

以上列举的是CBTC系统的典型结构，实际的系统可能由于不同的设备提供商、不同的工程需要而有所差异。但是，所有CBTC系统均采用数据通信网络，连接CBTC地面和车载设备，实现ATP功能，控制列车安全运行的核心是一致的。

（2）GSM-R移动通信原理

基于GSM phase2＋标准的GSM-R，是国际铁路联盟（UIC）和欧洲电信标准协会ETSI，为欧洲新一代铁路无线移动通信开发的技术标准。我国CTCS3及CTCS4标准明确采用GSM-R无线系统完成列控信息车—地间的双向传输。

GSM-R 网的原理结构，参见图 4-8。

现在的无线通信系统是有线网络和无线网络的结合体。基站与移动台之间是无线连接，基站与交换机之间、交换机之间都是有线连接。移动网络与固定网络之间的互联实现了用户在任何时间、任何地点与任何移动 / 固定用户进行通信。

我国 GSM-R 采用的频段是上行（移动台 MS 到基站 BTS）885 ～ 889 MHz，下行（BTS 到 MS）930 ～ 934MHz。可用频带都是 4MHz，有 19 个可用频点。

组成 GSM-R 网络的各子系统之间、基站子系统（BSS）与移动台之间、与固定网络之间的互联都提供了标准接口。GSM-R 网络的信令系统采用 No.7 信令网传送呼叫控制信息和其他信令信息。

典型的基于 GSM/GSM-R 的铁路通信网与公网的主要区别在于由铁路网特殊需求引起的网络结构和规划上的区别。比如，典型的 GSM-R 网络是在沿路轨方向安装定向天线，以形成沿轨的椭圆形小区。在话务量较大但对速度的要求较低的车站内采用扇形小区覆盖。人口密度不高的低速路段采用全向小区覆盖。每个小区有一个或几个基站收发信机，数目的多少由通信密度决定，一个基站控制器一般负责管理多个小区。

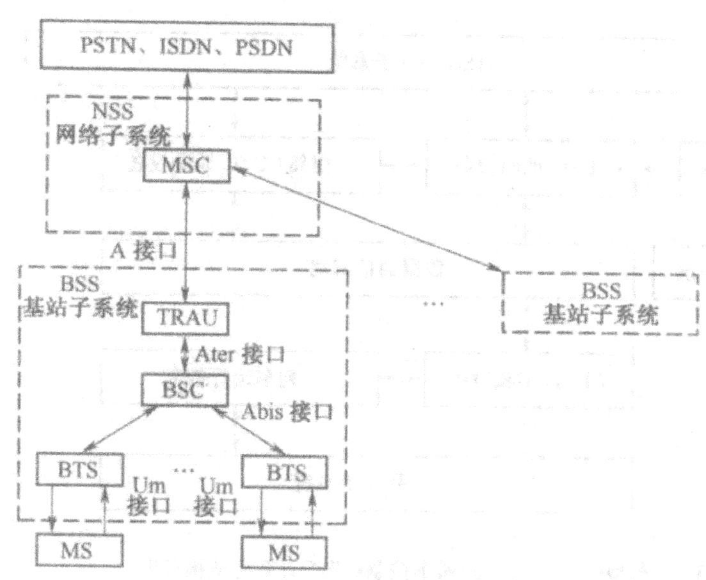

图 4-8　GSM-R 网的原理结构

①基站子系统 BSS

BSS 由一个基站控制器 BSC 和若干个基站收发信机 BTS 组成，BTS 主要负责与一定覆盖区域内的移动台 MS 进行通信，BTS 与 MS 间的通信接口是 Um 接口，

其物理连接通过无线链路实现，BTS 对空中接口进行管理。BSC 用来管理 BTS 与移动交换中心 MSC 之间的信息流，BTS 与 BSC 之间通过 Abis 接口通信；BSS 中还可能存在编码速率适配单元 TRAU，它实现了 GSM-R 编码速率向标准的公共交换电话网 PSTN 或综合业务数字网 ISDN 速率的转换，TRAU 与 BSC 通过 Ater 接口连接。

②网络子系统 NSS

NSS 建立在 MSC 上，负责端到端的呼叫、用户数据管理、移动性管理和与固定网络的连接。NSS 通过 A 接口连接 BSS，与固定网络的接口决定于互联网络的类型。

（3）适用于 GSM-R 的列控系统

当采用 GSM-R 系统来实现列控系统车一地之间信息传输时，其相应的组成框图参见图 4-9。

在 RBC 控制中心存放有整个控制区段及站场拓扑图，由 RBC 形成数据码发送至无线通信站 BTS。经无线通信站 BTS 转发，将数据信息传递给机车。这些数据包括各种速度数据、线路的最大允许速度、目标速度、目标距离、线路坡度、缓行段数据等。列车收到这些信息后，由车载计算机计算出当前的最大允许速度，在驾驶台上显示出来，并对列车运行速度进行监控，同时对列车重新定位。如果列车位置与收到的电码一致，则予以确认，否则进行修改。回执信息以不同频率，从机车向 BTS 传递。回执信息包括列车位置确认及其他列车数据信息。

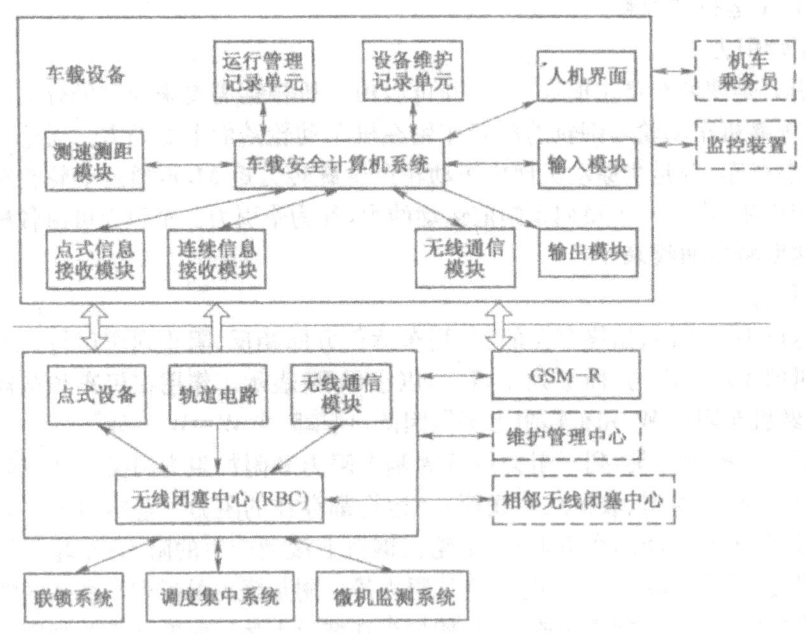

图 4-9 适用于 GSM-R 的列控系统构成框图

地面控制中心 RBC 收到回执信息后，重新确定整个控制区段上所有运行列车的精确位置，给出新的命令信息。

（4）采用 GSM-R 无线传输信息的优点

第一，在各种列车混跑的区间，由于轨道电路信息量的局限，无法向列车传递轨道电路长度信息。因此，由轨道电路限定的闭塞分区通常设计成固定长度，从而根据两列车相隔几个闭塞分区获得列车间的距离。而 GSM-R 的信息量大，足以传送前方列车的距离信息，可以构成随列车速度、线路参数改变的优化列车间隔。

第二，在使用轨道电路时，闭塞分区的长度与该区段列车的最大运行速度有关。随着列车运行速度的提高或制动性能的改善，固定长度的闭塞分区限制了运输能力的进一步提高。对于无线控制系统来说，列车速度提高或制动性能的改善，对应的仅是程序参数的改变，系统发展、完善十分简单。

第三，无线列车运行自动控制系统由于无固定的闭塞分区长度，所以对于任何类型的列车都可以提高运行速度。

第四，GSM-R 的应用可以取消地面固定信号机及轨道电路，可以节省大量的安装、维护费用。

（三）速度监控原理

1. 影响列车运行的因素

（1）列车牵引力

列车牵引力是使列车产生前进运动，并可以由司机根据需要来控制的外力。它是由机车产生，依靠机车动轮与钢轨的黏着作用在机车动轮踏面上的外力。无论是电力机车，还是内燃机车，都是由原动机使机车动轮产生旋转力矩 M，再通过动轮轮缘与钢轨表面的黏着作用，产生一个使列车向前运动的力，称为牵引力。牵引力可由各种机车的牵引力一速度特性曲线来表示。

（2）列车阻力

在列车运行中产生的、始终存在的、与列车运行方向相反、阻止列车运行且不能被操纵的外力叫列车运行阻力，简称列车阻力，以字母 W 表示。作用在机车和车辆上的阻力，分别叫作机车阻力 W′ 和车辆阻力 W″，因此，列车阻力 W=W′ +W″。

按引起阻力的原因分类，列车阻力可分为基本阻力和附加阻力两类。基本阻力是指列车在任何线路（平直道、坡道或曲线等）上运行都存在的阻力。基本阻力主要来自机车、车辆轴颈与轴承之间的摩擦阻力；车轮在钢轨上滚动产生的阻力；车轮与钢轨间的滑动摩擦阻力；冲击振动产生的阻力；空气阻力等。附加阻力是指列车在某些特殊线路上运行时，除基本阻力外所增加的阻力，如列车在坡道上运行时的坡道附加阻力 Wi；通过曲线时的曲线附加阻力 Wr；列车起动时的起动附加阻力 Wq；通过隧道时的隧道空气附加阻力 Ws 等等。列车在平直道上运行时只有基本阻力，没有附加阻力。由于影响阻力的因素极为复杂，很难用理论公式进行计算，往往根据大量试验数据，综合得出经验公式进行计算。

（3）列车制动力

①制动力的产生

由司机操纵制动装置而产生的可以控制的阻止列车运行的外力，称为制动力。制动力是人为施加的、根据需要大小可调节的、与列车运行方向相反的列车阻力。列车制动的目的是调节列车速度或使列车停车。

就机车而言，制动力可以由机械制动装置或电气制动装置两种方式来产生；至于车辆制动力，普遍是由机械制动来产生。产生列车制动力的方法很多，除了广泛使用的闸瓦制动以外，还有盘形制动、电阻制动、再生制动、液力制动、磁轨制动、涡流制动等。由于闸瓦制动及盘形制动较易控制，而且能够产生巨大的制动力，故我国机车、车辆上目前使用的主要是闸瓦制动及盘形制动，即以压缩空气做原动力，推动制动缸使其产生推力，再经杠杆系统放大后传至闸瓦或闸片，闸瓦或闸片压紧车轮踏面或与车轴固定连接的圆盘，由车轮与闸瓦的摩擦或圆盘与闸片的摩擦将列车的动能转化成热能，从而产生制动作用。高速客车为了增大高速时的制动力，较多采用盘形制动方式。对内燃、电力机车而言，还有一种电制动力，它是利用牵引电动机可以正向或逆向运转的机理，在牵引时作为电动机产生动力，而在制动时将电动机改接为发电机使用，将动能转变为电能，或者消耗在制动电阻上（电阻制动）或者返送到电网上（再生制动）。

②制动力的形式

列车制动力和牵引力形成的基本原理是相同的，都是依靠轮轨间的黏着作用。形成牵引力时必须有由动力装置作用于轮对的力矩 MF，该力矩通过钢轨与动轮的静摩擦力产生向前的推进力F，与列车运行方向相同。形成制动力时，轮对在滚动的情况下，依靠闸瓦压力的作用产生一个阻止轮对正向转动的反力矩 MB，钢轨作用于动轮的静摩擦力 B，其与列车运行方向相反。牵引力、制动力的形成如图 4-10 所示。

机车、车辆的牵引力和制动力均不能超过轮轨的黏着能力。否则，就会出现“空转”或“抱死滑行”的现象而丧失牵引力和制动力。

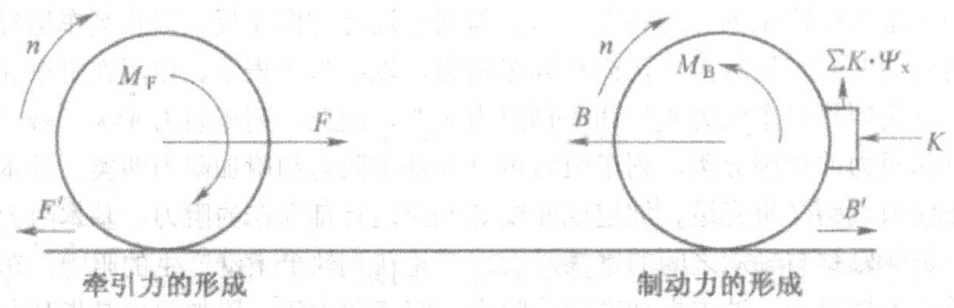

图 4-10　牵引力、制动力的形成

③列车制动分类

依其作用条件和性质的不同，列车制动作用方式可分为常用制动和紧急制动两种。常用制动是指列车在正常运行的情况下，依调速需要而随时可以使用的一种制动方式。紧急制动只是在某些偶然遇到的特殊情况下．要求列车在最短的距离内立即停车时才使用的制动方式，也称为非常制动。

2. 速度监控的基本原理

（1）分级速度控制

分级速度控制，以一个闭塞分区为单位，根据列车运行的速度分级，在一个闭塞分区内只控制一个速度等级并且只按照一种速度判断列车是否超速，对列车进行速度控制。分级速度控制系统的列车追踪间隔主要与闭塞分区的划分、列车性能和速度有关，而闭塞分区的长度是以最坏性能的列车为依据并结合线路参数来确定的，所以不同速度列车混合运行的线路采用这种模式能力是要受到较大的影响。分级速度控制又分为阶梯式和分段曲线式。

①阶梯式分级速度控制

阶梯式分级速度控制又分为超前式和滞后式。一个闭塞分区的进入速度称为入口速度，驶离速度称为出口速度。超前速度控制方式又称为出口速度控制方式，给出列车的出口速度值，控制列车不超过出口速度。日本新干线 ATC 采取超前式速度控制方式，采用设备控制优先的方法。如图 4-11 所示，列车在闭塞分区入口处接收到目标速度信号后立即以此速度进行检查，一旦列车超速，则进行制动使列车速度降低到目标速度以下。这种方式在遇上停车信号时，列车在闭塞分区入口处立即制动，对许多列车来说会过早地停车，因此日本新干线采用了停车信号前再装 P 点的方式，轨道电路发送 30 信号，只在列车收到 30 信号且又经过 P 点时车上才会形成停车信号。

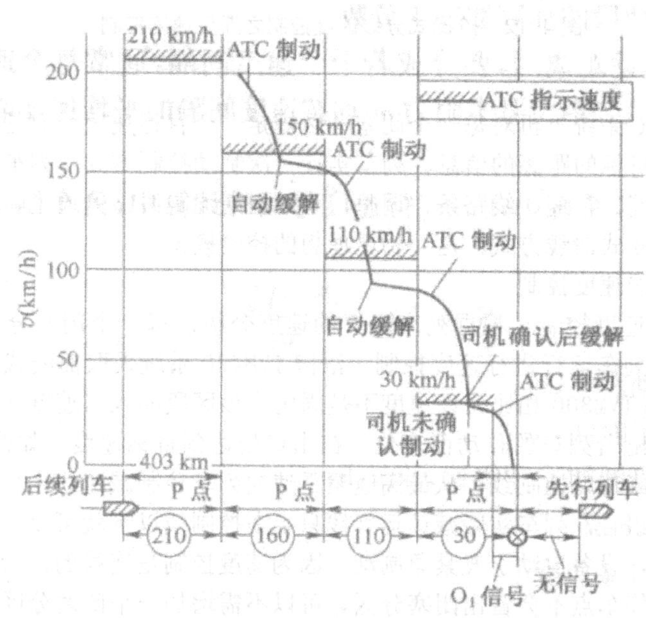

图 4-11　阶梯式分级速度控制之超前速度控制

滞后速度控制方式要求司机（人控优先）在闭塞分区内将列车速度降低到目标速度，设备在闭塞分区出口进行检查。如果列车实际速度未达到目标速度以下则设备自动进行制动。这种方式由于要在列车到达停车信号处（目标速度为零）才检查列车速度是否为零，如果列车速度不是零，设备才进行制动。由于制动后列车要走行一段距离才能停车，因此停车信号后方要有一段防护区。如图 4-12 所示。

从上述可知，阶梯式分级速度控制，只是对每一个闭塞分区的入口速度或出口速度进行控制，不需要距离信息，只要在最高速度与停车信号间增加若干速度等级，列车从最高速度分段降速，直至停车。对列车速度的控制不是连续的，因此地对车载所需要的信息量是较少的，TVM300 系统地对车实时传输 18 个信息，设备相应简单些。这种控制方式是目前高速铁路最普遍采用的控制方式。

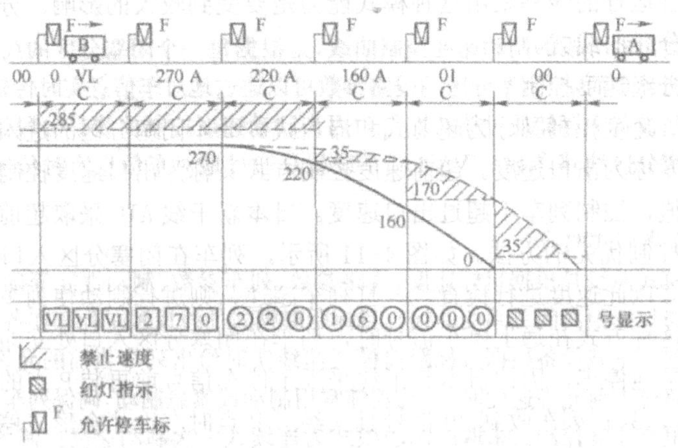

图 4-12　阶梯式分级速度控制之滞后速度控制

日本数字 ATC 系统不再对每一个闭塞分区规定一个目标速度，而是向列车传送目标速度、列车距目标的距离的信息。列车实行一次制动控制方式。列车追踪间隔可以根据列车制动性能、车速、线路条件调整，可以提高混跑线路的通过能力。这种方式称为目标—距离模式曲线方式，是一种更理想的控制模式。

②曲线式分级速度控制

曲线式分级速度控制，根据列车运行的速度分级，每一个闭塞分区给出一段速度控制曲线，对列车运行进行速度控制。法国 TVM430 系统采取曲线式分级速度控制方式，TVM430 和 TVM300 相比允许速度不是固定为该区段的入口速度（上一区段的出口速度），而是随着列车的移动而变化，在出口处达到目标速度，如图 4-13 所示。实线为曲线式分级速度控制线，从最高速至零速的列车控制减速线为分段曲线组成的一条不连贯曲线组合，列车实际减速运行线只要在控制线以下就可以了，万一超速碰撞了速度控制线，设备自动引发紧急制动，因为速度控制是连续的，所以不会超速太多，紧急制动的停车点不会冒出闭塞分区，可以不需增加一个闭塞分区作为安全防护区段，设计时当然要考虑留有适当的安全距离。

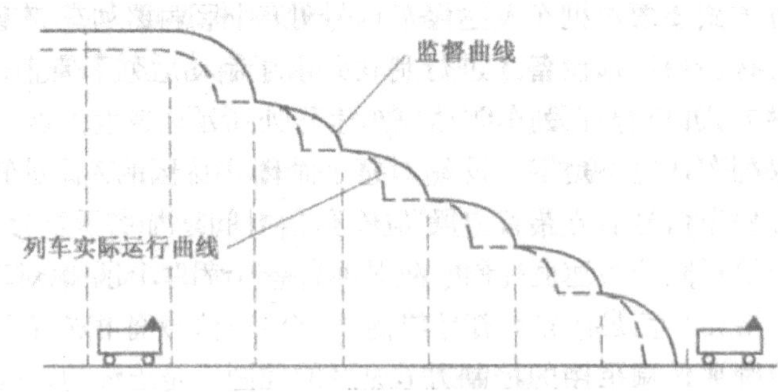

图 4-13　曲线式分级速度控制

列控设备给出的分段的制动速度控制曲线，是根据每一个闭塞分区的线路参数和列车自身的性能计算而定，闭塞分区的线路参数可以通过地对车信息实时传输，也可以事先在车载信号设备中存储通过核对取得。因为制动速度控制曲线是分段给出的，每次只需一个闭塞分区线路参数，TVM430 系统就是通过地对车信息实时传输的，其信息量为 27bit。

（2）目标距离模式曲线

目标距离模式曲线是根据目标速度、线路参数、列车参数、制动性能等确定的反映列车允许速度与目标距离间关系的曲线。目标距离模式曲线反映了列车在各个位置的允许速度值。列控车载设备根据目标距离模式曲线实时给出列车当前的允许速度，当列车实际速度超过当前允许速度时，自动实施常用制动或紧急制动，确保列车在停车点前停车。目标距离速度控制其采取的制动模式为连续式一次制动速度控制的方式，不设定每个闭塞分区速度等级。连续式一次速度控制模式若以前方列车占用的闭塞分区入口为追踪目标点，则为准移动闭塞；若以前方列车的尾部为追踪目标点，则为移动闭塞。

第二节 机车信号与列车运行监控记录装置

一、行车安全装置的研制、开发和使用

多年的实践证明，仅仅靠人为因素去保证行车安全是不可靠的，行车事故的不断发生就是明证。我国科技人员针对行车安全问题展开了技术研究，开发并安装使用，使安全装置不断完善，形成了机车信号、列车运行监控装置、列车无线调度电话等列车运行安全装置。

机车信号是由安装在车下的感应线圈从轨道电路取得信息，将地面信号机的显示反映在机车信号上。列车运行监控装置从机车信号信息，从速度传感器上取得速度信息，从压力传感器上取得列车管的压力信息等，真实地记录并对司机操纵进行提示，起到了指导作用。列车运行监控装置在一旦遇到红灯，乘务员操纵失误时，自动放风停车，保证了行车安全。列车无线调度电话的安装使用，使机车与地而，司机与调度建立了良好的联络通道，有关行车信息行以及时沟通，在管理上又推行了“车机联控”，这一制度的实行，在保证行车安全方面起到了很好的作用。

近几年来，列车运行安全装置在保证行车安全方面发挥了积极作用，为安全监控技术的发展打下了坚实的基础，促进了安全管理体制的形成、发展和完善。

二、机车信号

机车信号又称为机车自动信号，设在机车司机控制室内，用来自动反映运行条件，

指示列车运行。为实现机车信号而设置的整套技术设备称为机车信号设备。

机车信号能复示地面信号机的显示，克服天气影响和地形地物影响改善司机瞭望条件。当列车速度超过司机辨认地面信号机显示的临界速度（160km/h）时，机车信号则作为主体信号来使用。我国铁路《技规（普速铁路部分）》提出了机车信号主体化的概念，规定：“作为行车凭证的机车信号作为主体机车信号，是由车载信号和地面信号设备共同构成的系统，必须符合‘故障——安全’的原则，车载设备应具有运行数据记录的功能；地面信号设备应能正确发送信息。”

1. 机车信号的基本技术条件

不论何种机车信号都应满足下列基本条件：

①设备工作稳定可靠，受气候、环境干扰影响小。

②应装有足够显示数目的机车信号机，以直观地反映地面信号机的显示。

③配合有音响信号，在机车信号变化为较限制显示时鸣响，使司机更加注意。

④能满足故障－安全原则的要求。

⑤设备安装在机车上后，不得超出机车车辆限界。

2. 机车信号的分类

机车信号的主要形式有接近连续式和连续式两种。

（1）接近连续式机车信号

接近连续式机车信号用于半自动闭塞区段。由于半自动闭塞区段区间不设置轨道电路，当机车到达进站信号机前方的接近区段，才可以连续地得到由地面传输来的用以控制机车信号显示的信息，直至正线股道。

（2）连续式机车信号

连续式机车信号使用在自动闭塞区段。由于自动闭塞区段每个闭塞分区都装设轨道电路，地面信息能利用轨道电路不间断地向机车传送，使机车信号机可以连续地预告地面信号机的显示状态。

3. 机车信号机的显示意义

机车信号机采用双面 8 灯位结构，自上而下分别为：绿灯、半绿半黄灯、黄灯、带“2”的黄灯、半黄半红灯、双半黄灯、红灯、白灯。其显示意义如表 4-1 所示。

表 4-1 机车信号显示及信息定义

机车信号显示	四显示自动闭塞区段信息定义
绿灯	准许列车按规定速度运行，表示列车接近的地面信号机显示绿色灯光
半绿半黄色灯	准许列车按规定速度注意运行，表示列车接近的地面信号机显示一个绿色灯光和一个黄色灯光
带“2”字的黄灯闪光	要求列车减速到规定的速度等级越过接近的显示一个黄色灯光的地面信号机，并预告次一架地面信号机开放经 18 号及以上道岔侧向位置的进路，且列车运行前方第三架信号机开通直向进路或开放经 18 号及以上道岔侧向位置的进路
带“2”字的黄灯	要求列车减速到规定的速度等级越过接近的显示一个黄色灯光的地面信号机，并预告次一架地面信号机开放经道岔侧向位置的进路

续表

机车信号显示	四显示自动闭塞区段信息定义
黄灯	要求列车减速到规定的速度等级越过接近的显示一个黄色灯光的地面信号机，并预告次一架地面信号机处于关闭状态
双半黄灯闪光	要求列车限速运行，表示列车接近的地面信号机开放经 18 号及以上道岔侧向位置的进路，且次一架信号机开通直向进路或开放经 18 号及以上道岔侧向位置的进路；或表示列车接近设有分歧道岔线路所的地面信号机开放经 18 号及以上道岔侧向位置的进路、显示一个黄色闪光和一个黄色灯光
双半黄灯	要求列车限速运行，表示列车接近的地面信号机开放经道岔侧向位置的进路、显示两个黄色灯光或其他相应显示
半红半黄闪光	表示列车接近的进站、接车进路或接发车进路信号机显示引导信号或通过信号机显示容许信号
半红半黄灯光	要求及时采取停车措施，表示列车接近的地面信号机显示红色灯光
红灯	表示列车已越过地面上显示红色灯光的信号机
白灯	不复示地面上的信号显示，机车乘务人员应按地面信号机的显示运行
无显示	表示机车信号机在停止工作状态

4. 机车信号的工作原理

按照电磁感应原理，在机车信号系统车载设备中，通过安装在机车第一轮对前面的接收线圈与钢轨进行电磁耦合，接收钢轨中传输的移频信号，然后传送给机车信号主机。机车信号主机把从两路接收电路同时接收到的轨道电路信息由隔离放大器进行隔离，经 A/D 转换，由 DSP 芯片进行处理、解调、译码得到机车信号信息，把信息输出到机车信号机上，指导司机行车，同时把机车信号信息输出到监控装置作为控车基本条件。

三、LKJ2000 型列车运行监控记录装置

近几年来，列车运行安全装置在保证行车安全方面发挥了积极作用，为安全监控技术的发展打下了坚实的基础，促进了安全管理体制的形成、发展和完善。

列车运行监控装置是中国列车运行控制系统体系的组成部分，是用于防止列车冒进信号、运行超速事故和辅助机车司机提高操纵能力的重要行车设备。

我国列车速度控制技术开发是从 20 世纪 80 年代末开始的，伴随着轨道电路发码化和计算机技术的不断进步，陆续开发了 JK- Ⅰ型、JK- Ⅱ型、JK-2H 型和 LKJ-93 型等列车运行监控装置。

LKJ2000 型列车运行监控记录装置是铁道部 LKJ-93 型列车运行监控记录装置之后又一代保证列车运行安全的新设备。是在 LKJ-93 型列运行监控记录装置在全路成功运用的基础上，借鉴国内外 ATP 及 ATC 的先进技术而研制的。该设备适用于牵引速度 200km/h 以下的旅客列车（包括动车组）、货物列车的内燃、电力机车上的，结合通用式机车信号构成车载列车运行安全控制设备，是既有行车安全设备的升级换代产品。该设备继承了 LKJ-93 型列车运行监控记录装置的“车载数据控制模式”及“运

行记录分析”等特点，同时在功能、技术等级、安全可靠性等方面有了较大程度的提高。在设计上还考虑了进一步发展的可能性。

（一）LKJ2000 主要特点

1. 采用双主机和主要模块双套冗余结构，两主机间同步通讯，当装置某一主机或模块出现问题，自动切换到另一主要或同类型模块，提高了装置整体可靠性。

2. 选用目前世界上较先进的微处理器芯片，提高了运行速度，为今后的功能扩展提供了足够的预留空间。

3. 增加了模拟量的数字量输入输出口，为装置功能扩展和开发提供了条件。

4. 装置的模拟量和数字量输入输出均进行了电气隔离，提高了系统的抗干扰能力。主要单元采用多层板结构，贴面焊接工艺，不但减小了设备体积，更重要的是提高了系统可靠性。

5. 可根据列车运行情况的需要改变记录密度，为列车出现非正常情况的事件分析提供详细数据。

6. 采用彩色显示器的 2000 型监控装置显示界面明快，彩色显示屏除原数码显示器显示的机车速度、限制速度、信号机位置坐标以及时钟外，增加了多架信号机坐标位置、工务线路综合数据平面图、实际运行曲线等，为机车乘务员提供了友好界面。

7. 线路基本数据与原 LKJ-93 型监控装置的线路基本数据通用，可大大减少数据采集工作量。

8. 增加了工务综合线路数据的显示部分，其所需数据通过软件直接调用工务部门的现有数据写入装备数据芯片，减少了重新采集工作量。

9. 监控软件向现场技术人员提供了多种可选择汇编条件，给现场不同环境的运用带来极大方便。

10. 信号机的距离校正功能得到了明显改善，提高了控制精度。

（二）系统构成

LKJ2000型列车运行监控记录装置车载设备，主要由主机箱、显示器、速度传感器、压力传感器、双针速度表、转储器及事故状态记录器组成。机车信号信息自 SJ93 或 SJ94 型通用式机车信号装置的电平接口或通过串行数据通讯方式获得；地面设备主要由转储地面 IC 卡读卡器以及地面微机系统（含地面分析处理软件）构成。主机箱采用插件式 6U 标准机箱结构。显示器有数码显示器和屏幕显示器两种形式，供用户选择。

（三）主要功能

1. 监控功能

（1）防止列车越过关闭的地面信号机。

（2）防止列车越过线路（道岔）允许的速度及机车、车辆的构造速度运行。

（3）防止机车以高于规定的限制速度进行调车作业。

（4）防止列车停车后发生逸溜。

（5）可控制列车不超过临时限速。

2. 记录功能

（1）开、关机相关参数记录（日期、时间等）。

（2）机车乘务员输入参数（IC 卡输入）记录（车次、司机号等）。

（3）运行参数记录（时间、线路公里标等）。

（4）事故状态记录

（5）插件故障记录。

3. 显示功能

（1）显示列车运行的实际速度及限制速度。

（2）显示距离前方信号机的距离及信号机种类。

（3）显示运行线路状况。

（4）显示机车优化操作曲线。

（5）其他运行参数的显示。

4. 地面分析功能

将车载记录的列车运行数据经过翻译、整理，以主观的全程记录、运行曲线、各种报表的形式再现列车运行全过程，为机车的现代化管理及事故分析提供可靠的依据。

四、高速列车速度监控系统

高速列车速度监控系统主要由车上设备和地面设备两部分组成，车上设备接收来自轨道电路的信息，使车内信号显示相应的速度显示，并把收到的容许速度信息与实际速度相比较，对制动设备实行相应的控制。它的最大优点是对列车速度实行随机监督控制。

正在建设的秦沈客运专线、列车速度在 160km/h 以上，站间距离平均为 60 km，列车追踪时间为 5 min。司机已无法识别地面信号机的显示。为保证列车的安全、正点、舒适运行，一套以车载信号，计算机控制及局域网为基础，以专用通道构成的计算机专用广域网为骨架，以调度所和综合维修基地计算机广域网为龙头的信号资源共享的秦沈客运专线综合信号系统应运而生。列车在运行中所需的部分控制数据，通过地面设备和无绝缘轨道电路，传递到机车上的车载设备进行综合处理，生成列车速度控制曲线图，防止列车超速和冒进信号，保证列车安全、正点、平衡的运行。秦沈客运专线综合信号系统标志着我国铁路信号技术进入一个新阶段。

第三节 CTCS 系统描述

CTCS 定义：CTCS（Chinese Train Control System）是为了保证列车安全运行，

并以分级形式满足不同线路运输需求的列车运行控制系统。

一、CTCS 基本功能

在不干扰机车乘务员正常驾驶的前提下有效地保证列车运行安全。

（一）安全防护

在任何情况下防止列车无行车许可运行。

防止列车超速运行。包括：列车超过进路允许速度；列车超过线路结构规定的速度；列车超过机车车辆构造速度；列车超过临时限速及紧急限速；列车超过铁路有关运行设备的限速；防止列车溜逸。

（二）人机界面

为机车乘务员提供的必须的显示、数据输入及操作装置。

第一，能够以字符、数字及图形等方式显示列车运行速度、允许速度、目标速度和目标距离。

第二，能够实时给出列车超速、制动、允许缓解等表示以及设备故障状态的报警。

第三，机车乘务员输入装置应配置必要的开关、按钮和有关数据输入装置。

第四，标准的列车数据输入界面，可根据运营和安全控制要求对输入数据进行有效性检查。

（三）检测功能

第一，具有开机自检和动态检查功能。

第二，具有关键数据和关键动作的记录功能及监测接口。

（四）可靠性和安全性

第一，按照信号故障导向安全原则进行系统设计。

第二，采用冗余结构。

第三，满足电磁兼容性相关标准。

二、CTCS 系统分级

CTCS 体系的构建原则是以地面设备为基础，车载与地面设备统一设计。列车运行控制系统包括地面设备和车载设备，根据系统配置按功能划分为 5 级。

（一）CTCS0 级

CTCS0 级为既有线的现状，由通用机车信号＋运行监控记录装置构成。

（二）CTCS1 级

由主体机车信号＋安全型运行监控记录装置组成。面向 160 km/h 以下的区段，在既有设备基础上强化改造，达到机车信号主体化要求，增加点式设备，实现列车运行安全监控功能。

1. 地面子系统组成

轨道电路

完成列车占用检测及列车完整性检查，连续向列车传送控制信息。车站正线采用与区间同制式的轨道电路，侧线采用与区间同制式的叠加电码化设备。

（2）点式信息设备

设置在车站附近，主要用于向车载设备传输定位信息。

2. 车载子系统组成

（1）主体机车信号

完成轨道电路信息的接收与处理。

（2）点式信息接收模块

完成点式信息的接收与处理。

（3）安全型运行监控记录装置

实时检测列车运行速度，对列车运行控制信息进行综合处理，控制列车按命令运行。

（三）CTCS2 级

CTCS2 级是基于轨道传输信息的列车运行控制系统；CTCS2 级面向提速干线和高速新线，采用车—地一体化设计；CTCS2 级适用于各种限速区段，地面可不设通过信号机，机车乘务员凭车载信号行车。

1. 地面子系统组成

（1）列控中心

根据列车占用情况及进路状态计算行车许可及静态列车速度曲线并传送给列车。

（2）轨道电路

完成列车占用检测及列车完整性检查，连续向列车传送控制信息。车站与区间采用同制式的轨道电路。

（3）点式信息设备

用于向车载设备传输定位信息、选路参数、线路参数、限速和停车信息等。

2. 车载子系统组成

（1）连续信息接收模块

完成轨道电路信息的接收与处理。

（2）点式信息接收模块

完成点式信息的接收与处理。

（3）测速模块

实时检测列车运行速度并计算列车走行距离。

（4）设备维护记录单元

对接收信息、系统状态和控制动作进行记录。

（5）车载安全计算机

对列车运行控制信息进行综合处理，生成控制速度与目标距离模式曲线，控制列车按命令运行。

（6）人机界面

车载设备与机车乘务员交互的设备。

（7）运行管理记录单元

规范机车乘务员驾驶，记录与运行管理相关的数据。

（四）CTCS3 级

CTCS3 级是基于无线传输信息并采用轨道电路等方式检查列车占用的列车运行控制系统；CTCS3 级面向提速干线、高速新线或特殊线路，基于无线通信的固定闭塞或虚拟自动闭塞；CTCS3 级适用于各种限速区段，地面可不设通过信号机，机车乘务员凭车载信号行车。

1. 地面子系统组成

（1）无线闭塞中心（RBC）

使用无线通信手段的地面列车间隔控制系统。它根据列车占用情况及进路状态向所管辖列车发出行车许可和列车控制信息。所使用的安全数据通道不能用于话音通信。

（2）无线通信（GSM-R）地面设备：作为系统信息传输平台完成地—车间大容量的信息交换。

（3）点式设备

主要提供列车定位信息。

（4）轨道电路

主要用于列车占用检测及列车完整性检查。

2. 车载子系统组成

（1）无线通信（GSM-R）车载设备

作为系统信息传输平台完成车—地间大容量的信息交换。

（2）点式信息接收模块

完成点式信息的接收与处理。

（3）测速模块

实时检测列车运行速度并计算列车走行距离。

（4）设备维护记录单元

对接收信息、系统状态和控制动作进行记录。

（5）车载安全计算机

对列车运行控制信息进行综合处理，生成目标距离模式曲线，控制列车按命令运行。

（6）人机接口

车载设备与机车乘务员交互的接口。

（7）运行管理记录单元

规范机车乘务员驾驶，记录与运行管理相关的数据。

（五）CTCS4 级

CTCS4 级是基于无线传输信息的列车运行控制系统；CTCS4 级面向高速新线或特殊线路，基于无线通信传输平台，可实现虚拟闭塞或移动闭塞；CTCS4 级由 RBC 和车载验证系统共同完成列车定位和列车完整性检查；CTCS4 级地面不设通过信号机，机车乘务员凭车载信号行车。

1. 地面子系统组成

（1）无线闭塞中心（RBC）

使用无线通信手段的地面列车间隔控制系统。它根据列车占用情况及进路状态向所管辖列车发出行车许可和列车控制信息。所使用的安全数据通道不能用于话音通信。

（2）无线通信（GSM-R）地面设备：作为系统信息传输平台完成地—车间大容量的信息交换。

2. 车载子系统组成

（1）无线通信（GSM-R）车载设备

作为系统信息传输平台完成车—地间大容量的信息交换。

（2）测速模块

需要时，实时检测列车运行速度并计算列车走行距离。

（3）设备维护记录单元

对接收信息、系统状态和控制动作进行记录。

（4）车载安全计算机

对列车运行控制信息进行综合处理，生成目标距离模式曲线，控制列车按命令运行。

（5）人机接口

车载设备与机车乘务员交互的接口。

（6）全球卫星定位

或其他设备提供列车定位及列车速度信息。

（六）CTCS 级间关系

符合 CTCS 规范的列车超速防护系统应能满足一套车载设备全程控制的运用要求。

第一，系统车载设备向下兼容。

第二，系统级间转换应自动完成。

第三，系统地面、车载配置如具备条件，在系统故障条件下应允许降级使用。

第四，系统级间转换应不影响列车正常运行。

第五，系统各级状态应有清晰的表示。

三、CTCS 与 ETCS 比对

级	ETCS	CTCS
0	欧洲既有线现状	中国既有线现状；通用式机车信号＋监控装置
1	基于点式传输的列车控制系统；列车占用及完整性检查由轨道电路完成；设置地面信号机	面向 160km/h 以下区段；主体机车信号＋加强型监控装置
2	基于 GSM-R 传输的列车控制系统；列车检测和列车完整性检查由轨道电路完成；可以取消地面信号机	面向提速干线和客运专线；基于轨道电路＋点式应答器进行信息传输的列控系统；可以取消地面通过信号机
3	基于 GSM-R 传输的列车控制系统；取消轨道电路和地面信号机；无线闭塞中心与车载验证系统共同完成列车定位和完整性检查；可实现移动闭塞	面向提速干线、客运专线和特殊线路；基本参照 ETCS2 级
4	未定义	面向客运专线和特殊线路；基本参照 ETCS3 级

第五章 铁路通信概述

第一节 通信网基本知识

一、通信和通信系统

（一）通信定义

通信定义：通信是传递信息的手段，即将信息从发送器传送到接收器。

通信按传统理解就是信息的传输与交换，信息可以是语音、文字、符号、音乐、图像等等。任何一个通信系统，都是从一个称为信息源的时空点向另一个称为信宿的目的点传送信息。以长途和本地的有线电话网（包括光缆、同轴电缆网）、无线电话网（包括卫星通信、微波中继通信网）、有线电视网和计算机数据网为基础组成的现代通信网，通过多媒体技术可为家庭、办公室、医院、学校等提供文化、娱乐、教育、卫生、金融等广泛的信息服务。可见，通信网络已成为支撑现代社会最重要的基础结构之一。通信目的：为了完成信息的传输和交换。

1. 信息

可被理解为消息中包含的有意义的内容。

信息一词在概念上与消息的意义相似，但它的含义却更普通化，抽象化。

2. 消息

消息是信息的表现形式，消息具有不同的形式，例如符号、文字、话音、音乐、数据、图片、活动图像等。

也就是说，一条信息可以用多种形式的消息来表示，不同形式的消息可以包含相同的信息例如：分别用文字（访问特定网站）和话音（拨打 121 特服号）发送的天气预报，所含信息内容相同。

3. 信号

信号是消息的载体，消息是靠信号来传递的。信号一般为某种形式的电磁能（电信号、无线电、光）。

（二）通信系统

通信系统是以实现通信为目标的硬件、软件以及人的集合。

1. 通信系统模型

图 5-1 是一个基本的点到点通信系统的一般模型。

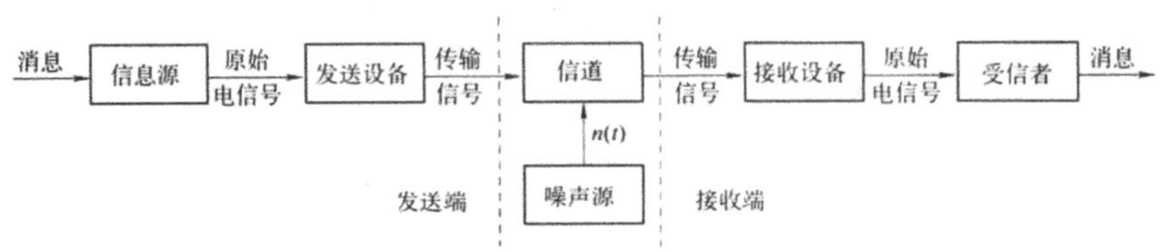

图 5-1　通信系统的一般模型

（1）信息源

把各种可能消息转换成原始电信号。

（2）发送设备

为了使原始电信号适合在信道中传输，把原始电信号变换成与传输信道相匹配的传输信号。

（3）信道

信号传输的通道。

（4）接收设备

从接收信号中恢复出原始电信号。

（5）受信者

将复原的原始电信号转换成相应的消息。

2. 通信系统分类

通信系统可按多种方法进行分类。

按通信业务（即信源的种类）分类，可分为电话通信、数据通信、图像通信和多媒体通信系统等；

按传输媒介分类，可分为有线通信系统（包括铜双绞线和电缆、光纤和光缆等）和无线通信系统（包括微波和卫星通信链路、无线本地环路等）；

按传输信号属性分类，可分为电子通信系统和光通信系统等；

按是否采用调制分类，可分为基带传输系统和频带传输系统；

按信号结构分类，可分为模拟通信系统和数字通信系统．

3. 模拟通信系统与数字通信系统

通信系统中的消息可以分为：

连续消息（模拟消息）——消息状态连续变化。如：语音、图像；

离散消息（数字消息）——消息状态可数或离散。如：符号、文字、数据。

信号是消息的表现形式，消息被承载在电信号的某一参量上。因此信号同样可以分为：

模拟信号——电信号的该参量连续取值。如：普通电话机收发的语音信号；

数字信号——电信号的该参量离散取值。如：计算机内 PCI/ISA 总线的信号。

模拟信号和数字信号可以互相转换。因此，任何一个消息既可以用模拟信号表示，也可以用数字信号表示。

相应的，通信系统也可以分为模拟通信系统与数字通信系统两大类。

（1）模拟通信系统

模拟通信系统在信道中传输的是模拟信号。模型如图 5-2 所示。

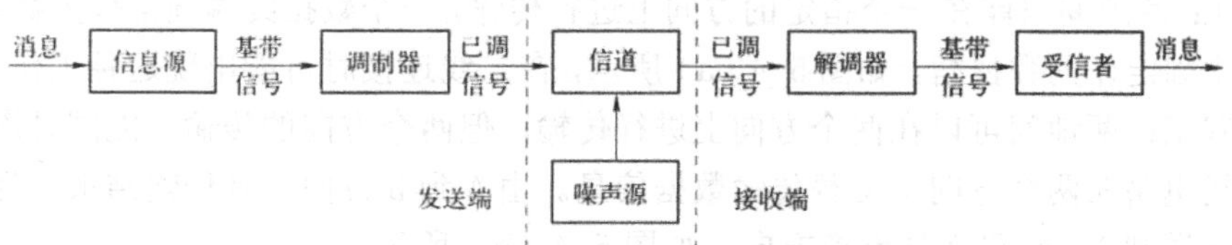

图 5-2　模拟通信系统模型

基带信号——即原始电信号，由消息转化而来的原始模拟信号，一般含有直流和低频成分，不宜直接传输；

已调信号——由基带信号转化来的，频域特性适合信道传输的信号。又称频带信号。

对模拟通信系统进行研究的主要内容就是研究不同信道条件下不同的调制解调方法。

（2）数字通信系统

数字通信系统在信道中传输的是数字信号。模型如图 5-3 所示。

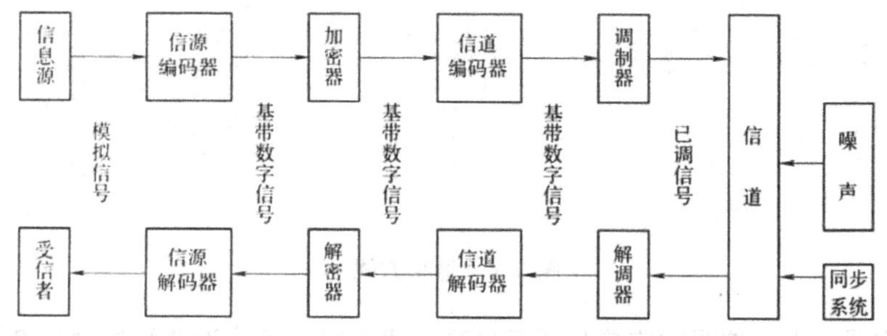

图 5-3　数字通信系统模型

信源编 / 解码器 —— 实现模拟信号与数字信号之间的转换；

加 / 解密器 —— 实现数字信号的保密传输；

信道编 / 解码器——实现差错控制功能，用以对抗由于信道条件不良造成的误码；

调制 / 解调器 —— 实现数字信号的传输与复用。

以上各个部分的功能可根据具体的通信需要进行设置，对数字通信系统进行研究的主要内容就是研究这些功能的具体实现方法。

数字通信具有以下显著特点：①数字电路易于集成化，因此数字通信设备功耗低、易于小型化；②再生中继无噪声累积，抗干扰能力强；③信号易于进行加密处理，保密性强；④可以通过信道编码和信源编码进行差错控制，改善传输质量；⑤支持各种消息的传递；⑥数字信号占用信道频带较宽，因此频带利用率较低。

（三）通信方式

通信方式是指通信双方之间的工作方式或信号传输方式。

根据信号传送的方向与时间关系，通信方式可以分单工、半双工和全双工三种。

单工：两地间只能在一个指定的方向上进行传输，一个数据终端固定作为数据源，而另一个固定作为数据宿，如图 5-4（a）所示，在二线连接时可能出现这种工作方式。

半双工：两地间可以在两个方向上进行传输，但两个方向的传输不能同时进行，利用二线电路在两个方向上交替传输数据信息。由 A 到 B 方向一旦传输结束，为使信息从 B 传送到 A，线路必须倒换方向，如图 5-4（b）所示。

全双工：两地间可以在两个方向上同时进行传输。在四线连接中均采用这种工作方式，如图 5-4（c）所示。在二线连接中，采用某些技术（如回波消除，频带分割）也可以进行双工传输。

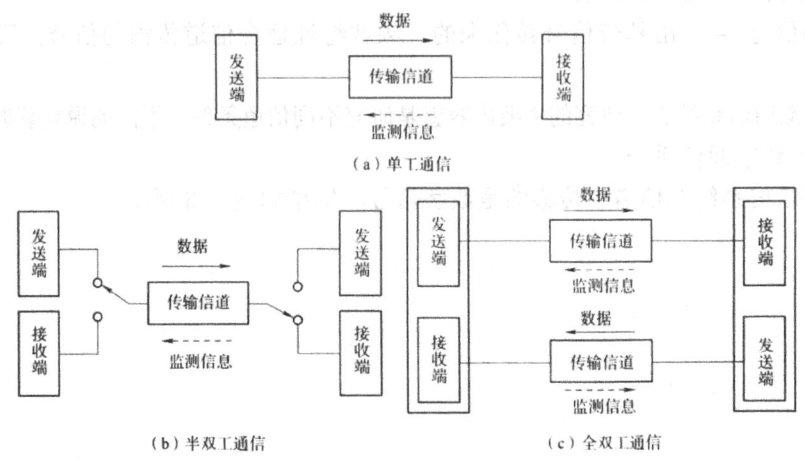

图 5-4　通信方式

在数字通信中，按照数字信号码元排列方式不同，可分为并行传输与串行传输。如图 5-5 所示。

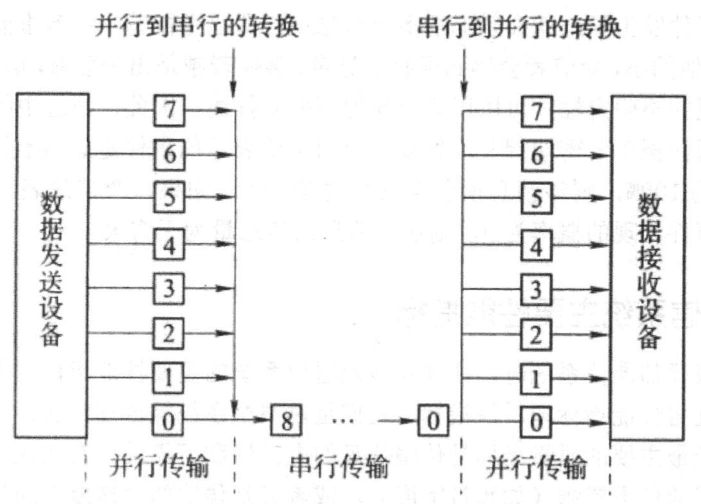

图 5-5 并行传输与串行传输

所谓并行传输指的是数据以成组的方式，在多条并行信道上同时进行传输。常用的就是将构成一个字符代码的几位二进制码，分别在几个并行信道上进行传输：例如，采用 8 比特代码的字符，可以用 8 个信道并行传输，一次传送一个字符，因此收、发双方不存在字符的同步问题，不需要另加“起”、“止”信号或其他同步信号来实现收、发双方的字符同步，这是并行传输的一个主要优点。但是，并行传输必须有并行信道，这往往带来设备或实施条件上的限制，因此较少采用。一般适用于计算机和其他高速数据系统的近距离传输。

所谓串行传输指的是数据流以串行方式，在一条信道上传输。一个字符的 8 位二进制码，由高位到低位顺序排列，再接下一个字符的 8 位二进制码，这样串接起来形成串行数据流传输。串行传输只需要一条传输信道，传输速度远远慢于并行传输，但易于实现，成本低，是目前采用的主要传输方式。

但是串行传输存在一个收、发双方如何保持码组或字符同步的问题，这个问题不解决，接收方就不能从接收到的数据流中正确地区分出一个个字符来，因而传输将失去意义如何解决码组或字符的同步问题，目前有两种不同的解决办法，即异步传输方式和同步传输方式。

（四）信息与信息量

一般将语言、文字、图像或数据称为消息，将消息给予受信者的新知识称为信息。

因此，消息与信息不完全是一回事，有的消息包含较多的信息，有的消息根本不包含任何信息。为了更合理地评价一个通信系统传递信息的能力，需要对信息进行量化，即用“信息量”这一概念表示信息的多少。

如何评价一个消息中所含信息量为多少呢？既可以从发送者角度来考虑，也可以从接收者角度来考虑。一般我们从接收者角度来考虑，当人们得到消息之前，对它的内容有一种“不确定性”或者说是“猜测”。当受信者得到消息后，若事前猜测消息中所描述的事件发生了，就会感觉没多少信息量，即已经被猜中；若事前的猜测没发生，发生了其他的事，受信者会感到很有信息量，事件若越是出乎意料，信息量就越大。

事件出现的不确定性，可以用其出现的概率来描述。因此，消息中信息量 / 的大小与消息出现的概率 P 密切相关，如果一个消息所表示的事件是必然事件，即该事件出现的概率为 100%，则该消息所包含的信息量为 0，如果一个消息表示的是不可能事件，即该事件出现的概率为 0，则这一消息的信息量为无穷大。

二、通信系统主要性能指标

在设计或评估通信系统时，往往要涉及通信系统的主要性能指标，否则将无法衡量其质量的优劣性能指标即质量指标，它们是对整个系统综合规定的。

通信系统最主要的质量指标是传输信息的有效性和可靠性。有效性指传输一定信息量时所占用的信道资源（如频带宽度），或者说是传输的“速度”的问题；而可靠性指接收信息的准确程度，是一个“质量”的问题。显然，有效性和可靠性是互相矛盾的，要求传输速率高，质量就差一些；要求传输质量好，则速度就要受到限制通常只能依据实际要求取得相对的统一。当然有效性和可靠性在一定条件下是可以进行互换的

此外，通信系统的性能指标还涉及标准性、经济性、适应性和维护使用等。

（一）模拟通信系统的有效性和可靠性

在模拟通信系统中，信号传输的有效性通常是用有效传输频带来衡量的。同样的消息用不同的调制方法，需要不同的频带宽度。例如，调频波的频带比调幅波的频带宽得多，因此在同样的传输线路上传输调频波的有效性就不如调幅波。

模拟通信系统的可靠性通常用接收端解调器输出信噪比来衡量。

由于信道内存在噪声，因此模拟通信系统的接收端接收到的波形实际上是信号和噪声的混合物，它们经过解调后同时在通信系统的输出端出现。因此，噪声对模拟信号的影响可用信号与噪声的平均功率之比来衡量，称为信噪比，通常采用分贝为单位。

信噪比定义为：

$$\left(\frac{S}{N}\right)_{\mathrm{dB}} = 10\lg\frac{S}{N} = L_S - L_N(\mathrm{dB}) \qquad (5\text{-}1)$$

式中，S 为信号的平均功率；N 为噪声的平均功率；LS 为信号功率电平：LN 为噪声功率电平。所以信噪比还可以定义为信号功率电平与噪声功率电平之差。

信噪比越大，通信质量越高，信息内容的准确性也就越高。输出信噪比一方面与信道内噪声大小和信号功率有关，同时又和调制、解调方式有很大关系。不同的解调方式对噪声的处理能力也不同。例如，在调频系统内采用的鉴频器具有抑制噪声的能

力，因此输出信噪比可以提高；而在调幅系统内采用包络检波器来解调就没有提高输出信噪比的能力，因此调频系统的传输可靠性往往比调幅系统好。但是，调频系统的传输有效性不如调幅系统，这是有效性和可靠性之间的矛盾。

（二）数字通信系统的有效性和可靠性

数字通信系统的有效性指标是传输速率和频带利用率，可靠性指标是传输差错率。

1. 传输速率

（1）比特率（信息速率）Rb：指单位时间内所传送的信息量单位为比特／秒（bit/s）。

（2）波特率（码元速率）RB：指单位时间内所传送的码元数目。单位为波特（Baud）。

比特率和波特率虽然都是用来衡量数字通信系统有效性的，但两者之间是有区别的。二进制情况下，两者在数值上相等，但单位不同多进制情况下两者在数值上不相等，两者间的关系为：

$$R_b = R_B \log_2 M(\text{bit/s}) \quad (5\text{-}2)$$

式中，M 为多进制数。

由式（5-2）可知，若采用多进制码元传输信息，可以提高信息的传输速率。

2. 频带利用率

在比较不同通信系统的效率时，只看传输速率是不够的，还要看传输信息所占用的频带宽度。所以还可以用频带利用率来衡量通信系统的传输有效性。频带利用率定义为单位频带内的传输速率，用 η 表示，单位为比特／秒／赫［（bit/s）/Hz］或波特／赫兹（Baud/Hz）。

3. 传输差错率

（1）误信率（误比特率）Pb：指接收端收到的错误比特数在传送总比特数中所占的比例。

$$P_b = \text{错误比特数} / \text{传输总比特数} \quad (5\text{-}3)$$

（2）误码率（误符号率）P_0：指接收端收到的错误码元数在传送总码元数中所占的比例。

$$P_0 = \text{错误码元数} / \text{传输总码元数} \quad (5\text{-}4)$$

三、通信网络组成和分类

众多的用户要想完成相互之间的通信过程，依靠由传输媒质组成的网络来完成信息的传输和交换，这样就构成了通信网络。

（一）通信网络组成

通信网络从功能上可以划分为接入设备、交换设备、传输设备。

1. 接入设备

包括电话机、传真机等各类用户终端，以及集团电话、用户小交换机、集群设备、接入网等；

2. 交换设备

包括各类交换机和交叉连接设备；

3. 传输设备

包括用户线路、中继线路和信号转换设备，如：双绞线、电缆、光缆、无线基站收发设备、光电转换器、卫星、微波收发设备等。

此外，通信网络正常运作需要相应支撑网络的存在。支撑网络主要包括同步网、信令网、电信管理网（网管网）三种类型。

第一，同步网，保证网络中的各节点同步工作。

第二，信令网，可以看作是通信网的神经系统，利用各种信令完成保证通信网络正常运作所需的控制功能。

第三，电信管理网（网管网），完成电信网和电信业务的性能管理、配置管理、故障管理、计费管理、安全管理。

（二）通信网络分类

按业务种类可分为电话网、电报网、传真网、广播电视网以及数据网等；

按所传输的信号形式可分为数字网和模拟网；

按服务范围可分为本地网、长途网和国际网；

按运营方式可分为公用通信网和专用通信网；

按组网方式可分为移动通信网、卫星通信网等。

第二节 铁路通信网

一、铁路通信作用

铁路是国民经济大动脉，是国家交通运输的重要支柱。特别是改革开放以来，我国铁路建设出现了前所未有的大发展，随着六次大提速的进行，越来越多的电气化铁路开通，建设运营了时速 300 km 以上的高速铁路。截至 2021 年底，全国铁路营业里程超过 15 万公里，稳居世界第二；高铁运营里程突破 4 万公里，稳居世界第一位。铁路已成为我国经济和社会发展的重要基础设施，在推进我国经济社会发展，构建社会主义和谐社会中发挥着重要作用。

覆盖全路的铁路通信网是直接为铁路运输生产和铁路信息化服务的通信设施。随着国民经济的快速发展，铁路运输的装备和运输承载能力也在飞速发展，现代化的铁路对通信的方式要求越来越多，依赖程度越来越高，铁路通信已成为铁路运输不可或缺的组成部分。

铁路通信在铁路运输中的重要作用主要表现在组织运输、提高运输效率、保证行车安全、提高经营管理水平和管理效率等方面。

二、铁路通信现状

随着铁路建设和更新改造，铁路通信网不断扩大规模、提升能力，为铁路运输生产和内部管理提供了专用通信业务，为铁路现代化和信息化应用提供了基础网络支撑，在我国高原、重载铁路成套技术和客运专线技术的发展过程中发挥了重要作用。

（一）承载网初具规模，基础通信设施不断增加

通信光缆、电缆覆盖全国铁路线，其中长途通信光缆约 12 万公里，长途电缆约 8 万公里，架空明线约 1 万公里。以密集波分复用（DWDW）、同步数字系列（SDH）和多业务传送平台（MSTP）技术为主构建的光传输网基本覆盖铁路沿线车站，承载了铁路各类专用通信业务，为 CTC 系统、客票、公安等重要信息系统组网、铁路计算机网和数据通信网提供了传输通道，但传输系统能力已近饱和。

铁路数据通信网由建设于不同时期的铁路计算机网、客运专线数据网和由铁通公司划转的专用数据网构成，三部分网络采用相同的技术，相互独立，分别承载着铁路办公、运输生产、统计、经营管理、旅客服务等信息系统和安全生产监测、监控系统以及视频监控、会议电视、GPRS 等专用通信系统。铁路数据通信网在规模和能力上均不能满足铁路信息化需要。

时钟同步网、通信设备网管和通信电源及机房环境监控等系统普遍运用，部分铁路局设置了通信综合网管系统。

（二）列车无线调度通信技术升级换代，车地通信质量不断提高

我国铁路自 20 世纪 80 年代开始装备的 450 M，模拟制式列车无线调度通信系统（无线列调），覆盖全国约 7 万公里的普速铁路，承载了列车无线调度电话、调度命令信息和车次号校核信息传送、列尾风压查询等业务，系统承载业务的信道能力已经饱和。随着高原、重载和客运专线铁路建成的铁路数字移动通信系统（GSM-R），承载了调度通信、CTCS-3 级列车控制信息传送、机车同步操控信息传送、调度命令信息和车次号校核信息传送、监测信息传送等与行车相关的业务，在信道容量和通信质量方面，基本满足铁路运输生产对移动通信的需求。GSM-R 系统的应用，显著提升了铁路无线通信的质量、业务能力和系统可靠性，促进了模拟制式无线通信技术向数字移动通信技术的升级换代。经过一个时期的建设，GSM-R 核心网架构基本形成，无线网覆盖全部客运专线、重载铁路、高原铁路和部分新建、改建铁路，既有普速铁路无线列调系统的数字化改造正在逐步展开。

（三）铁路专用通信业务网络实现数字化，功能和质量不断提升

铁路电报、电话、会议电视依然是铁路企业生产和经营管理的主要通信工具。数字化调度通信系统替代模拟调度通信设备形成了铁路调度通信网，调度电话的运用质量大幅度提高。电视电话会议系统部署到站段，降低了会议成本，提高了各级会议的效率。铁路综合视频监控系统的应用，实现了多层级、多用户对铁路重点线路、重点区域的视频监视。应急通信系统功能不断完善，话音、静动态图像的传送手段得到提升。

（四）铁路通信维护体系基本建立，维护手段逐步改善

铁路通信网的总公司——铁路局——站段三级管理体系和段——车间——工区三级维护体系逐步完善，技术标准、建设标准、维护标准基本完备。依托网管等远程监控设备，辅以人工检测巡视，确保了铁路通信网的稳定运行。光纤监测、漏缆监测、铁塔监测、GSM-R 接口监测、车载无线通信检测、通信综合网管等技术开始应用，为通信设备的科学维护奠定了基础。

三、铁路通信业务类型

根据铁路总公司制定的行业标准，在关于铁路通信业务分类的讨论稿中规定：铁路通信业务的类型可按传输信号的性质及应用性质来分。

（一）按传输信号的性质分

语音业务：地区、长途电话通信；干、局线调度通信；区段通信、区段调度、站场通信、无线列调、应急通信、列车通信和专用电话等；

数据业务：数据应用业务是通过通信网络及其终端设备，直接提供应用层功能的数据通信业务诸如传真、电报、铁路列车调度指挥系统（TDCS）、调度集中（CTC）系统、客票发售、安全监控、系统办公管理等；

图像业务：为运输生产提供会议电视业务和综合视频监控图像传送业务等。

（二）按应用性质分

按应用性质分，可以分为以下几种：①地区交换通信，为纯语音业务；②铁路专用通信，含语音、数据、图像、无线移动业务；③会议通信，含语音和图像业务；④应急抢险通信，含语音和图像业务；⑤数据网络通信等。

四、铁路通信网的构成

为满足以上各类业务和信息传送的需求，铁路通信网分为承载网、业务网、支撑网三部分。承载网包括传输网和数据网等；业务网主要包括调度通信、电话交换、GSM-R 数字移动通信、450 MHz 列车无线调度、会议通信、综合视频监控、应急通信等系统；支撑网主要包括时钟及时间同步、信令、通信综合网管及监测等系统。

总的来说，铁路通信网主要由通信线路、传输网、接入网、电话交换、数据通信、调度通信、列车无线调度、GSM-R 数字移动通信、会议通信、广播与站场通信、电话

通信、应急通信、通信电源、电源及机房环境监控、综合视频监控、同步网、网管等系统组成。

（一）通信线路

通信线路是构成铁路通信网的重要组成部分，为传输各种信息提供安全畅通、稳定可靠的通路。

铁路通信线路包括光缆、电缆线路和明线线路。光缆线路有长途、地区、站场线路，线路附属设备和光纤监测系统；电缆线路有长途、地区、站场线路，线路附属设备和电缆充气、气压监测设备；明线线路有地区线路，引入线和线路附属设备等。

（二）传输网系统

铁路传输网系统主要承载接入网、数据网、调度通信、GSM-R 基站、综合视频监控、电源及机房环境监控、应急通信、信号、电力和牵引供电系统等业务，并实现与其他网络的互联互通。

（三）接入网系统

铁路接入网系统主要向车站工作人员、车辆运行系统、电力系统、电源及机房环境监控系统等提供自动电话、低速数据、2/4 线音频等业务，并与既有铁路自动电话专网及公众自动电话网实现互联，为监测及管理上级单元传送基础信息。

（四）电话交换系统

铁路电话交换系统提供全路固定语音公务通信业务，并与公众自动电话网的互联。

铁路电话交换系统中的程控电话交换机一般均带有接口，与接入网中的光线路终端（OLT，Optical Line Terminal）设备相连。

（五）数据通信系统

数据网为基于 TCP/IP 协议，以计算机网络互联为主，对安全或实时性要求相对不高、不涉及资金往来的各种应用系统提供网络层的广域互联服务。

数据网网管应完成标准管理信息的交换及安全管理、配置管理、故障管理和性能管理，并提供与通信综合网管的接口。

铁路数据网承载的业务主要有两类：一类是高速视频业务，包括综合视频监控系统、会议电视系统等；另一类是需要数据联网的业务，包括办公管理系统、电源及机房环境监控系统等。

（六）列车无线调度通信系统

铁路列车无线调度通信系统以铁路运输调度为目的，利用无线电波的传播，完成调度中心、车站及列车三者之间通信的系统，简称无线列调。本系统由调度所设备、沿线地面设备、移动电台设备、传输设备等组成。

（七）铁路数字移动通信系统（GSM-R）

GSM-R（Global System For Mobile Communication For Railway）是铁路综

合调度移动通信系统的简称，是专门为铁路通信设计的综合专用数字移动通信系统。它以 TDMA 多址方式进行寻址，采用 8 时隙 /200 kHz 的 GSM 蜂窝系统，增加调度通信工程，构成一个综合专用移动通信系统。该系统基于 GSM 的基础设施及其提供的高级语音呼叫业务，提供铁路特有的调度业务，并以此为信息化平台，使铁路部门可以在这个平台上实现铁路管理信息的共享。

GSM-R 由网络子系统（NSS）、无线子系统（BSS）、运行与支持子系统（OSS）和终端设备等组成。

（八）铁路同步网

铁路同步网属于支撑网，采用准同步、主从同步、混合同步三种同步方式。GPS（全球定位系统）正常工作时采用三级结构，即基准时钟、加强型二级时钟和加强型三级时钟，以准同步方式运行。

当 GPS 故障时，采用四级主从结构，即中央基准时钟（PRC）、本地（区域）基准时钟（LPR）、加强型二级时钟（ST2E）、加强型三级时钟（ST3E）。

（九）网管系统

为便于通信系统设备的集中维护与管理，在主要通信站设传输网、接入网、数据网、调度通信、电源及机房环境监控等系统网管设备。

（十）调度通信系统

铁路调度通信系统由干线调度与区段调度通信系统组成，可实现干线调度通信、区段调度通信、站场通信、站间通信、区间通信、专用通信等与运输指挥相关的通信业务。

干线调度通信系统由铁路总公司调度交换机与各铁路局调度交换机组成。

区段调度通信系统由各铁路局调度交换机（主系统）与沿线各车站调度交换机（分系统）组成。

铁路调度通信系统具有调度指挥功能，提供各种具有调度通信特征的语音通信业务，包括单呼、组呼、多优先级呼叫和快捷呼叫，实现各调度子系统（列调、无线列调、货调、电调）之间的互相呼叫，满足各调度子系统调度通信的需求。

（十一）会议通信系统

铁路会议通信系统由会议电视系统和电话会议系统组成。

会议电视系统是利用会议电视设备和数字传输电路（数据网）传送活动图像、语音、应用数据（电子白板、计算机屏幕）等信息，为参加会议的各方提供交互式的会议业务。

电话会议系统由多级电话会议总机、分机，经音频电路连接组成，其汇接方式应满足铁路总公司、铁路局、办事处、站段及相关单位分别或同时召开会议的需要。

（十二）广播与站场通信系统

广播与站场通信系统是为铁路旅客服务以及在站场内进行作业指挥、业务联系的通信设备。

广播系统主要包括：车站客运广播、旅客列车广播、站场扩音对讲系统。

站场通信系统主要包括：站场数字调度分系统、车站值班台、站场电话、桥隧守护电话、其他有关设备及附属设备。

（十三）电报通信系统

铁路电报通信是铁路运输组织生产、传达上级指示命令、办理公务联络并取得依据的重要通信工具。

铁路电报通信网为三级，采用树型加环型方式构成。铁路总公司电报交换机为一级枢纽，铁路局所在地电报交换机为二级枢纽，办事处电报交换机为三级枢纽。

（十四）综合视频监控系统

铁路综合视频监控系统直接服务于铁路客货运输生产，各编组站、大型客运站、高速铁路、铁路局、铁路总公司的各级用户根据需要可选择实时调用或回放各采集点视频图像，是运输安全的重要监控手段。

综合视频监控系统主要由视频监控中心、分控中心、监控站和前端设备构成。

（十五）应急通信系统

铁路应急通信系统是当发生自然灾害或突发事件等紧急情况时，为确保铁路运输实时救援指挥的需要，在突发事件救援现场内部、现场与各级救援指挥中心之间以及各相关单位之间建立的语音、静止或动态图像等通信系统。

（十六）通信电源系统

通信电源系统是保证不间断对通信设备提供质量良好地供电。通信电源设备包括交直流配电设备、高频开关电源、UPS电源、逆变器、蓄电池组、发电机组、供电线路、防雷设备、接地装置等。

（十七）电源及机房环境监控系统

电源及机房环境监控系统能够实时反映被监控机房的烟雾、湿度、温度、水浸、门禁、空调等的状况，实时反映电源设备运行、故障报警等情况，并具备必要的遥控功能（如环境温度调节等）。电源及机房环境监控系统由监控中心（分中心）、监控站及监控数据通道组成。

五、铁路专用通信发展趋势

国家《铁路“十二五”发展规划》中提出：全面推进技术装备现代化，坚持自主创新，深化关键技术、关键领域再创新，健全铁路技术标准体系，扩大技术创新成果运用，全面推进技术装备现代化；提高通信信号现代化水平，完善全路骨干、局内干线传输网，建设全路数据通信网；实现高速铁路、城际铁路和重要干线GSM-R无线网络覆盖；建立健全通信网安全监控、预测预警、应急处置机制，构建全路应急救援通信网络；

推进综合视频监控系统建设，实现高速铁路、城际铁路、重要干线关键部位实时监控。

随着计算机和通信技术的发展，铁路专用通信正逐渐告别模拟通信和窄带通信时代，以高可靠、高性能、高效率为目标，朝着数字化、网络化、智能化方向发展。

第三节 调制技术

一、调制技术概念和分类

（一）调制技术概念

由消息变换过来的原始信号具有频率较低的频谱分量，这种信号大多不适宜直接传输。必须先经过发送端调制才便于在信道中传输，在接收端则需进行相应解调操作。所谓调制，就是按原始信号的变化规律去改变载波信号的某些参数的过程。调制的目的是把输入信号变换为适合在信道传输的波形。

从功能上看，调制技术主要实现以下三个功能：

1. 频率变换

例如，为了利用无线传输方式，将 0.3 ～ 3.4 kHz 有效带宽内的语音信号调制到高频段上去。

2. 信道复用

通过调制可以将多路信号互不干扰地安排在同一物理信道中传输。

3. 提高抗干扰性

利用信号带宽和信噪比的互换性，提高通信系统的抗干扰性。

调制系统的模型如图 5-6 所示。

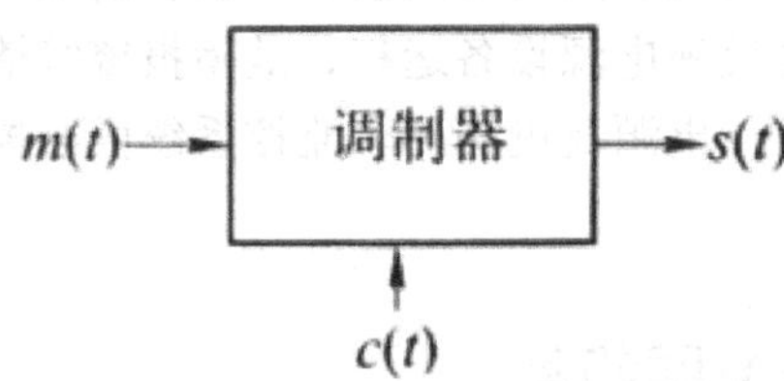

图 5-6　调制系统模型

其中：（1）基带信号 m（t）：通常用于调制载波的幅度，频率、相位等；

（2）载波信号 c（t）：被调制以传输基带信号的高频波调制系统模型形，一般为正弦波；

（3）已调信号 s（t）：可能是调幅信号，也可能是调频或调相信号等。

（二）调制技术分类

调制技术可以从以下几个角度进行分类。

1. 按源信号不同

按源信号不同，可以分为：①模拟调制：源信号是连续信号；②数字调制：源信号是离散信号。

2. 按载波信号不同

按载波信号不同，可以分为：①连续波调制：载波信号是连续信号，如正弦波；②脉冲调制：载波信号是脉冲信号，如周期矩形脉冲序列。

3. 按调制器功能不同

按调制器功能不同，可以分为：①幅度调制：正弦载波信号的幅度随基带信号线性变化，如 AM、DSB、SSB、VSB、ASK；②频率调制：正弦载波信号的频率随基带信号线性变化，如 FM、FSK；③相位调制：正弦载波信号的相位随基带信号线性变化，如 PM、PSK。频率调制与相位调制均属于角度调制技术。

4. 按调制器传输函数的性质

按调制器传输函数的性质，可以分为：①线性调制：调制前、后的频谱呈线性搬移关系；②非线性调制：无上述关系，且调制后的频谱产生许多新成分。

二、模拟调制技术

（一）基本概念

当源信号是模拟信号，且被改变的载波信号的参数也是连续变量时，即称为模拟调制。常见的模拟调制技术包括幅度调制、频率调制、相位调制，以及将以上调制方法结合的复合调制技术和多级调制技术。

（二）幅度调制（AM）

1. 幅度调制原理

（1）幅度调制的时域特征

幅度调制是正弦载波信号的幅度随调制信号做线性变化的过程。设正弦载波信号为：

$$c(t)=A\cos\left(\omega_c t+\varphi_0\right) \tag{5-5}$$

式中，ω_c 为载波的角频率；φ_0 为载波的初始相位；A 为载波的幅度。

幅度调制信号一般即可以表示为：

$$s_m(t)=Am(t)\cos\left(\omega_c t+\varphi_0\right) \tag{5-6}$$

式中，是基带信号。

可见，幅度调制信号的波形随基带信号变化而呈正比变化。这一过程的信号波形变化如图 5-7 所示。

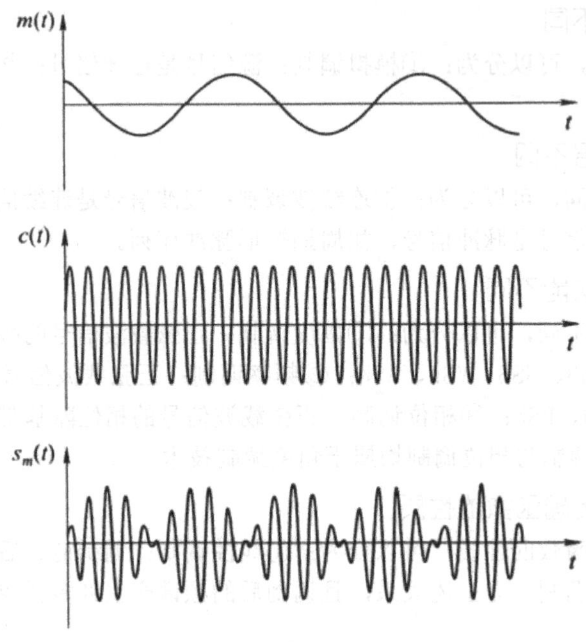

图 5-7　幅度调制过程中的时域波形变化

（2）幅度调制的频域特征

设基带信号 m（t）的频谱为 $M(\omega)$，则可以得到已调信号 Sm（t）的频谱 Sm（ω）为:

$$S_m(\omega)=F\left[s_m(t)\right]=\frac{A}{2}\left[M\left(\omega-\omega_c\right)+M\left(\omega+\omega_c\right)\right] \tag{5-7}$$

可见，幅度调制信号的频谱是基带信号频谱在频域内的简单搬移。这一过程的频谱变化如图 5-8 所示。

图 5-8 中，$S_m(\omega)$ 为边带信号。

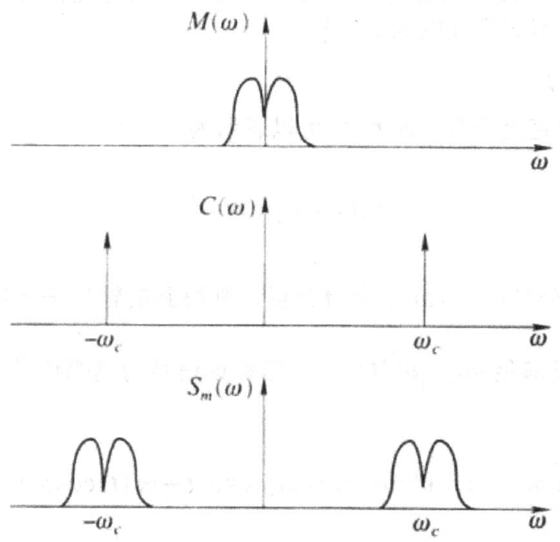

图 5-8 幅度调制过程中的频域波形变化

（3）幅度调制器的一般模型

幅度调制器的一般模型如图 5-9 所示。它由一个相乘器和一个冲激响应为的 $h(t)$ 带通滤波器组成。此时输出信号的频域表达式为：

$$S_m(\omega)=\frac{1}{2}\left[M\left(\omega-\omega_c\right)+M\left(\omega+\omega_c\right)\right]H(\omega) \tag{5-8}$$

可见，通过适当的选取冲激响应 $h(t)$，便可以为输出信号选择保留不同的边带信号，即得到各种幅度调制信号。例如：双边带信号、单边带信号、残留边带信号等。

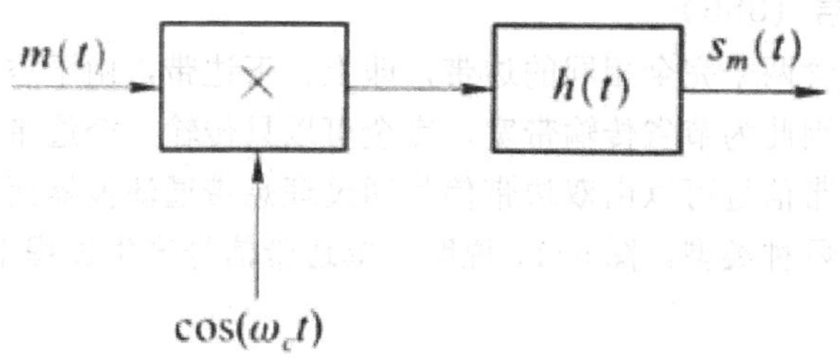

图 5-9 幅度调制器模型

2. 双边带信号（DSB）

如果输入的基带信号没有直流分量，且 $h(t)$ 是理想带通滤波器，则得到的输出信号就是无载波分量的双边带幅度调制信号。

3. 调幅信号（AM）

如果输入信号带有直流分量，即 $m(t)$ 可以表示为

$$m(t) = m_0 + m'(t) \tag{5-9}$$

式中，m_0 是直流分量，$m'(t)$ 是交流分量，则得到的输出信号即是带有载波分量的双边带信号。如果满足 $m_0 > \left|m'(t)\right|_{\max}$，则称该信号为调幅信号，其时域和频域表达式分别为：

$$s_m(t) = \left[m_0 + m'(t)\right]\cos\omega_c t = m_0\cos\omega_c t + m'(t)\cos\omega_c t \tag{5-10}$$

$$S_m(\omega) = \pi m_0[\delta(\omega - \omega_c) + \delta(\omega + \omega_c)] + \frac{1}{2}\left[M'(\omega - \omega_c) + M'(\omega + \omega_c)\right] \tag{5-11}$$

其频谱波形如图 5-10 所示。

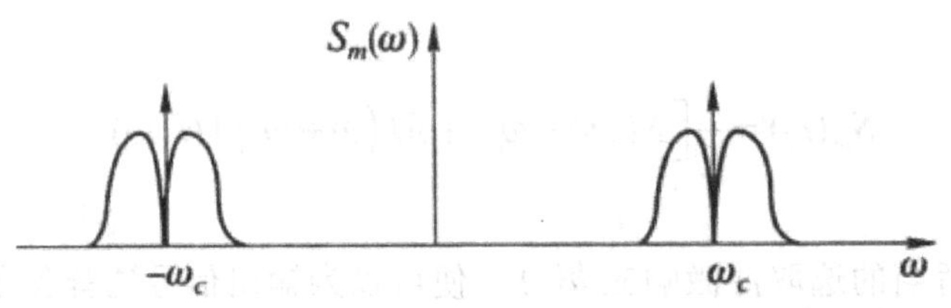

图 5-10　调幅信号频谱波形

4. 单边带信号（SSB）

双边带信号包含两个完全相同的边带，即上、下边带，由于这两个边带信号包含完全相同的信息，因此为节省传输带宽，完全可以只传输一个边带信号，这就是单边带调制信号：单边带信号可以由双边带信号通过理想带通滤波器而获得，包括上边带信号和下边带信号两种类型。图 5-11 说明了单边带信号产生过程中的频谱波形变化。

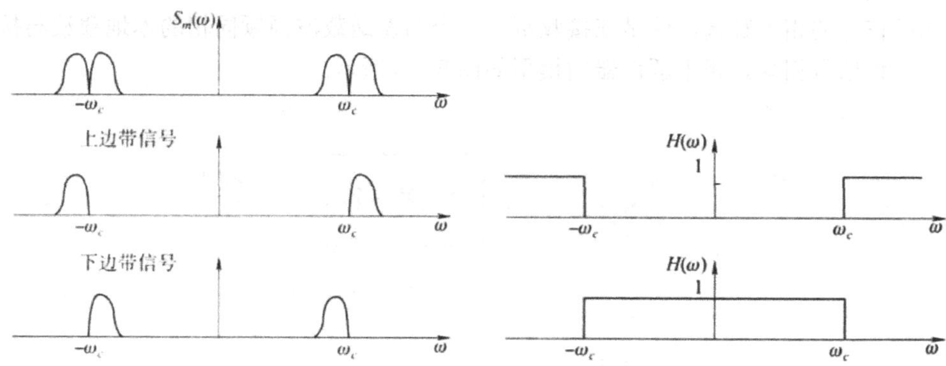

图 5-11 单边带信号的调制过程

5. 残留边带信号（VSB）

残留边带调制是介于双边带与单边带信号之间的一种线性调制，它既克服了双边带信号占用频带过宽的缺点，也解决了难以获得理想带通滤波器造成的单边带信号实现上的困难，在残留边带调制中，一个边带的信号大部分被抑制、一小部分保留；而另一个边带的信号仅被抑制一小部分、大部分被保留，通过滤波器的特性保证两个边带信号保留的部分能够合并为一个完整的边带，以保证信号的完整性。显然，产生残留边带信号不需要十分陡峭的滤波器特性，因此比单边带信号更易于实现。

6. 幅度调制的解调

（1）包络检波解调

包络检波解调的基本原理是用电容器的充放电过程来跟踪输入的已调信号包络的变化在输入信号的正向周期，二极管导通，电容 C 充电；在输入信号的负向周期，二极管截止，电容 C 放电；当下一个正向周期到来时，电容 C 再次被充电。经过包络检波器后的输出中包含直流分量，隔掉直流后，即可恢复出基带信号。包络检波器的设计需要注意合理选择 RC 时间常数，防止拖尾现象；也可以再加一级低通滤波器，将包络锯齿滤去。调幅信号的包络检波解调器原理示意图如图 5-12 所示。

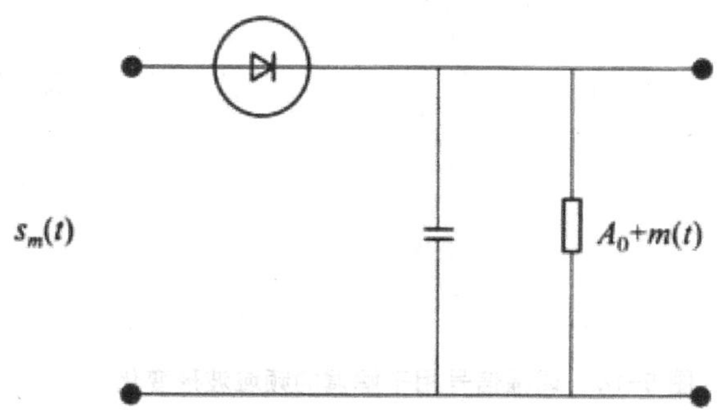

图 5-12 调幅信号的包络检波解调器原理示意图

（2）相干解调

调幅信号的相干解调，就是在接收端用一个与发送载波同频同相的本地载波与接收到的已调信号相乘。相干解调器的模型如图 5-13 所示。

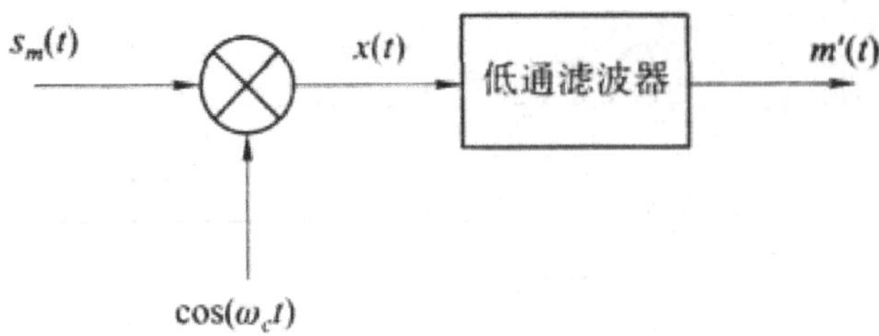

图 5-13　调幅信号的相干解调器模型

以双边带信号为例，与同频同相相干载波相乘后，时域表达式为

$$x(t)=s_m(t)\cos\left(\omega_c t\right)=m(t)\cos^2\left(\omega_c t\right)=\frac{1}{2}m(t)+\frac{1}{2}m(t)\cos\left(2\omega_c t\right) \tag{5-12}$$

经过低通滤波器滤掉高频成分，则

$$m'(t)=\frac{1}{2}m(t) \tag{5-13}$$

上述过程的频域波形如图 5-14 所示。

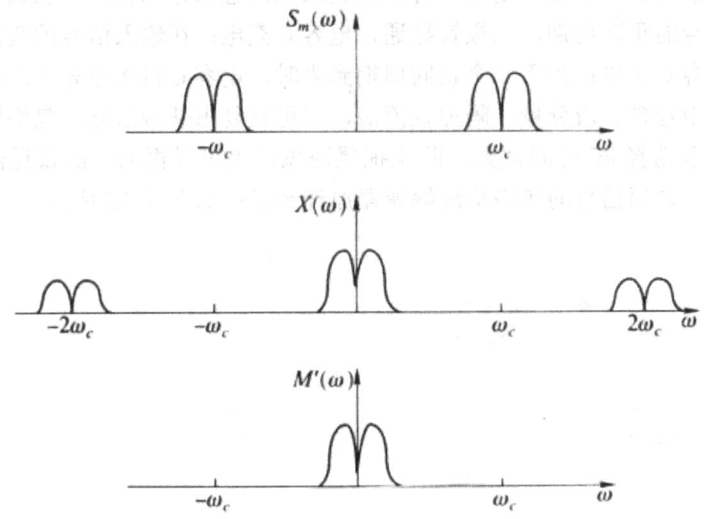

图 5-14　调幅信号相干解调的频域波形变化

（三）频率调制（FM）

1. 频率调制原理

频率调制是已调信号的瞬时角频率受基带信号的控制而改变的调制过程，调频信号的瞬时频率与基带信号呈线性关系。

2. 频率调制的时域特征

调频信号的瞬时角频率可以表示为：

$$\omega_{\mathrm{FM}}(t)=\omega_c+K_f m(t) \tag{5-14}$$

式中，K_{f} 为频偏常数（调制常数），表示调频器的调制灵敏度，单位为rad/（V•s）。此时：

$$\theta_{\mathrm{FM}}(t)=\int\omega_{\mathrm{FM}}(t)dt=\omega_c t+K_f\int m(t)dt \tag{5-15}$$

调频信号的时域表达式为：

$$s_{\mathrm{FM}}(t)=A\cos\left[\omega_c t+K_{\mathrm{f}}\int m(t)\mathrm{d}t\right] \tag{5-16}$$

设 $m(t)=A_m\cos\omega_m t$ ，则

$$s_{\mathrm{FM}}(t)=A\cos\left[\omega_c t+\frac{K_{\mathrm{f}}A_m}{\omega_m}\sin\omega_m t\right] \tag{5-17}$$

$s_{\mathrm{FM}}(t)$ 的时域波形如图 5-15 所示。

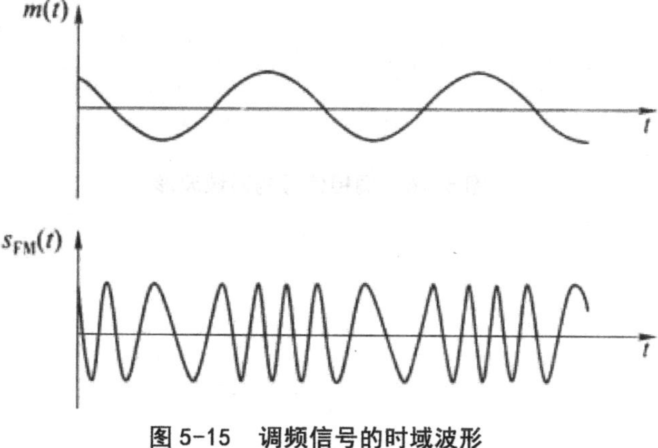

图 5-15　调频信号的时域波形

（四）相位调制（PM）

1. 相位调制原理

相位调制是已调信号的瞬时相位受基带信号的控制而改变的调制过程。调相信号的幅度和角频率相对于载波保持不变，而瞬时相位偏移是基带信号的线性函数。

2. 相位调制的时域特征

调相信号的瞬时相位偏移可表示为：

$$\varphi(t)=K_{\mathrm{P}}m(t) \tag{5-18}$$

式中，K_{P} 称为相移常数（调制常数），表示调相器的灵敏度，单位为rad/V。此时，调相信号的时域表达式为：

$$s_{\mathrm{PM}}(t)=A\cos\left[\omega_c t+K_{\mathrm{P}}m(t)\right] \tag{5-19}$$

调相信号的瞬时相位为：

$$\theta_{\mathrm{PM}}(t)=\omega_c t+K_{\mathrm{P}}m(t) \tag{5-20}$$

设 $m(t)=A_m\cos\omega_m t, s_{\mathrm{PM}}(t)$ 的时域波形如图 5-16 所示。

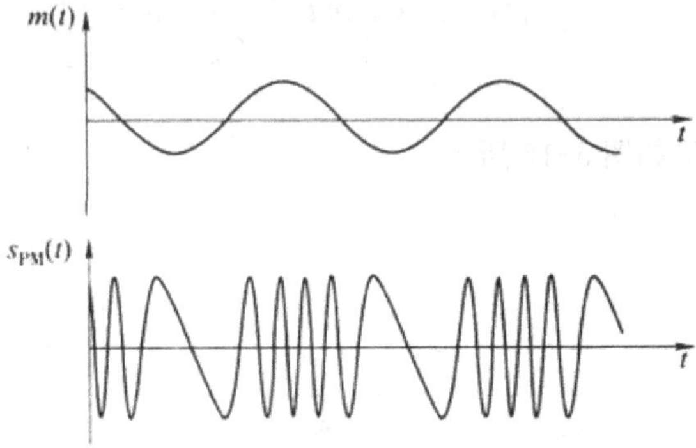

图 5-16　调相信号的时域波形

第四节　数字传输技术

一、数字基带传输

（一）数字基带传输系统

来自数据终端的原始数据信号，如计算机输出的二进制序列，电传机输出的代码，或者是来自模拟信号经数字化处理后的 PCM 码组，序列等等都是数字信号。这些信号往往包含丰富的低频分量，甚至直流分量，因而称之为数字基带信号。在某些具有低通特性的有线信道中，特别是传输距离不太远的情况下，数字基带信号可以直接传输，我们称之为数字基带传输。

目前，虽然在实际应用场合，数字基带传输不如频带传输的应用那样广泛，但对于基带传输系统的研究仍是十分有意义的：一是因为在利用对称电缆构成的近距离数据通信系统广泛采用了这种传输方式，例如以太网；二是因为数字基带传输中包含频带传输的许多基本问题，也就是说，基带传输系统的许多问题也是频带传输系统必须考虑的问题，例如传输过程中的码型设计与波形设计；三是因为任何一个采用线性调制的频带传输系统均可以等效为基带传输系统来研究。

（二）数字基带传输系统基本组成

数字基带传输系统的基本结构如图 5-17 所示，它主要由编码器、信道发送滤波器、信道、接收滤波器、抽样判决器和解码器组成。此外为了保证系统可靠有序地工作，还应有同步系统。

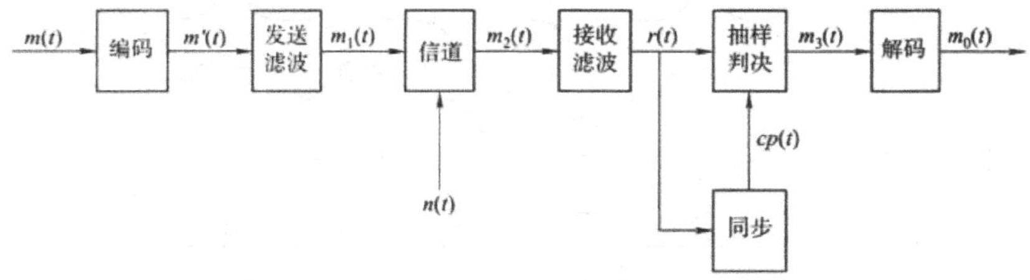

图 5-17　数字基带传输系统基本结构

1. 编码器

将信源或信源编码输出的码型（通常为单极性不归零码 NRZ）变为适合于信道传输的码型。

2. 信道发送滤波器

将编码之后的基带信号变换成适合于信道传输的基带信号，这种变换主要是通过波形变换来实现的，其目的是使信号波形与信道匹配，便于传输，减小码间串扰，利于同步提取和抽样判决。

3. 信道

信道是允许基带信号通过的媒质，通常为有线信道，如市话电缆、架空明线等信道的传输特性通常不满足无失真传输条件，甚至是随机变化的。另外信道还会额外引入噪声。

4. 接收滤波器

该滤波器的主要作用是滤除带外噪声，信道特性均衡，使输出的基带波形无码间串扰，有利于抽样判决。

5. 抽样判决器

在传输特性不理想及噪声背景下，在规定的时刻（由位定时脉冲控制）对接收滤波器的输出波形进行抽样判决，以恢复或再生基带信号。

6. 解码器

对抽样判决器输出的信号进行译码，使输出码型符合接收终端的要求。

7. 同步器

提取位同步信号，一般要求同步脉冲的频率等于码速率。

数字基带传输过程的码型与波形变化如图 5-18 所示。

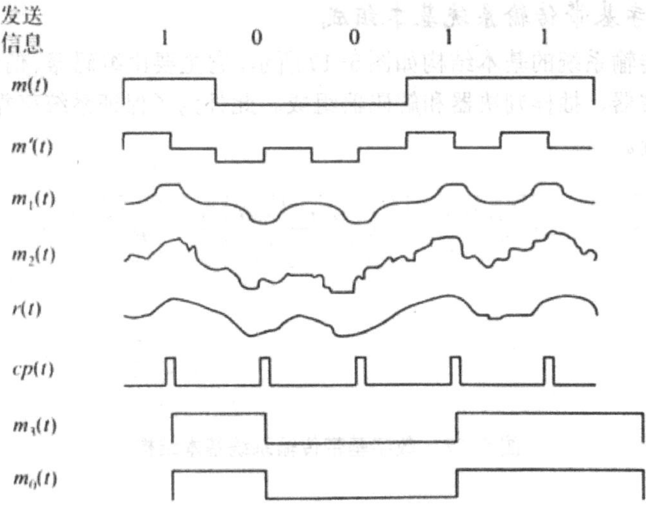

图 5-18　数字基带传输过程的码型与波形变化

其中，$m(t)$是输入的基带信号，这里是最常见的单极性非归零信号；$m'(t)$是码型变换后的波形，是发送滤波成型之后的波形；$m_1(t)$是一种适合在信道中传输的波形；$m_2(t)$是信道输出信号，显然由于信道频率特性不理想，波形发生失真并叠加了噪声；$r(t)$为接收滤波器输出波形，与$m_2(t)$相比，失真和噪声得到减弱；$cp(t)$是位定时同步脉冲；$m_3(t)$为抽样判决之后恢复的信息；$m_0(t)$是译码之后获得的接收信息，由于本例中的编码较简单，因此与$m_3(t)$相同。

由以上过程可以看出，接收端能否正确恢复出信息，主要在于能否有效地抑制噪声和减小码间串扰。

（三）数字基带传输的基本波形

数字基带信号的类型有很多，常见的有矩形脉冲、三角波、高斯脉冲和升余弦脉冲等。其中最常用的是矩形脉冲，因为矩形脉冲易于形成和变换。下面以矩形脉冲为例介绍几种最常见的基带信号波形。

1. 单极性不归零波形

这是一种最简单、最常用的基带信号形式。这种信号脉冲的零电平和正电平分别对应着二进制代码 0 和 1，或者说，它在一个码元时间内用脉冲的有或无来对应表示。或 1 码。其特点是极性单一、有直流分量、脉冲之间无间隔。另外位同步信息包含在电平的转换之中，而当出现连续。序列时没有位同步信息。如图 5-19（a）所示。

2. 双极性不归零波形

在双极性不归零波形中，脉冲的正、负电平分别对应于二进制代码 1、0，由于它是幅度相等、极性相反的双极性波形，故当 0、1 符号等概率出现时无直流分量。这样，恢复信号的判决电平为 0，因而不受信道特性变化的影响，抗干扰能力也较强，故双极性波形有利于在信道中传输。如图 5-19（b）所示。

3. 单极性归零波形

单极性归零波形与单极性不归零波形的区别是有电脉冲宽度小于码元宽度，每个有电脉冲在小于码元长度内总要回到零电平，所以称为归零波形。单极性归零波形可以直接提取定时信息，而其他波形提取位定时信号时需要采用一种过渡波形。如图 5-19（c）所示。

4. 双极性归零波形

它是双极性波形的归零形式。每个码元内的脉冲都回到零电平，即相邻脉冲之间必定留有零电位的间隔。它除了具有双极性不归零波形的特点外，还有利于同步脉冲的提取。如图 5-19（d）所示。

5. 差分波形

这种波形不是用码元本身的电平表示消息代码，而是用相邻码元电平的跳变和不变来表示消息代码。如图 5-19（e）所示，以电平跳变表示 1，以电平不变表示 0，当然该规定也可以反过来。由于差分波形是以相邻脉冲电平的相对变化来表示代码，因此称它为相对码波形，而相应的称前面的单极性或双极性波形为绝对码波形。用差分波形传送代码可以消除设备初始状态的影响，特别是在相位调制系统中用于解决载波相位模糊问题。

6. 多电平波形

上述各种信号都是一个二进制符号对应一个脉冲。实际上还存在多于一个二进制符号对应一个脉冲的情形，这种波形统称为多电平波形或多值波形。如图 5-19（f）所示。

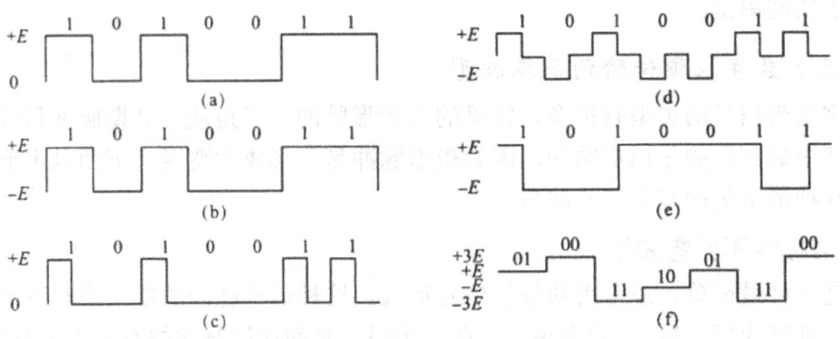

图 5-19　常见数字基带信号波形

消息代码的电信号波形并非一定是矩形的，还可以是其他形式。但无论采用什么形式的波形，数字基带信号都可用数学表达式表示出来。若假设数字基带信号中各码元的波形相同而取值不同，则数字基带信号的时域波形可以表示为：

$$s(t)=\sum_{n=-\infty}^{+\infty} a_n g\left(t-nT_s\right) \tag{5-21}$$

式中，a_n 是第 n 个信息符号所对应的电平值（0、1 或 -1、+1 等），由信息码和编码规律决定；T 为码元间隔；g（t）为某种标准脉冲波形，对于二进制代码序列，若令 $g_1(t)$ 代表“0”，$g_2(t)$ 代表“1”，则：

$$a_n g\left(t-nT_s\right)=\begin{cases} g_1\left(t-nT_s\right) & \text{表示符号0} \\ g_2\left(t-nT_s\right) & \text{表述符号1} \end{cases} \tag{5-22}$$

由于 a_n 是一个随机变量。因此，通常在实际中遇到的基带信号 $s(t)$ 都是一个随机的脉冲序列。

（四）数字基带传输码型设计

1. 码型设计要求

在实际的数字基带传输系统中，并不是所有信息码的电信号波形都能在信道中传输例如，前面介绍的含有直流分量和较丰富低频分量的单极性基带波形就不适宜在低频传输特性差的信道中传输，因为它有可能造成信号严重畸变。又如，当消息代码中包含长串的连续“1”或“0”符号时，非归零波形呈现连续的固定电平，因而无法获取定时信息。单极性归零码在传送连续“0”时，存在同样的问题。因此，信息码在进行传输之前，必须经过码型变换，变换为适用于信道传输的码型。传输码型（或称线路码）的结构将取决于实际信道特性和系统工作的条件。通常，传输码型的设计应具有下列主要特性：①相应的基带信号无直流分量，且低频分量少。②便于从信号中提取定时信息。为此，要求传输码型应含有（或者经变换后含有）时钟频率分量，且不能出现过多的连“0”码，否则提取的时钟信号就会很不稳定，引起同步偏移。③信号中高频分量尽量少，以节省传输频带并减少码间串扰。④不受信息源统计特性的影响，即能适应于信息源的变化。⑤具有内在的检错能力。传输码型应具有一定规律性，以便利用这一规律性进行宏观监测。⑥编解码设备要尽可能的简单。

2. 常见传输码型

（1）信号交替反转码（AMI 码）

AMI 码的编码规则是将二进制消息代码“1”交替地变换为传输码的“+1”和“-1”，而“0”保持不变 AMI 码对应的基带信号是正负极性交替的脉冲序列，而 0 电位持不变的规律，AMI 码的优点是：由于“+1”与“-1”交替，AMI 码的功率谱中不含直流成分，高、低频分量少。位定时频率分量虽然为 0，但只要将基带信号经全波整流变为单极性归零波形，便可提取位定时信号。此外，AMI 码的编解码电路简单，便于利用传号极性交替规律观察误码情况。鉴于这些优点，AMI 码是 CCITT 建议采用的传输码性之一。AMI 码的不足是：当原信码出现连续“0”串时，信号的电平长时间不跳变，造成提取定时信号的困难，解决连续“0”码问题的有效方法之一是采用 HDB 码 AMI 码的码型如图 5-20（b）所示。

（2）三阶高密度双极性码（HDB3 码）

HDB，码是 AMI 码的一种改进码型，其目的是保持 AMI 码的优点而克服其缺点，使连续“0”个数不超过 3 个。其编码规则如下：

①当信码的连续“0”个数不超过 3 个时，仍按 AMI 码的规则，即传号极性交替；②当连续“0”个数超过 3 个时，则将第 4 个“0”改为非“0”脉冲，记为 +V 或 -V，称之为破坏脉冲。相邻 V 码的极性必须交替出现，以确保编好的码中无直流分量；③为了便于识别，V 码的极性应与其前一个非“0”脉冲的极性相同，否则，将四连“0”的第一个“0”更改为与该破坏脉冲相同极性的脉冲，并记为 +B 或 -B；④破坏脉冲之后的信号码极性也要交替。

虽然 HDB3 码的编码规则比较复杂，但解码却比较简单。从上述原理看出，每一个破坏脉冲符号 V 总是与前一非。符号同极性（包括 B 在内）。这就是说，从收到的符号序列中可以容易找到破坏点 V，于是也断定 V 符号及其前面的 3 个符号必是连 0 符号，从而恢复 4 个连。码，再将所有 -1 变成 +1 后便得到原消息代码。

HDB3 码保持了 AMI 码的优点外，同时还将连续“0”码限制在 3 个以内，故有利于位定时信号的提取。HDB3 码是应用最为广泛的码型，a 律 PCM 四次群以下的接口码型均为 HDB3 码。HDB3 码的码型如图 5-20（c）所示。

（3）信号反转码（CMI 码）

CMI 码的编码规则是“1”码交替用“11”和“00”两位码表示；“0”码固定用“01”表示。CMI 码有较多的电平跃变，因此含有丰富的定时信息 - 此外，由于 10 为禁用码组，不会出现 3 个以上的连续码，这个规律可用来进行检错由于 CMI 码易于实现，且具有上述特点，因此是 CCITT 推荐的 PCM 高次群采用的接口码型，在速率低于 8.448 Mbit/s 的光纤传输系统中有时也用作线路传输码型。CMI 码的码型如图 5-20(d)所示。

（4）数字双相码（曼彻斯特码）

曼彻斯特码与 CMI 码类似，它也是一种双极性二电平码曼彻斯特码用一个周期的正负对称方波表示“0”，而用其反相波形表示“1”编码规则之一是“0”码用“01”两位码表示，“1”码用“10”两位码表示。曼彻斯特码只有极性相反的两个电平，而不像前面的三种码具有三个电平。因为双相码在每个码元周期的中心点都存在电平跳变，所以富含位定时信息。又因为这种码的正、负电平各半，所以无直流分量，编码过程也很简单，但占用带宽是原信码的 2 倍曼彻斯特码的码型如图 5-20（e）所示。

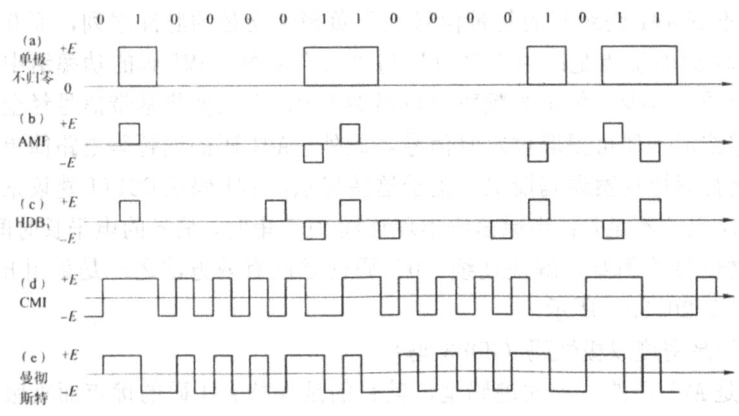

图 5-20　常见基带传输码型

可以看出，这些码型均不含有直流分量，且高频分量较小。有些码型虽然没有时钟分量，但含有 1/2 时钟频率的分量，也可以通过一定的处理从而获得定时信息。另外，所有码型均具有一定的规律性，接收端可以据此进行误码检测。

（五）数字基带传输波形设计

数字信号基带传输的要求与模拟信号传输的要求不同。模拟信号由于待传信息包含在信号的波形之中，因此要求接收端无波形失真；而数字信号的待传信息包含在码元的组合之中，因此要求接收端无差错的恢复出发送的码元流，可以允许一定的波形失真，只要失真程度不影响码元的恢复即可。

二进制数字基带波形都是矩形波，在画频谱时通常只画出了其中能量最集中的频率范围，但这些基带信号在频域内实际上是无穷延伸的。如果直接采用矩形脉冲的基带信号作为传输码型，由于实际信道的频带都是有限的，则传输系统接收端所得的信号频谱必定与发送端不同，这就会使接收端数字基带信号的波形失真。大多数有线传输的情况下，信号频带不是陡然截止的，而且基带频谱也是逐渐衰减的，采用一些相对来说比较简单的补偿措施（如简单的频域或时域均衡）可以将失真控制在比较小的范围内。较小的波形失真对于二进制基带信号影响不大，只是使其抗噪声性能稍有下降，但对于多进制信号，则可能造成严重的传输错误。当信道频带严格受限时（如数字基带信号经调制，通过频分多路通信信道传输），波形失真问题就变得比较严重，尤其在传输多进制信号时更为突出。图 5-21 反映了在带宽受限的信道中信号波形的变化。

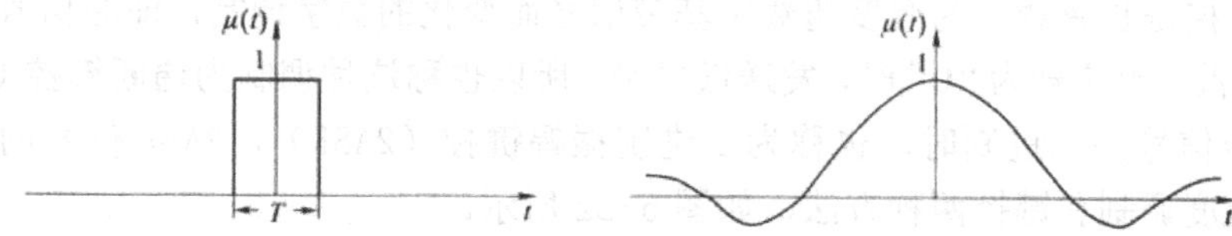

图 5-21 带宽受限的信道中信号波形的变化

基带脉冲序列通过系统时，系统的滤波作用使传输波形中出现的波形失真、拖尾等现象，接收端按约定的时隙对各点进行抽样，并以抽样时刻测定的信号幅度为依据进行判决，来导出原脉冲的消息。若重叠到邻接时隙内的信号太强，就可能发生错误判决。若相邻脉冲的拖尾相加超过判决门限，则会使发送的“0”判为“1”。实际中可能出现好几个邻近脉冲的拖尾叠加，这种脉冲重叠，并在接收端造成判决困难的现象叫作码间干扰。

因此可以看出，传输基带信号受到约束的主要因素是系统的频率特性。当然可以有意地加宽传输频带使这种干扰减小到任意程度，然而这会导致不必要的带宽浪费。如果信道带宽展宽得太多，还会将过大的噪声引入系统。因此应该探索另外的代替途径，即通过设计信号波形，或采用合适的传输滤波器，设法使拖尾值在判决时刻为 0，以便在最小传输带宽的条件下大大减小或消除这种干扰。

二、数字频带传输

（一）基本概念

通信的最终目的是远距离传递信息：虽然基带数字信号可以在传输距离不远的情况下直接传送，但如果要进行远距离传输时，特别是在无线信道上传输时，则必须经过调制将信号频谱搬移到高频处才能在信道中传输。为了使数字信号在有限带宽的高频信道中传输，必须对数字信号进行载波调制。如同模拟信号的频带传输时一样，传输数字信号时也有三种基本的调制方式：振幅键控（ASK）、频移键控（FSK）和相移键控（PSK）。它们分别对应于利用载波（正弦波）的幅度、频率和相位来承载数字基带信号，可以看作是模拟线性调制和角度调制的特殊情况。

理论上数字调制与模拟调制在本质上没有什么不同，它们都属于正弦波调制。但是，数字调制是源信号为离散型的正弦波调制，而模拟调制则是源信号为连续型的正弦波调制，因而，数字调制具有由数字信号带来的一些特点。这些特点主要包括两个方面：第一，数字调制信号的产生，除把数字的调制信号当作模拟信号的特例而直接采用模拟调制方式产生数字调制信号外，还可以采用键控载波的方法。第二，对于数字调制信号的解调，为提高系统的抗噪声性能，通常采用与模拟调制系统中不同的解调方式。

（二）振幅键控（ASK）

1. 2ASK 调制原理

振幅键控是正弦载波的幅度随数字基带信号而变化的数字调制，即源信号为“1”时，发送载波，源信号为“0”时，发送低电平。所以也称这种调制为通断键控（OOK）。当数字基带信号为二进制时，也称为二进制振幅键控（2ASK）。2ASK 信号的调制方法有模拟幅度调制和键控两种方法，如图 5-22 所示。

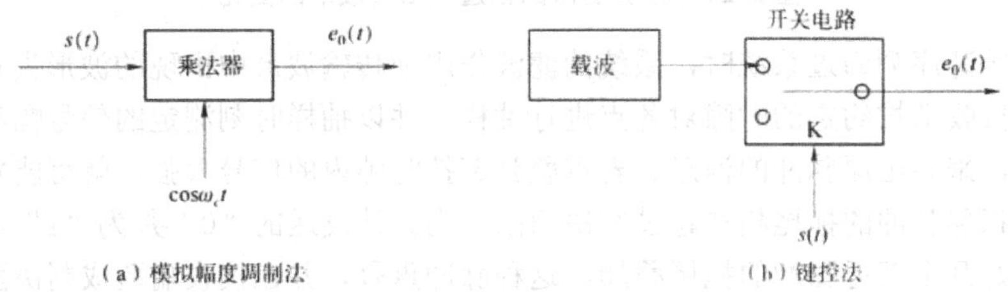

图 5-22　2ASK 信号调制方法

2ASK 信号是数字调制方式中最早出现的，也是最简单的，但其抗噪声性能较差，因此实际应用并不广泛，但经常作为研究其他数字调制方式的基础。

2. 2ASK 时域特征

2ASK 信号的时域表示式为：

$$e_0(t)=s(t)\cos\omega_c t=\left[\sum_n a_n g\left(t-nT_0\right)\right]\cos\omega_c t \tag{5-23}$$

式中，$s(t)$ 为随机的单极性矩形脉冲序列，a_n 是经过基带成型处理之后的脉冲序列。

2ASK 信号的时域波形如图 5-23 所示。

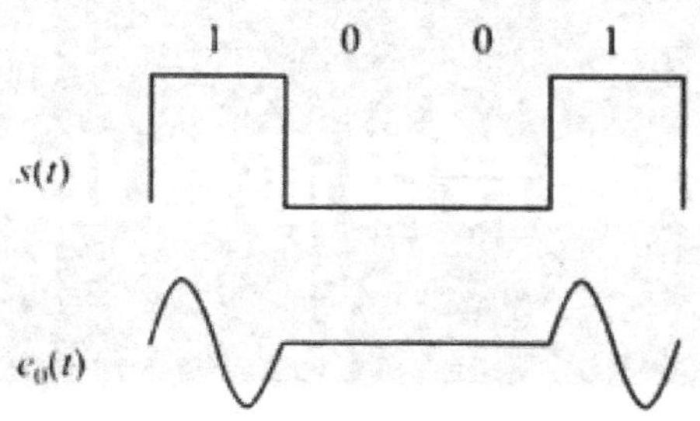

图 5-23　2ASK 信号时域波形

3. 2ASK 信号解调

与调幅信号相似，2 ASK 信号也有两种基本的解调方式：非相干解调（包络检波法）和相干解调（同步检测法）。如图 5-43 所示。

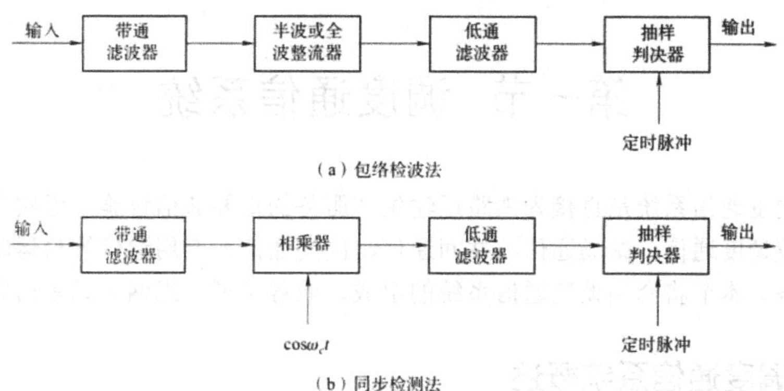

图 5-24　2ASK 信号解调方法

第六章 铁路专用通信业务网系统

第一节 调度通信系统

铁路调度通信系统是直接为铁路运输生产服务的重要通信设施，可实现干线调度通信、区段调度通信、站场通信、站间通信、区间通信、专用通信等与运输指挥相关的通信业务。本节将介绍调度通信系统的组成、业务类型、组网方式等内容。

一、调度通信系统概述

调度通信系统主要负责调度员、车站值班员和其他用户间的通信。我国铁路调度通信系统的发展始于20世纪50年代，到90年代末，调度通信系统经历了以电子管为主要器件的脉冲选叫技术、以晶体管为主要器件的双音频选叫技术。

20世纪90年代后期，随着数字通信技术和数字程控调度交换机的迅猛发展，也随着既有的专用通信设备无法满足铁路通信网络发展的要求，全数字化的调度通信诞生了，1999年佳讯公司在国内率先推出了FH 98铁路数字调度通信系统，紧随其后中软公司推出了CTT2000铁路数字调度系统，真正实现了全数字化的调度通信系统，开创了铁路数字调度通信的新纪元，极大提升了运输指挥生产效能。

2003年，为了适应我国铁路发展需求，实现铁路的信息化，铁道部选定GSM-R作为我国铁路建设的数字移动通信系统：GSM-R系统的选定，将数字化的铁路调度通信又提升到了一个新的高度，也为实现有线数字调度、无线数字调度以及其他专用通信（如区间通信）的统一提供了良好的条件，更为铁路现代化信号控制系统、铁路信息数字化等其他专业系统铺就了极好的平台。

为适应在GSM-R大环境下铁路有线、无线调度通信统一的要求，佳讯公司在成熟产品 FH98 基础上开发了 FH98-G 调度通信系统、MDS3400 调度通信系统，中软公司推出了 CTT2000-G 调度通信系统、CTT4000 调度通信系统，实现了 GSM-R 调度通信系统中的固定用户接入系统（FAS）。青藏线试验段是我国铁路首次进行基于 GSM-R 的调度通信、调度命令传输、公务移动通信等应用进行了大规模现场测试，标志着我国铁路调度通信系统已经揭开了新的篇章。

二、调度通信系统的组成

调度通信系统一般由数字调度主机、操作台和集中维护管理系统等组成。

（一）调度主机

调度主机（俗称后台）是调度通信系统的核心部件，相当于一台数字交换设备，它为调度所和车站提供各种调度业务及调度相关业务，对全系统的网络和通道进行管理，对操作台进行管理及各种接口的处理，对各类通信业务进行呼叫和交换接续进行处理。

调度交换机主要由交换模块、接口模块、控制模块、电源模块等部分组成，如图 6-1 所示。

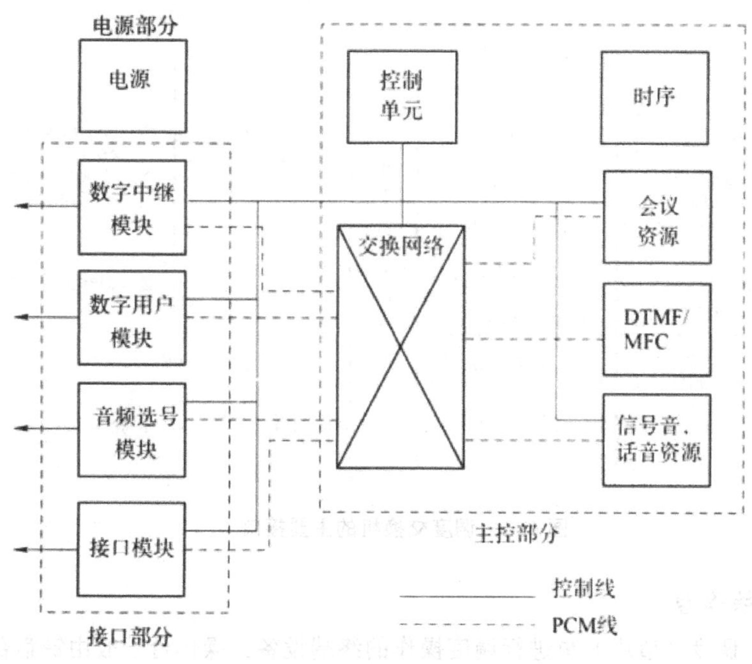

图 6-1 调度交换机组成示意图

1. 电源模块

实际上是一块二次电源板，即输入为 -48V，经 DC/DC 转换后，为交换机其他模块提供各种工作电源，主要为 ±5V、±12V 等。

2. 控制模块

实现对调度主机的交换网络、各种资源、各种接口的控制及管理，以及各种信令的处理。

3. 交换模块

实现全系统的网络交换功能。

4. 资源模块

提供系统所需的各种公共资源，指挂在交换网络上的任意接口均可使用这些资源。主要有：①会议资源用以实现系统所需的各种会议功能，包括数字共线、全呼、组呼、会议呼等功能；②双音多频（DTMF）资源用以实现对各接口终端设备（如双音频话机）的双音频收发功能；③多频互控（MFC）资源用以实现采用 No.1 信令的局间数字中继的多频互控收发功能。

5. 接口模块

实现系统与各终端（双音频话机、操作台）或设备的接口功能。调度交换机的主要接口如图 6-2 所示。

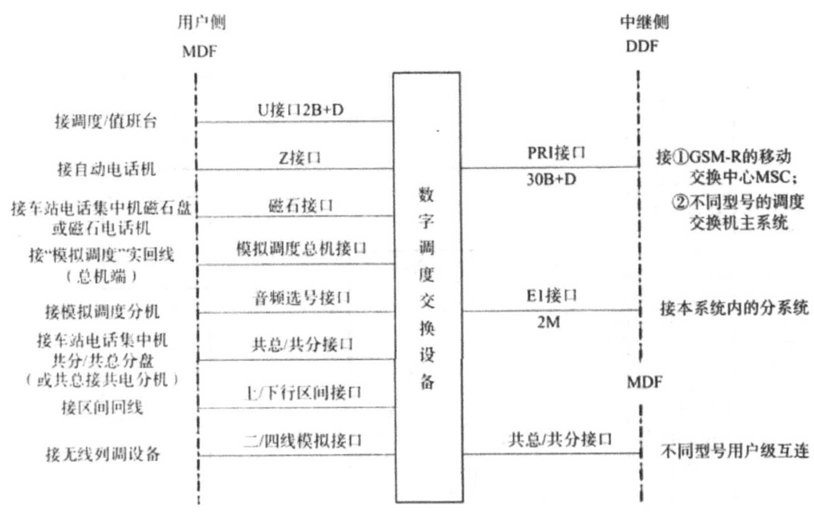

图 6-2 调度交换机的主要接口

（二）操作台

操作台是调度（值班）员进行调度操作的终端设备。操作台一般由键盘部分、显示部分、接口部分、控制部分、通话回路部分、电源部分、其他辅助功能部分等组成。操作台一般分为键控式和触屏式两种。

1. 键盘部分

为调度员提供操作界面。一般分为单呼键区、组呼键区、功能键区和数字键区。

2. 显示部分

用以指示操作台的运行状态和各种呼叫状态。

3. 接口部分

完成操作台与调度交换机主机（或分机）的接口功能。采用2B+D接调度主机（或分机），为操作台与调度主机（或分机）之间提供2个64 kbit/s的语音和数据通道，以及1个16 kbit/s的信令通道。

4. 控制部分

实现操作台内各部分的管理和控制、操作台的呼叫处理、调度主机的信令交互等功能。

5. 通话回路部分

为主通道和辅通道两部分。两个通道均为全双工通道。

6. 电源部分

为操作台提供所需的各种工作电源，如±5V、±3V等。

7. 其他辅助功能部分

完成录音功能、操作台的测试和维护等功能。

（三）集中维护管理系统

集中维护管理系统由一台或多台集中维护管理终端、打印机组成。当系统有多台集中维护管理终端时，放置于主系统所在地的终端称为主维护管理终端，其他终端称为分维护管理终端。

集中维护管理系统可对主系统和主系统管辖范围内的所有分系统进行集中维护管理及监控，但主系统与分系统之间必须通过2M数字通道相连。

集中维护管理具有性能管理、配置管理、故障管理和安全管理等功能。

三、调度通信系统的网络结构

（一）铁路调度通信系统的总体结构

为指挥列车运行，保证运输安全，铁路历来有一套完善的调度指挥系统。铁路调度系统按机构可分为调度（干线调度）和铁路局调度（区段调度）两层网络，各层网络自成系统独立组网。

1. 铁路总公司调度通信网

铁路总公司调度（也称为干线调度）是铁路总公司为统一指挥各铁路局，协调地完成全国铁路运输计划，在铁路总公司与铁路局之间设立的各种调度通信。

铁路总公司调度指挥中心设调度交换机，用数字中继通道与各铁路局调度指挥中心的调度交换机相连，相邻铁路局的调度交换机之间也用数字中继通道相连作为直达路由，从而组成一个复合星型网络结构的干线调度通信网。

2. 铁路局调度（区段调度）通信网

铁路局调度（也称为区段调度）是在铁路局调度指挥中心与编组站、区段站、主要大站之间设立的各种调度通信，是铁路局为统一指挥所属调度区段及主要站段，协调地完成全局运输计划的工作。区段调度按业务性质可分为列车调度、货运调度、电力牵引调度、客调等。

铁路局调度以铁路局为中心，在铁路局调度指挥中心设数字调度交换机，用数字中继通道与局内各车站的数字调度交换机，用 2M 数字通道呈串联型逐站相连，并末端车站环回，组成一个 2M 自愈环，区段内所有的调度业务（行调、货调、电调、无线列调）纳入 2M 数字环内。

（二）区段调度通信系统的网络结构

区段调度通信系统由主系统（调度所交换机）、分系统（车站调度交换机）、用户终端（调度台、值班台、调度分机）、系统网管、语音录音仪组成。

1. 主系统

主系统放置于铁路局调度所或大型调度指挥中心，主要用于接入各种调度台和调度电路，是整个系统的核心。

2. 分系统

分系统放置于各车站（场、所），通过传输通道与主系统相连，主要用于接入车站值班台、远端调度分机、站间电话、区间电话、站场电话等。

主系统和分系统的连接采用数字环连接，可根据每个调度的业务量大小，分段组成多个数字环，一个调度段应尽量设置在同一调度所调度交换机内。

3. 用户终端

用户终端包括调度台、值班台。调度台是指与调度所主系统通过 2B+D 连接的终端，而值班台是指与车站分系统通过 2B+D 连接的车站台。

调度分机为除值班台以外的调度业务终端，一般采用普通话机的方式进行接入，完成调度业务的基本呼入呼出功能。

4. 语音录音仪

语音录音仪采用录音通道与调度系统的音频接口连接，对调度台或车站值班台进行录音，也可直接连至所要录音话机（或调度台）的音频接口；采用中继通道与调度系统的共电用户接口连接，用于电话对录音仪的远程调听。中心与车站系统的录音仪通过 IP 网络连接，可实现中心录音仪对全线的录音仪进行统一管理、配置和录音资料的调听。中心录音仪通过网口与时钟网连接，或将本机时间作为全网录音仪时间，分系统录音仪可从主录音仪提取时间，以保证全网统一时间。

四、高速铁路 FAS 系统

在 GSM-R 区段，为了实现调度员（或车站值班员）与司机的通信，需将调度通信系统与GSM-R系统相连，即将调度通信系统的主系统接入到GSM-R的MSC。此时将调度通信系统称为FAS系统，即固定用户接入交换机系统。因此，FAS和调度通信系统是同一设备，只是在不同的使用场合配置有所示同，称谓也就不同，即在GSM-R网络中称为FAS，而在非GSM-R网络中称为数调。

设在铁路局调度所、大型站场的FAS称为调度所FAS，主要用于接入各种调度台、调度分机及站场电话；设在铁路沿线各车站、站场的FAS称为车站FAS，主要用于各种值班台、调度分机及站场电话。

（一）系统组成

FAS系统由调度所FAS、车站FAS、调度台、值班台、其他各类固定终端及网管终端构成调度所FAS设置在铁路总公司和铁路局等调度机械室；车站FAS设置在车站和用户相对集中的通信机械室；调度台设置在各类调度员所在地；值班台设置在车站值班员等用户所在地。

（二）组网方式

FAS系统按铁路总公司至铁路局和铁路局至站段二级结构组网，即铁路局调度所FAS至车站FAS采用环型或星型结构；铁路总公司调度所FAS至各铁路局调度所FAS采用星型复合结构，并有迂回路由，相邻铁路局调度所FAS间设直达路由。

1. 铁路局调度所FAS至车站FAS采用环型结构

铁路局调度所FAS的下行E1接口经过数字传输通道连接到车站1的FAS上行E1接口，同样，车站1的FAS下行E1接口经过数字传输通道，连接到车站2的FAS上行E1接口上，如此串接到最后一个车站FAS的上行E1接口，其下行E1接口经过另外一条数字传输通道，直接连接到铁路局调度所FAS的上行E1数字接口上。这样多个FAS系统就构成了一个数字环。

2. 铁路局调度所FAS至车站FAS间网络采用星型结构

铁路局调度所FAS提供多个2M数字接口，分别与车站FAS的2M数字接口连接，每个车站FAS至铁路局调度所FAS都有自己独立的2M通道，铁路局调度所FAS与任一车站FAS间可独立完成话音及数据等业务。

（三）同城异地容灾

为了保证铁路调度系统的安全可靠，FAS系统采用同城异地容灾备份方式，即在同一个铁路局的不同地点设置一主一备两套调度所FAS：当主用系统出现故障，备用系统自动升级为主用系统，保证整个调度通信系统的正常运行。各个车站FAS系统按照每6～7个车站组成一个数字环同时接入两套主系统中，可实现数字环自愈和车站分系统断电直通功能，并且相邻数字环之间采用相切的方式连接，保证站间呼叫可不经过主系统进行。在调度所设置一体化触摸屏调度台，采用双接口设计，通过一个2B+D（或E1）接口接入本地调度所FAS系统，通过一个E1接口接入另一套调度所FAS系统中，实现调度台双接口双归属功能，提高整个调度通信系统的安全可靠性。

同时，在备用调度所 FAS 系统处，可设置备用触摸屏调度台，实现调度的同城异地容灾备份。

在主备调度所 FAS 主系统处各设置一套网管系统，实现网管的 1+1 备份，两套网管之间通过 IP 网连接，保证数据同步。

五、调度通信系统业务

调度通信系统能完成调度通信业务、站场通信业务、区间通信业务、其他专用通信业务等。

（一）调度通信业务

调度通信包括列车调度、牵引变电调度、货运调度、客调及其他调度等。调度通信主要用户包括调度员、车站（场）值班员、机车司机、运转车长、助理值班员、救援列车主任以及其他相关人员。系统通信过程包括个别呼叫、紧急呼叫、组呼、紧急组呼和会议呼叫。以列调通信为例，其业务有：①列车调度员以单呼、组呼、广播方式呼叫调度辖区内的机车司机。②列车调度员以单呼、组呼方式呼叫调度辖区内的车站值班员。③列车调度员组呼调度辖区范围内的机务段（折返段）运转、列车段（车务段、客运段）、电力牵引变电所等值班员并通话。④列车调度员向调度辖区范围内的车站值班员、机车司机、助理值班员、运转车长、工务人员、道口人员发起紧急组呼。⑤机车司机按位置寻址 /ISDN 号码方式个别呼叫当前所在调度辖区的列车调度员并通话。⑥机车司机按位置寻址 /ISI）N 号码方式个别呼叫本站 / 前方站 / 后方站值班员并通话。⑦机车司机向所属调度辖区的调度员以及相邻的车站值班员、机车司机、助理值班员、运转车长、工务人员、道口人员发起紧急呼叫。

（二）站场通信业务

站场通信是铁路专用通信的重要组成部分，它上与调度电话、专用电话联系，下与铁路站站场内不同用户保护联系。站场通信包括车站值班员电话、站场调度电话、调车电话、货运电话、列检电话、车号电话等。

每个车站分系统都是一个独立的调度交换机，可实现以一个或多个车站操作台为中心，接入各种站场电话。

（三）区间通信业务

区间通信为铁路各专业相关人员在区间与列车调度员、电力调度员、车站值班员、其他专业调度员等联系的专用电话业务。

车站分系统内置了区转机。每个车站分系统均可设置一个或多个下行区间电话接口和上行区间电话接口，并通过这些接口接入区间通话柱。在通信方式上保留原区转机的工作方式。

区间电话业务分为区间专用自动和区间电调直通两种，在区间专用自动回线上，用户摘机后需拨号呼叫，由车站分系统根据所拨号码进行转接；在区间电调直通回线上，用户摘机后由车站分系统直接接入电调台。

（四）站间通信业务

站间通信是指相邻站间车站值班员办理行车业务的专用电话业务。

系统通过将连接在两个分系统间 E1 中的某一个时隙分段提供给相邻站间通信使用，实现车站值班员以单键方式个别呼叫相邻车站值班员并通话的功能。同时，可根据需要实现越站个别呼叫的功能。

站间行车通信仅与相互通信的两个系统以及连接两系统的数字通道有关，与主系统以及其他分系统无关。

系统将既有模拟站间通信系统的通信线路通过磁石接口接入，实现对数字站间通信通道的保护和备份，可以自由进行人工倒换和故障自动切换。目前在高速铁路中模拟站间通信已经不再使用，可以通过 GSM-R 手机作为站间通信的备用手段。

（五）专用通信业务

专用通信是运输各单位及其所属值班人员、流动作业人员等使用的具有调度功能的专用电话业务。专用通信包括车务、工务、电务、机务、水电等专业的调度通信。

第二节 会议电视系统

会议电视系统是铁路总公司与铁路局、铁路局与基层站段等相关单位间进行政策传达、工作部署、重要决策、信息沟通等诸多重要交流，以及对紧急突发事件和灾害情况处理的重要通信设施。铁路会议电视系统必须提供安全、稳定、可靠、高质量的图像和声音信号，为铁路安全运输服务。

一、会议电视系统组成与结构

（一）基本概念

会议电视（也称电视会议）是利用视讯技术和设备，通过现代通信网络把不同地点的会议室连接起来，在两地或多地召开实时、双向、交互式可视会议的一种多媒体通信方式，会议电视系统是利用会议电视设备和数字传输电路传送活动图像、语音、应用数据(电子白板、计算机屏幕)等信息,为参加会议的各方提供交互式的会议业务。

会议电视的主要特征是能实时传送与会者的形象、声音以及会议资料图表和相关实物的图像等，使身居不同地点的与会者可以互相闻声见影，如同坐在同一间会议室中开会一样。这种方式便于使用者远程商讨工作，能提高工作效率、节省时间和费用。

（二）国际标准

会议电视系统从 20 世纪 90 年代到现在已经经历了 30 多年的发展，它使用的技术和应用的网络都发生了很大的变化，其中最大的变化就是应用的网络从电路交换发展到了现在的分组交换。为了在这两种类型的网络上开发人们最喜欢和最自然的会议电视系统，国际电联（ITU-T）制订了一系列的标准框架，如H.320、H.323和H.324等。其中H.320是综合业务数字网（ISDN）会议电视标准；H.323是分组交换网上的多媒体通信标准；H.324是公众交换电话网络上的多媒体通信标准目前应用的会议电视系统主要是基于以上几个多媒体通信系统的标准来设计完成的

1.H.320标准

H.320标准于1990年推出，是会议电视的早期建议之一，主要针对窄带ISDN网从1993年开始，我国引进建设的会议电视网，绝大部分都采用H.320标准会议电视，即是建立在E1、DDN、ISDN等网络上。经过多年来的发展与实践，无论在功能和性能，还是在工程实施与系统可靠稳定运行方面，H.320系统都已十分成熟，在大型专业会议电视系统领域占据着统治地位。

2.H.323标准

H.323是支持在分组交换网络进行多媒体通信的协议。H.323标准涵盖了音频、视频及数据在以IP包为基础的网络上的通信。

由于其承载网络是没有QoS保证的IP网络，因此H.323的会议电视系统在视音频质量和稳定性上要劣于H.320系统，但由于IP网络相对E1和DDN专线而言具备辐射范围广，组网成本和线路资费低，接入灵活方便，带宽利用率高等优势，使H.323会议电视系统变得更加开放灵活，应用范围也更加广泛。H.323协议已成为目前应用最广最通用的协议标准。

（三）系统组成

会议电视系统中的信息流包括音频、视频、数据和控制信息会议电视系统主要由会议电视终端设备，传输信道（通信网），多点控制单元（MCU）和网络管理系统组成。

1. 多点控制单元

在会议电视系统中，当3个以上的终端进行通信时，就需要MCU作信号汇接处理，使多个终端能通过该设备在一个会议中互相通信。

MCU是会议电视系统的关键设备。MCU的主要作用是对输入的多路会议电视信号进行切换，在通信网络上控制各个点的视频、音频、通用数据以及系统控制信号的流向例如：可以让所有会议电视的参与者与MCU建立呼叫连接，而且都把自己的音/视频数据传输给它。MCU处理后形成一路综合的音/视频数据分送各个与会者：MCU的作用就像PSTN中的交换机，但相比于交换机来说，MCU处理的是图像等宽带业务，而且对业务的处理也不仅仅是交换，而是根据用户的要求，对不同的信息源作不同的处理。

针对视频信号，MCU可以采取切换或混合两种处理方式，MCU在收到所有终端送上来的视频信号之后，通常都是选择一路（通常都是主席会场或当前发言者的会场）视频将其切换分配到所有会场；但在多画面会议中，MCU可以将多路视频信号通过分

屏的方式混合成一路视频信号，然后再将这个混合后的多画面视频信号切换分配给所有会场。目前的MCU混合多画面最多可达16路，但在实际应用中一般都不超过4画面。

针对语音信号，MCU也可以采取切换或混音两种处理方式，在切换方式下，MCU将当前发言会场的语音直接切换分配到所有会场，而在混音方式下，MCU将多个会场的语音信号进行混合处理之后再切换分配到所有会场。显然，切换方式适合于只有一个会场发言的场合，而混音方式适合于有若干个会场同时要发言或集体讨论的场合。

针对数据信号，MCU采用广播方式或MLP方式将某一会场的数据切换到其他所有会场。

此外，MCU还要完成对通信控制信号、网络接口信号的处理。

2. 终端设备

终端设备是集语音、数据和图像于一体的多媒体业务终端。其主要作用是完成音/视频信号的采集、压缩编码后，将符合标准的压缩码流经线路接口送到传输网络，或从传输网络上将接收到的图像和语音进行解码后输出到本端所连接的视频、音频设备。此外，终端设备还要形成通信的各种控制信息，如同步控制和指示信号、远端摄像机的控制信号、终端的呼叫信令，还要组成帧、加密等。

终端设备的外部基本设备包括摄像机、麦克风和红外遥控器。

3. 网络管理系统

网管中心用于控制和管理会议电视系统，通常兼网络管理与会议电视管理于一身不仅可以管理所有MCU和终端设备，实现系统后台控制，还能提供友好的人机界面，完成会议调度、计费管理、会议配置、会议信息管理以及系统安全管理等功能。

4. 传输通道

会议电视的传输介质可以采用光纤、同轴电缆、卫星等各种通信信道，还可以采用HDSL进行距离延伸，也可以借助ISDN、DDN、ATM，甚至LAN进行组网。

二、会议电视系统设备与工作原理

会议电视系统的主要设备有会议电视终端和多点控制单元MCU。

（一）会议电视终端

1. 会议电视终端在系统中位置

会议电视终端属于用户数字通信设备。它的主要作用就是将会议点的实况图像信号，语音信号以及用户的数据信号进行采集、压缩编码、多路复用后送到传输信道上去，同时把接收到的会议电视信号进行分解、视音频解码，还原成对方会场的图像、语音以及数据信号输出给用户的视听播放设备，同时，会议电视终端还将本点的会议控制信号（如建立通信、申请发言、申请主席控制权等）送到MCU，并接受MCU送来的控制信号，执行MCU对本点的控制指令。

2. 会议电视终端的主要功能

会议电视终端主要有完成用户视频、音频和数据信号的输入和输出；对数字视频、音频信号进行压缩编解码；信道传输和系统控制等功能。会议电视终端设备的核心作用是编解码，所以常常称终端设备为编解码器。终端设备主要完成以下四项功能。

（1）输入输出功能

完成用户视频、音频和数据信号的输入与输出。一般输入到终端的视频、音频都是模拟信号，终端的 I/O 模块要将它们数字化，变为数字视音频信号。例如：将模拟视频信号首先变为 PCM 数字视频，进而再转换为 CIF 或 QCIF 的数字视频；将音频信号变为 PCM 数字音频信号。数据信号的输入比较简单，只要符合数据输入接口标准就可以（如 RS-232C 等）。

由于最终送到用户声像设备的信号必须是模拟信号，因此，会议终端设备还要将经编码后得到的数字视频和音频信号重新转化为模拟信号输出，作为显示器和音响设备的输入。

（2）压缩编解码

对数字视频、音频信号进行压缩编解码。视频信号的压缩编解码必须按照 H.261 建议进行，音频信号的编解码可以选用 G.711.G.722 或 G.728 标准。其中，6.711 标准的语音编解码能力是每个终端必须具备的，其他两种标准的编解码能力是可以选用的。

（3）信道传输

它包括对数字视频的缓存、纠错编解码，对各种媒体信号的多路复用 / 解复用，以及终端和信道接口等功能。以上是信道传输中的发送功能，信道接收功能和发送部分相反，就不再细述。

（4）系统控制

终端设备中的系统控制模块完成对 I/O 模块、编解码模块、信道传输模块的控制作用控制模块还承担会议通信系统中端到端及端到网络信令的传送，为用户对终端的设置以及通信控制提供渠道。

（二）MCU 设备

1. MCU 的组成和原理

MCU 主要由网络接口单元、音频处理单元、视频处理单元、控制处理单元和数据处理单元几个功能模块组成。

（1）网络接口单元

MCU 的一个线路单元对应一个端口。一个线路单元包含网络接口、多路分解、多路复接和呼叫控制四个模块。其中，网络接口模块分为输入和输出两个方向，完成输入 / 输出码流的波形转换，按系统时钟定位输入数据流；多路分解模块负责校验由正方向输入的 H.221 定义的 FAS 信号，将输入数据流中的视频、音频和数据信号分别送到相应的处理单元进行处理，同时它还要反方向输出由 H.221 和 H.320 定义的 BAS 码流；多路复接模块将各个处理单元的数据进行复合，并插入所需的 BAS 码和相关信令，形成信道帧，输出到数字信道。

（2）视频处理单元

一般情况下，MCU无需对视频信号进行编解码，视频处理单元只负责对视频信号进行切换选择，然后插入信道帧传到各个会场但是，当一个会场需要在同一时间观看多个会场的图像时（仍然利用一条信道传输，在一台监视器上同时看到其他几个会场的组合图像），MCU的视频处理单元就要对各个会场的视频信号进行解码，然后抽取部分视频信息组合起来，编码后再传送到目的端。

（3）音频处理单元

音频处理单元由语音代码转换器（ATC）和语音混合模块组成，它用来完成对语音信号的处理。处理过程中，语音代码转换器从各个端口输入的数据流的帧结构中分离出A率、μ率的语音信号，并进行译码，然后送入混合器进行线性叠加，最后送入音频编码器，产生相应编码格式的数据并插入到输出的数据流中进行传输。

（4）数据处理单元

数据处理单元是可选模块，但在远程教育的应用中它是非常有用的。这一模块具有根据H.243建议的数据广播功能，以及按照H.200/A270系列建议的多层协议（MLP）来完成数据信息处理的能力。

（5）控制处理单元

控制处理单元用来进行路由的选择、混合和切换音频视频信号，并进行会议的控制。若MCU有N个E1端口，则信道的切换可以采用一个N×N的切换矩阵来完成。

总之，MCU将各终端送来的信号进行分离，抽取出音频、视频、数据和信令，分别送到相应的处理单元，进行音频混合或切换、视频切换、数据广播、路由选择、会议控制、定时及呼叫处理等，处理后的信号由复用器按H.221格式组帧，然后经过网络接口送到相应的端口。

2.MCU的端口

MCU一般设于中心会场，与远程终端呈星型连接。MCU必须具备多个和终端相连接的接口，这些接口就是MCU的端口，端口数的多少是衡量MCU的一个重要指标：通常希望MCU具有较多的端口数，以便组成较大规模的会议电视网。当然，一个MCU的最大端口数往往和各个端口所使用的速率有关，一般来说，对同一个MCU，在速率较低时使用，可获得较多的连接端口数。由于一个MCU同时可接多个端口，所以它可以同时控制若干个独立的分组会议，只要参加会议的总点数不超过这个MCU的最大端口容量即可。

由于MCU最大端口数是有一定限制的，因此，在遇到会议点特别多的情况时，可以将多个MCU级联使用，这样就可以增加会议电视系统的场点容量。一般情况下级联的层数不超过2级。目前已经有一些MCU实现了3级的会议级联，可以组成更大规模的会议电视网。

在仅有两台MCU的简单连接方式中，相连接的两台MCU是对等的，仅把对方看成是另一个终端，这种方式宜采用导演控制；在具有多台MCU的网络中，MCU之间必须另按H.243定义的主从关系连接，其中一台为主MCU，其余皆为从MCU，此时宜采用主席控制方式或语音控制方式。

第三节 综合视频监控系统

铁路综合视频监控系统为铁路各业务部门对车站重点部位（车站的候车厅、站台、出入口、咽喉区等）、区间公跨铁区段、通信及信号机房、牵引供电及电力供电机房内外等主要区域提供实时视频监控服务，为各类信息系统提供异物侵入、设备严重破坏功能丢失等提供主动报警信息，以确保高速铁路正常安全地运行。

一、综合视频监控系统概述

铁路综合视频监控系统是采用网络化、数字化视频监控技术和IP传输方式构建的视频监控系统。随着铁路的不断发展，网络视频监控技术已经在铁路运输指挥、生产作业、公安保卫等领域广泛运用，在一定程度上促进了铁路生产力的提高，并且成为铁路安全生产、提高效率、强化管理的重要技术支撑。

铁路综合视频监控系统旨在为铁路各业务部门提供一套完整、统一的视频监控平台，实现通信/信号机房内、区间GSM-R基站、车站咽喉区、牵引变电所、开闭所、分区所、电力配电所、公跨铁立交桥、桥梁救援疏散通道、隧道口、正线与联络线结合处及铁塔巡视的实时监控、图像存储、历史图像查询等功能。满足铁路各业务部门及铁路其他信息系统对视频信息的需求，从而实现网络和视频信息资源共享。

铁路综合视频系统主要功能应包括视频图像的采集、处理、实时监视、存储、回放、视频分发及转发、视频内容分析、告警、联动、系统互联、业务和设备管理等：可概况如下：①视频图像的采集和处理。②多用户同时实时监视和调看视频图像信息，为多业务部门提供监视图像。③对监视区域的图像进行远程控制和分级管理。④具有图像存储记录功能和多级分发功能，能够对存储图像进行检索和回放。⑤监视图像信息和声音信息应具有原始完整性，并能实现多画面组合和分割显小。⑥具有与其他系统（如应急通信、GIS、TDCS/CTC、货运安全检测、机房环境监控、电力SCADA、防灾监测、旅客服务信息等系统）互联或告警联动。⑦视频丢失告警。⑧系统管理和用户管理。

二、综合视频监控系统组成

综合视频监控系统由前端部分、传输部分、后端的存储、显示及监控部分组成。

（一）前端部分

前端部分包括摄像机及与之配套的附属设备（如云台、防护罩、室外设备箱、照明装置等）和视频编码器等设备。主要完成对被监视区域图像信息的连续采集，以及对采集到的视频和音频信息进行压缩编码、数字化处理等。

1. 摄像机

摄像机是获取监视现场图像的前端设备，是整个系统的“眼睛”。

摄像机是一种把景物光像转变为电信号的装置。摄像机按输出接口主要分为模拟摄像机、数字摄像机、模拟数字一体摄像机；按颜色主要分为彩色摄像机、黑白摄像机、彩色 / 黑白转换摄像机；按组成主要分为固定式摄像机和云台式摄像机；按应用场合的不同，分为室内摄像机和室外摄像机。综合视频监控系统的几种常用的摄像机如图 6-3 所示。

云台摄像机

半球摄像机

一体化球型摄像机

高清红外网络摄像机

图 6-3 监控系统常用摄像机

2. 摄像机的辅助设备

摄像机的附属设备包括云台、防护罩、室外设备箱、照明装置等。其中，云台是安装、固定摄像机的支撑设备，利用云台带动摄像机做水平转动和俯仰运动，以使其指向所需的特定目标；防护罩可防止摄像机和镜头遭到人为破坏；室外控制箱的主要作用是对箱内的设备进行防护。控制箱主要包括视频光端机、光缆终端盒、空开、防雷设备、变压器等。照明装置用于在视频摄像机光线不足时提供光源补偿，使摄像机成像清晰。

3. 视频编码器

视频编码器是整个视频监控系统中一个重要的设备，编码器是将模拟视音频信号、各种告警信号、摄像机的 PTZ 控制信号及低速串行数据进行 MPEG-4 或 H.264 数字化编码（图像分辨率有 4CIF/2CIF/HALF D1/CIF/QCIF），然后通过 IP 网络以一定的速率传送动态图像的设备。编码器负责把多路模拟的视频、音频信号（如摄像机、麦克风、音箱等视音频源信号）进行数字化和压缩编码，形成 IP 数据包，利用网络传送到指定的目的地址。

（二）传输部分

传输部分主要完成音频、视频及控制信息的传输。一方面，将前端采集到的视频、音频信息传送到监控中心；另一方面，将控制信号从监控中心传向前端摄像机及镜头、云台等受控对象。

在视频监控系统中，视频信号的传输方式主要根据传输距离的远近、摄像机的多少决定。传输距离较近时，视频信息采用同轴电缆的基带传输方式，即视频信号直接从摄像机传输至视频编码器；传输距离较远时，采用光纤作为介质的频带传输方式；如果是大规模的分布式系统，采用 IP 网络与光纤组合的传输方式。

（三）存储部分

存储部分主要完成视频信息的存储、存储容量和性能扩充以及数据管理等功能存储设备有硬盘录像机、存储服务器、磁盘阵列等，采用 NAS、SAN、磁盘阵列等方式进行数据存储，可保证数据的大容量可靠存储。

（四）显示及控制部分

显示及控制部分可实现全网视频统一调用、控制及显示，实现对视频的远程访问、视频流接收、数字视频的解码显示和大屏幕视频显示控制等功能。显示及控制部分包括管理服务器、视频分发服务器、告警服务器、监控终端和电视墙模块等。其中，管理服务器（AMS）是监控系统的控制核心，通过 AMS 可实现对各站点的控制管理。

三、铁路综合视频监控系统总体结构

铁路综合视频监控系统总体结构采用多级联网、分布式管理，有效降低了视频流对网络的承载压力。铁路综合视频监控系统的总体结构由视频核心节点、视频区域节点和视频接入节点、视频采集点、承载网络和用户终端组成。

（一）视频采集点

视频采集点是前端设备安装的场所。它可根据各专业图像采集的需要在相应处所设置包括摄像机及与之配套的附属设备等前端采集设备，用于对视频图像信息进行采集。

铁路综合视频监控系统的视频采集点前端设备一般设置在沿线车站咽喉区、公跨铁立交桥、车站通信机房/信号机房/信息机房、沿线GSM-R基站、信号中继站、线路所、直放站、牵引变电所、分区所、电力配电所及车站站内重点区域等需要进行视频监控的地点。

（二）视频接入节点

视频接入节点分Ⅰ类接入节点和Ⅱ类接入节点：

1. Ⅰ类视频接入节点

Ⅰ类视频接入节点是具有视频信息的接入、存储、分发及转发、调用、控制、系统管理以及与其他业务系统互联和联动等功能的节点，可设置在大型客运站、编组站或段（所）所在地等。Ⅰ类视频接入节点设备由管理服务器、视频编码器、存储设备、行为分析仪、网络设备以及配套软件等组成

2. Ⅱ类视频接入节点

Ⅱ类视频接入节点是具有视频信息的接入、存储、分发及转发功能的节点，可设置在视频采集点较集中的位置和其他车站。Ⅱ类视频接入节点由视频编码器、行为分

析仪、网络设备以及配套软件等组成。

（三）视频区域节点

视频区域节点是铁路局综合视频监控系统的管理中心，负责全线视频监控设备及网络的统一管理和调度，具有对本区域视频信息的存储、分发及转发、调用、控制、系统管理以及与其他业务系统互联等功能的节点，设置在铁路局。

视频区域节点由管理服务器、数据库服务器、存储设备、视频分发服务器、接口服务器及配套的网络设备、电源以及配套软件等组成。

（四）视频核心节点

视频核心节点是具有视频信息的存储、分发、调用、控制、系统管理及与其他系统互联等功能的节点，设置在铁路总公司。

视频核心节点是全路铁路综合视频监控系统的重要节点，由服务器设备、存储设备、大屏显示设备、配套的网络设备、电源设备以及配套软件组成。

（五）用户终端

用户终端是经过系统注册并授权使用视频信息、数据信息的终端设备，主要包括视频管理终端、用户监视终端和显示设备。

视频管理终端分为业务管理终端和设备管理终端，为网管用户使用。其中，业务管理终端主要完成对用户和视频资源的维护管理，可以实现对授权的视频进行浏览和查询；设备管理终端主要完成对设备和网络的维护管理。

用户监视终端为视频用户提供视频操作和浏览界面，用户通过监视终端调看实时和历史视频图像，对视频内容分析产生的告警进行确认处理，并根据权限对摄像机进行云镜控制。

显示设备用于显示视频及相关信息的设备，包括一体化投影单元、LCD 液晶显示器、LED 显示器、显示大屏、视频监视器等。

（六）承载网络

铁路综合视频监控系统的视频业务通过数据网承载，视频采集点的视频信息可通过光缆、电缆或无线传输等方式接入到所属的视频接入节点。

在采集点相对分散的情况下，部分采集点的视频信息通过各种方式（包括电缆接人、光缆接入及无线接入）汇聚到Ⅱ类视频接入节点，再通过 SDH/MSTP 或数据网等传输方式接入到所属Ⅰ类视频接入节点。Ⅰ类视频接入节点应通过铁路数据通信网等传输方式接入到所属视频区域节点。视频区域节点应通过铁路数据通信网等传输方式接入到视频核心节点，视频区域节点间互通应采用铁路数据通信网等传输方式。

四、综合视频监控系统应用举例

（一）视频接入节点

在车站机房、基站、信号中继站、牵引变电所、配电所等视频接入节点设置视频控制柜，柜内配置视频光端机（选配）、编码器、交换机等设备，并配置配电单元、光缆配线单元（选配）。传输专业为每个节点提供3个以太网接入端口。

在AT所、分区所、开闭所与电源系统合设机柜，柜内配置视频光端机、防雷单元、光缆配线单元。

（二）视频中心节点

系统设置1套大型车站分中心系统，在其余沿线车站各设置1套小型站分中心系统，在调度所设置系统中心。中心设备均设置在视频控制柜、视频网络柜中。视频控制柜放置的设备有编码器、光端机、交换机以及防火墙等；视频网络柜的设备有存储服务器、管理服务器、存储设备等。

（三）视频采集点

在沿线通信信号机房、配电所、牵引变电所、AT所、分区所、开闭所、公跨铁立交桥、车站咽喉区等地设置视频采集点。视频采集点的设备有室外摄像机及室外控制箱、室内摄像机。控制箱（配置空开、电源设备、防雷设备、光端机发射端及光缆终端盒）作为室外设备，主要作用是对箱内的设备进行防护。箱内设备运行状况的好坏直接影响到室外视频图像的质量，因此室外控制箱的维护工作也至关重要。控制箱组成主要包括视频光端机、光缆终端盒、空开、防雷设备、变压器等。室外防护箱的出线有电源线、光缆，分别连接至机房内视频控制机柜。

第四节　铁路应急通信系统

铁路应急通信系统是在铁路发生自然灾害、行车事故或其他突发性公共事件时，为确保救援指挥需要，在突发事件现场与应急救援指挥中心之间、应急救援指挥中心与应急救援指挥分中心之间以及突发事件现场内部建立的话音、数据、图像等通信，同时包括铁路应急指挥应用系统与各相关信息系统之间的通信。

一、应急通信系统的特点和要求

铁路应急通信系统是一个功能丰富、使用方便、开通快捷的应急通信系统。系统利用铁路通信既有的传输网络、数据网络、接入网络组成一个用于铁路应急通信的专用网络，该系统还与铁路其他通信系统在各铁路局救援指挥中心互联，实现与其他通信系统的互联互通。在应急通信网内部还能兼容铁路通信系统外部的其他网络（如海事卫星网络、宽带卫星网络、互联网等）的接入。

（一）铁路应急通信系统的特点

铁路应急通信系统的特点有以下几点：①时间的突发性；②信息的多样化；③环境的复杂性；④容量需求的不确定性；⑤事件现场的不确定性；⑥通信的临时性。

铁路历来有一套比较完善的通信设施，可充分利用既有通信资源，将铁路调度电话和自动电话延伸到事件现场，构建应急通信，所以铁路应急通信是既有铁路通信的延伸。

（二）铁路应急通信系统的要求

铁路应急通信系统的要求有以下几点：①系统自备电源、自成系统、独立运行；②快速组网、使用方便；③装备便携、功耗低；④信息多样化，能同时支持音频、视频和数据的实时传输，有足够的可靠带宽；⑤系统具有动态的拓扑结构，每个节点可随意移动；⑥具有良好的传输性能，如同步、时延和低抖动等必须满足要求；⑦ QoS、安全、网络管理等方面的保证。

二、应急通信系统的组成

应急通信系统主要由应急中心通信设备、传输网络、应急通信现场设备三部分组成。

（一）应急中心通信设备

应急中心通信设备是应急通信系统的核心部分，它与铁路调度通信网、自动电话网相连接，将调度电话、自动电话延伸到事件现场，实现应急中心与突发事件现场、应急中心之间以及现场内部的话音通信，事件现场的图像实时上传到应急中心，并转发到上级应急中心。

应急中心设备设在铁路总公司和各铁路局的救援指挥中心，每处只需一套设备便可满足运用要求。

（二）传输网络

传输网络将中心设备和现场设备连接起来，中间要经过多处转接，又受维护体制的影响，是系统中最为薄弱的环节，也是系统能否正常运用的关键环节。

传输网络可利用铁路既有的 SDH 网络资源，目前全路的 SDH 传输网络已覆盖到铁路沿线的各车站（基站），在《铁路通信设计规范》明确要求：每个车站（基站）都要预留应急通信的 2M 专用通道，这是首选的传输网络当事件现场远离车站或在地形条件复杂，无法利用有线网络时，也可以租用海事卫星或宽带卫星的通道，作为应急通信系统的传输网络。

（三）应急通信现场设备

应急通信现场设备配置在铁路沿线通信维护单位，一旦接到启用命令，立即奔赴事件现场，迅速开通。将现场的话音、数据和图像信息，因地制宜采用相应的接入方式，通过传输网络上传到应急中心，同时接收应急中心的话音、数据等决策指挥信息。

现场设备由主设备（或称为综合接入平台）、终端设备、接入设备及附属配件等组成。现场设备为事件现场抢险人员提供语音、图像通信业务。

三、应急通信系统网络结构

应急通信系统按照铁路总公司、铁路局两级指挥机构来组网，因此其网络结构分铁路总公司应急通信网络和铁路局应急通信网络。

（一）铁路总公司应急通信网络

铁路总公司应急中心通信设备与各铁路局应急中心通信设备用 2M 链路相连，相邻铁路局中心设备之间也用 2M 链路相连，从而组成一个星型复合网络。

（二）铁路局应急通信网络

铁路局应急中心通信设备与应急通信现场设备也是用 2M 链路相连，一个铁路局的中心设备只有一套，设在铁路局调度通信机械室，而现场设备有几十套，分布在铁路局沿线的通信维护单位（通信车间），一旦启用应急通信时，用 2 M 电路将现场设备直接接入中心设备，因此铁路局应急通信网络，是以行车调度区段为单元的一个链状 2M 环网络，这些 2M 环全部接入调度通信机械室，一旦某一区段需要启用应急通信时，便在 DDF 架将该区段 2M 环的上行 2M 或下行 2M 与中心设备的现场接入侧连通。

从中心到现场采用 2M 环网络，主要是考虑到在一个列调区段内，万一同时出现两处事件现场，需要同时启用两套应急现场设备，一处现场设备的传输通道走上行 2M，另一处现场设备的传输通道走下行 2M。

四、应急通信现场设备的接入方式

应急通信根据事件突发地点的地理环境和具体的传输条件，选用相应的接入方式。电缆区段应优先采用电缆接入方式；在光缆区段可考虑采用光纤或无线接入方式；在山区、传输条件较差的区段可选用海事卫星或宽带卫星传输的应急通信系统。总之，采用何种接入方式应该根据本地的实际条件选择。

（一）电缆接入

电缆有两种接入方式，一种是基于电缆数字复用设备，利用区间电缆应急线对，提供 4 个音频通道，这是目前常用的应急通信系统。另一种是基于高比特率数字用户设备的接入方式，在区间通话柱与车站成对设置高比特率数字用户设备，利用区间通话柱的非加感区间应急线对，为现场到车站提供不小于 1 Mbit/s 的数字传输通道，是新型现场设备的接入部分。

（二）野战光缆接入方式

在铁路移动通信系统 GSM-R 网络下，一般每隔 5 km 会设置一个基站，每个基站都具备与指挥中心相连接的光纤数字传输通道，因此将此种方式中的野战光缆与已有的基站 2M 数字通道或者临近区间 / 车站接入点的 2M 数字通道相结合，可充分发挥既有设备的扩展能力，共用一个传输平台，使通信设备构成互联互通的有效通信网络。

当出现紧急情况时，工作人员可带现场救援通信设备及长度 1 ～ 2km 的野战光纤赶赴事故现场，将现场设备通过背负的野战光缆接入基站处的 2M 接口或是多业务传输平台的以太网接口，每个基站需预留一个串接方式的 2M 接口，用于应急系统使用，这样就可以在最大程度上减少对传输通道的占用，各基站的 2M 或以太网通道平时全部串接起来，构成一个 2M 环，当某个基站附近发生险情需要进行应急通信时，将该基站的 2M 通道断开，将来自现场野战光纤的 2M 通道接入，以实现与应急指挥中心的通信连接：将现场的实时动图、语音传到应急指挥中心，这样就建立起应急指挥中心与事故现场之间的应急通信网络，应急指挥中心的多媒体终端即可实时看到现场的图像，使在应急指挥中心、会议室、办公室的各级领导能够及时了解现场情况。

指挥中心设备利用铁路局应急指挥中心设备，提供与铁路自动电话交换网 PSTN 或调度系统 FAS 的接口，实现现场与指挥中心领导的实时语音沟通。

（三）无线宽带接入方式

随着我国在 2002 年开放了 5.8 GHz 频段，5.8 GHz 宽带无线接入解决方式作为骨干网络的延伸和补充，能提供高速、大容量的数据语音业务，实现业务的快速接入。5.8 GHz 宽带无线接入方式主要有点对多点和点对点两种系统，其中点对点 5.8 GHz 系统又可细分为点对点网桥，用于传输 IP 业务；点对点数字微波，提供 E1 传输通道；5.8GHz 点对多点系统主要用于 IP 接入。一般都采用点对点传送方式，即在 GSM-R 基站与无线接入终端通过 5.8 GHz 系统连接，通过无线方式接入到在 GSM-R 基站处的 5.8 GHz 无线接入系统基站，5.8 GHz 有效传输距离在 2 ～ 3km，适用于两基站之间任一点发生事故时的通信系统的搭建。基站处的无线接收机提供以太网接口与传输设备连接，从而实现与指挥中心的应急设备的连接，建立起事故现场到指挥中心的通信通道。

（四）窄带卫星接入方式

由于事故的突发性以及现场的地理环境因素，在事故发生后，应急抢险人员可能无法将应急抢险设备的传输通道迅速的搭建起来，或者是一些小的事故不需要应急抢险通信设备，这个时候可以通过窄带卫星接入的方式，迅速建立现场应急通信设备，将现场的动图、静图、语音、数据等业务传送到指挥中心。

该方式能够提供 64 kbit/s 数据传输，或 64 kbit/s 语音传输，或同时实现 4.8 kbit/s 压缩语音及实时动态图像传输，并可提供 384 kbit/s 传输带宽，可利用 384 kbit/s 的带宽传输视频，利用海事卫星电话完成语音通信。

五、高速铁路应急通信系统举例

郑西高铁应急通信系统采用的设备为北京佳讯飞鸿电气股份有限公司的 FH-V088 应急通信综合接入系统。该系统采用多种传输接入手段，可分为有线接入（电缆、野战光缆）、卫星接入、无线接入等方式，分别用于不同的现场环境。通常整套系统设备从应用范围上可分为抢险现场侧设备、中继侧设备和应急指挥中心侧设备，不同的业务需求、传输条件将会采用不同的设备匹配。

（一）FH-V088 应急中心通信系统

应急中心通信系统由话音单元、视频单元、存储单元、管理单元和各类操作终端构成主要包括协议转换器、MDS3400 多媒体调度交换机、视频服务器、数字录音仪、网管系统、各类音视频终端 / 应急指挥台 / 应急操作台等设备。通过 IP/E1 接口与现场设备以及其他系统互联。

应急现场采集到的图像、语音、数据等信息通过 E1/IP 送入应急中心通信系统，实现应急中心与应急现场之间话音、图像的实时交互和指挥调度以及数据信息的共享；提供 E1/IP/Z 接口与上级或其他应急中心相连，实现与上级或其他应急中心之间话音、图像、数据信息的实时交互；提供 E1/Z 接口与调度通信网、自动电话网相连，实现与调度通信网、自动电话网的通信；提供 IP 接口与综合视频系统、静图系统相连，实现综合视频系统、静图系统等图像信息的接入；提供 AV 接口与图像显示系统相连，为图像显示系统提供应急现场图像信息；提供各种业务服务器的扩展接口，为系统提供多路传真、群发短信、可视调度、公文流转、电子白板、文件共享等功能。

各种操作终端与应急中心主设备通过 IP 方式相连，完成与突发事件现场、其他应急中心之间语音、图像、数据信息的实时交互功能；完成与调度通信网、自动电话网的语音通信功能；完成调看综合视频系统、静图系统等图像信息的功能；完成为图像显示系统提供图像信息及设备管理、资源调度等功能。

（二）FH-V088 应急现场综合接入系统

应急现场综合接入系统主要有抢险现场设备和中继设备组成。

抢险现场设备方便在紧急情况下带到现场，开机即用，提供现场动图语音的采集、编码，与不同中继设备配合上传到局端指挥中心。抢险现场设备有：

1. 现场应急接入设备

为现场的图像、有线电话、无线手机、数据业务提供承载平台。

2. 无线影音采集设备

采用无线技术进行实时影像摄制及上传。

3. 无线中继设备

增加动图和 WIFI 手机覆盖距离。

4. 现场卫星接入设备

与应急指挥中心侧的卫星地面站配合使用，从而为现场提供 2M 通道。

5. 现场电源设备

便携式发电机，作为现场设备电池供电的补充供电方式，为现场设备供电及电池充电。

中继设备可提供从现场 FA 设备到中继站的传输通道，现场动图、语音等信息从中继站送至传输网，最终传送至局端指挥中心，因此中继设备的作用是解决最后一公里的宽带接入。根据中继设备的传输方式不同，可分为有线电缆中继设备、野战光缆中继设备和无线网桥中继设备。

第七章 数字调度通信系统

第一节 数字调度通信的基础知识

一、模拟信号数字化的基本原理

模拟信号的数字化,常采用脉冲编码调制(Pulse Code Modulation,PCM)的方法。将模拟信号变为PCM信号，必须经过抽样、量化、编码三个步骤。

（一）抽样

抽样就是每隔一定的时间间隔（T）来抽取模拟信号的瞬时电压值，称为抽样值。抽样后的信号称为抽样信号，显然，它是一种幅度连续、时间离散的脉冲信号，即脉冲幅度调制（PAM）信号，抽样过程如图7-1所示。

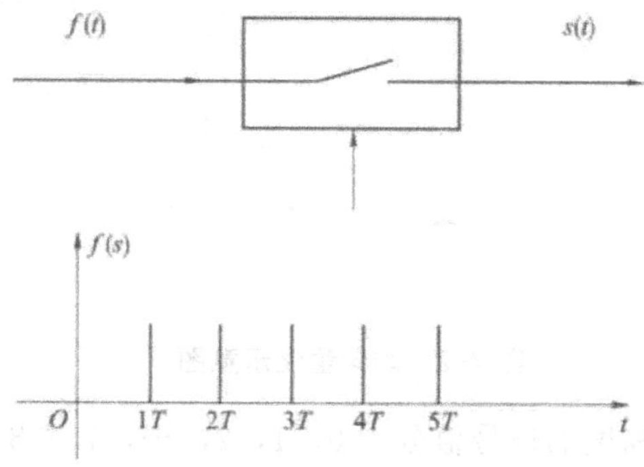

图7-1 抽样过程

如果取出的样值足够多，那么抽样信号就越接近原来的模拟信号，也就是说抽样间隔时间 T 越短越好。

抽样定理：对于一个最高频率为 f_m 的模拟信号，只要抽样频率以 $f_s..2f_m$，的速率进行抽样，其抽出的样值可以完全表征原信号，因此抽样间隔时间 T„ $1/(2f_m)$。例如，语音频带为 300～3 400 Hz，样频率至少为 6 800 Hz。目前 PCM 通信普遍采用每秒抽样 8 000 次，因此抽样间隔时间 T=（1/8 000）s=125us。

可以简单地概括为：抽样就是将模拟信号变为幅度连续、时间离散化的抽样脉冲信号，即 PAM 信号。

（二）量化

经过抽样后的 PAM 信号，是一个幅度连续、时间离散的脉冲信号，连续的幅值可以有无限多个，不能用有限个数字来表示，因此抽样信号仍是模拟信号，而不是数字信号。要将这样的模拟量直接去编码是不可能的，因为编码的位数总是有限的，用二进制的数字信号每位码代表两个数值，n 位码只能代表 2n 个数值。那么如何用有限的数码状态来表示这无限个数值呢？解决的办法就是量化。量化就是分级取整的意思．把幅度连续的抽样信号分成若干个信号幅度等级，称为量化级，这就是分级，而连续的信号值不一定正好落在划定的等级线上，两个幅度等级之间的信号值，采取“四舍五入”方法，归并到最邻近的一个幅度等级（量化级）中去，这就是取整。量化级数的多少与编码方式有关，例如采用均匀量化（即各量化级之间的级差相等），如果采用了 3 位二进制码元可将信号值分为 23=8 个相等的量化级，均匀量化如图 7-2 所示。

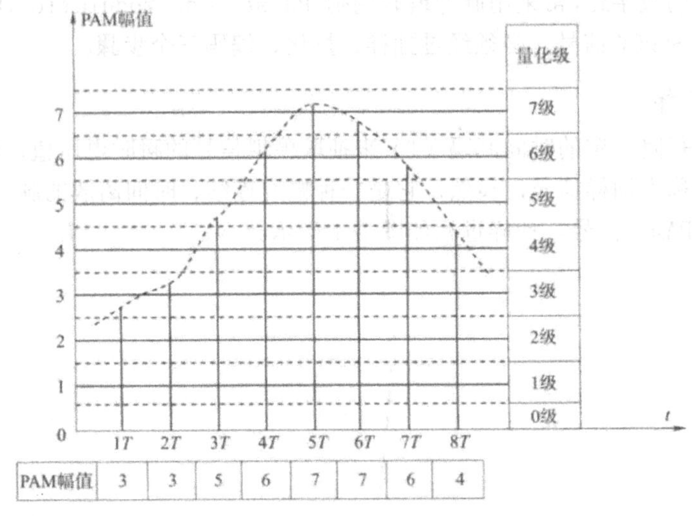

图 7-2　均匀量化示意图

图中，把 PAM 连续幅度的信号值分为 0，1，2，…，7 共 8 级，并规定小于 0.5 的为 0 级，0.5～1.5 的为 1 级，……，大于 6.5 和小于 7.5 的为 7 级。这样，幅度连续的信号必然归纳到 0，1，2，…，7 级中的某一级，这就是幅值的离散化，将无限多个幅值经分级取整后归纳为有限个数值，就可用一定位数的代码来表示。

量化后对抽样值采用“四舍五入”方法取整，如果用量化值来代替原抽样信号值，显然有一个误差，称为量化误差，这一误差对收听者来说表现为噪声，故又称为量化噪声。量化级分级越多，量化噪声就越小，但在通信中，人们注重的是有用信号功率（S）和噪声功率（Nq）的比值，即信噪比。信噪比与量化分级数（N）的平方成正比，如果用对数来表示，则

$$\left(S/N_{\mathrm{q}}\right)\mathrm{dB}=20\lg N$$

上式说明，增加量化分级数，可提高信噪比，但是增加量化级数需要增加二进制码位数，就要增加传输的数码率，因此用增加量化级数来提高信噪比不是理想的办法。

在均匀量化时，对幅度大的信号和幅度小的信号采用相同的量化级，显然，小信号引起的量化误差要大于大信号引起的量化误差，因此，当大信号的信噪比达到要求时，对小信号就达不到要求。从语音幅度概率密度特性可知，处于小信号范围的幅度概率密度大，而处于大信号范围的幅度概率密度小。根据这一特点，启发人们把小信号的量化级分得细一点，即量化间隔小一点，把大信号的量化级分得粗一点，量化级级差不相等称为非均匀量化。采用非均匀量化是提高小信号信噪比的有效方法。

实现语音非均匀量化的技术称为压缩扩张技术，目前普遍采用非线性量化与非线性编码结合在一个过程中完成。国际上采用两种压扩方法，即 A 律特性压扩和 μ 律特性压扩。A 律特性为欧洲标准，μ 律特性为北美标准。我国采用 A 律特性压扩方式。

A 律特性曲线为一条指数型的曲线，可以用 13 折线近似来表示，如图 7-3 所示。

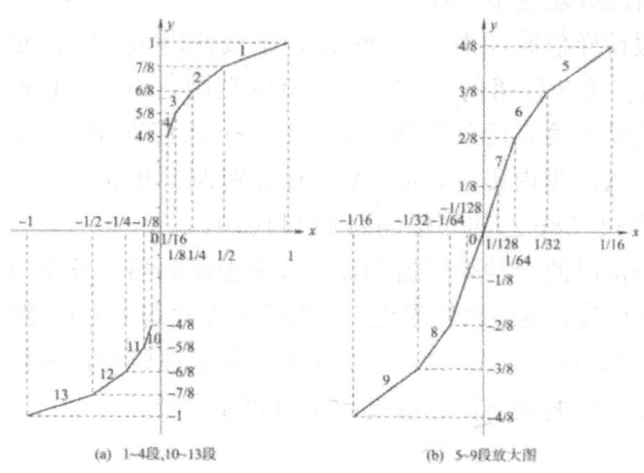

(a) 1~4段,10~13段
(b) 5~9段放大图

图 7-3　折线近似表示图

这种压缩特性的特点是将 x 轴代表输入信号，采用非均匀分段的办法，达到非均匀量化的目的。分段规律是每次以 1/2 进行分段，共分成非均匀的 8 段，第 8 段为 1/2 ～ 1；剩下 0 ～ 1/2 再一分为二，即取 1/4-1/2 为第 7 段；剩下 0 ～ 1/4 再一分为二……一直到分成 8 个段落，最小一段为 0 ～ 1/128，作为第 1 段。y 轴代表输出

信号，均匀等分 8 个段落，分别为 1/8、2/8、3/8、4/8、5/8、6/8、7/8、1 且与 x 轴一一对应。把 X 轴与 Y 轴相应的交点连接起来，共有 8 段直线组成的折线，其中 1、2 段长度相等、斜率相同，因此连接起来共有 7 段斜率不同的折线。

由于输入样值脉冲有正负两个极性，在负方向也应有一组与正方向对称的折线段，在第Ⅲ象限也有 7 段斜率不相同的折线。正负两方向的 1 和 2 段斜率相同合成一段直线，所以一共有 13 段折线，简称为 A 律 13 折线压扩特性。

（三）编码

所谓编码，就是用一组二进制脉冲来代表已量化的样值脉冲，这个过程又称为模 / 数变换，即 A/D 变换。

上面曾经提到非均匀量化与非线性编码结合在一个过程中完成，这种方式称为折线近似压扩。按 A 律 13 折线进行编码，称为 A 律编码，下面以 A 律 13 折线来讨论码位的安排。码位由三部分组成。

1. 极性码 A_0

样值脉冲有正、负之分，当 A_0=“1”时，代表样值为正脉冲；A_0=“0”时，代表样值为负脉冲。

2. 段落码 A_1、A_2、A_3

A 律 13 折线单方向分为 8 段，非均匀分段，从小信号的第 1 段开始到大信号的第 8 段为止，各段的长度不一样，段落起始电平、量化值范围也不一样。

3. 段内电平码 A_4、A_5、A_6、A_7

每个段落内又均匀等分成 24=16 个量化级，由于非线性量化分段每一段落长度不一样，各段落间的级差也不一样。

编码举例：假设样值脉冲为 +1 686 △，则极性码 A_0 为 1，对其幅度大小先确定段落码，1 686 △在第 8 段落的 1 024 ～ 2 048 范围之内，所以段落码 A_1、A_2、A_3 分别为 111；其次确定在第 8 段落的哪一级，1 686 △应在第 8 段落的第 11 级，该级起始电平为 1 664 △，段内码 A_4、A_5、A_6、A_7 分别为 1 010。

所以样值脉冲 +1 686 △的 8 位码为 11111010。

在 PCM 系统中常用的一种编码器为逐次反馈型编码器，逐次反馈的意思就是将样值信号与权值进行比较，逐步比较逼近，首先编出极性码（Ao），然后决定段落码（A_1、A_2、A_3），最后定出段内码（A_4、A_5、A_6、A_7）。除极性码外，要编出其余 7 位数码，必须经过 7 次比较，经编码器汇总后输出即为 PCM 信号。

二、时分多路通信的概念

（一）PCM 传输系统

模拟语音信号在发送端经过抽样、量化和编码以后得到了 PCM 信号，该信号经过传输线路送到接收端。在接收端将收到的 PCM 信号还原成模拟语音信号。

将 PCM 信号还原为模拟信号，要经过两大步骤：第一步通过解码器将 PCM 信号还原成与发送端一样的量化样值，也就是把 PCM 信号转换成 PAM 信号，这个过程称为数 / 模转换（或 D/A 转换）；第二步将 PAM 信号经过低通滤波器，使离散的 PAM 信号恢复为原有的连续语音信号。

图 7-4 是数字传输系统原理它除了表示 PCM 传输系统发送端及接收端的情况外，还表示了传输线路中接入的再生中继器。为了实现双向通话，必须双方都要有图 7-4（a）中的发送与接收设备，形成 4 线制通信方式，如图 7-4（b）所示。

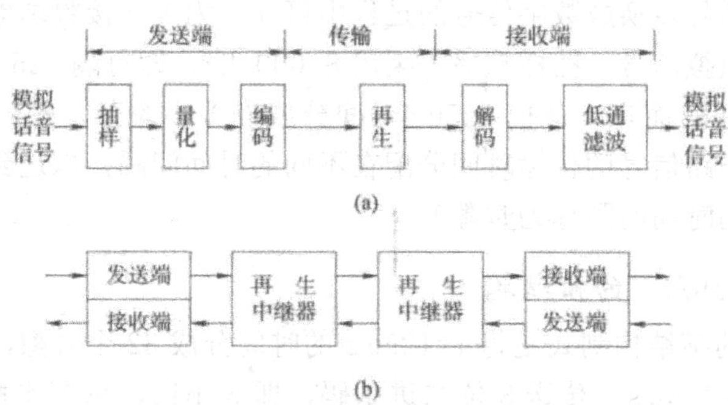

图 7-4　数字传输系统原理图

（二）时分多路复用

在一对传输线上，传输多个话路的信息，这就是多路复用。多路复用通常有频分制（FDM）和时分制（TDM）两种。频分制是将传输频带分成 n 部分，每一个部分均可作为一个独立传输信道使用。这样在一对传输线路上可有 n 对话路信息传送，而每一对话路所占用的只是其中的一个频段。频分制通信又称载波通信，它是模拟通信的主要手段。时分制是把一个传输通道进行时间分割以传送若干话路的信息。时分制通信也称时间分割通信，它是数字电话多路通信的主要方法，因而 PCM 通信常称为时分多路通信，如图 7-5 所示。

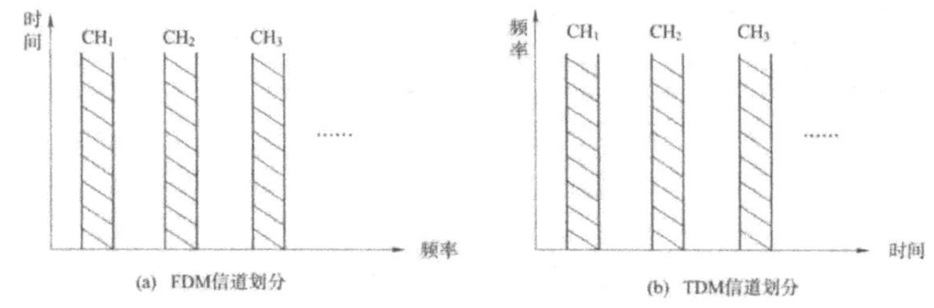

图 7-5　频分制和时分制信道划分示意图

在时分制中，每一用户在指定时间内接通信道，其他时间为别的用户按指定时间接通，为了使发送端各路和接收端各路能互相对应协调一致地工作，在发送端需传送一个同步信号，利用同步控制信号来确保发送端和接收端协调工作，如图 7-6 所示。

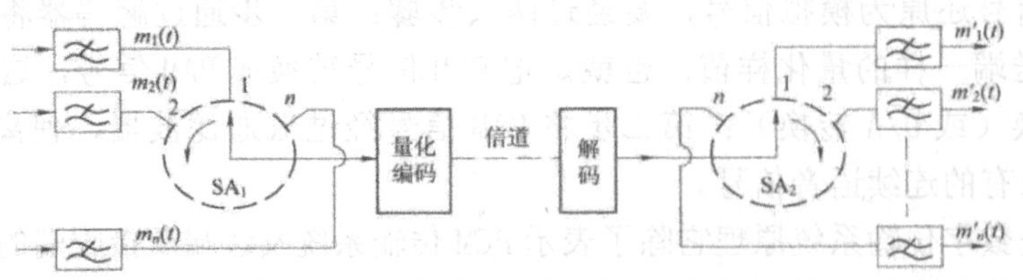

图 7-6　发送端和接收端协调工作示意图

从语音模拟信号转换成数字信号的过程中可知，为确保接收端能将离散的数字信号还原成连续的模拟信号，抽样频率需采用 8 000 Hz，即每隔 125 us 抽样一次。因此，就 PCM 时分通信而言，是把 125us 时间分成许多小段落，每一小段落占一小段时间间隔，将每一路信号的传输时间分配在不同的时间间隔，以达到互相分开的目的（每一路所占用的时间间隔称为时隙）。

（三）PCM 30/32 的帧结构

PCM 30/32 的帧结构制式是将 T=125us 的时间分成 32 个时隙，每个时隙占用时间为 125 us/32=3.9us，传送 8 位二进制码，即 8 bit，每个比特占用时间为 3.9 us/8=0.488 us。

在 125us 时间内，每一路轮流传送 8 位码的码组一次，称为一帧，所以一帧由 32 个时隙组成。其中，TSo 为帧同步时隙；TS16 为话路标志信号时隙；TS1 ～ TS15 及 TS17 ～ TS31 为话路时隙，共 30 路。因此，32 路 PCM 写成 PCM 30/32。PCM 30/32 路系统的帧结构如图 7-7 所示。

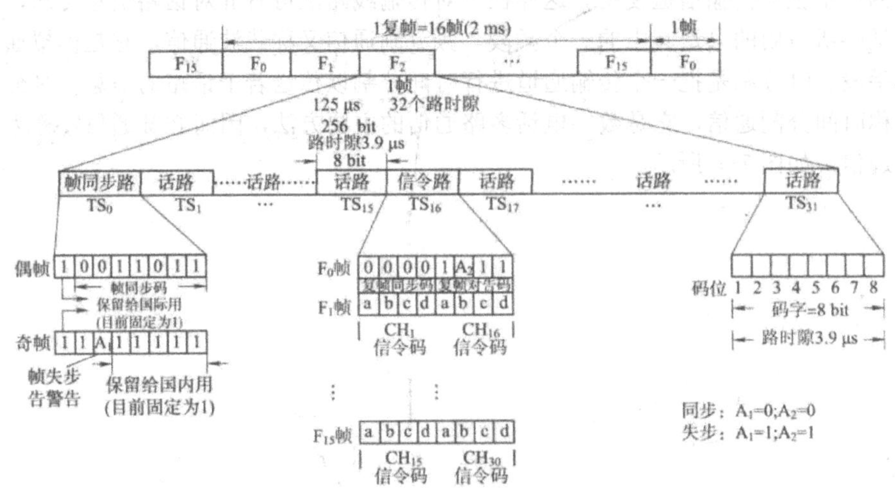

图 7-7　PCM 30/32 路系统的帧结构

1. 同步时隙

TS_0 为同步时隙，每隔一帧传送一次同步码，所以 TS_0 分偶数帧和奇数帧。偶数帧的第 2 至第 8 位传送帧同步码（0011011），以便收发两端同步工作。奇数帧的第

2 位码为奇帧监视码，固定为“1”，以便接收端能区分是奇数帧，而不是偶数帧；第 3 位码 A1 为失步告警码，同步时为“0”，失步时为“1”，以便告知对端局；第 4 至第 8 位码可作其他信息用，不用时暂定为“1”。不论是偶数帧还是奇数帧，TS_0 的第 1 位码供国际通信用，不用时，暂定为“1”。

2. 标志信号时隙

TSk_{16} 为标志信号时隙，该时隙用来发送 30 个话路的标志信号。一般情况下，话路的标志信号类型不多且一种信息只需用一位码来传递，因此每一路的标志信号用 4 位码就足够了。我国采用三位码，显然要传送 30 个话路的标志信号，只靠一个 TS_{16} 时隙的 8 位码肯定是不够的。一帧只能发送两个话路的标志信号，需要 15 帧才能传送 30 路的话路标志信号。

电话的标志信号频率比较低，目前，其抽样频率采用 500 Hz，为语音抽样频率 8 000 Hz 的 1/16，也就是说每隔 16 帧才抽样一次，那么 30 个话路的标志信号可以在 16 帧中被轮流传送一遍，即每 16 帧重复一次，从而引出了“复帧”的概念。连续的 16 帧称为一个复帧，复帧排列顺序为 F_0、F_1、F_2…F_{15}。

F_0 帧的 TS_{16} 时隙，前 4 位码发送复帧同步码，同步时为“0000”；第 6 位 A_2 为复帧失步告警，同步时发“0”，不同步时发“1”；其余 3 位码留作备用，不用时暂定为“1”。

F_1 ～ F_{15} 帧中的 TS_{16}，前 4 位码用来传送 CH_1 ～ CH_{15} 的话路标志信号；后 4 位用来传送 CH_{16} ～ CH_{30} 的话路标志信号。

3. 话路时隙

TS_1 ～ TS_{15} 分别传送 CH_1 ～ CH_{15} 的话路信号；TS_{17} ～ TS_{31} 分别传送 CH_{16} ～ CH_{30} 的话路信号。

4. PCM 30/32 的码率

PCM通信，每帧占125us，因此每秒可发送$10^6/125=8\ 000$帧，每帧分为32个时隙，每个时隙发送8个码（即8 bit），因此32路PCM的码率为8 000×32×8=2 048（kbit/s）。对每一路来说，其传送码率为 2 048/32=64（kbit/s）。

三、数字交换的基本原理

（一）时隙交换的概念

数字交换的特点是将数字化了的语音信号（语音脉码信息）通过数字交换网络进行交换，实际上是时隙信息的交换，也就是说将时分多路复用线（PCM 复用线，常称为数字链路）中某一时隙的语音脉码信息，在时间位置上搬到另一时隙中，去实现时隙间信息的交换，称为时隙交换。例如：要某条链路上的 TS_1 和 TS_5 之间进行交换，即把 TS_1 的时隙信息 a 搬到 TS_5 中去，把 TS_5 的时隙信息 b 搬到 TS_1 中去，实现 TS_1 与 TS_5 之间的双向通话，双向数字变换如图 7-8 所示。

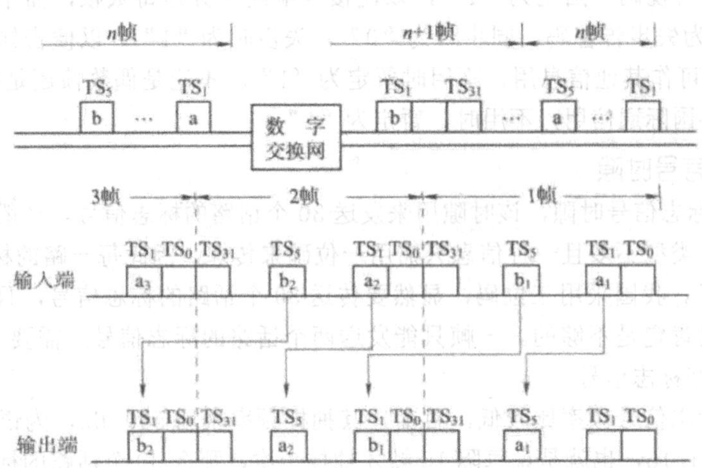

图 7-8　双向数字交换示意图

在这里需要特别注意的是：当第 1 帧 TS_1 到来时，输出端 TS_5 的时隙尚未来到，需要将 TS_1 时隙的信息 a_1 先暂存一段时间，等到 TS_5 到达时，才将信息 a_1 送出去，等待时间为 4 个时隙所占用时间，即 4×3.9us=15.6us；同样，第 1 帧 TS_5 时隙的信息 b_1 到达时，输出端 TS_1 的时隙已经过去了，需要等到下一帧（第 2 帧）到达时，才将 b_1 送出去，等待时间为 27×3.us=105.3us，等待时间长短视交换时隙的时间位置而定，最长不会超过一帧时间（125us）。就这样完成了 TS_1 与 TS_5 之间的信息交换，从数字交换内部来看，需要建立 $TS_1 \rightarrow TS_5$ 和 $TS_5 \rightarrow TS_1$ 两条通路，也就是说建立发送和接收两条通路，所以数字交换的另一特点是必须是 4 线交换。

（二）时分接线器（T 接线器）

从时隙交换的概念可以看出，当输入端某时隙 TS_n 的信息要交换到输出端的某时隙 TS_i 时，TS_n 时隙的信息需要在一个地方暂存一下，等到 TS_i 时隙到来时再把它取出来，就有一个“存储”和“控制输出”的过程，靠时分接线器（也称为 T 接线器）来完成一条 PCM 复用线各时隙间信息的交换。时分接线器由语音存储器（SM）和控制存储器（CM）组成，如图 7-9 所示。

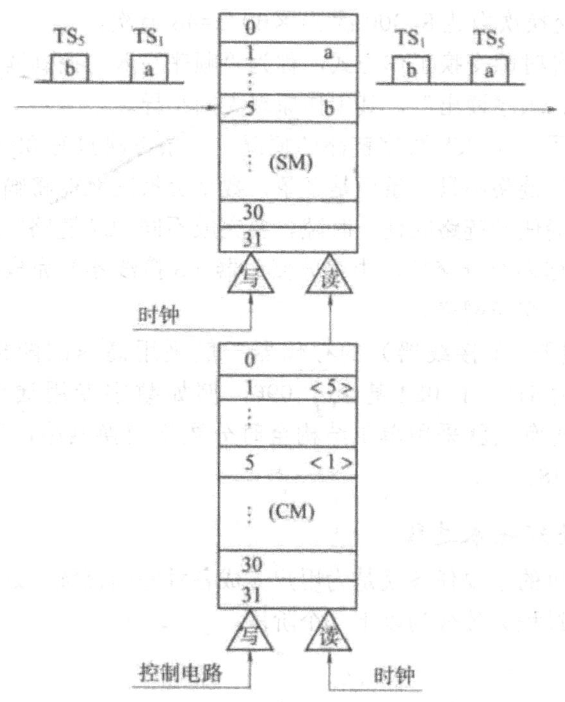

图 7-9　时分接线器示意图

SM 是用来暂时存储语音脉码信息，每个存储单元的位数与语音脉码位数一致，为 8 位码，存储单元数与 PCM 复用线每帧内的时隙数一致，即共有 32 个存储单元。存储单晃的地址按时隙的序号编排，TS_0 的信息放入 0 号单元，TS_1 的信息放入 1 号单元……32 个时隙的信息按输入顺序依次写入各存储单元暂存起来，称为“顺序写入”。这里的“顺序”是指存储单元地址的顺序与时隙的序号一致。什么时候取出，则由 CM 来“控制读出”。

CM 是用来存储语音时隙地址的，一条 PCM 复用线有 32 个时隙地址，所以每个存储单元只要 5 位编码（25=32），存储单元数与 SM 地址数相同，用来“控制读出”。这里的“控制”是指按控制存储器已规定的“内容”（即语音时隙地址）来控制语音存储器的读出，至于控制存储器中的“内容”则由处理机控制写入和清除。

例如，在时钟脉冲控制下，当 TS_i 时刻到来时把 TS_1 中的脉码信息写入 SM 内的 1 号存储单元（即“顺序写入”），而此脉码信息的读出是受 CM 控制，当 TS_5 时刻到来时，从 CM 读出地址 5 中的“内容”为（1），这样在 TS_5 时刻打开存储单元 1，把 TS_1 的信息搬到 TS_5 中去了；同样，TS_5 的信息交换到 TS_1，应能通过另一条 PCM 复用线和相应的时分接线器，把 TS_5 的脉码信息写入 SM 的 5 号存储单元，而读出也是受 CM 控制，要搬到 TS_1 中去，而这时的 TS_1，已经过去，要等到下一 TS_1 时刻到来时打开 5 号存储单元，把 TS_5 的信息搬到 TS_1 中去，完成双向通话。由此可以看出，在时隙交换过程中会出现时延，另外PCM脉码在时分接线器中需每帧交换一次，如果两用户通话时长1 min，则时隙交换次数达8 000次/s×60 s=48万次。

上面介绍的这种时隙交换工作方式，称为“顺序写入、控制读出”，另一种工作方式为“控制写入、顺序读出”，其工作原理大同小异。

以上只是介绍了一条PCM数字链路的情况，一条链路只有32个时隙，而接到一个数字交换网的数字链路不只一条而是多条，数字交换网应能将输入端任一链路的某一时隙交换到输出端任一链路的任一时隙。要完成不同PCM链路之间的脉码交换，即空间位置的转换，称为空分交换，由空分接线器（S接线器）完成，所以较大容量的程控交换机采用TST交换网络。

目前时分接线器（T接线器）的存储器一般采用高速的随机存取存储器，所交换的时隙数高达512，1 024甚至4 096，例如数字专用通信系统、Hicom372和Hicom382调度交换机就采用单T结构全时分数字交换网络，其交换时隙分别为512，1 024和2 048。

（三）呼叫处理基本过程

程控数字交换机的主要任务就是为用户完成各种呼叫接续，这个过程称为呼叫处理。一般呼叫接续过程大致分为以下几个阶段。

1. 呼出接续

从主叫用户摘机到听到拨号音。

（1）主叫摘机呼出的检测

交换机通过对用户回路状态变化的检测来识别主叫是否摘机。

（2）查明主叫类别

通过软件查明主叫的用户线类别、话机类型和服务类型。不同的主叫类别将导致不同的处理方式。

（3）选择一个空闲的收号器

根据主叫所发的地址信号类型，选择相应的空闲收号器。对拨号脉冲信号，不需专门的收号器，可直接由软件判断。

（4）发出拨号音

数字化的拨号音由音频信号发生器经交换网络送往用户。

2. 接收地址信息

主叫听到拨号音后，开始发送地址信号（即拨号）。当收到第一位号码后，停发拨号音。

3. 数字分析

根据所收到的号码分析接续去向：本局呼叫、出局呼叫、长途呼叫、特服呼叫等。

4. 路由选择

出局呼叫时，则从相应路由中选择一条空闲的中继线。

本局呼叫时，直接检测被叫用户的忙闲状态。

5. 通路选择

在主叫用户和被叫用户间或选定的中继线与用户间，通过交换网络建立一条空闲的通路。

6. 振铃

如果被叫用户空闲且有空闲通路，则向被叫用户振铃，并向主叫用户送回铃音。

7. 应答监视

从开始振铃到被叫摘机应答为止，监视被叫是否摘机应答。被叫摘机应答识别与主叫摘机呼出的检测类似。

8. 通话和释放监视

被叫应答后，切断铃流和回铃音信号，将交换网络接通，主被叫用户进入通话状态，同时启动计费系统。

在通话状态，不断监视主被叫用户是否挂机。挂机监视同摘机检测类似。

9. 话终释放

从收到通话任意方挂机信号起，直至系统返回到初始空闲状态。此时交换系统任务为：停发计费脉冲，向未释放一方发送忙音或催挂音，拆线处理。

（四）信号系统（信令系统）简介

为保证通信网的正常运行，完成网络内各部分之间信息正确传输和交换，以实现任意两个用户之间的通信，必须要有完善的信号方式。信号是通信网中交换局和用户终端之间及各交换局间在完成各种呼叫接续时所采取的一种通信语言。如交换局和用户终端之间，用户摘机、听拨号音、拨号、听回铃音、向用户振铃等就是交换机与用户间交互信息的一种语言，是信号方式的一种。

1. 按工作区域分

（1）用户线信号

用户线信号是用户话机和交换局之间的信号，包括用户状态信号、用户拨号所产生的数字信息及铃流和信号音。它们在用户线上传送。

用户状态信号即摘挂机信号；用户拨号所产生的数字信息包括号盘话机发出的直流脉冲信号和双音频话机发出的 DTMF 信号；铃流是交换机向用户发送的振铃信号；信号音是交换机向用户发送的各种提示信号，主要包括拨号音、忙音、回铃音、空号音、长途通知音、催挂音等。

（2）局间信号

局间信号是两个交换局间在中继设备上传递的信号，用来控制局间呼叫的接续和拆线等。它涉及各种信号系统的具体应用，如 1 号信号系统、7 号信号系统等。

2. 按信号的传递方向分

局间信号按信号的传递方向可分为前向信号和后向信号。

（1）前向信号

前向信号又称为正向信号，它是沿着建立接续的前进方向传递的信号，即从主叫用户所在局指向被叫用户所在局所传递的一切信号。

（2）后向信号

后向信号又称为反向信号，其信号流向与前向信号正好相反。

3. 按信号的功能分

（1）线路信号

线路信号又称监视信号。它是用来监视或改变线路上的呼叫状态或条件，反映呼叫进程，以控制接续的进行。

线路信号在模拟信道上传送可用直流信号或交流信号，在数字信道上传送可用数字型线路信号。

局间直流线路信号：共 19 种 DC（1）～ DC（19），主要用于与纵横制或步进制交换机之间的配合，信号形式有四种：“高阻 +”“-”“+”“0”。

局间交流线路信号：分带内单频线路信号（北美的 R1 信号系统和中国 1 号信号系统，线路信号频率为 2 600 Hz）、带内双频线路信号（5 号信号系统，线路信号频率为 2 400 ～ 2 600 Hz）、带外单频线路信号（欧洲的 R2 信号系统，频率为 3825 Hz）。

数字型线路信号：当局间传输设备采用 PCM 时，局间线路信号必须采用数字型线路信号。数字型线路信号就是用数字编码表示线路上的各种状态，我国采用三位码，前向采用 af、bf、cf，后向采用 ab、bb、cb。其中，a 位表示用户的摘挂机状态；b 位表示设备状态；c 位表示话务员操作。

我国采用的数字型线路信号共有 13 种标志方式，即 DL（1）～ DL（13）。

（2）选择信号

选择信号又称路由信号，它主要由主叫用户发出的数字信号即被叫的地址信息组成。记发器信号就是一种选择信号，它是一种局间随路信号，它包含被叫用户号码的数字信号及为建立接续所必需的控制信号。我国的记发器信号采用带内多频编码信号，前向为六中取二的多频记发器信号，共组成 15 个信号；后向信号为四中取二的编码方式，组成 6 个信号。

（3）操作信号

操作信号又称管理信号，用于电话网的管理和维护。

4. 按信号的传递途径分

（1）随路信号

随路信号就是用话路本身来传递各类信号，即用传送语音信息的通道来传送电话接续过程中所需的各种业务信号，如占用、应答、拨号、拆线等信息。

用户线信号、局间线路信号、局间多频记发器信号均为随路信号，中国 1 号信号系统是典型的随路信号系统。

（2）公共信道信号方式

公共信道信号方式又称局间公共信道信号方式，是在程控交换和PCM技术发展的基础上产生的。该信号方式中，将语音信号和局间信号分别在不同的信道上传送。

7号信令系统采用的就是公共信道信号方式。该系统适于数字网，信号传输速率为64 kbit/s。与随路信号方式相比，它具有如下优点：信号容量大，能适应各种新业务的要求；信号传输速度快，大大缩短了接续时间；通话期间仍可传送信号等。随着通信网的迅速发展，7号信令系统得到了广泛的应用。

（五）交换机的组成

交换机通常由三部分组成：交换网络、接口、控制系统。

交换网络实现交换机内用户间或用户与中继线间语音信号的交换。

接口把来自用户线或中继线的各种不同的输入信令和消息转换成统一的机内信号，以便控制单元和交换网络进行处理和接续。

交换机的控制系统实现对整个交换机的控制和处理。其功能可分为两大类：呼叫处理，运行、管理和维护（OAM）。

四、区段数字调度的基础知识

（一）数字会议电路的基本原理

数字交换网络只能实现两个用户间的全交换（通话双方均能听到对方讲话），以及一个用户对多个用户的广播式交换（一个用户为主持，其他用户只能听到主持讲话，而主持只能听到其中一个人讲话），而不能完成三个或三个以上用户全双工会议交换（每个用户均能听到其他所有用户讲话）。在数字交换系统中，由数字会议电路完成该功能。由于PCM编码为非线性码，无法实现直接相加。为解决这一问题，一般采用以下两种方式：

第一，假设A、B、C三个用户需开全双工会议，图7-10所示的方法是将PCM信号变成模拟信号，相加后再变成PCM信号。

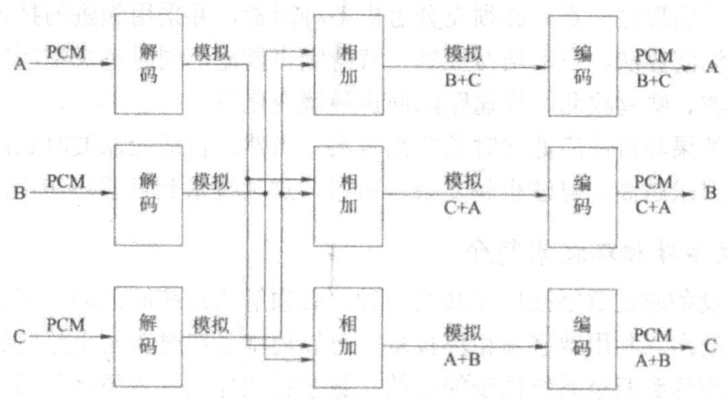

图7-10　PCM信号变成模拟信号后相加

第二，图 7-11 所示的方法是把 A 律 PCM 编码信号先变成线性编码信号，然后将线性编码信号相加，其结果再变回 A 律 PCM 编码信号。

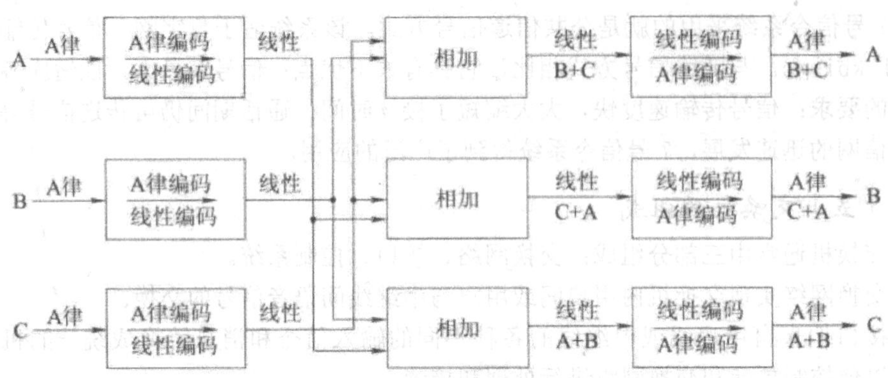

图 7-11　A 律 PCM 信号变成线性编码信号后相加

（二）回波相消技术简介

对于既有调度设备，为防止主通道（传声器和扬声器）啸鸣，调度总机采用的是由调度员脚踏控制的单工通话方式，车站值班台采用的是模拟音控自动半双工的通信方式。

要实现主通道的全双工通话，必须解决啸鸣问题。引起啸鸣的关键是语音的回波。在一次通话过程中，回波成分往往很复杂。从回波产生途径来看，可分为空间回波和线路回波两种。空间回波是指从扬声器出来的声音又通过传声器进去返回给讲话的人；线路回波是指发出去的声音在电路或线路上传输时，由于 2/4 线变换等因素，一部分声音又返回给讲话的人。

线路回波又分为近端回波和远端回波两种。从回波的性质看，回波可分为线性回波和非线性回波两种。

区段数字调度系统的操作台运用回波相消技术实现了调度指挥的全双工通信。

回波相消一般采用 DSP 数字信号处理技术，对回波信号进行自适应预估而提前将之消除。要成功实现这一点，必须充分考虑多种因素，并采用先进的技术和算法，如先进的自适应滤波算法、自动增益控制、背景噪声过滤，同时考虑空间回波、线路回波和非线性回波、啸鸣检测、快速跟踪回声环境变化等。

回波相消效果与自适应滤波时长关系较大。当然，自适应滤波时长越长，效果越好，但对 DSP 要求越高，算法也越复杂。所以，这项技术到目前还在不断发展。

（三）数字锁相环技术简介

数字交换设备通过数字接口互联互通时，必须解决系统间的同步问题，这就要用到数字锁相环技术。利用数字锁相环技术，可以使本系统时钟与上级时钟源的频率和相位同步，从而达到两个系统同步的目的。数字锁相环的基本原理如图 7-12 所示。

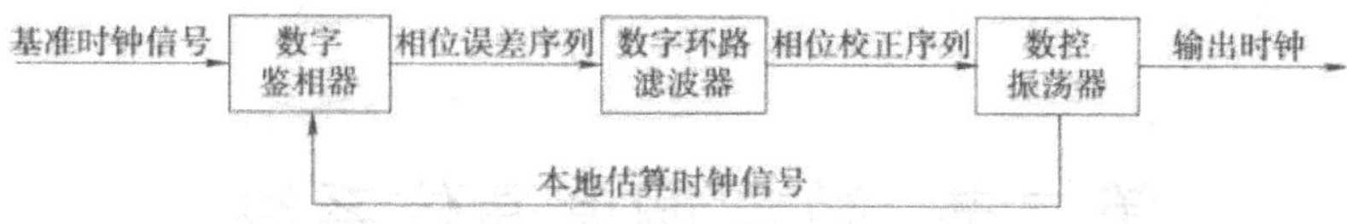

图 7-12　数字锁相环的基本原理

图 7-12 中，基准时钟信号即由上级时钟源提供的同步时钟信号，该时钟信号一般从数字接口的信号码流中提取，频率一般为 8 kHz 或 2.048 MHz。

数字鉴相器将基准时钟信号和本地估算时钟信号的相位进行比较，输出相位误差序列。数字环路滤波器在环路中对输入噪声起抑制作用，并且对环路的校正速度起调节作用，以保证数字锁相环的相移和抖动指标满足一定的要求。数字环路滤波器产生一个相位校正序列给数控振荡器使用。

数控振荡器又称数字钟，它受数字环路滤波器输出的相位校正序列控制。产生本系统所需的时钟，同时产生与基准时钟信号同频率的本地估算时钟信号，供数字鉴相器使用。

经过以上处理，输出的时钟信号与输入的基准时钟信号实现了同步。

锁相环是个相位误差控制系统。它比较输入信号和数控振荡器输出信号之间的相位差，从而产生误差控制信号来调整数控振荡器的频率，以达到与输入信号同频。在环路开始工作时，如果输入信号频率与数控振荡器频率不同，则由于两信号之间存在固有的频率差，它们之间的相位差势必一直在变化，输出相位误差序列。在相位误差序列的控制下，数控振荡器的频率也在变化。若数控振荡器的频率能够变化到与输入信号频率相等，在满足稳定性条件下就在这个频率上稳定下来。达到稳定后，输入信号和数控振荡器输出信号之间的频差为零，相差不再随时间变化，相位误差序列为一固定值，这时环路就进入“锁定”状态。这就是数字锁相环工作的大致过程。

（四）数字交叉连接（DXC）的应用

数字交叉连接是指将数字交换设备（或数字交叉连接设备）的两个端口用固定或半固定的方式连接起来，以达到两个端口直通的目的。在数字交换设备内，数字交叉连接和数字交换这两个概念有本质区别，前者是通过网管或维护终端做数据建立或拆除的，而后者是通过呼叫信令建立和拆除的。但两者的共同点是设备必须具备时隙交叉功能。

数字交叉连接在区段数字调度系统中的应用主要表现在提供通道的能力方面。由于区段数字调度系统的主系统和分系统均具有全时隙交叉能力，故能很方便地为其他业务或应用提供点对点的（64 kbit/s 或 n×64 kbit/s）通道，如站内、邻站间或任意两个站间的通道。同时，由于区段数字调度系统的主系统和分系统有丰富的会议资源，还可以为其他业务（如无线列调大三角）提供数字共线通道。

第二节 数字调度通信系统

一、系统原理

数字调度通信系统是随着通信技术、计算机技术等高新科技的飞速发展研制成功的铁路数字专用通信系统。它是基于数字传输通道在铁路沿线大量铺设的前提下设计的。数字时分交换技术是数字调度通信系统的基本技术，另外，计算机硬软件控制技术、数字信号（语音）处理技术、环行网络自动保护技术等也是数字调度通信系统中采用的一些重要技术。

数字调度通信系统的基本原理就是使用计算机硬件、软件去控制数字时分交换网络的交换接续，来达到人们期望的通信方式及通信需求。为了使通话效果更好，也为了在免提通话方式下取得更好的效果，数字调度通信系统采用了数字信号（语音）处理技术对通话语音做了一定的处理，例如抵消免提通话方式下的声音回波、语音大小自动控制等。为充分保证数字调度通信系统的安全可靠，采用环行网络的组网技术，环行网络的任何一处断裂，都不会影响任何通信业务。

二、系统组成

数字调度通信系统一般由数字调度主机、操作台、集中维护管理系统等组成。

（一）数字调度主机

数字调度主机是为调度所和站场提供调度指挥的数字交换设备，其主要功能为：网络和通道管理、组网、呼叫处理、交换及各种通信业务的综合接入。

数字调度主机为模块化结构设计，一般由电源模块、控制模块、交换模块、资源模块、时钟模块、接口模块组成。数字调度主机系统框图如图 7-13 所示。

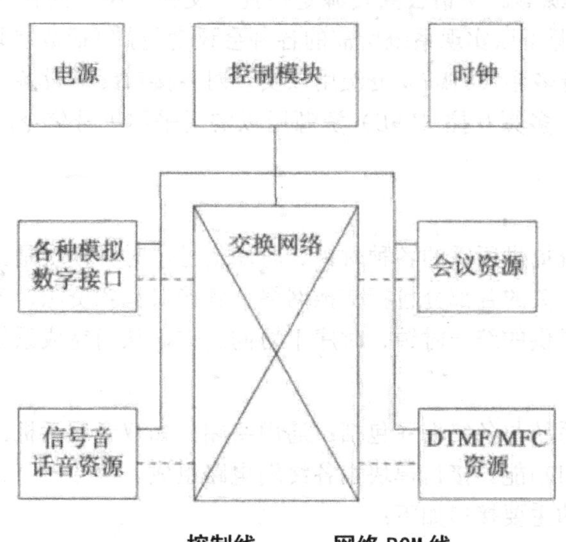

——控制线；——网络 PCM 线

图 7-13 数字调度主机系统框图

1. 电源模块

电源模块实际上是二次电源，即输入为 -48 V，经 DC/DC 转换后，为系统提供各种工作电源，主要为 ±5V、±12V、铃流等。如果现场没有 -48V 电源，则需另配电源系统。一般为分层供电、双备份设计，具有负荷分担、实时热备份功能。

2. 控制模块

控制模块实现对调度主机的交换网络、各种资源、各种接口的控制及管理，以及各种信令的处理。

控制模块一般为多处理机结构，模块化设计，集中和分散相结合的控制方式，各处理机分级实现负载分担和功能分担。分级方法如下：

主处理机：实现对全系统的综合控制和管理，包括对各子处理机、交换网络和重要资源等的控制和管理，具有实时热备份功能。

子处理机：在主处理机的控制下实现对特定功能的控制和管理，也具有实时热备份功能。

3. 交换模块

交换模块实现全系统的网络交换功能。各接口和各资源通过网络总线（PCM 线）连接到交换网络上，在控制模块（一般由主处理机直接控制）的控制下，完成两个接口间或某接口和某资源间的音频信号或数据交换。

4. 资源模块

资源模块提供系统所需的各种公共资源，主要是会议资源、双音多频(DTMF)资源、多频互控（MFC）资源等。所谓公共资源是指挂在交换网络上的任意接口均可使用的资源。其中，会议资源用以实现系统所需的各种会议功能，包括数字共线、全呼、组呼、会议呼等功能；双音多频（DTMF）资源用以实现对各接口终端设备（如双音频话机）的双音频收发功能；多频互控（MFC）资源用以实现采用 1 号信令的局间数字中继的多频互控收发功能。

5. 时钟模块

时钟模块为系统提供所需的各种时钟、时序信号。时钟模块是数字交换的核心和基础，与数字交换相关的各部分包括交换网络、各接口和各资源、各种串行控制信号等均是在时钟模块提供的统一时钟、时序下协同工作，从而完成系统的交换功能。

6. 接口模块

接口模块实现系统与各终端（包括：通用终端，如双音频话机；专用终端，如操作台）或设备的接口功能。接口模块由各终端电路组成。

数字调度主机的主要接口如下：

（1）2M 接口（A 接口）

数字调度主机通过 2 M 接口经由 2 M 透明通道实现各种形态的组网方式。

（2）U 接口（“2B+D”接口）

数字调度主机通过“2B+D”接口与操作台连接，并为操作台提供工作电源。该接口为数字调度主机与操作台间提供两个 64 kbit/s 的语音和数据通道，以及一个 16 kbit/s 的信令通道。其传输载体为一般普通的双绞线。

（3）用户接口

兼具普通用户接口、共电接口功能。接入普通双音频话机或共电话机，作为拨号用户或调度、站场分机，支持脉冲 / 双音频拨号呼叫或摘机立接呼叫；接入既有集中机的共分盘，实现与集中机间的立接呼叫；接入区间电调回线，实现区间电调用户摘机呼叫电调的功能。

（4）共分接口（环路接口）

用以接入站场扩音、广播设备，实现站场广播；接入既有集中机的共总盘，实现与集中机间的立接呼叫。

（5）磁石接口

接入既有站间闭塞回线或站间模拟通道，作为站间数字通信的备份；接入磁石电话用户，作为调度或站场分机；接入既有集中机的磁石盘，实现与集中机间的立接呼叫。

（6）下行区间接口

接入下行区间回线，与上行区间接口配合，完成既有区转机（QJ-76 或 QJ-87）的全部功能。支持脉冲和双音频收号。

（7）上行区间接口

接入上行区间回线，与下行区间接口配合，完成既有区转机（QJ-76 或 QJ-87）的全部功能。

（8）2/4 线音频接口

接入各类具有 2/4 线音频接口的终端，为其他业务（如无线列调、红外、调监等业务）提供透明的 64 kbit/s 通道，组网形态可以是共线或点对点方式。

（9）模拟调度接口

可代替原有的各种调度总机（DC、GC、YD 类），把原有的调度回线接入到数字专用通信系统中，作为数字调度系统的备份资源或作为未进行数字化改造区段的接入方式。

（10）选号接口

接入模拟调度回线或模拟专用电话回线，可接收各种模拟调度总机发出的模拟呼叫信号。

（二）操作台

操作台是调度（值班）员进行调度操作的终端设备。调度（值班）员通过操作台上各按键进行各种调度操作，如应答来话，单呼、组呼、全呼用户，转移或保持来话，召集会议等。操作台一般分为键控式和触屏式两种。

1. 触屏式调度台

触摸屏调度台如图 7-14 所示。它采用一体化结构设计，体积小、连线少、采用图形化的操作界面，功能扩展更为灵活；嵌入式操作系统带来长期安全稳定的运行，更适合大企业良好的调度环境。

触摸屏调度台支持 2B ＋ D、E1、IP 接口与后台交换机连接。同时也支持双接口的连接方式。IP 调度台通信协议传送采用 TCP 协议。可实现如下功能：

（1）单呼、组呼、强插、强拆

（2）会议、通播、广播、群答

（3）强制与静音

（4）分群、导航

（5）紧急呼叫、紧急组呼

（6）呼叫转接、呼叫转移、呼叫保持、呼叫召回、遇忙回叫

1 显示界面的功能区分为以下几种：

（1）呼叫显示区

显示调度台呼入、呼出对象的状态信息。

（2）按键呼叫区

用户定义的呼叫按键，对应呼叫对象的电话号码。每一按键代表一个用户或一组用户，按键可根据实际使用要求定义为单呼键、组呼键或广播键。

（3）功能键区

用来完成呼叫保持、转接、主辅通道切换等功能的按键。

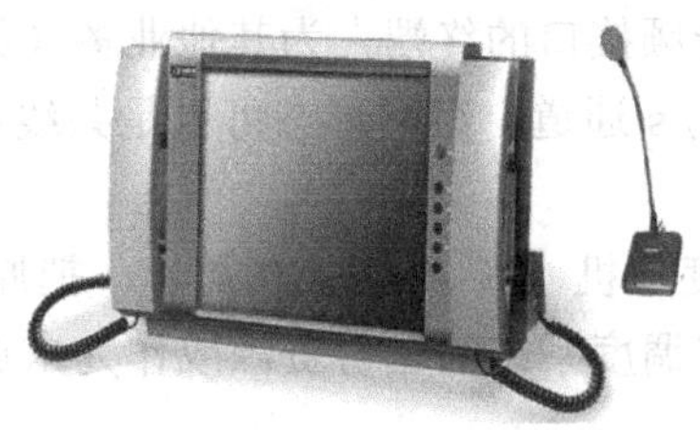

图 7-14 触屏式调度台

2. 键控式操作台

一般由键盘部分、显示部分、接口部分、控制部分、通话回路部分、电源部分、其他辅助功能部分等组成。

（1）键盘部分

键盘部分为调度（值班）员提供操作界面。一般分为单呼、组呼键区，功能键区，数字键区。单呼、组呼键区为调度（值班）员提供单键呼叫功能，同时具备应答和挂机功能。该键区一般分为 48 键和 24 键两种规格，键区内任何键均可根据现场需要任意定义。

功能键区为调度（值班）员提供其他特定的功能，如键权、主辅切换、转移、保留、会议、全呼、录音、放音等。数字键区为呼出拨号和菜单选择、参数设置键区。

（2）显示部分

显示部分用以指示操作台的运行状态和各种呼叫状态，一般分为灯显示和液晶显示两部分。灯显示通过指示灯的不同颜色和不同闪烁频率提示当前各种状态；液晶显示则可以很直观地显示各种更复杂的状态。

（3）接口部分

接口部分完成操作台与数字调度主机的接口功能。采用“2B+D”接 E1，传输码型为 2B1Q 码。为操作台与数字调度主机之间提供两个 64 kbit/s 的语音和数据通道，以及一个 16 kbit/s 的信令通道。两个 64 kbit/s 通道分别对应操作台的主辅通道，而操作台与数字谪度主机之间各种信令交互则是通过 16 kbit/s 的信令通道完成。

（4）控制部分

控制部分实现操作台内各部分的管理和控制、操作台的呼叫处理、与数字调度主机的信令交互等功能。

（5）通话回路部分

通话回路部分分为主通道（传声器和扬声器）和辅通道（通话手柄）两部分。两个通道均为全双工通信。主通道一般都采用回波相消和自动增益控制等技术，以防止啸鸣，提高通话质量。

（6）电源部分

电源部分为操作台提供所需的各种工作电源，如士 5V、3V 等。操作台一般采用远端供电方式。

（7）其他辅助功能部分

此部分包括各厂家提供的各项辅助功能，如电子复述机功能、录音功能、操作台的测试和维护功能等。

各厂家的键盘操作台外观大同小异，在此选择一例，如图 7-15 所示。

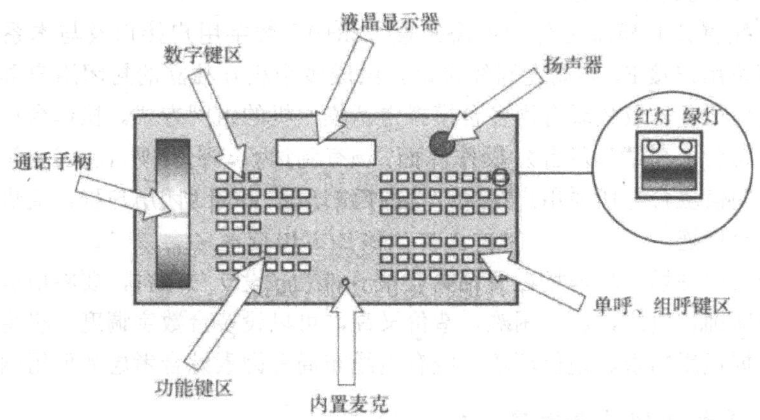

图 7-15　键控式操作台

（三）集中维护管理系统

集中维护管理系统由一台或多台集中维护管理终端、打印机组成。当系统有多台集中维护管理终端时，放置于主系统所在地的终端称为主维护管理终端，其他终端称为分维护管理终端。集中维护管理系统可对主系统和主系统管辖范围内的所有分系统进行集中维护管理及监控，但主系统与分系统之间必须通过 2 M 数字通道相连。

集中维护管理系统具有性能管理、配置管理、故障管理、安全管理等功能。

三、系统运用

系统运用分单机运用和多机组网综合运用两种方式。

（一）单机运用

所谓单机运用，是指采用一套调度主机，完成单一功能的通信设施，根据不同的需求，可在多种场合下使用。

1. 作为固定交换机使用

主机只需配置公共模块，包括电源模块、控制模块、交换模块、资源模块、时钟模块等。此外，根据实际运用需要，再配置中继模块，具有 E1 接口、模拟用户接口和数字用户接口，便成了一台固定交换机，具有 PBX 的全部呼出功能。

与铁路程控交换机相连，采用中国 1 号信令并统一编号，相当于将铁路自动电话延伸至铁路沿线中间站。

与干、局调交换机相连，采用 1 号数字用户信令并统一编号，相当于将干、局调用户延伸至区段中间站。

与移动交换机（MSC）相连，采用 1 号数字用户信令并统一编号，完成固定用户与移动用户之间的交换接续，组成专用通信网，实现固定电话网与移动电话网的业务融合。

2. 作为站场通信使用

主机除配置公共模块之外，还需配置“2B+D”数字用户接口及与本系统配套的操作台，模块用户接 E1 和调度回线接口。组成多个相互独立的封闭用户群，以完成站场内部通信业务，取代现有用多台模拟电话集中机的组网方式。操作台可作为内部用户群的主席台（车站值班台），例如某站场有到达场、出发场、编组场等三场，每场均有自己的值班台与所属用户组成一个内部相对独立的封闭用户群，值班台与相应的列车调度台相连。

对于较大的站场，场与场之间相隔较远，如果只设一台主机，要将所有用户电缆接入，需重新铺设电缆，施工困难，造价又高，可以设多台数字调度主机用级联方式组网，应根据运用需求、地位环境、既有电缆布局等因素综合考虑如何组网。

（二）多机组网综合运用

所谓多机组网综合运用，就是采用一套主系统和若干套分系统组网．完成多种业务的通信设施，区段调度通信系统就是一个典型的实例。

1. 系统总体结构

系统总体结构如图 7-16 所示。主系统放置于铁路局调度所或大型调度指挥中心，主要用于接入各调度操作台和各种调度电路，是整个系统的核心。主系统由数字调度主机、调度操作台、集中维护管理系统、录音系统等组成。

分系统放置于铁路局管辖范围内各车站，通过数字传输通道与主系统相连，主要用于接入车站操作台、远端调度分机、站间电话、区间电话、站场电话等。分系统由数字调度主机、车站操作台等组成。

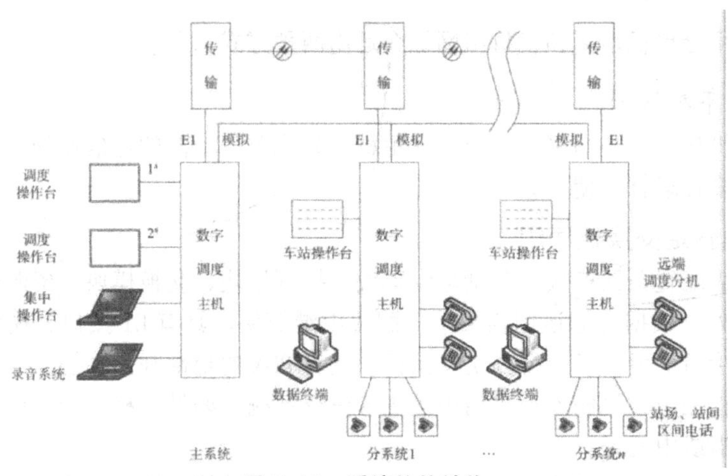

图 7-16　系统总体结构

2. 系统的呼叫与通信方式

在模拟调度系统中，调度总机对分机的呼叫是通过发送不同双音频组合来呼叫不同的分机，调度分机呼叫调度总机则是采用定位受话方式，即不需发送呼叫信号，通话与呼叫是在同一个通话（电路）中进行的。

在数字调度系统中，通话与呼叫是在不同的通道中进行，语音是在如前所述的“数字共线”通道中传送的，而呼叫信号是通过专用通信通道（一般占 3 ～ 4 个时隙）传送的。在总线形组网方式下，该专用通信通道自主系统贯穿所有分系统，主系统与分系统的通信如图 7-17 所示。

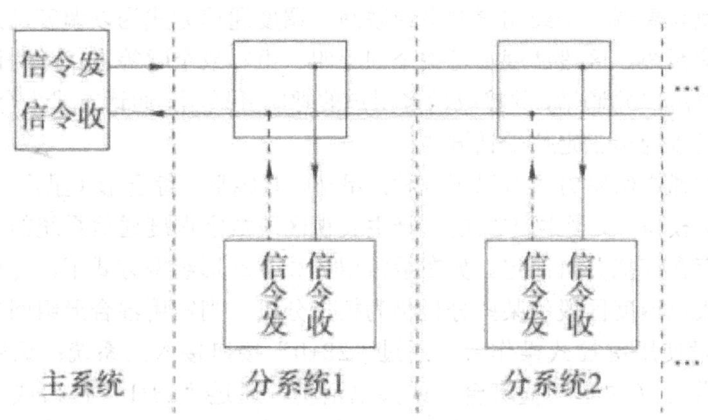

图 7-17　主系统与分系统的通信示意图

由图 7-16 可以看出，主系统和各分系统间通信为典型的总线式结构，以主系统为主导，其他分系统处于从属地位。主系统对各分系统采用分时轮询的访问方式，专用通信通道的管理权归主系统。通信由主系统发起，即主系统通过图中信令发送端口发送各种消息，其中包含被访问分系统的地址信息。图中各分系统对应信令接收端口为实线，表示所有的分系统的信令接收端口均随时处于接收状态，并分析主系统是否访问自己。图中各分系统对应信令发送端口为虚线，表示平常处于断开状态，当被访问分系统确认自己为被访问对象时，通过交换网络将该分系统的信令发送端口连至主系统的信令收总线，从而实现主系统与该分系统间通信。

为保障通信信令的可靠传输，专用通信通道一般采用 HDLC（高级数据链路控制）方式进行通信。通信信令采用数据包的格式，类似于 7 号信令系统。由于采用高性能处理器及多条 HDLC 通道，并采用高效的专用信令，使主系统和各分系统间通信速度很快。一般的呼叫响应时间均在毫秒量级。从处理能力方面讲，在总线形组网形式下，一个主系统在一个数字环内带的分系统数一般可达 50 个。

由于各厂家数调系统的主系统和分系统间采用自己开发的专用信令，使不同厂家的主系统、分系统间无法采用专用通信通道直接进行通信，只能通过标准接口和信令（如用户 / 环路方式、中国 1 号信令系统等）进行通信。

四、系统主要业务及功能

区段数字调度通信系统可以全面实现铁路各项专用通信业务，包括区段调度通信、站场通信、站间通信、区间通信、专用通信等；同时利用该系统可实现一系列扩展业务，包括为其他业务提供通道、自动电话放号等。

区段数字调度通信系统还具有集中维护管理和自动通道保护等功能。

（一）区段调度通信

区段调度通信包括列车调度通信、货运调度通信、牵引供电调度通信。

区段数字调度通信系统可以实现铁路局所有方向、所有区段的区段调度通信业务，并可以实现与局调、干线调度的多级联网。调度通信方式为以调度员为中心的一点对多点的通信系统。区段调度员可按个别呼叫、组呼或全呼等方式呼叫调度辖区范围内相关的所属用户并通话，并接收所属用户的呼叫并通话。通话方式为全双工方式，也可根据需要设置为单工定位受话方式。

调度业务的通道组网方式有以下几种：星形、共线形、综合形（星形 + 共线形）、混合形（数字 + 模拟），组网方式的选择主要视区段数字调度通信系统的 2 M 通道组网方式和是否存在模拟分机而定。如在最常用的 2 M 环形组网方式下，可以用数字共线的方式；如果该调度区段的某些分机仍为模拟分机，则需用混合形组网方式。

调度员一般使用键控式操作台，通过“2B+D”接口接入主系统；调度分机一般采用键控式操作台（如车站值班台）或共电话机，通过“2B+D”接口或共电接口就近接入相应的分系统（也可能是主系统）。调度通信的实现需要区段数字调度通信系统的主系统和相关分系统协作完成。以 2 M 环形组网为例，调度员和调度分机的语音通道为数字共线通道，呼叫信令则在专用通信时隙内传送。专用通信时隙为典型的总线型结构，以主系统为主导，其他分系统处于从属地位，主系统对各分系统采用分时轮询的访问方式。

调度员单呼某调度分机时，主系统向该分机所属分系统发出呼叫信号，该分系统收到呼叫信号后向被叫分机发出呼叫信号（值班台或话机振铃），调度员听回铃音；被叫分机摘机应答后，该分系统向主系统发送被叫应答信号，然后主、分系统将网络接通，调度员和被叫分机通话；通话完毕一方挂机后，挂机方所属系统（主或分系统）向对方发挂机（拆线）信号，未挂机方所属系统收到该挂机信号后向未挂机终端送忙音。（注：上述发起呼叫或挂机过程中，如果调度员当前呼叫通道内有其他用户，则不向调度员送回铃音或忙音）分机呼叫调度员过程与调度员单呼某调度分机过程相似。

调度员组呼或全呼时，主系统在专用通信通道上发组呼或全呼信号，相应用户对应的分系统收到该组呼或全呼信号后，向相应分机发出呼叫信号（值班台或话机振铃），调度员听回铃音；当某一被叫分机摘机应答后，其所属分系统向主系统发送被叫应答信号，然后主系统和该分系统将网络接通，调度员与之通话，其他用户陆续摘机后自动加入通话；部分分机挂机后，自动退出通话；当调度员或所有分机都挂机后，该呼叫拆除。

根据需要，调度操作台间可具有台间联络功能。在一个 2 M 环内，一个调度业务占用一个 64 kbit/s 通道共线时隙。

（二）专用通信

专用通信包括车务、工务、电务、机务、水电等专业调度通信。专用通信与调度通信只是业务性质的不同，从技术原理上两者完全相同，系统可以实现铁路局各方向的所有专用电话业务。

专用通信的通信方式、通道组网方式、呼叫方式和时隙占用情况与调度通信相同。

当某专用通信调度台与主系统不在一个地点时，该专业调度台可以通过就近的分系统接入，这种接入方式称为远程调度台。远程调度台一般有两种实现方式，第一种方式是在主系统和相应分系统间设置 3 条专用 64 kbit/s 通道，将该远程调度台的“2B+D”通道直接连接到主系统的“2B+D”接口，由主系统直接管理该远程调度台；第二种方式是由相应分系统直接管理该远程调度台，所有呼叫接续由该分系统经由主系统处理。第一种方式的优点是系统处理简单，缺点是需独占 3 条 64 kbit/s 通道；第二种方式正好相反，其优点是节省了 3 条 64 kbit/s 通道，但增加了呼叫处理的复杂性。

（三）站场通信

站场通信包括车站（场）集中电话、驼峰调车电话、平面调车电话、货运电话、列检电话、车号电话和商检电话等。站场通信是铁路专用通信的重要组成部分，它上与调度电话、专用电话联系，下与铁路车站站场内不同用户保持联系。

每个车站分系统都是一个独立的调度交换机，车站分系统可实现以一个或多个车站操作台为中心，接入各种站场电话，并保留原有通信方式的站场通信系统，以取代原有集中机等既有站场通信设备。

值班员使用键控式操作台，通过“2B+D”接口接到车站分系统；站场内的用户可以通过共电接口、共分接口、磁石接口等接入到车站分系统；站场广播系统通过共分接口接入到车站分系统；调度电话、专用电话除了可以从车站分系统的数字接口接入，还可以在没有数字通道时从选号接口、共分接口接入，通过车站分系统内部的全数字无阻塞时隙交换网络、多方会议电路方便灵活地组成了站场通信，值班员可以通过操作台上的按键任意实现单呼、组呼、会议呼。

单呼：按相应的键即可呼出对应的用户。

组呼：按相应的键可呼出设定为同一组内的用户。

会议呼：值班员可利用该功能将多个临时用户召集起来开会。

车站操作台具有台间联络功能，可实现值班员之间的通信。

车站分系统同时支持拨号呼叫、出局呼叫等功能。

站场通信为分系统内部业务，不需占用 2 M 环内的时隙。

（四）站间通信

站间通信是指（相邻）两车站值班员之间进行语音联络的点对点通信业务。

车站值班员一般使用键控式操作台作为值班台，站间呼叫一般为单键操作．即一键直通。如果不考虑跨站站间通信业务，站间通信一般占用2 M环中两个64 kbit/s。通道时隙，其中一个时隙为主用站间时隙，另一个作为备用站间时隙。主用时隙处于分段复用状态，即任一车站与其上、下行车站的站间通话均使用该时隙，也就是说通过车站分系统的交叉连接功能实现了时隙的分段复用。当2M环的通道出现一处断点(备用2 M通道除外)时，该断点两侧两个车站将无法利用主用站间时隙进行站间通话，这时候系统将自动启用备用站间时隙作为这两个站的站间通话通道。

实际应用中，站间通信在某些情况下被允许跨站使用（如高速铁路线中的行车站）。此时，只需再给一个时隙做这种站间通信用，同样这个时隙也可以被分段使用。

站间通信的呼叫信令一般有两种处理方式：其一是两个分系统通过主系统（经由专用通信通道）转发呼叫信息；其二是两分系统间建立直达信令通道，直接处理站间呼叫信令。两种处理方式中，前者站间呼叫依赖主系统，而后者站间呼叫与主系统无关。

区段数字调度通信系统可利用既有的站间模拟通道（模拟实回线或电缆）作为站间数字通道的备份，当某分系统无法通过数字通道与邻站通信时，系统会自动将站间通信切换到模拟备用通道上进行。车站分系统一般采用磁石接口接入站间模拟通道。

（五）区间通信

1. 区间电话

车站分系统内置了区转机功能。每个车站分系统均可设置一个或多个下行区间电话接口和上行区间电话接口，并通过这些接口接入区间通话柱。在通信方式上保留原区转机的工作方式。

区间电话业务分为区间专用自动和区间电调直通两种：在区间专用自动回线上，用户摘机后需拨号呼叫，由车站分系统根据所拨号码进行转接；在区间电调直通回线上，用户摘机后由车站分系统直接接入电调台。

2. 区间应急抢险人工电话

铁路行车区间通话柱上的应急抢险人工电话回线可以接到数调系统中车站分系统的磁石接口或共电接口，由系统将其以数字共线或点对点方式转接至枢纽主系统，再由其转接至铁路人工长途台。

3. 区间应急抢险自动电话

通过数调系统与干调系统、局调系统的联网，可以将干调系统、局调系统中的调度自动网号码资源放号到数调系统中的各个车站分系统中，再由其引入到区间回线中，并且在同一调度区段内保持号码一致，以方便铁路应急抢险时，在区间可以直接拨号呼叫干调系统或局调系统的调度台。

（六）DXC 功能

区段数字调度通信系统的主系统和分系统均具有全时隙交叉功能，故单个系统（主系统或分系统）和整个系统均具有完备的DXC功能。利用这一功能可以很方便地为其他业务或应用提供点对点的（64 kbit/s或nX64 kbit/s）通道，如站内、邻站间或任意两个站间的通道。同时，由于区段数字调度系统的主系统和分系统有丰富的会议资源，还可以为其他业务（如无线列调大三角）提供数字共线通道。系统支持各种复杂连接的调度业务、专用业务、各种复杂的数字共线业务以及点对点、点对多点、广播型的半固定接续等。

提供通道的业务接口可以是：音频 2/4 线接口、“2B+D”接口、64 kbit/s 同向接口等。

（七）PBX 和自动电话延伸仍能

区段数字调度通信系统的各调度主机（主系统或分系统）均具有完备的PBX功能，通过用户/环路接口、2 M接口等与其他交换网（如铁路自动交换网、干调网）相连，支持内部拨号呼叫、出局和入局呼叫等。内部编号可采用短号码（不等位编号）或与其他交换网等位编号两种方式。采用不等位编号时，用户（非立接用户）内部呼叫拨短号码，出局、入局呼叫均采用二次拨号；采用等位编号时，用户内部呼叫和出局、入局呼叫均采用交换网的统一编号，无需二次拨号。

区段数字调度通信系统还具有将中心站自动网用户延伸到周边小站的功能。中心站调度主机（主系统或分系统）通过 2 M接口或用户/环路接口与程控交换机相连，被延伸的用户直接接入相应的车站分系统。与接入网相比，该接入方案具有如下特点：①对被延伸用户号码没有要求，可以将没有规律的号码下放到各小站，有效利用号码资源。②具有 1 ∶ 1 到 1 ∶ 4 连续可调的集线比。③通道使用灵活高效：可利用数调系统 2 M环中剩余通道，也可使用单独的放号通道；同一方向的小站通道可互相复用，即每站不需独占通道，从而提高通道使用率，降低呼损。

（八）集中维护管理功能

区段数字调度通信系统的集中维护管理系统参照电信管理网（TMN）标准，涵盖了性能管理、配置管理、故障管理、安全管理四大功能。

1. 性能管理

显示主系统和各车站分系统的网络拓扑结构；查看网络、主系统和各分系统的运行状况；查看各系统单板和接口的状态；查看各系统的程序和数据版本；加载程序和数据；主备切换等。

2. 配置管理

网络通道的配置；主系统和分系统的数据配置；各调度台数据的配置；多个网管终端权限和管理范围的配置等。

3. 故障管理

全系统所有告警、故障信息的收集、统计和分析，生成告警日志，告警的查看和打印。

4. 安全管理

控制各维护管理终端的权限，控制各级管理员和操作员的操作权限和操作方式，确保网管系统的安全性。

（九）通道保护功能

区段数字调度通信系统具有如下通道保护功能：

1. 数字自愈环

在主系统和分系统的 2 M 组网中，采用数字自愈环的方式，保证数字环的任何一处断开都不会影响系统的正常运行，增加了系统的安全可靠性。

2. 断点保护

某个车站分系统断电或维修，或系统有严重故障时，该系统将自动从环上脱离，以保证数字环的完整性。

3. 利用模拟通道对数字通道进行备份

系统可利用备用的模拟通道对重点调度业务或站间业务的数字通道进行备份。当某些分系统无法通过数字通道与主系统通信（如数字环中同时出现两个或两个以上断点）时，系统将自动利用备用的模拟调度回线，实现调度员与相应调度分机之间的呼叫，以保证调度业务畅通。同样，当两个分系统无法通过数字通道进行站间通信时，这两个分系统将自动利用站间备用模拟通道完成站间呼叫。

五、系统运用的安全与保护措施

为保证系统的安全运用，区段数字调度通信系统从以下三个方面提供安全保护措施。

（一）组网

1. 数字自愈环

在系统组网时，采用环状的数字自愈通道，保证数字环的任何一处断开都不会影响系统的正常运行，增加了系统的安全可靠性。

2. 断电保护

某个车站断电、停电维修，或该站分系统有严重故障时，该分系统自动将上、下行 2 M 口对接并从环上脱离，来电后自动恢复，无需人工启动和加载，以保证数字环的完整性。

3. 数字 / 模拟通道互为备份

当数字传输通道出现故障时，系统自动切换到备用的模拟通道，保证调度业务正常使用。

（二）硬件设计

1. 超大规模集成电路

系统集成度较高，可靠性好。

2. 模块化设计

局部损坏不影响全局。

3. 实时热备份

控制部分、电源部分和关键接口均可实现“1+1”或“n+1”实时热备份。

4. 故障时自动切换到应急分机

当操作台或“2B+D”接口、用户线故障时，系统自动切换到备份的应急分机，也就是说可以用普通电话机替代操作台。

（三）诊断告警与集中维护

1. 自诊断、测试和告警

系统具有完善的自诊断、测试和告警功能，一旦发现问题，马上通过声光告警提示维护人员，同时在集中维护管理系统上有详细的记录，可以增强维护能力，提高响应速度。

2. 受控状态

系统所有设备包括备用设备均处于受控状态，保证备用设备运行良好，免去了繁重的设备检修工作。

3. 远程诊断

有的系统还具有远程诊断功能，在异地通过自动电话网接通维护台，进行远程诊断和技术支援。

第三节 铁路调度通信网络

一、干线调度通信网络

（一）网络组成

干线调度通信网络由设在铁路总公司的数字调度交换机为汇接中心，与设在各铁路局的数字调度交换机，用 2 M 数字中继通道相连接，相邻铁路局的数字调度交换机之间也以 2 M 数字中继通道相连作为直达路由，从而构成一个复合星形网络的干线调度通信网。

（二）网络编号及呼叫方式

干线调度专用网用户与局线调度专用网用户的电话号码，全路统一编号，采用五位码(HiH/ABC)，编号前两位为调度局向号，后三位ABC为用户号，纳入调度台的用户，调度员无需拨号，单键直呼所属调度分机，分机遇忙，调度员可强插通话，调度员还可进行全呼、组呼。调度网内用户相互间呼叫，听一次拨号音直拨五位码。

（三）网络同步

网内同步采用主从同步方式，铁路总公司调度交换机配置的时钟作为第一从时钟，从铁路总公司 SPC 上提取的时钟为主时钟，各铁路局调度交换机通过数字传输通道 PCM 30/32 的 TS0 保持与第一从时钟同步。

同时，为了保证调度网络的可靠性，铁路总公司调度交换机配置的时钟，采用双工热备份方式作为调度网络的副时钟（精度为 ±5×10-6）。当铁路总公司 SPC 主时钟故障或与铁路总公司 SPC 相连的数字链路故障时，各铁路局与副时钟同步；各铁路局调度交换机本身也配有时钟（精度为 ±1×10-6），如果铁路总公司副时钟或铁路局与铁路总公司的数字链路中断，铁路局调度交换机自身的时钟自动进入工作状态。

（四）接口及信令

交换机之间的局间中继接口采用“30B+D”数字接口，用 2M 数字通道相连接。

铁路局调度交换机的局间信令采用 ISDN 网络共路信令（CorNET 信令）。CorNET 信令属于 ISO/OSI 参考模型的第三层 —— 网络层，网络层的主要功能是利用数据链路层所保证的相邻节点间的无差错数据传输功能，通过路由选择和中继功能实现两个端系统之间的连接。此外在功能上还覆盖了原 CCITT 有关用户网络接口 ISDN D 信道协议的 Q.930、Q.931 标准和 EMCA Q-SIG 协议的内容，从而在以 CorNET 互联的交换机专网范围内提供大量公共 ISDN 网络所没有的服务，由此组成一个统一的 ISDN 调度网络，实现全部 ISDN 功能的全网透明传输，如全网范围内的遇忙 / 无应答呼叫转移、遇忙 / 无应答回叫、会议电话、热线、强插、强拆、多次中央呼叫等调度功能。

铁路局调度交换机如果采用其他型号的调度交换机，其局间信令采用 DSS1 信令。

二、区段调度通信网络

铁路局调度有两种类型：一是以局调度指挥中心对全局相关站段的调度指挥，其通信网络结构，有的用专线组成星形调度通信网络，有的用铁路自动电话拨号呼叫进行联络；二是铁路局调度员仅对铁路线上某一区段的各车站（段、所、点）进行调度指挥，按其调度范围仍称为区段调度通信，下面介绍区段调度通信网络的特点与组成。

（一）区段调度通信网络的特点

铁路区段调度通信网络是根据调度通信业务性质、地理位置及安全可靠性的特殊要求等多方面因素来组建的，概括起来有以下两大特点：

1. 数字共线形的通信网络

区段调度的通信方式：调度所调度员→车站值班员为指令型；车站值班员→调度所调度员为请示汇报型。

根据调度业务性质为一点对多点的调度指挥，地理位置又呈链状结构，为有效利用传输通道，仍沿用模拟通信时的共线方式。

2. 以 2 M 自愈环组成区段调度通信网络

区段调度业务包括了列车调度、货运调度、电力调度，每一类调度分别只占用一个时隙，一个 2 M 传输通道的通信容量，完全可以容纳多个区段的各类调度业务。组网时，一个 2 M 数字通道从始端站至末端站按上下行逐站串接，末端站又从另一层传输网中的一个 2 M 返回至主系统，从而构成一个 2 M 数字环。逐站串接的 2 M 为主用，末端站迂回的 2 M 为备用。当区段通信线路在某一点中断，从断点至末端站可由迂回的 2 M 接通主系统，所以称之为 2 M 自愈环。尽管通信传输网络也具有自愈功能，区段调度通信网的 2 M 自愈功能为安全可靠运用多了一层保护，即使大通道全部中断，只要从主系统至末端站从异网沟通一个迂回 2 M，仍能保证调度通信的正常使用。

（二）区段调度通信网络的组成

区段调度通信组网时，必须根据数字传输通道和铁路运输区段的实际情况，综合考虑如何组成 2 M 自愈环。

1. 首先确定一个自愈环内串接多少个分系统（车站）

在保持同步和呼叫响应时间不大于 50 ms 的要求下，根据制造商提供的资料可以稳定串接 50～64 个分系统。50 个车站之间的线路长度不会小于 500 km，至少有 4 个行车调度区段，这对安全可靠性来说是不可取的。在实际运用中，运输繁忙的主干线路上，以一个行车调度区段为一个 2 M 自愈环，其他线路上以两个行车调度区段合用一个 2 M 自愈环，区段调度通信网络组网如图 7-18 所示。图 7-17 中 AB 站为两个调度区段的分界站，必须同时纳入 A 列调台和 B 列调台。

2. 其次对几种特殊情况的处理

（1）枢纽列车调度台的组网

枢纽列车调度台，也有的称为集中列调或地区列调，各单位命名不一样，实际都是指大站周边的几个小站组成的一个列车调度台。

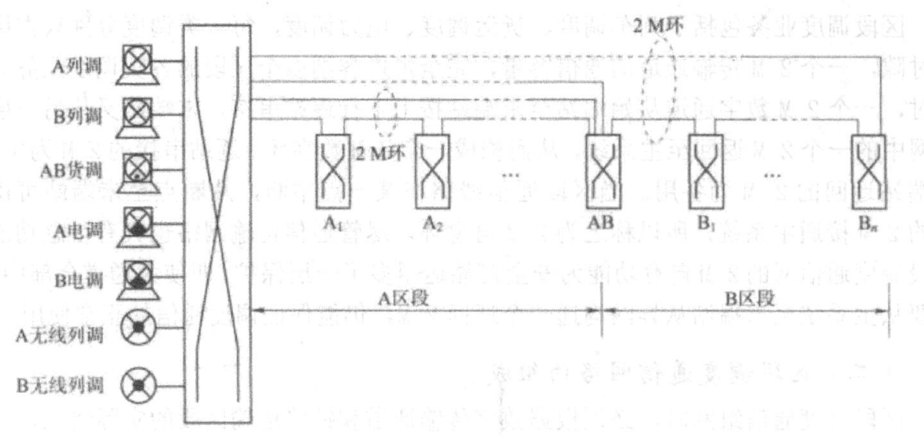

(a) 一个行车调度区段用一个2 M自愈环组网

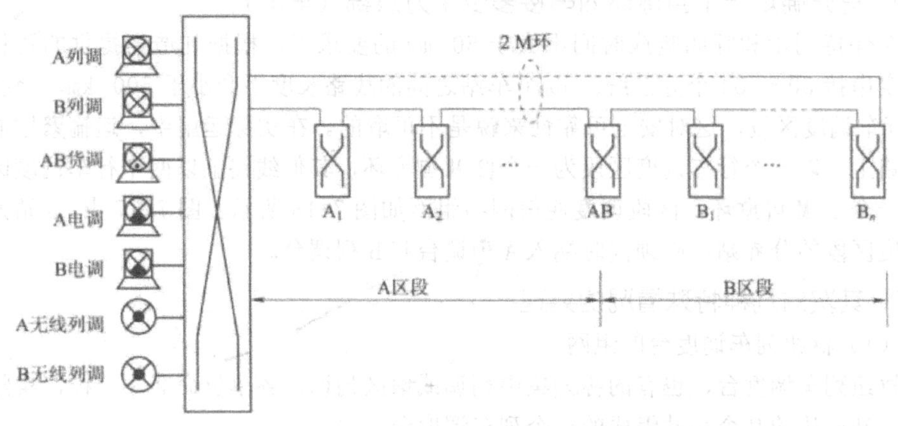

(b) 两个行车调度区段合用一个2 M自愈环组网

图 7-18　区段调度通信网络组网图

图 7-19（a）为枢纽列调地理位置示意图，对枢纽列调台组网时，要根据地理位置和数字通道传输情况来确定能自行组成2 M自愈环的是最佳方案，但实际很难做到。如图 7-19（b）所示，A方向和B方向主干线路具有数字传输条件，可以将A方向的 A_1、A_2、A_3 站和B方向的 B_1、B_2、B_3 站分别纳入该方向主干线路的区段 2 M自愈环内，占用一个时隙，C方向的 C_1、C_2、C_3 自行构建一个 2 M自愈环，D方向未经数字化改造，D_1、D_2 站的调度分机仍为模拟调度分机，接入主系统的模调接口。这样将 4 个方向的调度分机分别采用时隙的、2 M的、模拟的方式，在主系统中进行星形汇接，从而构成一个数模混用、星形加共线形的复合网络。

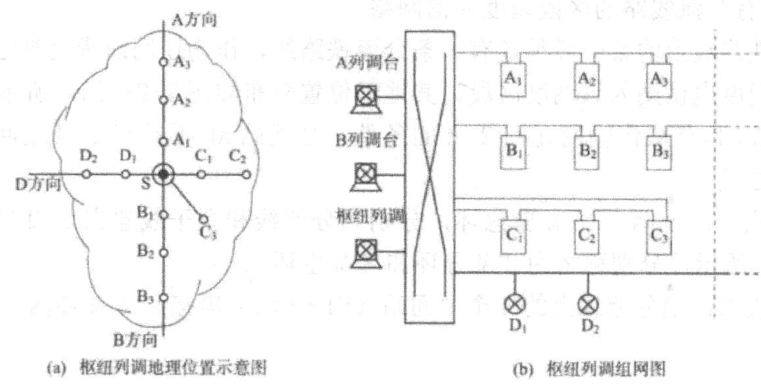

(a) 枢纽列调地理位置示意图　　(b) 枢纽列调组网图

图 7-19　枢纽列车调度台组网示意图

（2）具有分支铁路线的区段调度通信网络

在主干铁路线上的某中间站有一条分支铁路线，分支线上几个中间站的调度电话纳入该调度区段，其地理位置分布如图 7-20（a）所示。

图 7-20（b）分支线为模拟通信线路，分支线上的 Z1 ～ Z4 4 个小站仍采用双音频调度分机，那么在 Az 站的分系统需配置模调接口，并在该站分系统进行汇接。

图 7-20（c）为分支线已具有数字传输通道，该分支线自行组成一个 2 M 支环并接入 Az 站分系统汇接处理，Az 站分系统需配置 4 个 2 M 口。

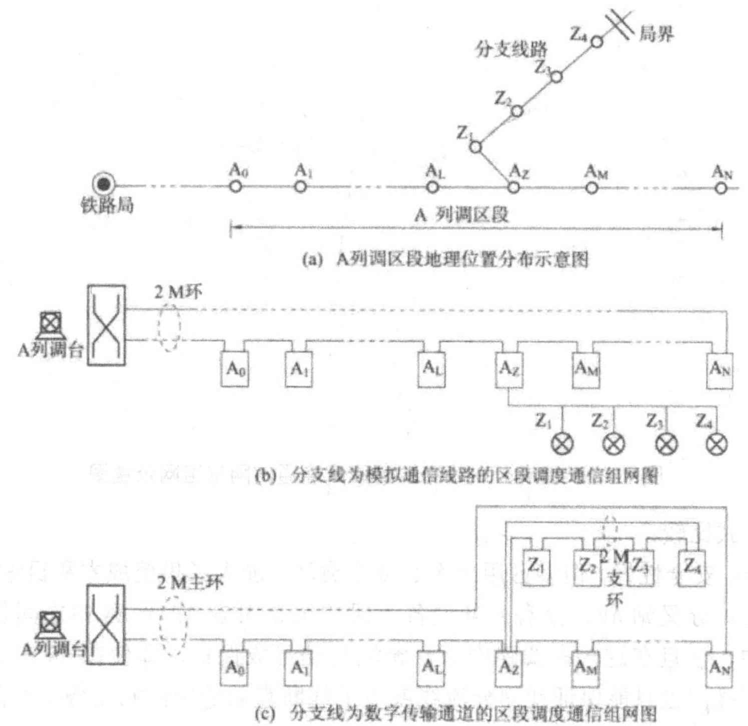

(a) A列调区段地理位置分布示意图

(b) 分支线为模拟通信线路的区段调度通信组网图

(c) 分支线为数字传输通道的区段调度通信组网图

图 7-20　具有分支铁路线的区段调度通信组网图

（3）具有分流线路的区段调度通信网络

在主干铁路线上的某一段另建有一条分流铁路线，作为迂回或货运直达用，分流线上小站的调度电话纳入该调度区段，其地理位置分布如图 7-21（a）所示。

末端站 AN 具有从传输网迂回 2 M 的条件，分叉站 AF 不具有 2 M 迂回的条件，有两种组网方式。

组网方式一：设两个 2 M 自愈环，分别为分流线和主干线建立 2 M 自愈环，如图 7-21（b）所示，分别称之为 2 M 分环和 2 M 主环。

组网方式二：把分流线上的 4 个中间站（F1 ～ F4）串接到 2 M 环内，如图 7-21（c）所示。

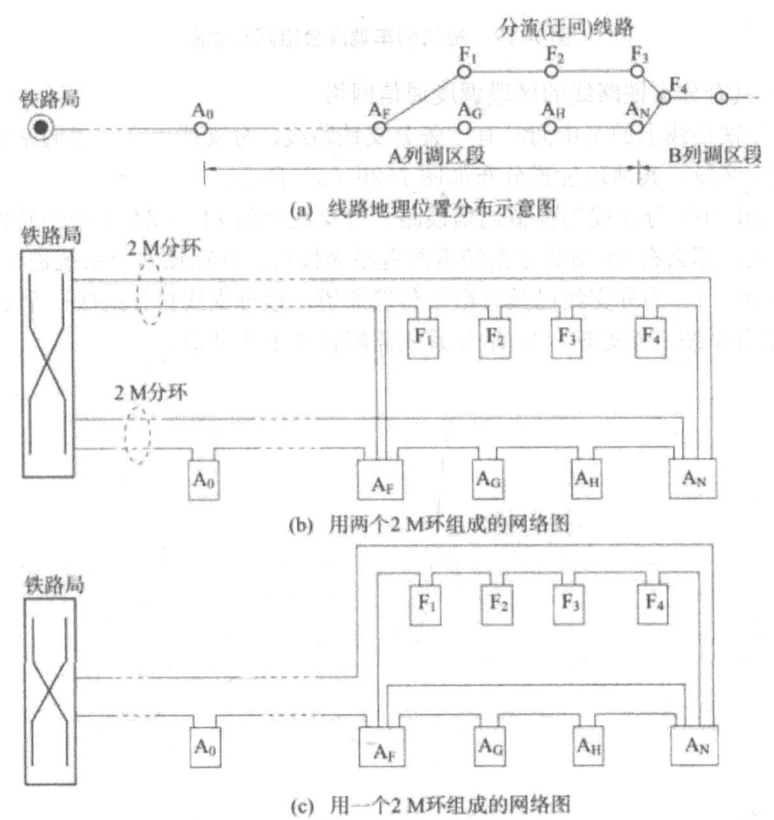

图 7-21　具有分流线路的区段调度通信网络组网示意图

两种方式比较：

方式一：安全性好，但多占用一个 2 M 自愈环，加大了投资成本和日常运营费用。

方式二：分叉站 AF，没有 ATM 设备，保护用 2 M 在 AF 至 AN 站之间仍走在区段传输通道中。一旦在这一段线路中断，无法自动形成保护，即使在 AN 末端站由人工进行 2 M 倒接，也只能保证迂回分流线或主干线断点后的中间站，势必有部分车站要中断，安全性较差，但可大大节省费用。

要对投资、线路安全状况、分流线路长度等综合比较后选择方式一或方式二。

（4）中间站没有光纤网络单元（ONU）设备或2 M通道的处理

没有2 M传输设施的中间站，有下列几种情况：

一种是线路乘降站，不办理客货运业务，只需一台列车调度电话分机，那么可以在相邻站的分系统用“2B+D”接口延伸至线路乘降站，该列调分机采用数字话机，如果两站间距离超过5 km，可以用电缆线路数字复用设备。总之，该线路乘降站的一切通信设施纳入相邻站的分系统。

另一种情况是比较大的中间站，传输系统及ONU接入设备设在该地区的通信站，将分系统也设在通信站，车站所有通信终端用地区电缆接入，这是一种最为简单的办法。但存在问题较多，如地区电缆线路有时要经过多处电缆交接箱；电缆芯线不够时，车站原有的模拟集中电话机还得利用，将影响全网的通信质量。可以采用级联的办法解决，如图7-22所示。用级联方式连接，即在车站增设一台分系统，该分系统只设用户接口包括“2B+D”接口。通信站的分系统只设2 M接口和“2B+D”接口，“2B+D”接口数n视车站对外的用户数而确定，如车站值班台、区间用户、站间行车电话等等，这是目前常用方式之一。

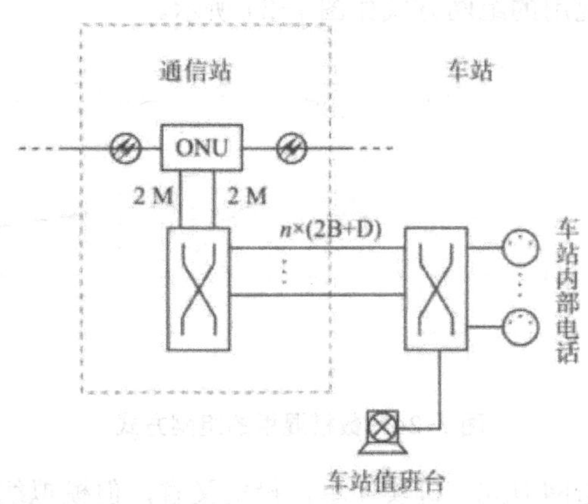

图7-22　用级联方式连接

此外，也可采用高速数字用户环路（HDSL），如图7-23所示，将2 M延伸至车站。这种方式对传输线要求很高，HDSL设备必须高质量，实际运用中很少采用。但是，这种方法维护界面很清楚，随着通信技术的发展将逐渐被接受。

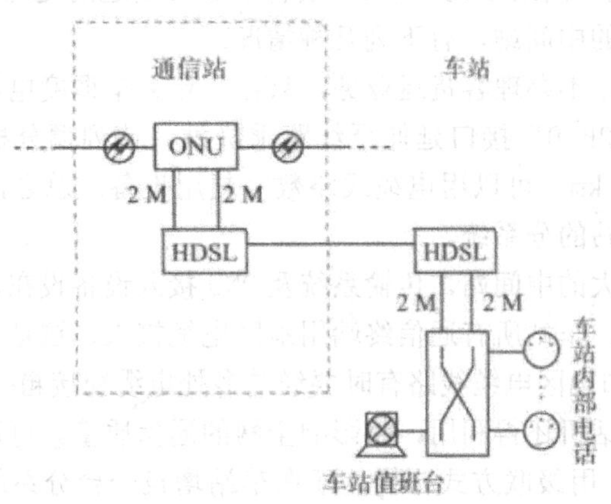

图 7-23　用 HDSL 方式连接

还有一种情况是光传输系统隔站设置 ONU 接入设备，最简单的处理方法是：利用区段数字调度设备具有数模兼容的特点，在没有 ONU 接入设备的中间站，仍沿用原有模拟调度分机。数模混用的组网方式如图 7-24 所示。

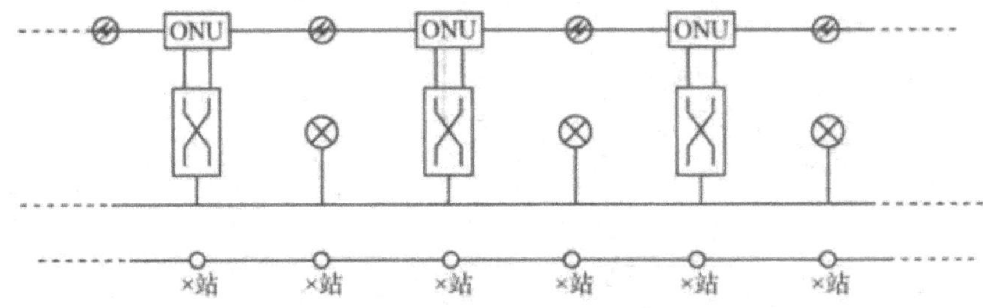

图 7-24　数模混用的组网方式

这种数模混用的组网方式，确实简单，投资又省，但模拟线路的传输质量差，整个区段全线接入，通信质量得不到改善，这是一种不可取的办法。

在这里介绍一种切实的办法，类似级联的方式，但比级联又进了一步，即用数字倍增器联网如图 7-25 所示。

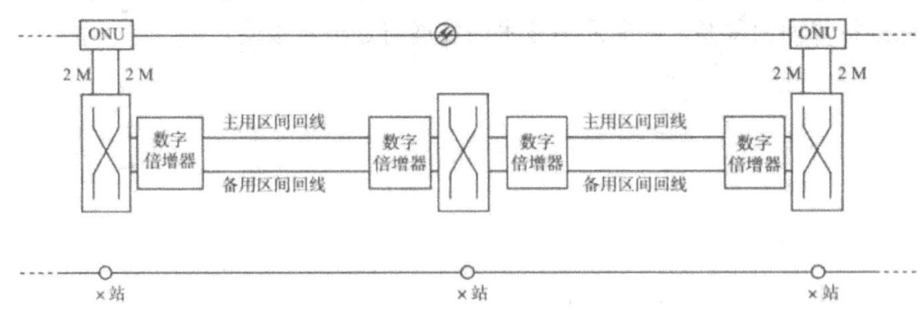

图 7-25　用数字倍增器联网

在没有 ONU 接入设备的中间站设一套分系统，仅配置用户接口，与相邻车站之间通过数字倍增器相连。数字倍增器是为区段数字调度设备开发的配套设施，外线端分别接两对区间电缆实回线，一主一备，主用回线故障时自动倒向备用回线。“2B+D”接口端接入分系统的“2B+D”接口，配对连接后，该分系统接入区段调度通信网络。

3. 时隙分配及网络的综合运用

区段调度通信网络采用 PCM 30/32 传输，TSo 为同步时隙，TS16 为标志信号时隙，TS1 ～ TS15 及 TS17 ～ TS31 为 30 个话路时隙。区段调度通信网络组成采用 2 M 逐站串接方式，其内部信令控制线需占用 3 ～ 4 个时隙，一般安排在 TS28 ～ TS31，因此可用时隙还有 26 个。

区段内调度通信业务包括：列车调度、货运调度、电力调度、无线列车调度，占用 4 个共线时隙。即使由两个调度区段组成的 2 M 自愈环，也只需 6 ～ 8 个共线时隙。另外站间行车电话需占用 2 ～ 3 个站间时隙（将时隙分段使用）。因此，如果仅开放区段调度电话业务，只需 8 ～ 11 个时隙，还有 2/3 的通信容量空闲。而铁路数字专用通信系统完全是针对铁路区段通信的特点和需要而开发的产品，接口丰富、使用灵活，可以提供数字共线的通信业务，因此完全可以利用区段调度网络内的空闲时隙开放中间站局调分机、区间应急通信自动电话、区段公务专用电话等区段语音业务，以及红外线轴温检测传输通道、电力远动、信号监测等区段数据通信。这样做不仅可以节省投资，降低运营成本，还可真正实现铁路区段专用通信数字化、综合化。

第四节　高速铁路调度通信系统

一、FAS 系统构成

由于我国高速铁路（以下简称为高铁）的快速发展，原有铁路通信提供的业务和功能与现代高铁需要之间的差距在不断扩大，GSM-R 网络应运而生，基于 GSM-R 的调度通信系统也随之发展起来。针对高速铁路 GSM-R 调度通信的需求，人们研发了固定用户接入交换机 FAS（Fixed users Access Switching）系统，采用模块化设计、分布式结构、全分散控制、数字交换和计算机技术，具备各种通信业务的接口，既能满足调度通信的需求和各种业务的综合接入，又能适应与 GSM-R 网络和其他数字程控交换的互通互联，其构成如图 7-26 所示。

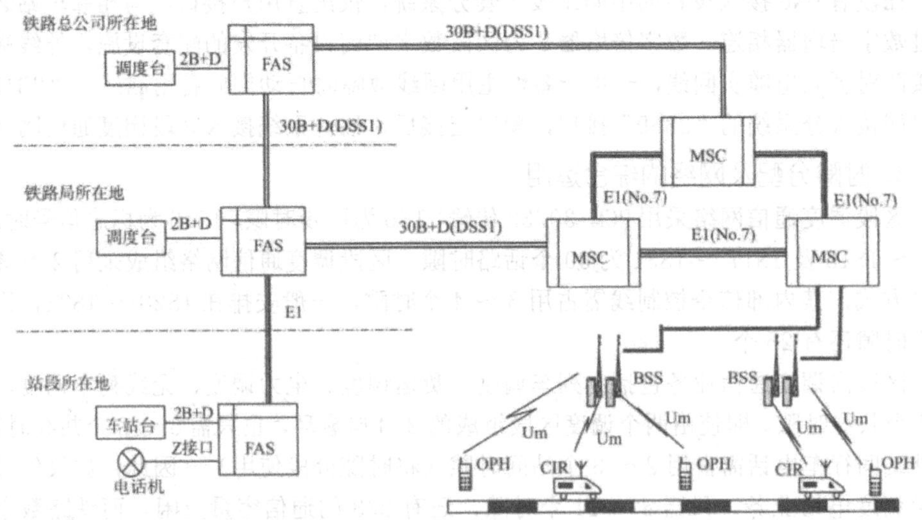

图 7-26　FAS 调度通信系统的构成

现场数字调度通信系统都简称为数调，数调和 FAS 实际是同一设备，只是在不同的使用场合，配置有所示同，称谓也就不同，即在 GSM-R 网络中称为 FAS；在非 GSM-R 网络中称为数调。目前高铁 FAS 系统主要有佳讯公司 MDS3400 和中软公司 CTT4000 调度系统，在后面的章节将分别做以介绍。

二、FAS 系统基本原理

FAS 系统主要采用数字交换技术，先将模拟话音信号数字化，其次是将数字化的语音信号进行交换，实现数字共线和数字交叉连接。

（一）模数转换

调度通信所传送的话音信号是模拟信号，要在数字通道传送，必须将其数字化，并在接收端还原成模拟信号。因此要对语音信号进行抽样、量化、编码三个步骤后，完成话音信号数字化，即模数转换。

（二）数字交换

将数字化的话音信号通过数字网络进行交换，实际上是时隙的交换，数字交换网络能够将一个时隙的内容交换到另一个时隙去，时隙交换也就是将时分多路复用线（PCM 复用线，常称为数字链路）中某一时隙的话音脉码信息在时间位置上调制到另一时隙中去，实现时隙间信息的交换，这就是数字时分交换原理。

（三）数字共线

数字交换网络只能实现两个用户间的全交换（通话双方均能听到对方讲话），而要完成三个或三个以上用户全双工会议交换（每个用户均能听到其他所有用户讲话），则需要专门的数字会议电路。数字会议电路的原理是将通信中两个发送方的数字信号叠加后再送给接收方，接收方可听到两个发送方的声音，实现调度通信中三方或更多方通话，这就是数字共线。在铁路调度通信中，一是各车站用户占用不同的时隙，经过调度主系统后，再做数字会议加法；另一种是各车站用户先做数字会议加法，然后同邻站的“时隙”内容相加后，再经过同一时隙送向下一站这个时隙称之为数字共线。

三、FAS系统网络结构

（一）系统结构

FAS系统由调度所FAS、车站FAS、调度台、值班台、其他各类固定终端及网管终端构成。调度所FAS设置在铁路总公司和铁路局等调度机械室；车站FAS设置在车站和用户相对集中的通信机械室；调度台设置在各类调度员所在地；值班台设置在车站值班员所在地。

（二）组网方式

FAS系统按铁路总公司至铁路局和铁路局至站段二级结构组网。

铁路总公司调度所FAS至各铁路局调度所FAS采用星状复合结构，并有迂回路由。相邻铁路局调度所FAS之间设直达路由兼作迂回路由。

铁路局调度所FAS系统至车站FAS系统采用环形或星形结构。

采用环形组网时铁路局调度所FAS系统与车站FAS系统，以及车站FAS系统之间以两个2 M口为一个基本共线单元，一个为上行2 M口，一个为下行2 M口。整个系统需要两个透明2 M通道，一个作为主用通道，另一个作为备用通道，以构成数字自愈环。铁路局．调度所FAS系统的下行2 M口、各车站FAS系统的上、下行2 M口、末端车站FAS系统的上行2 M口经由主用2 M通道首尾相连，铁路局调度所FAS系统的上行2 M与末站FAS系统的下行2 M口通过备用2 M通道相连，构成整个数字调度系统。

采用星形的组网方案中，铁路局调度所FAS系统提供多个2 M数字接口，分别与车站FAS的2 M数字接口连接，每个车站FAS系统至铁路局调度所FAS都有自己独立的2 M通道，铁路局调度所FAS系统与车站FAS系统间可独立完成话音及数据等业务。

（三）FAS系统的同城异地容灾

为了保证铁路调度系统的安全可靠，FAS系统采用同城异地容灾备份方式，即在同一个铁路局的不同地点设置一主一备两套调度所FAS系统。当主用系统出现故障，备用系统自动升级为主用系统，保证整个铁路调度系统的正常运行。

在主、备调度所FAS主系统处各设置一套网管系统，实现网管的“1+1”备份，两套网管之间通过IP网络连接，保证数据同步。

四、FAS 系统业务功能

（一）调度业务

以列车调度为例，铁路局列车调度员使用的终端设备称为XX列车调度台，其调度对象为所辖车站值班员、相关站段调度。

特点：直接指挥列车运行的通信设备；调度员对车站值班员为指令型通信，值班员对调度员为请示汇报型通信；以调度员为中心，一点对多点的通信；铁路线点多线长，呈线状分布，列调通信也呈链状结构。

要求：列车调度电路是独立封闭型的，除救援列车电话、区间施工领导人电话可临时接入，其他任何用户不允许接入。调度电话必须保证无阻塞通信，调度台处于定位受话状态，调度分机摘机（或按键）便可直接呼叫调度台。

1. 列车调度

列车调度员以单呼（车次号功能寻址 /MSISDN 号码方式）、组呼、广播方式呼叫调度辖区内的机车司机。

列车调度员以单呼、组呼方式呼叫调度辖区内车站值班员。

列车调度员组呼调度辖区内的机务段（折返段）运转、列车段、车务段、电力牵引变电所等值班员并通话。

列车调度员向调度辖区内的车站值班员、机车司机、助理值班员、工务人员、道口人员发起紧急组呼。

机车司机按位置寻址 /ISDN 号码方式个别呼叫当前所在调度辖区内的列车调度员并通话。

机车司机按位置寻址 /ISDN 号码方式个别呼叫本站、前方站、后方站值班员并通话。

机车司机向调度辖区内的调度员及相邻车站值班员、机车司机、助理值班员、工务人员、道口人员发起紧急组呼。

2. 牵引供电调度

牵引供电调度员按个别呼叫、组呼等方式呼叫调度辖区内相关所属用户并通话。

牵引供电调度员接收所属用户的个别呼叫并通话。

（二）站场通信

站场通信是实现车站值班员、助理值班员、客运值班员之间的通信，其用户包括机车司机、车站外勤值班员、站内道口、值班（工务、通信、信号、电力、接触网）工区、客运作业人员等。

站场通信有两种类型，一种是大型车站多个作业场，主场车站调度员与各相关值班员构建的若干个一点对多点的调度通信，简称站调。另一种是小站车站值班员与若干个站内用户（道岔清扫房电话等）之间构建一点对多点的站内通信，在这里用站内通信一词，以便与大型车站的站场通信有所区别，其特点和要求与调度通信基本类同，所示同的只是组网方式不同。

（三）站间通信

站间通信是实现两车站值班员之间进行的点对点话音通信，即站间行车电话或闭塞电话。两者含义不一样。闭塞电话是信号的一个组成部分，在区间闭塞采用电话闭塞法时，车站与相邻站用电话来办理闭塞，对闭塞电话的 a、b 两根线不能任意调换，更不能随意中断，严格禁止办理越站闭塞，所以闭塞电话只能是相邻站之间通信。随着信号设备的发展，区间闭塞法几乎不再采用电话闭塞法，已大量采用半自动闭塞和自动闭塞，这时的站间电话只是用来通报列车运行状态和相关行车业务，于是出现了站间行车电话这一称谓，同时又出现了非相邻站之间的站间通信。

特点：点对点通信。

要求：固定直达电路（回线），不允许搭挂其他任何电话分机。

（四）区间通信

为区间作业人员提供对外联络的通信设施。

特点：受模拟通信设备的限制，区间电话只能呼叫车站、调度及本地自动电话；上行站可以呼叫区间，其他用户无法呼入。

要求：①在同一区间两个点之间可以相互呼叫并通话。②区间可以呼叫上行站、下行站、列调、电调。③具有接入铁路自动电话本地网的功能。

需要特别说明的，数调设备上来之后，为不改变原有的通信方式，按上述要求开发的区间通信。实际上数调设备有强大的功能，完全能适应现场实际运用的需要，目前上、下行车站都可以呼叫区间电话。

（五）FAS 系统内开放常用应急通信

应急通信是铁路专用通信的重要组成部分，应急通信系统由人工电话、调度电话、自动电话、静图传输组成。当发生重大、大事故后，应急通信可建立事件现场内部通信，可将事件现场的话音和拍摄的图像直接传送至铁路局运输指挥中心。应急通信构建方案如图 7-27 所示。

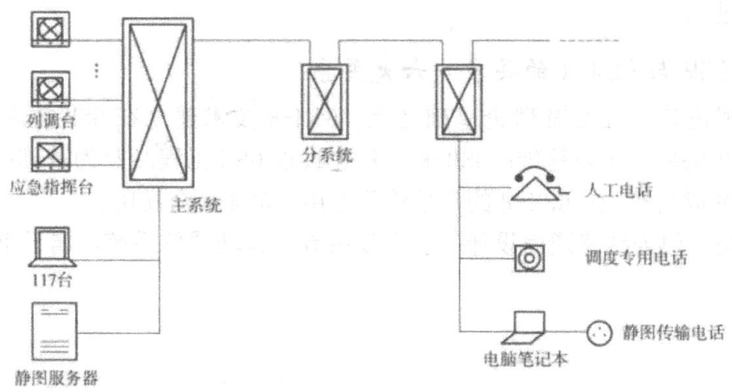

图 7-27　应急通信构建方案图

第八章 GSM-R 网络结构

第一节 GSM-R 系统组成

一、GSM-R 系统概述

（一）名词解释

GSM：全球移动通信系统

GSM-R：全球铁路移动通信系统。GSM-R 是铁路综合数字无线通信系统，通过无线通信方式实现移动话音和数据传输，是基于 GSM（公网）而发展起来的一种数字传输技术体制

GPS：全球定位系统，铁路上用于实现列车追踪控制 GPRS：通用分组无线业务

IN：智能网

（二）GSM 与 GSM-R 的关系—六大关系

GSM-R 理论建立在 GSM 理论基础之上；GSM-R 技术建立在 GSM 技术基础之上；GSM-R 工业以 GSM 工业为基础；GSM-R 工程建设以 GSM 工程经验为基础；GSM-R 应用开发吸收 GSM 成功经验；GSM-R 的市场铁路专用，GSM 公众商用。

GSM-R 是专门为铁路通信设计的综合专用数字移动通信系统，属于第二代铁路数字移动通信系统。

（三）铁路通信为什么要建设GSM-R系统

1. 既有铁路无线通信系统存在许多问题：

（1）功能单一、系统分散、相互间无法互通、维护成本高

各分散系统主要有：无线列调、站场调车、客运、货运、列检、商检、车号、公务维修、公安等。功能：主要为语音业务，少量数据业务。这些系统均为自行投资建设、独立使用、分散维护，造成设备型号各异，种类繁多，相互间无法互通，维护运营成本较高。

（2）频点固定分配、信道固定使用，频率利用率低，容量有限

铁路无线通信系统主要使用450M频段，共58对频点，固定分配给了无线列调、站调、公安等无线系统使用，各个部门间不能相互共享，造成频率资源的极大浪费。如北京、徐州、郑州枢纽等地已无频点可供申请使用。既有无线通信系统采用频点（信道）固定分配的方式，信道长期指配给某一系统（通常按专业划分）用户使用，当一个信道遇忙时，其它用户只能等待，往往造成该信道上的用户争抢或者出现阻塞，通信质量得不到保证；而信道空闲时，别的系统用户也并不能利用该信道进行通信。这无疑是对频率资源的一种浪费，也制约了用户数量的进一步发展。

（3）话音、数据业务争抢信道，传输可靠性低，数据传输能力差

经测算，在TDCS和CTC区段，当列车运行时速超过250公里时，综合考虑调度命令、行车凭证、车次号、进路预告等数据信息传送和车机联控话音通信需求时，业务密度加大，碰撞概率很大。基于无线列调系统的数据传输速率仅达到1.2Kb/s。

（4）枢纽地区干扰严重

枢纽站往往是多条线路的交汇处，通话的无序性，使各个机车台终端会对无线列调信道进行争抢，造成“大信号抑制小信号”的后果。目前，在枢纽车站设置多套车站电台（每条线1套），其中部分车站台使用同频工作，这些电台在车站附近形成一个大范围内的同频干扰，降低了车站值班员的行车指挥效率。

（5）既有铁路无线通信不具备网络能力

既有铁路移动终端对讲距离受限。铁路各个无线通信系统分散，不能联合组网，使得各系统之间用户无法进行联络。铁路无线、有线调度网基本独立，无法形成有机融合的整体。

（6）开放系统，不具保密性

无线列调系统是开放系统，并未做任何鉴权加密处理，对用户无需进行身份识别，只要无线终端用户频点和调制方式与无线列调相同，便可以加入到无线列调系统内的通信。因此，话音业务可以被接收或窃听，给行车安全带来极大的隐患。此外，公安系统对保密性的要求也很高，现有系统无法达到。

2. 铁路新业务对铁路通信新的业务需求

（1）客运专线的业务需求

话音类：调度通信、区间通信。数据类：列控信息传送、调度指挥信息传送、行车安全监控信息的传送、旅客综合服务信息的传送等

（2）机车同步控制传输（重载货运专线）的需求

重载运输中为了实现牵引过程中多个机车头的同时加速、减速、制动，主控机车和从控机车之间需要通过 GSM-R 无线信道实时传递控制命令，这就是机车同步操控信息传送业务。通过采用多机车牵引模式，实现机车间的同步操控，达到单列运量 2 万 t，使用 3 ～ 4 个机车头进行牵引。如果牵引机车操作不同步，就会造成车箱间的挤压或者拉钩现象，影响运输安全，降低运输效率。为了保证操作的可靠性，利用 GSM-R 网络提供可靠的数据传输通道，采用无线通信的方式来实现机车间的同步操控。

（3）车地信息化数据传输的需求

列车与地面之间的无线通信一直是信息化发展中的最薄弱环节。随着铁路的发展，铁路信息化要求的无线数据传输内容越来越多，一方面，列车运行控制、列车安全监控、诊断以及承载货物等实时信息需要传送到地面上来，为实现列车信息实时追踪、客票发售、货运计划、货车追踪、集装箱追踪等提供基础信息，满足铁路路网移动体（机车、车辆等）实时动态跟踪信息传输的需要；另一方面，以旅客为主体的移动信息，需要在车地之间实时进行传送，为旅客提供多方位的综合信息服务。

3. 铁路通信采用 GSM-R 系统的优势

GSM-R 是通过无线通信方式实现移动话音和数据传输的一种技术体制。它是基于 GSM，并在功能上有所超越的成熟技术，是专门针对铁路对移动通信的需求而推出的专用系统。它可以满足铁路的特殊需求：

①高级语音呼叫，包括：组呼、群呼、增强多优先级与强拆。②功能寻址、基于位置的寻址。③高速情况下的数据、语音业务的准确传输。④数据业务需求。⑤其系统标准公开，可互联互通；欧洲有成功的标准、工程、试验经验可借鉴。无需从头研发，节约了时间，且支持的厂家为多家，有利于形成良好的竞争局面。

二、GSM-R 终端

GSM-R 终端包括移动终端和固定终端两类。固定终端包括调度终端、车站终端和用户话机等。移动终端（移动台）包括各类车载台和手持台。车载台包括机车综合无线通信设备（CIR）、列控机车无线通信设备、机车同步操作机车无线通信设备、汽车车载台等。手持台包括作业手持台（OPH）、通用手持台（GPH）、调车手持台（OPS）等。其他移动台还包括移动调度台、固定移动终端（如监控设备）等。

移动台除了具有通过无线接口（Um）接入 GSM-R 系统的一般处理功能外，还为移动用户提供了人机接口。

（一）机车综合无线通信设备（CIR）

CIR 是对无线列调机车电台、GSM-R 车载综合平台、800 MHz 安全遇警机车设备、450 MHz 调度命令无线传送机车装置、列车尾部风压传送系统等多种设备进行统一规划和综合使用的设备。CIR 可以适用在 450 MHz 和 GSM.R 两种工作模式下，实现调度通信、调度命令、列尾风压查询、GPS 等功能。

CIR由主机、操作显示终端（MMI）、打印终端、连接电缆、天线、射频馈线等组成。其中主要包括机柜、主控单元、接口单元、电源单元、电池单元、GPS单元、GSM-R话音单元、GSM-R数据单元、高速数据单元、录音单元、天馈单元、450 MHz机车电台单元、800 MHz列尾和列车安全预警车载电台单元等，各组成部分模块化，可根据功能要求进行模块配置。

（二）GSM-R手持终端

GSM-R手持终端主要用于列车、车站、编组场、沿线区间及其他铁路作业区的各种工作人员进行话音和数据通信。GSM-R手持终端支持VBS、VGCS、进行中的呼叫、短号码拨号、eMLPP、PTT、铁路紧急呼叫等功能。GSM-R手持终端台一般支持多个频段，包括GSM-R频段、扩展GSM频段及DCS频段。

GSM-R手持终端由移动设备和用户识别模块（SIM）两部分组成。

移动设备完成用户信息以及信令的收发和处理。除了通过无线接口接入GSM-R系统外，移动设备必须提供与使用者之间的接口，比如完成通话呼叫所需要的话筒、扬声器、显示屏和按键。或者提供与其他一些终端设备之间的接口，比如与个人计算机或传真机之间的接口。

手持终端另外一个重要的组成部分是用户识别模块（SIM），它包含所有与用户有关的信息，其中也包括鉴权和加密信息。使用GSM-R标准的移动台都需要插入SIM卡，只有当处理异常的紧急呼叫时，可以在不用SIM卡的情况下操作移动台。SIM卡的应用使移动台并非固定地束缚在一个用户上，因此，GSM-R系统是通过SIM卡来识别移动电话用户的。

三、基站子系统（BSS）

BSS是GSM-R系统网络中最基本的组成部分。它有两种基本组成设备，分别是基站收发信机（BTS）和基站控制器（BSC）。一台BSC可以管理多达几十个BTS。此外，还有一种可选择设备——速率适配单元（TRAU）。

从功能上看，BSS通过无线接口直接与移动台相连，负责无线发送接收和无线资源管理；通过A接口与NSS相连，实现移动用户之间或移动用户与固定网用户之间的通信连接，并且传送系统信令和用户信息等。

在BSS中，BTS主要负责无线传输；BSC主要负责控制和管理。如果加入了TRAU，主要为了减少PCM链路的数量。

（一）BTS

BTS是网络中固定部分与无线部分之间的中继，移动用户通过空中接口与BTS连接。BTS由天线、耦合系统、收发信机（TRX）及基站公共功能（BCF）组成。可以把它看成一个复杂的无线调制解调器。耦合系统是天线与每个小区的收发信机之间的接口。

TRX是BTS中最主要的设备。一台TRX管理着一个TDMA帧，也就是说管理8个物理信道。TRX的功能有：进行编码、加密、调制，然后将射频信号馈送给天线；将信号解密、均衡、然后解调；移动呼叫检测；上行链路信道测量；定时提前量的测量；跳频。

BCF 通过 Abis 接口与 BSC 相连。它的功能是：将语音和用户数据信道合成以后发送给 BSC；将信令信道合成以后发送给 BSC。此外，BCF 还具有以下功能：Abis 接口管理，时隙分配，外部警报，操作与维护，利用其主要单元的冗余进行自我防御，信令的压缩与释放。

总的来说，BTS 的功能包括：①进行语音、数据和短消息的传输；②在无线接口上表现的功能：信号的处理（调制 / 解调，均衡；加密 / 解密；编译码，交织 / 解交织），跳频，系统的连接，第一层管理（无线测量预处理、切换、功率控制、呼叫清除）；③链路和基站的优化功能：基站的管理、摘下与插入技术、远程译码（A 接口和 Abis 接口的尺寸优化）、信令信道的集中；④自我保护功能，主要方法是对一些模块进行复制。

（二）BSC

BSC 的结构主要包括：一个处理单元，一个交换矩阵单元和中继控制单元（PCM 和 X.25）。BSC一面与移动交换中心（MSC）连接，另一面与 BTS 连接。BSC 与 OMC-R 的连接有两种途径：一种是通过 X.25 数据网络与 OMC-R 相连，另一种是 BSC 先与 TRAU 相连，然后通过 MSC 再与 OMC-R 连接。BSC 通过处理单元和 X.25 控制器从运营管理与维护中心（OMC）下载新的软件并释放。反过来，在周期性询问或传送时，BSC 将所有关于 OMC 的数据缓冲并转送到 OMC 中心。

BSC 的基本功能包括：①无线呼叫处理：建立与释放无线链路和进行 MSC 和 BTS 之间的信道交换；②无线资源管理：无线接入处理，无线信道分配（业务和信令），无线信道监控；③业务集中管理：可以减少传送费用；④短消息业务（小区广播管理）：向 OMC-R 所规定的目标小区广播短消息。

BSC 的主要 O&M 功能包括：① OSS 接口管理：与 OMC-R 的链路管理，提供 OMC-R 所需求的业务，存储 BSS 配置数据（软件存储和在 BSS 各种实体中的分配）；② BTS 和 TCU 管理：初始化，分配与再分配，软件下载，监控和观测。③ BSC 自我防御：主要通过冗余和重启机制来实现。

BSC 的执行功能包括：①对其所控制的小区执行无线资源（RR）管理。并且为其所控制区域内的所有移动台（MS）分配和释放频点；②执行 MS 在其所控制区域内的两个 BTS 之间的切换；③执行在高峰时刻或特殊事件期间，为满足地区性的高需求而重新分配其控制区域内的BTS 的频率；④执行其控制区域内 BTS 和 MS 的发射功率控制；⑤提供时间和频率同步的参考信号，并向每个 BTS 广播。

（三）TRAU

TRAU 由编译码器，控制器和外部 PCM 接口组成。它通过 Ater 接口与 BSC 相连，通过 A 接口与 MSC 相连。

TRAU 能够将 13 kbit/s 话音（或数据）复用成两路传输，即转换成标准的 64

kbit/s 数据。在 BTS 中，13 kbit/s 话音（或数据）通过插入附加同步数据，使其和较低速率数据不同，插入数据后的速率变为 16kbit/s。TRAU 将 13kbit/s 语音转化成 64 kbit/s 的 T1 μ 律 PCM 时隙或者 E1 A 律 PCM 时隙。接下来，TRAU 将用户数据流路由到一种适合的设备上，这种设备是指具有互连互通功能的接收方调制解调器。

值得注意的是，TRAU 在 Ater 接口上，有四个业务信道是在 64 kbit/s PCM 电路上复用，一个 T1 中继线携带多达 92 个用户和控制信道，一个 E1 中继线携带多达 120 个用户和控制信道。

（四）CBC

CBC 与 BSC 和小区广播设备相连接，负责小区广播和小区短消息的管理和存储。小区广播短消息业务可向指定区域的所有移动台周期性地广播数据信息。

四、网络子系统（NSS）

GSM-R 系统的网络子系统（NSS）提供了处理建立、维持和清除呼叫的所有信令协议的功能，以及为移动环境下通信提供的特定功能。NSS 提供的主要功能如下：①为用户移动特征提供的特定功能，如寻呼；②呼叫过程中对无线资源的管理；③管理与 BSS 之间的信令协议；④位置登记，即 VLR 之间的互连；⑤切换过程；⑥查询 HLR 获得 MS 的漫游号码；⑦与其他的移动功能实体交换信令信息；⑧管理语音组呼、语音广播、增强多优先级与强拆的呼叫建立；⑨用户的鉴权。

基本的 NSS 由六个功能实体组成，分别是：移动交换中心（MSC），归属位置寄存器（HLR），拜访位置寄存器（VLR），设备识别寄存器（EIR）和互连功能单元（IWF）。另外，NSS 中还可以有实现语音组呼和语音广播的实体（GCR），用于短消息业务的短消息服务中心（SMS-SC）和统计服务器，这些功能实体可以根据具体的需要进行选择。

（一）移动交换中心（MSC）

移动交换中心（MSC）是 NSS 的核心，它包含了 MSC 区的所有交换功能。MSC 考虑了用户的移动性，管理一些特殊的过程，如位置登记和更新，越区切换。它还负责对无线资源进行管理。这些是它与固定网络交换机的主要差别。MSC 用于建立业务信道和在 MSC 之间或与其他网络之间交换信令信息。MSC 的主要功能归类如下：①处理用户呼叫的交换功能；②协调自己所辖区域的呼叫，特别是寻呼移动台的功能；③与 BSS 协作动态分配接入资源；④监督 BSS 与 MS 之间的无线连接；⑤进行呼叫的统计；⑥将来自 VLR 的无线接口的加密信息传送给 BSS；⑦作为短消息网关，连接用户与短消息服务中心。

通常把移动用户进行初始注册的 MSC 称为归属 MSC（HMSC），其他的 MSC 称作拜访 MSC（VMSC）。如果 GSM-R 网络收到的一个呼叫不能查询 HLR，这时将此呼叫路由到一个特定的 MSC，由此 MSC 在相应的 HLR 中进行查询，找到被叫移动台所在的位置。这种具有路由功能的 MSC 就称作网关 MSC（GMSC），它通常还作为固定网络和移动网络之间的一个接入单元，提供业务和功能的接入。网络可以在全部MSC中选出一些MSC作为GMSC。如果一个GMSC与短消息服务中心连接，负责向移动台传送短消息，那么这个MSC就成为短消息网关MSC。可见，MSC根据在网络中的不同位置实现不同性质的交换功能。

MSC的核心是交换功能，除此之外，MSC要提供与NO.7信令网、其他固定网络、BSS和一些外部设备的连接。MSC与其他网络互连时可以采用E1中继线，提供31路用户信道，或采用T1中继线，提供24路用户信道。在MSC中为了克服回波干扰，采用回波消除器。回波干扰是指当有用信号的反射信号有一定的时延和足够的强度时，就能产生一种与有用信号相区别的有害干扰。回波消除器用来消除或减少回波对有用信号的干扰。GSM-R的回波消除器插接在MSC/VLR与固定网络（PSTN）之间的E1口数据流中，对数字信道进行操作而不改变传输信号的质量。

（二）归属位置寄存器（HLR）

归属位置寄存器（HLR）是NSS四个重要的数据库之一，实现对移动用户的管理。一个GSM-R网络中可以有不止一个HLR，它的数量决定于用户的数量、设备的容量和网络的组织结构。HLR中存储的是在网络中永久注册的移动用户的静态数据信息和一些临时动态数据信息。HLR中存储的信息通常有以下几类：①用户信息；②位置信息：在移动台登记的区域内，这些位置信息可以提供统计数字和寻找MSC的路由（如MS的漫游号、VLR号、MSC号和MS位置识别号）；③移动用户的IMSI号和MSISDN号：常作为移动用户接入数据库的信息。④承载业务和终端业务的定制信息；⑤业务限制信息：如漫游限制；⑥语音组呼（VGCS）和语音广播（VBS）用户的组ID；⑦补充业务信息；⑧与AUC之间的信息交换。

（三）访问位置寄存器（VLR）

访问位置寄存器（VLR）管理在一个MSC区（非归属MSC区）漫游移动用户的动态数据信息。当一个MS进入新的位置区时首先要进行位置登记，这一区域的MSC注意到这一登记的信息后，就把MS所在位置区的识别信息传送给VLR。如果MS没有进行登记，漫游区的VLR就会从MS的HLR获取信息以使呼叫能够处理。当用户离开当前VLR控制区后，用户的临时数据信息将从VLR中清除。一个VLR可以管理一个或多个MSC，由于VLR与MSC之间有大量的数据需要存取，为了提高移动管理和呼叫建立的速度，VLR总是与MSC实现功能综合，作为NSS的一个物理实体。

VLR中包含的是关于处理登记后MS呼叫建立和接收的信息，它包含以下内容：①移动用户的IMSI号和MSISDN号；②移动用户的漫游号（MSRN）；③移动用户的临时身份识别号（TMSI）；④移动用户的位置识别号（LMSI）；⑤移动台登记的位置区；⑥MS的前一时刻位置和初始位置；⑦来自于移动用户HLR的补充业务参数；⑧从HLR向BSS传递AUC的加密密钥；⑨支持寻呼功能。

（四）鉴权中心（AUC）

鉴权中心（AUC）有两个功能：一是对用户的IMSI号进行鉴权；二是为移动台

和网络之间在无线路径上的通信进行加密。一个 AUC 对应于一个 HLR，存储与 HLR 中数据有关的鉴权算法和加密信息。AUC 通过 HLR 将鉴权和加密的信息传递给 VLR。一旦用户在HLR中进行了登记，AUC就开始产生安全参数。参数三个一组：RAND（随机数）、SRES 和 Kc（无线接口加密密钥），这三个参数称为“三参数组”，用户的鉴权和加密都需要通过系统提供的用户“三参数组”参与来完成。一般情况下，AUC 一次产生 5 组三参数传送给 HLR，HLR 自动存储。HLR 可存储 10 组三参数，当 MSC/VLR 向 HLR 请求传送三参数组时，HLR 又一次性的向 MSC/VLR 传送 5 组三参数组。MSC/VLR 一组一组的使用，当用到剩两组时，就会再向 HLR 请求传送三参数组。

（五）设备识别寄存器（EIR）

设备识别寄存器（EIR）是 NSS 中的一个逻辑实体，它包含一个或几个数据库，用来存储移动设备识别号（IMEI）。这些 IMEI 号被分为三类：白名单、黑名单和灰名单。有效的 IMEI 号在“白名单”上，异常的 IMEI 号在“灰名单”上，被禁止使用的 IMEI 号在“黑名单”上（如被盗用的 IMEI 号）。一个 IMEI 号也有可能不在任何名单上。网络根据用户的 IMEI 号所在的名单来决定是否为用户提供服务。

（六）互连功能（IWF）

互连功能（IWF）是与 MSC 有关的一个功能实体，提供 GSM-R 网络与其他固定网络的互连。IWF 的具体功能决定于互连的业务和网络类型，它能够提供不同网络与 GSM-R 网络之间的协议转换。针对移动用户所在的不同网络，IWF 又分为归属 IWF 和拜访 IWF，在互连时，IWF 还提供速率适配的功能。在 GSM-R 网络和固定网络的数据终端（DTE）之间，IWF 能够提供数据速率和协议的转换。对于 V 系列的终端，IWF 还可以提供调制解调器的选择功能。IWF 常与 MSC 在同一物理设备中实现。

（七）短消息服务中心（SMS-SC）

短消息服务中心（SMS-SC）作为一个独立的实体存在于 NSS 中，它负责向 MSC 传送短消息信息。SMS-SC 不包含在 MSC 设备中。SMS-SC 与移动用户进行通信时，通过 SMS-GMSC 接入。

（八）组呼寄存器（GCR）

组呼寄存器（GCR）用于存储移动用户的组 ID、移动台利用语音组呼（VGCS）参考和语音广播（VBS）参考发起呼叫的小区信息，以及发起呼叫的 MSC 是否负责处理呼叫的指示。如果发起呼叫的 MSC 不负责处理呼叫，那么 GCR 将利用存储的路由信息寻找处理呼叫的 MSC。一个 GCR 管理一个或多个 MSC，当 MSC 处理语音组呼和语音广播时要利用语音组呼和语音广播呼叫参考从 GCR 中获取相应的属性。MSC 从 GCR 获取的内容有：① MSC 区所有小区的列表；②呼叫会被发送到的所有 MSC 列表；③建立专用链路的调度识别列表；④语音组呼、语音广播呼初始化和中止的调度识别列表；⑤语音组呼结束之前检测未激活的时间长度；⑥使用 eMLPP 补充业务时语音组呼和语音广播的缺省优先级。

五、智能网子系统（IN）

GSM-R智能网以ITU-T智能网为基础，在GSM-R网络中增加了基于CAMEL3协议的业务功能。GSM-R智能网使得GSM-R网络能够灵活、方便地实现部分铁路特定的业务，并在将来引入新业务的时候，减少对GSM-R网络的改造。

智能网的基本思想是依靠No.7信令网和大型集中数据库的支持，将网络的交换功能和控制功能相分离；简化交换机的软件，使之只完成基本的接续功能；引入业务控制点SCP，具体怎样根据智能业务的业务逻辑完成呼叫的接续步骤，由SCP来决定；交换机采用开放式结构和标准接口与业务控制点相连。这样，需要增加或修改新业务的时候，不必改动各交换中心的交换机，只要在业务控制点SCP中增加或修改新业务逻辑，并在大型集中数据库增加新的业务数据和用户数据即可。

（一）系统构成

GSM-R智能网子系统由GSN-R智能网节点和连接这些节点的网络组成。GSM-R智能网的网络节点包括：GSM业务交换点（gsmSSP）、GPRS业务交换点（gprsSSP）、智能外设（IP）、归属位置寄存器（HLP）、拜访位置寄存器（VLR）、业务控制点（SCP）、业务管理点（SMP）、业务管理接入点（SMAP）、以及业务环境接入点（SCEP）。连接GSM-R智能网节点的网路包括：No.7网、数据传送网、话音网。

GSM-R智能网各网络节点的功能为：

1. gsmSSP

具有业务交换功能，作为MSC与SCP之间的接口，可检测出GSM-R智能业务的请求，并与SCP的请求作出响应，允许SCP中的业务逻辑影响呼叫处理。

2. gprsSSP

具有业务交换功能，作为SGSN与SCP之间的接口，可检测出GSM-R智能业务的请求，并与SCP进行通信，对SCP的请求作出响应，允许SCP中的业务逻辑影响呼叫处理。

3. SCP

具有业务控制功能，包含GSM-R智能网的业务逻辑，通过对SSP发出的指令，完成对智能网业务接续和计费的控制，以实现铁路特定的业务功能。同时还具有业务数据功能，包含用户数据和网络数据，以供业务控制功能在执行GSM-R智能网业务时实时提取。

4. HLP

存储用户的签约信息。

5. VLR

当用户漫游到VLR区域时，VLR将用户签约信息作为用户数据存储在数据库中。

6. IP

在SCP的控制下提供业务逻辑程序所指定的各种专用资源，包括DTMF接收器、信号音发生器、录音通知等。

7. SMP

是业务管理系统，能配置和提供 GSM-R 智能网业务，它包括对 SCP 中业务逻辑管理，用户业务数据的增删、修改等，也可以管理和修改在 SSP 中有关业务信息。

8. SMAP

具有业务管理接入功能，为业务管理员提供接入 SMP 的能力，并通过 SMP 来修改、增删用户数据和业务性能等。

9. SCEP

用于开发、生成 GSM-R 智能网业务并对这些业务进行测试和验证，并将验证后的智能网业务的业务逻辑、管理逻辑和业务数据等信息输入 SMP 中。

10. Web 服务器

用于业务管理，客户终端通过 WEB 浏览器可对业务数据进行管理。

11. E-MAIL 服务器

用于网络管理，当系统出现异常，预警可通过 E-MAIL 方式及时通知相关人员或自动处理。

（二）网络组织

由移动网络发起的智能业务呼叫，通过无线信道至 BTS，再经 BSC 至 MSC，触发智能业务，由 MSC 在 SCP 的控制下通过 GSM-R 网络完成呼叫的处理和选路。

由有线用户发起的智能业务呼叫，通过 FAS 与 MSC 的连接至 MSC，触发智能业务，由 MSC 在 SCP 的控制下通过 GSM-R 网络完成呼叫和选路。

由移动用户发起的 GPRS 智能呼叫业务，通过无线信道至 BTS，再经 BSC 至 SGSN，触发智能业务，由 SGSN 在 scp 的控制下 GPRS 网络完成业务的处理。

（三）业务

GSM-R 智能网业务主要是针对铁路特殊应用的，与传统的公众移动智能网有所不同，它分为基本业务和扩展业务两类。

1. GSM-R 智能网基本业务

GSM-R 智能网基本业务包括功能号注册注销与管理，功能寻址（FA），位置寻址（LDA），基于外部精确定位信息的位置寻址（eLDA）等。

2. GSM-R 智能网扩展业务

GSM-R 智能网扩展业务主要有基于位置的呼叫限制，基于 MSISDN 号码的呼叫限制，短信的智能业务，基于车次功能号的动态组呼（可选），自动获取调度中心 IP 地址（可选）等。其中呼叫限制类业务是通过 SCP 上的增强型接入矩阵完成的，主要应用于实现调度通信主要用户个别呼叫关系矩阵表，即在智能网平台上检查各功能职务之间的呼叫能否建立。

六、通用分组无线业务子系统（GPRS）

通用分组无线业务（GPRS）是在GSM技术的基础上提供的一种端分组交换业务。GPRS最大限度地重用已有的GSM网络基础设施，提供高效的无线资源利用率，无线接入速率可高达171.2 kbit/s。GPRS系统基于标准的开放接口，与已有的GSM-R电路交换系统有很多交互接口。

GPRS系统的主要特点有：①可以固定、动态地分配信道，多用户共享信道。②一个用户可以同时使用1～8个时隙，空中接口支持CS1～CS4共计4种编码方式，数据传输速率可达10～170 kbit/s。③用户永远在线，但是只有在进行数据传输时，才能占用无线资源信道。④用户与网络的交互，是按照会话进行管理的，传输信息时，用户需激活申请PDP场景。⑤在无线数据传输安全性上具有较强的保密性和可靠性，它支持前向纠错、自动反馈重发、全程加密等功能。

GPRS在公众移动网络中是从GSM走向3G的一个必经阶段。GPRS在铁路GSM-R中的引入使移动通信与数据网络合二为一，为铁路数据业务的开展提供了空间。

铁路目前有许多数据应用的迫切需求，继续解决地车之间、现场与数据中心之间的数据传输，如书面调度命令传输、无线车次号传输、旅客信息服务、移动互联网接入等。这些业务的特点是业务点分散、非周期间断数据传输、频率小量数据传输以及极个别大容量数据传输，有些业务点同时又是移动的。在GSM-R网络应用GPRS系统，具有通信实时性好、数据量大、免维护、可靠性高等明显优势，以无线方式实现数据传输或“永远在线”实时监测。

GPRS子系统主要由GPRS服务支持节点（SGSN）、GPRS网关支持节点（GGSN）、分组控制单元（PCU）、域名服务器（DNS）、认证服务器（RADIUS）、GPRS接口服务器（GRIS）、GPRS归属服务器（GROS）等节点组成。

七、操作维护子系统（OSS）

操作维护子系统（OSS）是操作人员与系统设备之间的中介，它实现了系统的集中运行与维护，完成了包括移动用户管理、移动设备管理及网络运行管理维护等功能。它的一侧与设备相连（不包括BTS，对BTS的运行维护是经过BSC进行管理的），另一侧是作为人机接口的计算机工作站。这些专门用于运行维护的设备被称为运行维护中心（OMC）。系统的每个组成部分都可以通过特有的网络连接至OMC，从而实现集中维护。

OSS包括无线网络管理子系统（OMC-R）、交换网络管理子系统（OMC-S）、GPRS网络管理子系统（OMC-D）和直放站管理子系统（OMC-T）。

OMC-R负责无限子系统设备的性能管理、故障管理及配置管理。OMC-R与BSC的连接有两种途径：一种是直接通过X.25数据网络与BSC相连；另一种是BSC先于TRAU相连，然后通过MSC再与OMC-R连接。OMC-S提供图形化界面（GUI），负责交换子系统设备的性能管理、故障管理及配置管理。OMC-S通过OMN接口与MSC相连。

OMC-D 主要是对 GPRS 系统的各网络节点进行管理。OMC-T 采用广域网将所有隧道设备连接起来，负责管理主控单元、中继器、电源单元的性能，故障报警，业务量统计及配置管理等。

OMC-S、OMC-R、OMC-D、OMC-T 等通过外部接口，统一纳入更高层的管理。

GSM-R 系统所使用的传输网、同步网等支撑网络，由相应的专业网管负责。

第二节 GSM-R 系统接口

一、GSM-R 系统接口

GSM-R 系统由多个功能单元通过接口互联构成，GSM-R 系统中的主要接口有：无线接口（Um）、Abis 接口、Ater 接口、A 接口、网络子系统内部接口、PSTN/ISDN/PSDN 接口和 GPRS 子系统中的接口。

（一）Um 接口

Um 接口位于 MS 和 BTS 之间，是二者的通信接口，用于移动台与系统固定部分之间的通信，其物理连接通过无线链路实现。它的特性是完全标准化，也就是说来自不同厂商所生产的 MS 和 BTS 之间的都可以通过标准化的 Um 接口连接。

（二）Abis 接口

Abis 接口是 BSS 系统的两个功能实体 BSC 与 BTS 之间的通信接口，用于 BTS 和 BSC 之间的远端互连方式。Abis 接口支持系统向移动台提供的所有服务，并支持对 BTS 无线设备的控制和无线频率的分配。它的特性是部分标准化，也就是说当前不存在专有的互操作性。

BTS 和 BSC 之间交换的消息包括：业务交换；呼叫建立和 BTS 操作与维护的信令交换。BTS 和 BSC 之间的物理接入有：2.048 Mbit/s（E1）或者 1.544 Mbit/s（T1）的 PCM 数字链路，也就是由 32 路或 24 路 64 kbit/s 的话路组成。

话音以每时隙 4x16 kbit/s 的速率传输（远端译码）。数据以每时隙 4X16 kbit/s 的速率传输。如果是初始用户，速率也可能是将 300 bit/s、1 200 bit/s、2 400 bit/s、4 800 bit/s、9 600 bit/s 或者 14 400 bit/s 调整到 16 kbit/s。

（三）Ater 接口

Ater 接口位于处理 BSC 和 TRAU 之间。它的特性包括：以 1.544 Mbit/s 或者 2.048 Mbit/s（24 路或者 32 路时隙 64 kbit/s/ 时隙）的速率物理接入，并携带以下的消息：①根据 CCITT No.7（CCS7）保留的信令信道；②语音和数据信道（16 kbit/s）；③ BSC 与 TRAU 之间的信令链路（LAPD）；④通过 MSC（只通过网络）到 OMC-R（X.25）

的O&M数据。

（四）A接口

A接口位于MSC与BSS（TRAU）之间。它的特性是完全标准化，即任何厂商的设备可以互连。

在A接口上面所交换的消息：用户业务（语音和数据）和信令。用户业务的传输，在无线接口上每个时隙映射成一个业务信道，64 kbit/s的语音速率调整（A律）和64 kbit/s的数据速率调整在TRAU中执行。信令的传输，遵循CCITT信令系统7(SS7)，由两个部分组成：消息转移部分（MTP）和信令连接控制部分（SCCP）。MTP为所有的CCS7信令消息提供了基本的运输系统，并且负责信令网络管理和信令消息处理。它也可以分为三层：第一层为64 kbit/s信令数据链路定义物理特性；第二层通过提供差错检测和纠正，信令链路校正和差错监控来确保安全；第三层：确保信令消息通过网络以正确的序列且无丢失的传送，即使在连接失败的情况下，也能将信令消息复制出来并再次进行连接。因此，MTP发现目的信令点后，SCCP将传送消息。

（五）网络子系统内部接口

NSS由MSC、VLR、HLR等功能实体组成。因此，GSM-R技术规范定义了不同的接口以保证各功能实体之间的接口标准化。

1.B接口

B接口位于MSC与VLR之间。VLR存储移动用户在非归属MSC区漫游的数据，MSC要想知道某一移动台在自己管辖的区域内当前的位置可以随时向VLR查询。当一个移动台完成了位置更新的初始化过程时，MSC就会告知VLR开始存储移动台的数据信息。如果用户在漫游的MSC中需要激活一项新的业务或更改用户数据时，该MSC通过VLR告知用户的HLR做具体的数据资料变化。在B接口上的信令是非标准化的。

2.C接口

C接口位于GMSC与HLR之间。GMSC通过C接口向HLR查询用户的呼叫或短消息的路由信息。这一接口上的信令使用移动应用部分（MAP）。

3.D接口

D接口位于HLR和VLR之间，用来交换移动台的位置信息和管理用户数据。在整个业务域中，为移动用户提供的主要业务是建立和接收呼叫的能力。为了支持这一业务，位置寄存器之间必须要交换数据，VLR要告知HLR所辖移动台的位置，同时在位置更新或呼叫建立时还要向HLR提供移动台的漫游号码。HLR要将移动用户定制的所有业务信息告知VLR，以便用户在其他MSC区漫游时也能获得各种已定制电信业务。当移动用户漫游到新的区域时，HLR还要通知前一个VLR注销用户的临时数据信息。HLR和VLR之间的数据交换通常发生在用户开始使用某种业务时，或出于管理上的原因需要修改用户数据时。在这一接口上的信令使用MAP。

4. E 接口

当移动台在通话进行的过程中从一个 MSC 区移动到另一个 MSC 区时，要保证切换过程中通信的连续性，就要求两个 MSC 之间在切换的初始化和结束过程中通过 E 接口交换数据。

当移动台之间进行短消息通信时，必须由 MSC 与 SMS-SC 进行交流。这时 MSC 与 SMS-SC 之间也通过 E 接口进行数据交换。在这一接口上的信令使用 MAP。

5. F 接口

F 接口用于 MSC 和 EIR 之间进行交换数据。EIR 要先验证移动台的 IMEI 号的有效性，然后 MSC 才能根据结果决定是否提供服务。在这一接口上的信令使用 MAP。

6. G 接口

当移动台从一个 VLR 区移动到另一个 VLR 区时，需要进行位置登记，这时两个 VLR 之间需要进行数据交换。在位置登记的过程中，新的 VLR 将从旧的 VLR 中获取移动台的 IMSI 号和鉴权参数。在这一接口上的信令使用 MAP。

7. H 接口

H 接口位于 HLR 和 AUC 之间。移动用户先向 HLR 发起请求获取加密和鉴权信息，HLR 再向 AUC 请求获取数据，HLR 中不保留从 AUC 来的数据。这一接口上使用的协议是非标准化的。

8. I 接口

I 接口位于 GCR 和 MSC 之间。当有语音组呼或语音广播的需求时，MSC 向 GCR 查询相应的语音组呼和语音广播呼叫参考的数据。这一接口上使用的协议是非标准化的。

（六）PSTN/ISDN/PSDN 接口协议

PSTN/ISDN/PSDN 接口是 MSC、公共交换电话网络（PSTN）、综合业务数字网络（ISDN）和分组交换公共的数字网络（PSDN）之间的接口。接口的规范经过不断地使用和改进后，由国家制定出来，各国家之间的接口应具有一定的互联互通能力。

GSM-R 系统通过 MSC 与这些公用电信网相连，其接口必须满足 ITU-T 的有关接口和信令标准，以及各个国家邮电运营部门制定的与这些电信网有关的接口和信令标准。

根据我国现有公用电话网PSTN的发展现状和综合业务数字网(ISDN)的发展前景，GSM-R 系统与 PSTN 和 ISDN 网的互连方式采用 7 号信令系统接口，其物理链路方式是通过 MSC 与 PSTN 或 ISDN 交换机之间的标准 2.048 Mbit/s PCM 数字传输实现的。如果具备 ISDN 交换机，HLR 与 ISDN 网之间可建立直接的信令接口，使 ISDN 交换机可以通过移动用户的 ISDN 号码直接向 HLR 询问移动台的位置信息，以建立当前所登记的 MSC 至移动台之间的呼叫路由。

二、信道

GSM-R 中的无线信道分为物理信道和逻辑信道。一个载频上的 TDMA 帧的一个时隙为一个物理信道，它相当于 FDMA 系统中的一个频道。因此，GSM-R 中每个载频分为 8 个时隙，有 8 个物理信道，即信道 0 ～ 7（对应时隙 TSo ～ TS7），每个用户占用一个时隙用于传递信息，在一个 TS 中发送的信息称为一个突发脉冲序列。

（一）物理信道

我国 GSM-R 通信系统采用 900 MHz 频段，具体为：

885 ～ 889 MHz（上行，移动台发，基站收）

930 ～ 934 MHz（下行，基站发，移动台收）

共 4 MHz 频率带宽。双工收发频率间隔 45 MHz，相邻频道间隔为 200 kHz。按等间隔频道配置的方法，共有 21 个载频。频道序号从 999 ～ 1 019，扣除低端 999 和高端 1019 作为隔离保护，实际可用频道 19 个，频道序号为 1 000 ～ 1018。

（二）逻辑信道

大量的信息传递于 BTS 和 MS 间，GSM-R 中根据传递信息的种类定义了不同的逻辑信道。逻辑信道是一种人为的定义，在传输过程中要被映射到某个物理信道上才能实现信息的传输。逻辑信道可分为两类：业务信道 TCH 和控制信道 CCH。

业务信道用于传送编码后的语音或用户数据。

为了建立呼叫，GSM-R 设置了多种控制信道，除了与模拟蜂窝系统相对应的广播控制信道、寻呼信道和随机接入信道外，数字蜂窝系统为了加强网络控制能力，增加了慢速随路控制信道和快速随路控制信道等。控制信道用于传递信令或同步数据，可分为三类：广播信道、公共控制信道及专用控制信道。

（三）突发脉冲序列

GSM 系统中有不同的逻辑信道，这些逻辑信道以某种方式映射到物理信道，为了了解上面提到的映射关系，首先介绍突发脉冲序列的概念。

TDMA 信道上一个时隙中信息格式称为突发脉冲序列，也就是说信道以固定的时间间隔（TDMA 信道上每 8 个时隙中的一个）发送某种信息的突发脉冲序列，每个突发脉冲序列共 156.25 bit，占时 0.577 ms。

（四）定时提前量

由于 GSM-R 的多址方式采用 TDMA，移动台必须只在指配给它的时隙内发送，而且从移动台发射出来的信号需要经过一定时间才能到达基站。移动台在呼叫期间，与基站之间的距离可能会发生变化，信号的延迟也会发生变化，这样就造成某一移动台的信号到达基站时，可能会与邻近时隙的信号发生重叠。因此我们必须采取一定的措施，来保证信号在恰当的时候到达基站，这就是时间调整。

时间调整的原则是：当移动台接近小区中心时，BTS 就会通知它减少发射前置的时间；而当它远离小区中心时，就会要求它加大发射前置时间。

当 MS 处于空闲模式时，它可以接收和解调基站来的 BCH 信号。在 BCH 信号中有一个 SCH 的同步信号，可以用来调整 MS 内部的时序，当 MS 手机接收到一个 SCH 信号后，它并不知道它离基站有多远。如果 MS 和基站相距 30km，那么 MS 的时序将比基站慢 100μs。当 MS 发出它的第一个 RACH 信号时，就已经晚了 100μs，再经过 100μs 的传播时延，到达基站就有了 200μs 的总时延，很可能和基站附近的相邻时隙的脉冲发生冲突。因此，RACH 和其他的一些信道接入脉冲将比其他脉冲短。只有在收到基站的时序调整信号后，MS 才能发送正常长度的脉冲。

第三节　GSM-R 网络的互连

一、互连类型

一个 GSM-R 网络可以与其他的 GSM-R 网络或固定网络进行互连，互连功能（包括物理层连接、电气状态和协议映射）由互连功能单元（IWF）来提供。GSM-R 网络的互连终端网络可以是 GSM-R 网络或其他的固定网络，中间网络的类型也可以是各种固定网络，但通常情况下都采用 ISDN 网络。终端 TE 与 GSM-R 网络之间接入参考点可以是 S 或 R（采用终端适配器时为 R 参考点）。各个网络之间的接口或参考点决定于网络的类型。

互连有两种类型：网络互连和业务互连。网络互连指在 GSM-R 网络之间，GSM-R 网络和非 GSM-R 网络之间建立端到端的连接。

GSM-R 网络支持以下连接：① GSM-R 网络与公共电话交换网（PSTN）的连接；② GSM-R 网络与电路交换公共数据网（CSPDN）的连接；③ GSM-R 网络与 ISDN 的连接；④ GSM-R 网络之间的连接。

网络之间的互连要求对信令进行具体的定义，各种呼叫控制的信令都会存在，例如：7 号信令系统、ISDN 用户部分（ISUP）以及电话用户部分（TUP）。当移动台在不同的 GSM-R 网络之间漫游时，信令系统还要支持移动应用部分（MAP）的消息传递。

对于终端业务的互连，主叫和被叫终端有不同的要求。对于补充业务，如果双方都支持这项补充业务，并且能够提供相应的承载能力，就可以实现补充业务的互连。互连时要检查互联网络的低层承载能力（LLC）和高层承载能力（HLC）。

二、互连方式

本节以 GSM-R 网络与 PSTN 和 ISDN 的互连为例，说明网络互连的方式。

（一）与 PSTN 的互连

当从 GSM-R 网络向 PSTN 发起呼叫时，IWF 实体提供速率适配、调制解调器选择和信令格式转换的功能，通过 3.1 kHz 的音频承载业务与 PSTN 进行互连。在呼叫建立的信息里要包含“调制解调器的类型”“承载能力信息”等信息。这时针对呼叫失败或异常的各种带外提示音不能使用，只能使用带内铃音和提示。

当从 PSTN 向 GSM-R 网络发起呼叫时，由于 PSTN 不具备 ISDN 的信令能力，不能提供承载能力的兼容性信息，因此，将由 HLR 对其中存储的关于移动用户承载业务的数据信息进行检查来判断兼容性。对于 PSTN 发起的呼叫，GSM-R 网络可能会采用“单一拨号方案”或“多拨号方案”两种方法来分配移动台的 MSISDN 号。

对于透明传输，在呼叫建立和证实的消息里将包含调制解调器的选择信息和基于承载能力的速率信息，同时还要建立端到端的同步。透明传输还要求提供网络独立锁闭功能（NIC），以保证信息的透明传输。对于非透明传输，网络将对用户的信息进行一些处理，包括速率的变换、数据的重组、带内 / 带外信令的映射、数据的缓冲和压缩、业务级别的升降等。

（二）与 ISDN 的互连

由于 GSM-R 网络可以看作 ISDN 网络的一个扩展网络，因此两个网络之间本身就存在很多兼容性。当移动网络向 ISDN 网络发起呼叫时，移动用户的 MSISDN 号完全可以表述呼叫的地址信息。如果 ISDN 用户采用了多号码的编号方案，这时只有基本的 MSISDN 是有效的。在与 ISDN 的呼叫中，互连功能处理的内容主要集中在对“承载能力”“低层一致性（LLC）”和“高层一致性（HLC）”这三类信息元中。

在由移动网络发起的呼叫中，ISDN 主要进行 LLC 的检查，根据呼叫的参数选择匹配的承载业务。如果定义了端到端的能力，还要进行进一步的兼容性检查（如 HLC 的检查）和用户对业务定制状态的检查。如果是 ISDN 网络发起的呼叫，GSM-R 网络首先会由 GMSC 接收兼容性的参数，然后将这些参数映射到 HLR 中，做 LLC 的检查，并选择匹配的基本业务。与此同时，还要进行用户业务定制状态的检查。ISDN 发起的呼叫一般不可能对移动用户提供具体的能力信息，如透明 / 非透明、全速率 / 半速率，这些参数由 IWF 选择一些默认的设置来匹配。

在与 PSTN 和 ISDN 网络互连时，还有一个重要的问题就是帧同步，即要保证 MSC/IWF 与 BSS 之间链路和 MSC/IWF 与 PSTN/ISDN 之间链路上的帧同步。

GSM-R 网络与固定网络的接口基于 ISDN 与其他网络的交换。对于呼叫控制，与 ISDN 有同样的接口；对于信令，采用 No.7 信令系统电话用户部分（TUP）和 ISDN 用户部分（ISUP）。

三、信令协议

GSM-R 采用的 No.7 信令系统，是一种公共信令方式。No.7 信令系统遵守 OSI 体系模型。

消息传递部分（MTP）处在信令协议模型的下三层，其功能是在信令节点之间为用户提供可靠的信令传输能力。信令连接控制部分（SCCP）用于传送电路交换控制以外的信令和数据，如与操作维护中心之间的信令，智能节点间的信令等。事务处理应用部分（TCAP）与信令连接控制部分（SCCP）相配合，为用户与用户之间提供快速有效地传送数据协议的能力，支持增加新业务，也可支持远端用户操作并提供应答等。移动应用部分（MAP）属于高层应用部分，应用于 NSS 中各功能实体间接口的通信，支持位置登记和删除、用户数据管理、漫游和越区切换、鉴权加密等功能。BSS 应用部分（BSSAP）为 MSC 与 BSS 之间提供信令连接，包含对 BSS 的管理和 MSC 与 MS 之间透明传输两大功能。

GSM-R 网络的高层功能有：①无线资源管理功能（RR）；②移动性管理（MM）功能；③连接管理（CM）功能。

RR 层负责呼叫的建立、释放、重建、切换以及业务信道（TCH）模式的变换。MM 层负责 MS 的登记、位置管理以及鉴权。CM 层提供各种补充业务、呼叫控制和短消息服务。MS 和 NSS 之间端到端的信息传递依靠低层协议完成。在以上三类功能中又包括一些具体的子功能。

CM 层功能和 MM 层功能对于 BSS 是透明的，BSS 只负责 MS 与 NSS 这部分数据的透明传输。在与 MS 进行连接时，CM 层首先向 MM 层发出请求，MM 层再向 RR 层请求分配无线资源。

低层是数据链路层和物理层。数据链路层主要包括两种协议 LAPDm 和 LAPD。LAPDm 的主要功能是确定帧格式、编址格式、纠错编码和交织的要求。LAPD 用于 Abis 接口进行帧的处理。物理层是基于 PCM 的传输通道，提供 32 路或 24 路的 64 kbit/s 的传输通道。

第四节 用户数据管理

一、用户数据类型

用户数据是指与用户有关的所有信息，包括业务提供、身份识别、鉴权、呼叫处理、路由、统计、操作和维护的所有信息。用户数据按照用途可以分为两类：永久数据（主要用于管理）和临时数据（主要用于操作）。

在 GSM-R 网络中，用户数据的主要载体是 HLR、VLR、AuC 和 EIR 四大数据库。

HLR 主要存储永久用户信息和与用户登记的永久信息相关的临时信息；VLR 主要存储呼叫处理和与位置有关的临时信息。在鉴权中心（AuC）中存储的用户鉴权参数 Ki，鉴权算法 A3，加密参数 Kc，加密算法 A8 也是一类用户信息，这些用户信息同时还存储在移动台的 SIM 卡中。EIR 中存储移动设备信息。组呼寄存器（GCR）也可以作为用户数据的存储单元，它主要存储语音组呼和语音广播的配置和呼叫建立信息。

以下对主要的几类用户数据进行简要描述：

（一）与移动台有关的数据

1. 国际移动用户识别码（IMSI）

IMSI 在全球范围内唯一地标识每一个移动用户，它同时存储在 HLR、VLR 和用户的 SIM 卡中。IMSI 号是所有用户数据中最根本的数据信息，用于位置登记、位置更新、呼叫建立和 GSM-R 网络的所有信令中。

其中：移动国家码 MCC：包含三位数字，唯一地表示移动用户所在的国家，如中国为 460。移动网络代码 MNC：包含两位或三位数字，标识移动用户归属的 GSM 网络，MNC 的长度与 MCC 的值有关，在单个 MCC 区域，一般不建议 MNC 采用两位和三个数字的混合方式。如中国移动的 MNC 为 00，中国联通的 MNC 为 01。

移动用户识别码 MSIN：标识 GSM 网络内的一个移动用户。

MNC 和 MSIN 合起来，组成国内移动用户识别码 NMSL

IMSI 只能包含数字字符 0 ～ 9，IMSI 的长度不能超过 15 位。

我国 GSM-R 网络的 MNC 暂定为 20。MSIN 为 H0H1H2SXXXXXX，H0H1H2 与 MSISDN 号码中的 H0H1H2 相同，S 为 MSISDN 号码中的 NDC 的末位。

一个移动用户的 IMSI 和 MSISDN 具有对应关系，但是它们之间又具有独立性，即可以在不改变移动台的 IMSI 的条件下，改变移动台的 MSISDN，反之也可。

2. 用户的 ISDN 号（MSISDN）

MSISDN 号是呼叫移动用户时拨打的号码，存储在 HLR 和 VLR 中。MSISDN 采用 ISDN 的编码方案，以便与 ISDN/PSTN 用户能够进行相互呼叫。

其中：

国家码 CC：移动台注册所在国家的号码，如中国为 86。

国内目的地码 NDC：国内接入号。通常，每一个 GSM 网络安排一个 NDC。在有些国家，可能需要给一个 GSM 网络安排多个 NDC。如中国移动的 NDC 有 139、138、137 等，中国联通的 NDC 有 130、131 等。

用户号码 SN：在某一 PLMN 内 MS 唯一的识别码。

NDC 和 SN 组成国家移动台号码。

我国 GSM-R 网络的 NDC 暂定为 149；SN 号码长度暂定为 8 位，结构为：H0H1H2+ABCDE。H0H1H2 为 HLR 的识别号，其中 H0=8，H1H2 为铁路调度通信网络长途区号，例如中国铁路总公司为 20，北京局为 21。按照调度网的编号规则，为各工种分配移动用户号码 ABCDE，其中预留 00000 为 HLR 识别号。

3. 临时移动用户识别码（TMSI）

当用户在 VMSC 区内漫游时，用 TMSI 号来识别用户，作为临时数据，TMSI 存储在 VLR 中。TMSI 只在某一 VLR 管辖区有效，当用户离开此管辖区后，即释放此号码。

4. 国际移动设备识别号（IMEI）

IMEI 唯一地标识一个移动终端设备，用于监控被窃或无效的移动设备。IMEI 存储在 EIR 中。

（二）加密和鉴权数据

1. 随机号码（RAND）、符号响应（SRES）和加密密钥（Kc）

此三参数组构成一个向量，用于鉴权和加密。这一向量在 AuC 中进行计算，再提供给 HLR。HLR 向 VLR 提供时，五个这样的向量为一组。

2. 加密密钥序列号（CKSN）

CKSN 用来确保加密密钥 Kc 在移动台和 VLR 之间的一致性。

（三）与漫游有关的数据

1. 移动台的漫游号（MSRN）

移动台在漫游时使用的短期临时数据，每个 IMSI 号可以对应多个 MSRN 号，MSRN 存储在 VLR 中。

MSRN 用来为呼叫移动台提供直接路由。GMSC 向 HLR 发出请求并由 VLR 分配给移动台一个临时的漫游号码。移动台利用 MSRN 号将自己的地址信息通过 GMSC 提供给 VLR。

在位置登记或位置更新时，是由 VLR 分配给移动台一个 MSRN 并传送至 HLR，当移动台离开该地后，在 VLR 和 HLR 中删除该 MSRN。

MSRN 与 MSISDN 有相同的结构，在使用 MSRN 的区域可以采用以下分配方案：

①国家码为 VLR 所在国家的代码。

②国内目的地码为访问 GSM-R 网络的代码或编号区域的代码。

③用户代码采用符合编号区域的代码。

我国 GSM-R 网络的 MSRN 的结构为：NDC+0+M0M1M2+ABCD。其中：NDC+0 为漫游号码标记；M0M1M2 为漫游地 MSC 端局号码，与 MSISDN 号码中的 H0H1H2 相同，即 M0=8，M1M2=H1H2；ABCD 为漫游地 MSC 临时分配给用户的漫游号码。

2. 位置区识别码（LAI）

LAI 用来标识一个位置区，它是临时数据，存储在 VLR 中，在检测位置更新和切换的需求时使用。

其中：MCC 和 MNC 同 IMSI 的 MCC 和 MNC；LAC 为位置区域码，固定长度为 2 字节，用来识别 GSM 网络。

3. VLR 号

用户漫游时的 VLR 的号码作为临时数据存储在 HLR 中。

4. MSC 号

在缺少 VLR 号时，MSC 号可以替代 VLR 号存储在 HLR 中。

5. HLR 号

HLR 号在位置更新时作为一个可选参数存储在 VLR 中。当 HLR 进行复位后，需要重新获得这一号码。

（四）定制禁止信息和业务禁止信息

定制禁止信息规定了用户接受服务的地理范围，业务禁止信息规定了用户使用业务的种类。这两类信息都存储在 HLR 中。

（五）全球小区识别码（CGID）和业务域识别码（SAID）

作为小区和业务域的标识，这类数据与移动台当前的状态有关，存储在 VLR 中。

（六）与基本业务相关的数据

1. 承载业务数据

网络向用户提供的承载业务数据以参数“承载业务提供”的形式存储在 HLR 和 VLR 中。

2. 终端业务数据

网络向用户提供的终端业务数据以参数“终端业务提供”的形式存储在 HLR 和 VLR 中。

3. 承载能力分配数据

移动用户的归属 GSM-R 网络会为每个移动用户提供一个支持承载业务和终端业务的承载能力分配清单，MS 只能在清单允许的范围内建立连接。这一数据存储在 HLR 和 VLR 中。

（七）与补充业务相关的数据

由于补充业务种类繁多，所以具体的数据视网络支持的具体补充业务而定。

（八）移动台状态数据

1. IMSI 分离标识符

当移动用户不可到达时，会将 MS 与 IMSI 号进行分离；可以到达时，再进行连接。IMSI 分离标识符是标识分离状态的参数，是临时数据，存储在 VLR 中。

2. 复位标识符

当 VLR 或 HLR 发生错误导致运行失败时，要进行复位，重新装载用户数据。复位标识符用来指示复位状态。

（九）与切换有关的数据

它主要用来切换号码，存储在 VLR 中。

二、用户数据管理

用户数据的管理主要是指在几个数据库之间的数据操作。其中包括几个主要的部分：①数据的创建；②数据的更新；③寄存器复位；④网络对数据的修改；⑤用户对移动台存储数据的修改。

一般来说，用户数据的创建是在用户第一次接入网络时完成的。有些数据是事先就已经存在于网络中的，用户入网时需要激活这些数据，如MSISDN。最初创建的数据只要满足网络提供服务的最小属性集合就可以了，其他的数据可以在用户使用某种服务时再创建或激活。

VLR中存储的数据是HLR中的一个子集，在进行数据更新时，要保证数据的可用性和与HLR的一致性。数据更新和修改有两种操作类型。

（一）集中操作

在位置更新或复位的过程中，将共享数据以一个集合的形式完全插入VLR中。这种操作在HLR和VLR的一次对话中完成。

（二）单独操作

对HLR中的数据可以随时进行增加、删除或修改，这时对于VLR的共享数据来说就是部分地进行变动。

在HLR和VLR之间传递的消息中，信息是按一定的顺序组织的。对于任意一个接收方都必须按顺序处理信息流，这样不仅可以保证HLR与VLR中的数据不会发生重叠的错误，而且保证了HLR与VLR共享数据的一致性。如果在接受信息时破坏了固定的顺序，VLR可以拒绝接受所有的消息，或者接收出错的消息并对它进行处理。存储在HLR和VLR中的共享用户数据的组织符合树状的结构，具有层次关系。补充业务数据的处理具有一定的特殊性。规定补充业务数据必须与一定的基本业务相对应。定义一组基本业务为一个基本业务组（BSG），由必选基本业务组成的BSG称为基本BSG（EBSG）。存储在HLR和VLR中EBSG和相关的信令数据必须遵循以下规则：①EBSG中至少要有一项基本业务；②一项补充业务至少要与EBSG中的一项基本业务对应；③用户至少要定制一项EBSG中的基本业务。

用户在AuC中存储的数据用于鉴权和加密。在AuC建立第一个移动用户之前，首先要设定AuC/HLR识别码，该识别码由一到三位数字组成，作为用户IMSI号的一部分。AuC中创建的用户数据必须与SIM卡中的对应数据保持一致。用户每次进行位置登记、呼叫建立、或执行某些补充业务前需要鉴权。AuC产生的三参数组存储在HLR中，鉴权时，VLR首先向HLR请求获取鉴权信息，获取后VLR向MS发送RAND，MS使用该RAND和SIM卡中存储的与AuC内相同的鉴权参数Ki和鉴权算法A3计算出SRES，SIM卡计算出的SRES与AuC三参数组中的SRES比较，以验证用户的合法性。这一过程叫作向AuC进行查询。当用户的数据从HLR中删除时，AuC也会将用户的相关数据删除。

对EIR中存储的移动设备识别号（IMEI）的管理相对简单。IMEI号由网络运营方存储在EIR中，当用户接入网络时将IMEI发给VLR，VLR向EIR查询IMEI号的合法性。EIR中只能有三类名单（白名单、灰名单和黑名单），不能增加和删除名单，只能改变名单的内容。每一类名单按照IMEI号的范围划分入口，查询时根据IMEI号所在的范围进入名单查询。

三、移动性管理

移动性管理（MM）的主要功能是支持用户终端的移动性，例如向网络通知它当前的位置和为用户提供身份验证。MM 进一步的功能是为上层连接管理的不同实体提供连接管理业务。

（一）位置更新

MS 从一个位置区移到另一位置区时，必须进行登记，也就是说一旦 MS 发现其存储器中的位置区识别码（LAI）与接收到的 LAI 发生了变化，便执行登记。这个过程就叫“位置更新”。位置更新过程总是由 MS 开始，它有三种主要目的：常规位置更新、周期性位置更新和 IMSI 附着。

常规更新过程是用来对 MS 在网络中实际位置区域注册的更新。使用常规更新过程的条件是 MS 处于 MM 空闲模式。如果网络在作为 MM 连接建立请求的响应中指示 MS 在未知的 VLR 中，这时也可以开始常规更新过程。

周期性位置可以用做移动台向网络实时的周期性通知，它是通过位置更新过程执行的。使用周期性位置更新过程的条件也是 MS 处于 MM 空闲模式。

IMSI 附着过程用来补充 IMSI 分离过程。它指示出 IMSI 在网络中已经激活。如果网络需要分离 / 附着过程并且 MS 已经将 IMSI 激活时就要调用 IMSI 附着过程。

（二）切换

将一个正处于呼叫建立状态或忙状态的 MS 转换到新的业务信道上的过程称为切换。切换是由网络决定的，一般在下述两种情况下要进行切换：一种是正在通话的客户从一个小区移向另一个小区；另一种是 MS 在两个小区覆盖的重叠区进行通话时，当前小区的 TCH 处于满负荷状态，这时 BSC 通知 MS 测试它邻近小区的信号强度、信道质量，决定将它切换到另一个小区，这就由业务平衡的需求导致的切换。

切换的产生是 BTS 首先要通知 MS 将其周围小区 BTS 的有关信息及 BCCH 载频、信号强度进行测量，同时还要测量它所占用的 TCH 的信号强度和传输质量，再将测量结果发送给 BSC，BSC 根据这些信息对周围小区进行比较排队，最后由 BSC 做出是否需要切换的决定。另外，BSC 还需判断在什么时候进行切换，切换到哪个 BTS。BSC 有如下三种不同的切换。

第一种：在同一个 BSS 的物理信道之间的切换。这种切换用于以下的情况。

①当用于呼叫的物理信道受到干扰或者其他影响的情况；

②当用于呼叫的物理信道或者信道设备由于需要维护或者其他原因而退出服务的情况。

第二种：在同一个 MSC 的 BSS 之间的切换。

第三种：在同一个 GSM-R 网络内，不同 MSC 的 BSS 之间的切换。

第二种和第三种情况是在 MS 从一个 BSS 区域移动到的另一个 BSS 区域时，用来确保连接的连续性。

在第三种情况中定义了两个过程：

基本切换过程：呼叫从呼叫最初建立时的主控 MSC（MSC-A）切换到 MS 使用基本切换所到达的另一个 MSC（MSC-B）。

中继切换过程：呼叫从 MSC-B 又切换到 MSC-A 或者切换到 MS 使用中继切换所到达的第三个 MSC（MSC-C）。

（三）漫游

漫游就是指在归属 GSM-R 网络外的其他 GSM-R 网络（拜访 GSM-R 网络）中使用移动业务。漫游者就是指在拜访 GSM-R 网络中寻找服务或获得服务的 MS。在两个 GSM-R 网络间管理漫游的一系列标准称为漫游协议。

根据漫游的方案，漫游可以分为两种：标准的 GSM-R 网络内部漫游（或基本漫游）和较复杂级别的国家漫游。

1. 基本漫游

这种漫游的相互连接只与相关网络间三个相互连接的系统有关：① SS7-MAP 将归属网络的 HLR 与拜访网络的 VLR 连接；②对于传送语音或者相关网络间电路交换数据在国际电路交换之间的连接；③国际分组交换的相互连接。

提供给漫游用户的业务是由两方面决定的：一方面是拜访网络对于漫游者的技术限制；另一方面是从归属网络的 HLR 中传送来的用户数据。由于这些限制，基本漫游有如下的局限性：①在两个不同的网络中不能实现越区切换；②由拜访网络决定用户业务。

2. 区域性的国家漫游

在这种漫游情况下，当拜访 GSM-R 网络和归属 GSM-R 网络不属于同一个国家，为了允许接入拜访网络的一部分（区域漫游）需要增加特殊的设备。

四、无线资源管理

无线资源管理过程具有一般传输资源管理的功能，例如控制通道上物理信道和数据链路的连接。

无线资源管理的目的是：建立、维护和释放 RR 连接，所谓 RR 连接就是允许网络和 MS 之间点到点的通话。它包括小区选择 / 重选和切换过程。此外，当没有 RR 连接建立时，无线资源管理过程还包括接收单向的 BCCH 和 CCCH 信道，它允许自动小区选择 / 重选。

在 GSM-R 系统中，由于 VGCS 听者和 VBS 听者角色的增加，无线资源管理还要包括分别接收语音组呼信道和语音广播信道的功能，并且包括组接收模式下 MS 的自动小区重选。而由于 VGCS 讲者角色的增加，无线资源管理要包括抢占和释放语音组呼信道的功能。

无线资源管理向上层提供的业务有以下几种模式。

（一）空闲模式

空闲模式就是没有为MS分配任何专用信道，此时MS只能收到CCCH和BCCH信道上的消息。在空闲模式时，没有RR连接存在。此时，上层能够要求建立RR连接。

在MS一端，RR过程包括自动小区选择/重选。RR实体向上层表明BCCH/CCCH信道有效和由RR实体决定的小区改变。当选择了一个新的小区时，上层获得BCCH信道上的广播信息。当BCCH信道上的广播信息相关部分改变时，上层还能够收到新的BCCH信道上的广播信息。

（二）专用模式

专用模式就是指为MS至少分配两个专用信道，其中只能有一个是SACCH信道。

在专用模式时，RR连接是物理上点对点的双向连接，它包括在主DCCH信道上以复帧方式操作的SAPI0数据链路连接。如果建立了专用模式，那么RR过程提供如下的业务：①建立/释放复帧模式，此模式存在于数据链路层连接上而不是SAPI0上，或者存在于主DCCH信道上，或者存在于存放主信道信令的信道相关的SACCH上；②传送在任何数据链路层连接上的消息；③指示暂时性的有效传输（延迟，恢复）；④指示RR连接的丢失；⑤为维持RR连接的自动小区选择和切换；⑥设置/变换在物理信道上的传输模式，包括信道类型的变化，编码/解码/译码模式的变化和密码的设置；⑦附加信道的分配/释放（TCH/H+TCH/H结构）；⑧复时隙操作的附加信道的分配/释放。

（三）组接收模式

组接收模式：只适用于支持具有VGCS或者VBS听者功能的MS。在这种模式下，没有为MS分配与网络连接的专用信道，它接收分配给小区的语音广播信道或者语音组呼信道下行链路的消息。这种模式下，在MS一端RR过程提供的业务有：①与语音广播信道或语音组呼信道的本地连接；②在没有确认的情况下接收消息；③组接收模式下MS的自动小区重选；④断开当前正在进行的语音广播信道或语音组呼。

对于既支持VGCS聆听又支持VGCS讲话的MS，还要额外加入建立RR连接的上行链路接入过程。

（四）组发送模式

组发送模式：只适用于支持具有VGCS讲话功能的MS。在这种模式下，为语音组呼的MS分配两个专用信道，这两个信道可以同时分配给一个MS，但是在语音组呼期间，也可以分配给不同的MS。在组发送模式下，RR连接是物理上点对点的双向连接，它包括在主DCCH信道上以复帧方式操作的SAPI0数据链路连接。如果建立了组传送模式，那么RR过程提供如下的业务：①传送数据链路层连接上SAPI0的消息；②指示RR连接的丢失；③为维持RR连接的自动小区选择和切换；④设置物理的传输方式，信道类型的变换和加密；⑤释放RR连接。

无线资源管理子层可以使用数据链路层提供的业务也可以直接使用物理层为其提供的业务。

五、连接管理

连接管理功能（CM）是 GSM-R 协议模型中最高层的管理功能，它主要包括几个独立的协议实体，如呼叫控制（CC）、短消息（SMS）。CM 功能主要提供对基本呼叫控制、补充业务的呼叫控制和短消息的连接管理功能。

（一）基本呼叫控制

基本呼叫分为移动用户发起呼叫（MO）和移动用户接收呼叫（MT）两种类型。

当 MS 发起呼叫时，通过无线接口的信令与 BSS 建立起无线连接，并发送包含被叫方地址的信息。VMSC 向 VLR 请求获取呼出呼叫发送的消息来处理呼叫，如果 VLR 认为呼出呼叫合法，就会发给 VMSC 一个“完成呼叫”的响应。收到 VLR 响应的 VMSC 将完成以下操作：建立与 MS 之间的业务信道；建立一个 ISUP 的初始地址消息，并将它发送给目的端的交换机。。当移动台为被叫方时，要经过以下的处理步骤：首先，GMSC 收到一个 ISUP 的初始化地址消息。GMCS 用 MAP 协议向 HLR 请求获取寻找 MS 的路由信息，HLR 收到后用 MAP 协议向 VLR 查询 MS 的漫游号码，查询成功后，VLR 向 HLR 发送一个漫游号码确认消息，HLR 将漫游号码放在路由请求的确认消息中发给 GMSC。第二步 GMSC 在将漫游号码重新构造一个 ISUP 的初始化地址消息送到 VMSC，VMSC 收到这个消息后，向 VLR 发送呼入呼叫消息。如果 VLR 允许呼入呼叫，VMSC 就开始通过 BSS 寻呼 MS。如果 MS 有响应，VMSC 会向 VLR 发送寻呼确认消息，表示找到了被叫的 MS。这时，VLR 将向 VMSC 发送一个完成呼叫的消息，标志着呼叫建立成功。

（二）补充业务呼叫控制

正如补充业务是建立在基本业务的基础上，补充业务的呼叫控制也是建立在基本业务的呼叫控制上。补充业务的实现相当于在网络基本呼叫控制的实体上又添加了独立的处理补充业务的实体，由这些实体在基本业务的呼叫控制消息中加入关于补充业务的信息。如果网络不支持某项补充业务，即使处理补充业务的实体存在，网络也不会通过此实体进行处理。由于补充业务种类繁多，其呼叫控制的原理与基本呼叫类似，此处不再详述。

（三）短消息

短消息业务提供了 MS 和短消息服务中心（SMS-SC）之间的短消息交换服务。类似于基本业务，短消息的呼叫也可以分为移动台发起（SM MO）和移动台接收（SM MT）两种类型。SM MO 描述的是 MS 通过 SMS-SC 向短消息实体发送短消息，SM MT 是 SMS-SC 向 MS 发送短消息。处于激活状态的移动台可以在任何时候发送或接收短消息，即使通话或者数据传输正在进行也不会受到影响。如果 SC 收到短消息，会发给 MS 一个证实的消息；如果 SC 不能完成短消息的传送，也会给 MS 发送一个报告的消息。需要注意的是，如果 MS 正在进行状态转换，如从忙状态转到空闲状态、从空闲转入忙状态或处于切换中，这种情况下网络将会放弃短消息的操作。

六、安全性管理

与网络的业务和功能相关的安全性管理主要涉及三方面：①用户身份的加密；②用户身份的鉴权；③信令信息的加密和物理连接上数据的加密。

在用户身份的加密和鉴权上，GSM-R 网络采用了与固定网络不同的加密和鉴权算法；对于信令的安全性，要能够保证在信令失败的情况下具有自我恢复的机制。这些安全性保证了网络在运行时具有最小的风险。

（一）用户身份加密

用户身份加密的目的是防止网络的入侵者通过侦听无线路径上的信令交换获取用户使用无线资源（如业务信道和信令资源的占用）的情况。这使得用户的数据和信令具有高加密优先级，可以防止被跟踪和监视。由于表明用户身份最基本的数据是用户的 IMSI 号，因此在无线路径上不能直接传输 IMSI 号，通常也不能用 IMSI 号作为寻址的信息。如果信令允许，对无线路径上所有的用户身份信息都应该加密。

用户身份加密的基本思想是利用用户的临时身份识别号（TMSI）代替 IMSI 在无线路径上的直接传送。由于 TMSI 号是一个临时的号码，随着用户位置区改变，TMSI 号也会改变，因此 TMSI 号被侦听到的概率就会减小，为了具有更高的安全性，对 TMSI 号也要进行加密。用户在每次进行位置更新时，都会分配到一个新的 TMSI 号，这个 TMSI 号采用与前一个 TMSI 号不同的加密密钥进行加密。在获得新的 TMSI 号后，前一个 TMSI 号就会被注销。只有当 TMSI 号与 IMSI 号无法完成对应，并且与当前的 VLR 无法建立联系时，才需要从 MS 获得 IMSI 号。

（二）用户身份鉴权

鉴权的过程发生在加密之前，网络必须事先知道所有用户的身份。鉴权的过程发生在网络与移动台之间。首先网络将参数 RAND 传送给 MS，MS 根据自己在 SIM 卡中存储的鉴权参数 Ki，利用鉴权算法 A3 计算出参数 SRES，再将 SRES 送至鉴权中心 AuC，与 AuC 中的 SRES 比较，二者一致表明用户合法，否则拒绝接入。鉴权参数 Ki 与 IMSI 在注册时一起分配给用户。

（三）信息加密和用户信息加密

信令加密中对 TMSI 号的加密与用户身份加密方法一致，这里主要介绍物理连接上对用户信息的加密。物理层上的用户信息流在业务信道（TCH）和专用控制信道（DCCH）上传输，这些数据采用对每比特进行加密的方法，加密算法是 A5，加密密钥是 Kc。

1. 密钥 Kc 的设置

密钥 Kc 在移动台和网络中都要进行设置。密钥的设置过程由鉴权过程来触发，通常是由网络运营方来完成。Kc 设置在 DCCH 中，在用户的身份得到了网络的确认后开始进行加密。

密钥设置的过程描述如下：首先网络向移动台发送 RAND 参数开始鉴权过程，这时密钥的设置过程被触发，密钥 Kc 就包含在 RAND 参数中。在 MS 一端，MS 通过 A8 算法和鉴权参数 Ki 从 RAND 参数中计算出 Kc。同时，SRES 参数也被计算出来。计算出来的 Kc 储存在 SIM 卡中，直到下一次鉴权过程开始才会被更新。

与 Kc 一同存储在移动台和网络中的还有用来标识密钥的密钥序列号（CKSN）。

2. 加密和解密过程

在 DCCH 和 TCH 开始加密和解密时，MS 和 BSS 必须保持同步。DCCH 在鉴权完成之后，Kc 对于 BSS 有效时开始启动加密过程。首先，BSS 进入解密状态，然后向 MS 发出“开始加密”的指令，MS 接到指令后开始加密和解密过程。BSS 收到从 MS 来的第一个经过正确解密的消息后，才开始加密。TCH 信道上的加密在 DCCH 完成呼叫建立后开始。

3. A5 算法

A5 算法至少有 7 个版本，在 MS 与网络建立连接时，先要向网络指示 A5 算法的版本。如果网络没有与 MS 相同的 A5 算法版本，网络将释放加密连接，重新建立一条不加密的连接；如果网络与 MS 之间有不止一个相同版本，网络将会选择一个可用的版本。

第九章 GSM-R 基站建设与维护

第一节 GSM-R 基站施工与天馈系统的安装

一、GSM-R 基站工程施工流程

基站工程的施工质量直接关系到基站设备能否正常运行，只有使工程施工系统化，规范化，才能有效地避免因施工原因造成的设备工作不稳定因素，提高设备运行的可靠性和工作效率。

（一）开工准备

为了保证整个工程的顺利进行，需要制定一个科学、高效的施工组织计划，合理安排工作进度，确定施工人员、工具、材料及相关的技术资料。工程开工前，应办理开工报告，并签订相关协议。

施工前，施工单位应对施工设计文件进行审核，施工设计文件包括机房设备平面布置图、室内走线架平面设计图、设备接配线图、光电缆径路图等。

审核的主要内容是：①设计文件与施工合同是否相符。②设计说明书、工程数量、设备和器材的规格、型号等是否与施工图符合：施工图纸有无遗漏或错误。③设备的安装位置、管道、线缆路径是否符合设计规定。施工设计文件审核无误后方可使用，如发现问题应及时联系建设单位（设计单位）解决。

（二）现场勘察

工程开工前，施工人员应依据施工文件对施工环境进行勘察和调查，判断是否符合开工条件。

1. 施工条件

设备和材料的运输、堆放存储条件和施工临时用电等条件，应能满足施工的基本要求。施工当地的气候情况，施工过程中可能对当地情况存在影响的环节以及现场施工环节对工程施工质量的影响。

2. 机房建筑条件

（1）机房条件

①密封防尘，干净整洁。墙面颜色一致，水泥地面需刷漆，并做好馈线窗、门窗等密封处理。基站安装前应选择馈线窗安装位置，并在墙面开洞，尺寸一般要求 400 mm ×300 mm。

②配置清扫工具、灭火设备。

③配置容量适当的空调。

④机房承重应满足设备安装要求。收发信机及开关电源设备按 500 kg/m2 计算，电池按 1000 kg/m2 计算。若机房承重不能满足要求，应采取有效措施。

⑤拆除机房内暖气片和水管或切断水暖供给系统。

⑥机房面积应满足长期发展的需要。

（2）机房电源系统

①容量配置应考虑长期发展，系统具有易扩充性。

②电源设备应配置足够的熔断器分路，分路容量应与设备耗电量匹配。

③应按照设计文件选择交直流电缆规格，交流配电采用配电箱或配电柜，交直流电缆必须固定牢固美观，每一分路直流供电线径不小于 16 mm2。

④照明与交流插座全部完好、可用。

⑤电池最后与基站分室安装，用密封免维护电池，电池应有盖板，安装在架子上，架子接地。电池线颜色标注正确，并用走线架或线槽固定。

⑥电力线引入宜采用直埋方式（穿管或采用铠装电缆），钢管或电缆金属护套两端应就近可靠接地。

3. 自立式铁塔或杆塔要求

①基站天线铁塔的位置和高度除满足技术要求外，还应符合航空部门的有关规定，在塔顶设计航空标志灯。

②天线铁塔宜选择在地形平坦、地质良好的地段。应避开断层、土坡边缘、古河道，有可能塌方、滑坡和有开采价值的地下矿藏或古迹遗址的地方。

③新建天线铁塔的倾斜标准应控制在天线高度的 1/1500 之内。

④天线铁塔的抗震设防烈度和抗震设计应按国家现行的有关标准、规范和规定执行。

⑤铁塔应采用长效型防腐处理，可采用喷涂或热镀锌处理。热镀锌时，应充分考虑构件热变形，镀锌厚度≥ 0.035 mm。

⑥铁塔必须具有牢固、可供攀爬的阶梯或斜拉角钢，有利于天线安装、馈线布放、调测及维护出入等操作。

4. 电磁干扰的调查

电磁干扰的影响复查主要针对现场的实际情况，通过专用的仪器仪表进行实地的电磁调查，复查现场电磁环境是否与原设计方案一致，有无其他新突发的电磁干扰。

5. 防雷、接地的调查

防雷、接地的调查主要包括铁塔防雷、建筑房屋防雷、贯通地、联合地、防雷地的情况。

当调查结果不符合设计要求时，应及时通知设计单位。必要时，由设计单位根据实际情况和规定的程序进行设计变更。

（三）设备安装

基站设备安装是基站工程施工的主要环节，基站设备安装主要包括天馈线安装，漏泄电缆安装，室内设备安装，走线架安装及线缆布放等，设备安装要依据施工设计图纸、技术规范，厂家的安装手册等文件进行。

硬件设备安装结束后，要对设备加载软件，对设备进行开通调试，检验设备的工作状况，进行设备的功能调试。

（四）工程检验

工程检验是保证基站工程施工质量的关键环节，施工部门应建立健全质量保证体系，对工程质量进行全过程控制；建设单位、设计单位、监理单位等各方按有关规定对工程施工质量进行控制。

工程检验主要包括实物检查和资料检查两个方面。实物检查是指对原材料、构配件和设备等的检验，应按进场的批次和产品的抽样检验方案执行；资料检查是指对材料、构配件和设备的型号、规格、设备合格证、检验报告、准入文件、施工过程中的检验报告等进行检查。

对于施工质量不符合要求的部位，要返工重做或更换构配件、设备，然后重新验收。对于经过返修或加固处理仍不能满足安全和使用功能的工程，严禁验收。

通过验收的工程，由施工部门向建设单位进行交换。

二、天馈系统的安装

基站天馈系统安装的规范性和质量直接关系到整个系统的工作性能。基站天馈系统的安装分为两种情况：铁塔上安装和抱杆上安装。两种方式在安装流程和工艺上没有大的区别，都包括天线组装、天线吊装、馈线布放、接地安装等几道工序。在GSM-R 网络中，天线大都安装在铁塔上，本节只介绍天线在铁塔上的安装过程。

（一）安装准备

为保证天馈系统安装质量，在天馈系统安装前需对天馈设备进行检查，然后组装天线。

1. 检测天馈设备

（1）检测天线

天线到达施工现场后，应先进行天线的检查；查看天线的型号、规格、数量、是否符合设计要求，应对天线进行全面的外观检查，查看有无凹凸、破损、断裂等现象，并做好相应的记录与处理。

在天线无任何外观损伤的情况下，连接相应跳线，用天馈测试仪进行天线驻波比测试。由于天线的摆放位置会直接影响天线的驻波比，所以测试时应随时调整天线的位置和角度。若在任何摆放位置天线的驻波比均大于1.5，则说明天线或接头部分可能有问题，应重新检查测试；若只是在部分位置天线的驻波比大于1.5，则不能肯定天线是否有问题。须等天线安装完毕后，再测量天线驻波比，若此时该值仍超标，则天线肯定有问题，需要更换天线。

（2）检测馈线

馈线安装前，应对其进行单盘检测，检查电缆盘标识、盘号、盘长、包装有无破损，射频馈线有无压扁损坏等现象并做好记录；收集馈线的出厂测试记录、产品合格证等，根据出厂测试记录审查射频馈线的电特性和物理性能是否满足设计要求；单盘测试的电特性（驻波比、直流电阻、绝缘等）应符合相关技术标准的规定；单盘测试后应对馈线头做密封处理。

（3）检测塔放

核实塔放的型号、规格、数量等；检查塔放外观有无损伤；测试其各个端口的驻波比、额定增益和下行插入损耗。若测试结果偏离指标太远应更换塔放。

2. 组装天线

天线的组装一般在塔下进行。组装方法和步骤应参照天线包装内的说明书进行。定向天线的附件包括有天线固定夹，俯仰角调节装置和跳线。

天线组装步骤：①将定向天线调节支架安装在天线顶部的调节点，将定向天线固定夹安装在天线底部的调节点。②将跳线接头与天线接头连接好并拧紧。③对接头进行防水密封处理。把防水胶泥从天线根部的接口向下缠，后缠的泥胶一定要压在上面的一层上，缠完泥胶后外面再缠一层塑料胶带。

（二）天线吊装与固定

1. 吊装天线

在塔顶安装一个定滑轮，将一或两根吊绳穿过定滑轮，再用绳子在天线两端打结。吊装时，两名人员拉紧拉绳，将天线吊在固定天线的位置；另一名人员牵扯溜绳，控制天线的上升方向，以免天线与塔身或建筑物磕碰而损坏。

2. 固定天线

（1）天线安装要求

①天线安装的位置正确。

②天线避雷装置在45°保护范围中。

③在天线向前方向里无铁塔结构的影响，天线伸出铁架平台距离应不小于 1m。

④天线方位角正确，按设计要求，精确度为 5°。

⑤天线俯仰角正确，按设计要求，精确度为 1°。

⑥分离度要求：对于单极化天线，同一扇区内两根天线水平分离度，同一平台不同扇区间天线水平分离度不小于 3m；对于双极化天线，同一扇区内两天线水平分离度不小于 2.5 m。不同天线平台的垂直分离度都要求大于 1 m。

（2）天线跳线的要求

①禁止使用非室外的馈线作为软跳线。

②天线软跳线必须与塔身或悬臂用专用扎带连接紧固。

③天线跳线必须做避水弯，但不要弯曲过分。

（3）天线安装步骤

①按工程安装图确定天线及天线支架的安装方向。

②将天线固定于支架的固定杆上，松紧程度适宜。

③根据工程设计文件，用指南针确定天线方位角；调整时轻轻扭动天线调整方位角，直至满足设计指标。

④将天线下部固定夹拧紧，直至用力推拉不动。

⑤轻轻扳动天线，调节俯仰角直至满足工程设计指标。将天线上部的固定夹拧紧。

⑥制作天线跳线避水弯，用黑线扣将天线跳线沿支架横杆绑扎，并减去多余的线扣尾。

⑦将装好天线的支架伸出铁架平台，用 U 形固定卡把支架固定在塔身上。

⑧用螺栓 M12×45 连接铁架平台护栏和天线支架，若天线支架与铁架平台护栏不便连接，可采用焊接的办法，并在所有焊接的部位和支架表面喷涂防锈漆。

（三）安装塔顶放大器

塔顶放大器（塔放）用来放大天线接收的微弱信号，塔放有两个射频接口，都为 7/16DIN（母）型接头：一个接口连接接收天线（一般标示 ANT）；另一个接口连接基站（一般表示 BTS），通过跳线和馈线接到基站机柜顶盖上方接收射频接口（7/16DIN 型连接器）。

塔放应安装在离天线较近的地方，在铁塔上，塔放安装在铁塔平台的护栏上。

塔放安装步骤：①将塔放及安装附件吊至铁塔上。②将塔放固定在指定位置。③将塔放接地柱用接地线良好接地。④将天线跳线接头拧到塔放上的“ANT”射频接口。⑤将塔放跳线接头拧到塔放上的“BTS”射频接口。⑥制作塔放跳线避水弯，跳线弯曲要自然，弯曲半径通常要求大于 20 倍跳线直径。⑦用黑线扣绑扎跳线并粘贴跳线标签，粘贴在距跳线一端 100 mm 处。

（四）安装馈线窗

1. 馈线窗的结构

馈线窗的结构较多，应根据具体要求进行选择。

2. 馈线窗的安装

馈线窗一般安装在室外，且位于走线架的上方，尽量靠近走线架。下面以 12 孔馈线窗安装在墙上为例，说明安装方法。安装步骤如下：①根据工程设计图纸要求和馈线密封窗的尺寸，在墙上确定馈线密封安装窗安装位置，并标出膨胀螺栓打孔位和馈线密封窗镂空位置。②用冲击钻大 8 个安装膨胀螺栓的孔位。③用膨胀螺栓固定馈线密封窗窗板。

（五）安装馈线

1. 馈线安装要求

馈线安装有如下要求：①馈线必须每隔 1 m 固定一次，应从上往下边理顺边紧固馈线固定夹。②馈线两端要有清楚的标识。③馈线的尾部入室前要作出一个回水弯，建议切角大于 60°，但必须在此馈线规定的最小转弯半径内，以防止雨水顺馈线流入基站室内为标准。④馈线进入室内的入口处必须安装馈线窗、护套和防水填充物，金属馈线窗须防雷接地。⑤馈线尾部一定要接避雷器，避雷器需安装在室内距馈线窗尽可能近的地方（建议1m 内），避雷器须接室外防雷地，无防雷地接孔的须将其外部的金属固定带接至室外接地盘上（可根据避雷器厂家的说明安装）。⑥馈线弯曲的最小弯曲半径应大于馈线直径的 20 倍。⑦馈线沿铁塔或走线架排列时无交叉，由天线处至入室前的一段按一定的顺序理顺；弯曲点尽可能少（建议不超过 3 个），不接触尖锐的物体。⑧保证没有金属废屑和其他非金属物遗留在馈线内芯中。⑨保证所有的无线部件都与馈线紧固连接，并且没有金属外露。⑩所有的室外原件的连接处都必须经过防水密封处理。

2. 馈线安装流程

（1）馈线接头制作

馈线接头需要现场制作，其塔上的部分接头最好在地面上制作好，用海绵之类的软物包扎后再进行吊装。

馈线头制作步骤：①在设计长度上再留有 1 ～ 2m 的余量进行馈线切割，切割过程中严禁弯折馈线，并应防止车辆碾压与行人踩踏。②用刀去掉馈线外皮，在剖开馈管根部向上的第五个螺纹处，用钢锯或专用切割工具切断馈管，切割面要保持平衡。③在馈线头的接口处加装螺旋钢圈和防水胶圈，凸出的毛边用裁纸刀剪掉；用毛刷或胶泥清除馈管切面和铜管内的铜屑，防止铜屑引起的短路或增大驻波比。④用手将馈线头螺帽对正馈管轻轻拧入，再用扳手将其拧紧。

（2）粘贴临时标签

每切割完一根馈线，就在馈线两端和中间粘上相应的临时标签。

室外馈线采用金属标牌，室内馈线则采用纸标签，标牌和纸标签统称为工程标签。

（3）吊装并固定馈线

安装步骤：①用麻布（或防静电包装袋）包裹已经做好的接头，并用绳子或线扣扎紧。②在离馈线头约 0.2 m 处打结，在离馈线头 0.8 ～ 1m 处再打一结。塔上人员向上拉馈线，塔下人员拉扯吊绳控制馈线上升方向，以避免馈线与塔身或建筑磕碰而顺坏。将馈线吊至塔上平台。③将馈线上端固定至适当位置（实行多点固定，防止馈线由塔上滑落），但距离天线或塔放不宜太近，可根据需要选择1卡1固定夹或1卡3固定夹。

（4）安装塔放到馈线的跳线

有塔放时，天线跳线和塔放连接。如果没有塔放，天线跳线直接和馈线相连。

（5）布放和固定馈线

①根据工程设计的扇区要求对馈线排列进行设计，确定排列与入室方案，通常一个扇区一列或一排，每列（排）的排列顺序保持一致。

②一边理顺馈线，一边用固定夹把馈线固定到铁塔或走线架上，每隔1m左右安装馈线固定夹，以不超过1m为宜，相邻两个馈线夹的距离为2～4 cm。

③布放馈线的同时安装馈线接地夹，并撕下临时标签，用黑线扣绑扎馈线标牌。

（6）安装室外接地排

室外接地排主要用于防雷接地。原则上它应安装在馈线密封窗附近，最佳位置为馈线密封窗的上、下方，在现场实际安装中应根据工程设计图纸确定接地排的安装位置。室外接地排的安装要求是：位置合理、水平、牢固。

（7）馈线接地处理

馈线接地夹的安装与馈线的布放同时进行。每根馈线的避雷接地位置一般为3处：距馈线接头1 m范围内，位于铁塔底部的馈线上和馈线进入馈线密封的外侧（就近原则）。

当馈线长度超过60 m时，应在馈线中间增加馈线接地夹，一般为每20 m安装1处。馈线接地夹的安装步骤：①确定馈线接地夹安装位置，按馈线接地夹大小切开该处馈线外皮，以露出导体为宜。②将馈线接地夹的导体紧裹在馈线外导体上，用一字螺丝刀拧动固定金属棒以锁紧馈线接地夹。③对接地处进行防水密封处理。④将馈线接地夹的接地线引至就近接地点，进行可靠连接。当馈线在铁塔上布放时，若塔身有接地夹安装孔位，可直接将接地线接至就近的铁塔钢板上；若塔身没有合适的孔位连接引线，可借助馈线固定夹底座，将底座固定在铁塔塔身或室外走线架上，将接地线连接在固定夹底座上。当馈线在室外走线架上布放时，可将接地线接至接地性能良好的走线架上。⑤馈线入室前的馈线接地夹接地线引至室外接地排，要求排列整齐。

（8）馈线入室

这里以12孔馈线窗为例，介绍馈线入室的方法和过程。

一个12孔馈线窗有4个大孔，1个大孔有3个小孔，每个小孔穿入1根馈线。馈线在馈线窗同一大孔的3个小孔中应按照其工程标签上的编号有序布放，或顺时针布放，或逆时针布放。馈线在馈线密封窗中的布放应有利于馈线在走线架上的布放，以及和机顶连接，走线在连接时馈线应平行无交叉。

馈线入室步骤：①根据工程设计图纸要求，首先确定馈线入室方案。②将各根馈线通过馈线密封窗导入室内，导入时应有相关人员在室内作引导，避免馈线入室时损伤室内设备。③在馈线密封窗外侧做好馈线避水弯。④安装馈线密封窗密封垫片、密封套，安装密封套时应注意密封套上的注胶孔应朝上。⑤根据设计要求确定室内避雷器安装位置，准确切割馈线。⑥制作室内馈线接头。

（9）安装天馈避雷器

一般在馈线入室后800～1 500 mm处截断馈线，因此避雷器的安装位置也就相对固定，现场实际施工时，应根据工程设计图纸要求进行施工。

避雷器的安装要求为：安装朝向一致，连接可靠。避雷器的防雷端接馈线，设备端接机顶跳线。

避雷器的安装步骤如下：①检查避雷器的用途和型号是否配套，同时注意避雷器的安装方向。②馈线入室做完接头后，将其和避雷器的防雷端连接。

（10）安装天馈避雷器接地排

一般情况下，天馈避雷器接地排应安装在走线架上；如机房内无走线架，或遇特殊情况而无法将接地排固定在走线架上时，也可用配发的膨胀螺钉将接地排固定在就近的墙体上。

天馈避雷器接地排在走线架上的安装步骤：①确定天馈避雷器接地排的安装位置，使从避雷器到接地排的接线距离不大于1m，并使接地排的插线孔朝向水平方向，使紧固螺钉位于接地排上方。②将天馈避雷器接地排用C形支架固定在天馈避雷器和馈窗之间靠近天馈避雷器一侧的走线架上。③将从天馈避雷器引出的保护接地线（横截面面积为6 mm^2）接入避雷器接地排的插线孔中，并用一字螺丝刀拧紧固定螺钉。④在避雷器接地排上引一根接地线（横截面面积为25 mm2），并将其接到室外接地排。

（11）安装室内跳线

室内跳线（1/2英寸）一般需现场制作。

机顶跳线安装步骤：①根据跳线的实际走线路径截取跳线长度。②制作机顶侧跳线接头（接头类型为DIN型公头），制作方法参照说明书。③将跳线与机顶天馈跳线接头座连接。④跳线沿走线架布放至避雷器。⑤绑扎跳线。⑥制作避雷器侧跳线N型接头，贴上工程标签。⑦连接跳线接头与避雷器。

跳线布放、绑扎和贴标签的要求：

跳线由机顶至走线架布放时要求平行整齐，无交叉；跳线由走线架内穿越至走线架上走线时，不得经走线架外翻越；跳线弯曲要自然弯曲，半径以大于20倍跳线直径为宜；跳线由机顶至走线架段布放时不得拉伸太紧，应松紧适宜；跳线在走线架上走线时要求平行整齐；跳线在走线架的每一横档处都要进行绑扎，线扣绑扎方向应一致，绑扎后的线扣应齐根剪平不拉尖；所有室内跳线必须黏贴标签，标签黏贴在距离跳线两端100 mm处。

（六）测试天馈系统

利用天馈线测试仪在机顶跳线处测量天馈驻波比。正常情况下驻波比应小于1.5（包括系统中安装有塔放的情况），而天馈系统与基站双工器输出端口相连的跳线（1/4英寸）的N型公头的驻波比通常应小于1.3（对应回波损耗18 dB）。

如果驻波比大于等于1.5，则表明天馈系统有问题，应逐段测试驻波比以定位问题。

（七）接头及馈线窗的防水密封处理

整个天馈系统安装完成并通过了天馈测试后，应该立即对室外的跳线与塔放接头、跳线与馈线接头以及馈线窗进行防水密封处理。

1. 室外接头的防水密封处理

防水处理所用的胶带有两种：防水绝缘胶带和PVC胶带。

防水密封处理过程如下：①先清除馈线接头或馈线接地夹上的灰尘、油垢等杂物。②展开防水绝缘胶带，剥去离形纸，将胶带一端黏在接头或接地夹下方2～5 cm处馈线上（涂胶层朝馈线）。③均匀拉伸胶带使其带宽为原来的3/4～1/2，保持一定的拉伸强度，从下往上以重叠方式进行包扎，上层胶带覆盖下层的1/2左右。④当缠绕到接头或接头夹上方2～5 cm后，再以相同的方法从上往下缠绕，然后再从下往上缠绕，共缠绕三层防水绝缘胶带。⑤缠好防水绝缘胶带后，必须用手在包扎处挤压胶带，使层间帖附紧密无气隙，以便充分黏结。⑥完成防水绝缘胶带的包扎后，需要在其外层包扎PVC胶带，以防止磨损和老化。⑦PVC胶带的缠绕类似于前面的防水绝缘胶带，以重叠方式缠绕，胶带重叠率在1/2左右，从下向上再从上往下最后从下向上缠绕三层，缠绕过程中注意保持适当的拉伸强度。

2. 馈线窗的防水密封处理

馈线窗的防水密封处理有以下方法：①将两个半圆形的馈线窗密封套在馈线窗的打孔外侧。②把两根钢箍箍在密封套的两条凹槽中，用螺丝刀拧紧箍上的紧固螺丝，使钢箍将密封套箍紧。③在馈线密封窗的边框四周注入玻璃胶。④对未使用的孔，用专用的塞子将其塞紧。

第二节 漏泄同轴电缆与基站室内设备安装

一、漏泄同轴电缆安装

（一）施工准备

漏缆施工前，应根据设计图和铁路公里标对下列内容进行复测：①隧道外观挂漏缆区段的电杆位置、杆距、杆高及漏缆长度。②隧道内漏缆架挂位置、长度。③区间机房位置、供电方式及供电线路路径。

漏缆架设时，还需考虑路径上有无遮挡物，线缆的弯曲能否满足设计要求等。

（二）漏缆单盘测试

漏缆到达现场后，要进行开盘检测。检查标识、盘号、盘长是否符合要求，包装有无破损，漏缆有无压扁损坏等现象并做好记录；根据出厂测试记录审查漏缆的电特性和物理性能（低烟、无卤、阻燃、防紫外线），满足设计要求。

在现场做漏缆的直流特性单盘测试（驻波比、环阻、绝缘等），指标应符合设计要求。单盘测试后、用热可收缩帽作密封处理。

（三）隧道内漏缆支架的安装

隧道内漏缆支架的安装应符合下列要求：①支架孔的位置及孔距应符合设计要求，孔距宜为0.8～1.5 m。②支架孔施工宜采用打眼作业车，保证施工精度和质量。③支架孔的直径宜为19mm，孔深应为（70±3）mm。孔应直平，不得成喇叭状。④洞内防火吊夹间距应符合设计要求。⑤隧道内无衬砌面时，应采用钢丝承力索吊挂电缆方式，支架宜采用40 mm×40mm×4mm角钢，孔深应为120mm，角钢间距应符合设计要求。⑥电气化区段隧道内安装支架时，只有在关闭该段接触网供电情况下，方许进行吊挂作业，两端还应设防护人员。

（四）隧道内漏缆敷设

隧道内漏缆敷设应符合下列要求：①漏缆吊挂应在隧道侧壁，槽口朝向线路侧。②电气化区段隧道内吊挂漏缆应在接触网回流线的另一侧。不得已设在同侧时，漏泄同轴电缆与回流线、接地母线的距离不应小于0.5m。③电气化区段内敷设漏缆，只有在关闭该段接触网供电情况下，方可进行吊挂作业，两端还应设防护人员。④隧道内漏缆宜采用机械施工，施工时运载轨道车不得猛启动或急刹车。当采用人工抬放，展放时人员间隔不超过5～7m，以免漏缆拖地。⑤漏缆在敷设施工过程中严禁急剧弯曲，弯曲半径要符合相关要求。⑥漏缆敷设时，尽可能不与其他线缆交叉，如无法避免时，漏缆应布设在外侧。⑦与既有漏缆间距不小于30 cm。

（五）隧道外漏缆支撑杆安装

隧道外漏缆支撑杆的安装应按下列要求进行：

①漏缆支撑杆埋设深度应符合相关规定。

②混净土杆杆体裂纹应符合相关技术标准的规定。

③钢丝承力索采用7×φ2.2 mm镀锌钢绞线。

（六）隧道外漏缆敷设

隧道外漏缆敷设应按下列要求进行：①漏缆吊挂方式及高度应符合设计要求。在电气化区段，与回流线的距离不应小于0.6 m，与牵引供电设备的距离不应小于2m。②漏缆上吊夹前，钢丝承力索应加（300±30）kg的张紧力，吊挂后漏缆垂度应保持在20℃时0.15～0.2 m范围内。③漏缆过轨时应缓接阻抗相同的射频电缆。④漏缆在敷设施工过程中严禁急剧弯曲，弯曲半径要符合相关要求。⑤与既有漏缆间距不小于30 cm。

（七）漏缆连接器安装

漏缆连接器安装应按下列要求进行：①漏缆连接器安装应包括固定连接器、阻抗转换连接器、DC 模块、功率分配器及终端匹配负载。②固定接头必须保持原电缆结构开槽间距不变。③接头应保证电特性指标，对于驻波比过大、阻值过大、绝缘不良、衰耗偏大的接头应锯断重连。④连接器装配完毕应进行质量检查：用万用表进行通电测试，检查内、外导体装接情况，并轻敲连接器，看万用表有无变化；用绝缘电阻测试仪测量绝缘电阻，判断装接质量；检查各零件螺栓是否旋紧。⑤连接器装配后接头外部应进行防护。⑥连接器应可靠地固定在承力索或电杆上。

（八）漏缆及连接器检测

漏缆及连接器安装结束后，应检测内外导体直流电阻、绝缘介电强度、绝缘电阻、电压驻波比等，测试指标应满足设计要求。

二、基站室内设备安装

基站室内设备安装包括走线架与槽道安装点机架（柜）安装、缆线布放、设备配线等。

（一）施工准备

设备安装前，应对设备进行开箱检验。首先清点检查货物的总件数、运达地点是否相符，包装箱外观是否完好。如发现问题，应停止开箱，并向建设单位反馈。

设备型号、规格、数量以及质量应符合设计和订货合同的规定。设备内的部件及配线应齐全、完好，设备所附带的出场文件及各种资料应按装箱单数量清点并做好记录。如出现缺货、错货、设备损坏等现象，应及时向现场督导反馈，并做好记录。

（二）走线架、槽道安装

1. 走线架、槽道安装要求

（1）走线架安装要求

①线缆走架线安装位置应符合施工图设计的规定，偏差不得超过 50 mm，垂直走线架位置应与楼板孔向适应，穿墙走线架位置应与孔洞相适应。

②走线架的安装应做到支铁垂直不晃动，边铁竖直，横铁平直与边铁垂直。

③水平走线架的水平度每米偏差不得超过 2 mm。垂直走线架的垂直偏差不得超过 3 mm。

④沿墙安装走线架时，在墙上埋设的支撑物应牢固可靠，沿水平方向的间距距离应均匀。

⑤吊架安装位置及规格，应符合设计要求。

（2）槽道安装要求

①槽道安装尺寸应与机架排列位置相对应，并与机架垂直。槽道安装位置偏差不得超过 50 mm；槽道边帮应成一条直线，偏差不得超过 3 mm；相邻两列槽道水平偏差不得超过 3 mm。

②设备下走线时，列内和列间的槽道应安装在横梁上，底面应平贴，槽道搭接处

应在铁梁上，列内槽道的两端应深入列间的槽道内 20 mm。

③设备上走线时，列间槽道用支架安装方法应与走线架支架安装相同。槽道搭接处应在槽道支架上。

2. 走线架、槽道安装步骤

（1）走线架安装步骤

①确定走线架的垂直高度及侧墙的距离，安装三角支撑件。

②组装走线架并固定。

③确定吊挂安装点，安装三角支撑件。

④调整吊挂垂直度。

⑤调整走线架水平度。

⑥固定走线架。

（2）槽道安装步骤

槽道安装步骤与走线架步骤类似。

（三）BTS 设备与传输设备安装

BTS 设备与传输设备的安装要求及安装步骤是类似的。

1. 机架（柜）安装要求

①设备的安装位置及安装方式应符合设计要求。

②设备机架底部应对地加固，机架安装垂直度偏差不应大于 1.0%。

③同一列机架的设备板面应成一条直线，相邻机架的缝隙不应大于 3mm。

④设备安装时应注意留有足够的操作维护空间。

⑤所有机架要用统一的标签标记。

2. 安装步骤

（1）机柜固定

完成机柜底座的定位，地板画线打孔，机柜固定于水平垂直调节等。

（2）连接机顶地线

完成机顶地线的连接。

（3）单板安装

完成各单板安装与紧固。

（4）电缆连接与布放

将有关机柜内射频成套电缆连接布放到位，多机柜时要完成机柜之间并柜电缆的布放。

（5）安装环境状态监控仪（可选项）

完成环境状态监控仪的定位，电源线、信号线的固定和接地线的连接。

（6）电源引入

根据工程设计方案沿走线架完成BTS机柜电源线的引入，完成电源避雷器的固定、安装及其与电源线的连接。

（7）安装DDF中继配线

根据工程设计方案决定E1线对数，由传输设备沿走线架引至DDF，再由DDF引至BTS机柜。根据工程设计需要完成中继线避雷器的装配固定和地线的连接。

（8）工程标签的粘贴

在相关设备和连接线上粘贴工程标签。

（9）工程文档整理

在安装过程中填写相关工程文档。

（四）电源、接地及防雷设备安装

1. 电源设备安装

电源设备安装包括交流不间断电源、高频开关电源、蓄电池组、太阳能供电装置、交流配电设备、电源环境监控设备等设备的安装。

（1）电源设备的基础型钢制作安装

①根据柜体尺寸大小和室内地面荷载力预制基础型钢，除锈刷漆，做好接地。

②基础型钢顶部宜高出室内抹平地面10 mm。

（2）交流不间断电源（UPS）的安装

①输入电压及零地电压应符合产品技术要求，前级及负载回路不应有带漏电保护的断路器。

②引入线应按相线，零线、地线分别接入UPS，三相输入时，相序应正确。

③引入线、引出线中的地线应根据产品技术要求采用联通或分隔的技术。

（3）高频开关电源的安装

①直流配电单元、整流模块应按安装位置图自上而下逐个安装。

②应注意各单元和模块的引出线，引入线接线位置，插好各单位和模块的插座。

③各电器接触点应接触可靠，连接紧密。

（4）蓄电池组的安装

①蓄电池架（柜）的加工形式，规格尺寸的平面布置应符合设计要求。

②蓄电池应排列整齐，距离均匀一致，蓄电池连接应接触良好。安装蓄电池所用的工具应注意绝缘，防止短路，注意正、负极性标志，连接电缆应尽可能短。

③蓄电池与充电器或负载相连接时，电路开关要放在“断路”的位置，严禁接反极性或短路。

（5）太阳能供电装置的安装

①应安装在无遮挡物的地方，表面朝阳，充分接受阳光照射。

②如果一年之内不调整角度，电池组件与地面平面夹角应大约等于当地纬度。

③安装时应轻拿轻放，严禁触碰、敲击，以免损坏封装玻璃。

（6）交流配电设备的安装

①交流配电设备的安装位置应正确，部件齐全，箱体开孔与导管管径适配，安装配电箱箱盖紧贴墙面，箱体涂层完整，箱体中心距地面的高度宜为1.3～1.5 m。

②交流配电设备安装在混凝土墙、柱或基础上时，应采用膨胀螺旋栓固定。

③交流配电设备的每路配电开关及保护装置的规格、型号，应符合设计要求。

（7）电源环境监控设备的安装

①传感器、变送器的安装位置应符合设计要求。

②传感器、变送器的信号输入接线应正确。

③传感器、变送器通过输出模块或接口模块与数字控制器连接应接触可靠。

④电压传感器安装时严禁输入短路，电流传感器安装时严禁输出端开路。

向设备送电前应按设备电气原理与施工配线图检查核对，所有电源设备开关均处于“断”的位置，熔断器容量应符合设计要求。

2. 接地装置安装

（1）基站工程的以下部分均应接地

①电源设备的基础型钢、金属框架、外露导电部分、装有电路的可启的柜门。

②设备的机架、机壳。

③线缆的金属护套和屏蔽层，防护用金属管路、金属架桥。

④电源工作接地。

⑤光缆、漏泄同轴电缆、天馈线、接闪器、浪涌保护器（SPD）等防雷接地。

（2）室外接地体与接地母线

室外接地体与接地母线埋深不应小于 0.6m，回填土应分层夯实，接地体之间的距离不应小于 5 m。

（3）接地盘（箱）、接地铜排安装

①接地铜排和螺栓应紧密结合，保证导电性能良好。

②接地铜排端子按设计要求进行分配。

③地线盘（箱）端子紧密连接。

④接地排必须与建筑地或外部接地系统连接，连线必须是线径大于 35 mm2 单根或多股铜线，建议用绿色或黑色线。

⑤接地排规格 400 mm×100 mm×10 mm，应涮锡。

（4）接地配线安装

①导线必须是粗于 16 mm^2 单根或多股铜线，建议绿色线。

②接触点必须处理清洁，保证良好的电接触。

③每个机架必须独立接地，不能复接。

（5）天线杆（塔）应按设计在杆（塔）根部埋设单独的避雷地线

①接地极宜采用 50 mm×50 mm×5 mm 镀锌角钢，亦可采用 φ50 mm 钢管，接地极长度应为 2 ～ 2.5 mm；接地极连接线（母线）宜采用镀锌扁钢，截面面积应小于 100 mm^2，厚 4 mm 以上，或 3 股 φ5 mm 镀锌铁线。

②接地极间距离应为 5 m，接地体应选择土壤电阻率较低处埋设，埋深应为 0.5 ～ 0.8 m 或冻土层以下，与其他接地体间距不应小于 20 m。接地体与扁钢焊接应采用氧气焊或点焊。焊接处应做防护。

③接地电阻应符合设计要求，一般小于 4Ω。

④当接地电阻达不到要求时，可采用增加接地极数量，添加降阻剂等方法。

基站、直放站及漏泄同轴电缆等设备本身应满足电气化区段的要求，安装地点应尽量远离接触网和回流线。漏泄同轴电缆受交流电气化铁路的危险影响不得超过容许值，当超过容许值时，应采取防护措施。

3. 防雷装置安装

（1）天线杆（塔）应按设计在杆（塔）上做单独的避雷针

①天线应在避雷针的保护范围内。

②避雷针宜采用长 1 ～ 1.5 mm 不小于 φ8mm 镀锌圆钢制作。

③铁塔天线可利用塔身兼作避雷引下线；水泥杆防雷引下线采用 φ8mm 镀锌圆钢，安装时，可将引下线穿进电杆，在水泥电杆里面引下。

（2）电源线路浪涌保护器（避雷器）的安装

①电源线路的各级浪涌保护器应分别安装在被保护设备电源线路的前端。浪涌保护器各接端应分别与配电箱内线路的同名端相线连接，浪涌保护器的接地端与配电箱的保护接地线（PE）接地端子板连接，配电箱接地端子板应与所处防雷区的等电位接地端子板连接。各级浪涌保护器连接导线应平直。

②带有接线端子的电源线路浪涌保护器应采用压接；带有接线柱的浪涌保护器宜采用线鼻子与接线柱连接。

③电源线与防雷箱的连接线长度不得大于 0.5 m，受条件限制连接线长度大于 0.5 m 时，应采用凯文连接法连接。防雷箱的接地线不宜大于 0.5 m。

④浪涌保护器的连接导线最小截面面积应符合相关技术规定。

（3）信号线路浪涌保护器的安装

①信号线路浪涌保护器应连接在被保护设备的信号端口上。浪涌保护器输出端与被保护设施的端口相连。浪涌保护器也可以安装在机柜内，固定在设备机架上或附近支撑位上。

②信号线路浪涌保护器接地端宜采用截面面积不小于 1.5 mm^2 的铜芯导线，应就近与接地端子板连接，接地线应平直。

（五）基站空调安装

基站空调安装应符合下列要求。

第一，机房门窗及穿线洞口应做密封处理以减少冷量的散失，达到节省能源，延长空调机组的使用寿命。

第二，空调机室内机的安装及摆放位置必须按照施工图纸上的位置进行安装。安装的位置应有利于通信设备的冷却及冷热风的交换。摆放的位置应与通信设备保持一定的距离，以利于检修保养及通道畅通。

第三，空调机的室外机必须安装托架，托架应高于地面 30 cm 以上，应根据实际情况选择安装方式，应保证冷凝水的安全排放。

第四，室外机的安装应注意安全，牢固及防盗。

（六）监控设备安装

动力与环境监控设备的安装按照有关技术规范和设备安装说明书进行。

（七）室内线缆布放要求

室内线缆布放有如下要求：①信号线、控制线、地线和电源线应分开布放，间距为15～20 cm。②走线要沿着槽道或走线架布放。③线缆两头都要有标签标记。④接头处线缆要留有活动余量走线。⑤线缆敷设应按顺序出线，布放应顺直、整齐。线缆转弯应均匀一致，其弯曲半径不小于60 cm。⑥所有走线必须每隔1cm用扎带固定，扎带必须足够紧但又不能勒坏电缆。所有扎带必须修齐。⑦走线跨过超过0.6 cm必须要有支撑。⑧富余的缆线要排列布置整齐。⑨光纤连接正确，光纤缠绕的最少半径大于30mm，光纤接头保持清洁。走线不要接触到尖锐物的表面。⑩基站室内外所用电缆应是阻燃、铠装电缆。基站进线口所有进线应做放水弯（包括空调）。

（八）设备配线

设备配线效果的要求如下：①按照正确的位置插接电缆，接触应紧密、牢靠，电器性能良好，插接端子应完好无损。②机架接地良好。在安装有防静电要求的单元板时，应穿上防静电服或防静电接地护腕。③射频同轴电缆与连接器的连接应符合设计要求或产品说明的规定。④同轴线的焊接应无烫伤、开裂及后缩现象，绝缘层离开端子边缘露铜不得大于1mm，内、外导体应接在对应的同轴端子上。⑤配线用电缆和电线的型号、规格应符合使用要求。布放前，应对配线电缆和电线进行对号和绝缘电阻测试。⑥配线电缆中间不得有接头。⑦音频配线电缆近端串音衰减不小于78 dB。

（九）设备调测

1. 工具和仪表准备

由于设备调试的特殊性，开孔工程师要检查设备的安装情况，如有需要就须更改硬件，所以要携带齐全安全的工具。例如：螺丝刀、钳子、内六角、扁口、打线钳、万用表等。

主设备的开通调试是一项复杂的技术工作，所有仪表要齐全、准确。仪表仪器要定期进行校验，确保所得数据的可信度。在开通调测移动收发信设备时要携带功率计、频率计、2M表、笔记本电脑等。

2. 基站设备调测

（1）加电前检查

①机房检查

由于移动收发信设备对环境的要求比较高，所以开通工程师在调试主设备时要对机房进行检查，看机房是否漏水、是否整洁密封、温度是否合适等。

②电源检查

开通工程师在给主设备加电调测前要仔细检查电源的连接情况，绝对禁止正负极接反的情况，并从电源柜、主设备电源盒依次检查电压是否在允许范围内。

③接地检查

首先检查是否出现室内外共地的情况，防止外电引入室内。然后检查室内各设备的接地连线是否符合设备接地要求。

④硬件检查

首先要检查硬件安装是否符合设计要求，如安装位置、要求配置等。然后检查硬件的连接情况，如有问题加紧整改。

（2）加电调试

在以上检查确认无误的情况下可进行 BTS 的加电调试。要先从电流较大的电流模块开始依次加电，防止电流击穿微电流电源模块的保险。依次检查设备各电源的单板供电情况，确保供电回路的工作电压和电流正常。

（3）参数配置

根据设计文件和相关技术标准，并参照产品说明书，对基站设备进行下列参数配置。

①接口数据配置。

②小区数据配置。

③系统消息数据配置。

④切换数据配置。

（4）基站调测

参照相关标准，对下列项目进行调测。

①链路指示调试：通过本地维护终端 Abis 接口、上下行链路等进行检查，确保链路正常。

②基本性能调试：查看单板运行状态、查询信道状态、查询基站对象的属性、参看 CPU 占有率、设置时钟时延、复位、告警等。

③设备控制调试：单反自检、链路环回测试、主备倒换测试。

④发射指标调试：测试最大发射功率、发射载频频偏、相位误差、射频载波发射功率平容差、射频载波发射功率时间包络、发射机调制频谱、杂射辐射功率电平。

⑤接受指标测试：测试接受灵敏度、同频干扰保护比、邻频干扰保护比、杂散辐射功率电平。

3. BTS 开通

（1）下载数据

在确认 BTS 调测无误的情况下请求交换机房下载数据并注意观察 BTS 设备的状态。下载数据若不成功，首先要检查硬件有无问题，如无问题要和网络人员或交换机房进行交流，查看数据有无问题或检查传输有无问题。

（2）基站开通

下载数据成功后，BTS 应开始工作。工作人员要注意硬件有无问题，是否工作正常。如无问题就要对有关性能进行测试（如进行拨打测试）并记录。根据实测指标与设计指标的差距对网络进行优化。在优化过程中，对发射功率、天线高度方位角与俯视角进行适当调节，同时修改 BSC 相关数据配置直至满足设计指标。

第三节 GSM-R系统的测试

一、GSM-R场强覆盖测试

无线信号的覆盖情况对GSM-R系统的性能指标、运行质量有着重要影响。覆盖不合理会导致指标达不到系统要求，严重的时候甚至导致不能正常通信。

（一）测试指标要求

GSM-R无线场强覆盖指标可用车载终端全向接收天线处的输入端射频信号最小可用接收电平Pmin（dBm）来描述。

（二）测试系统

GSM-R场强覆盖测试系统由测量接收机、车载测距系统或GPS接收机、机车天线、计算机及相关测试软件组成。

机车天线采用全向天线，安装在机车车顶。机车天线经高频屏蔽同轴电缆与测量接收机匹配连接，计算机自动记录测得的信号电平值和测距单元的输出值。测试软件可以自动统计数据并可生成场强覆盖图。

（三）测试方法

测试点是空中接口Um的信号强度。

首先校准测距单元，然后测量接收机对全线所有的BCCH载频进行测量。在测量时，每隔4cm取样一次，由计算机自动记录测量的电平值和测量单元输出的距离信息。

（四）测试数据统计

通过测试软件按照铁路标准对数据进行统计，采样间隔为4 cm，统计区间为100 m，计算95%的统计值。场强覆盖测试的结果主要通过图形的方式输出，依据统计后的场强值和相关位置信息、线路的全部BCCH载频等。

二、GSM-R网络干扰测试

GSM-R网络干扰测试可分为移动测试和定点测试两种情况。

（一）GSM-R网络干扰移动测试

1. 测试指标要求

目前GSM-R网络干扰主要分为同频干扰和邻道干扰。按照技术体制要求，要确保铁路GSM-R系统在铁路正线上同频干扰保护比（C/I）和邻道干扰保护比（C/A）

分别大于 12dB 和 -6dB。

2. 测试方法

测试过程应覆盖整个工程的所有小区。测量接收机应可对无线信号的 BSIC 码进行解析，区分有用信号和干扰信号，自动计算 C/I 和 C/A。测试启动后，整个测试过程应自动化。

3. 测试数据统计

通过对铁路正线上的干扰测试，统计出全线 C/I 小于 12 dB 的干扰情况和 C/A 小于 -6dB 的干扰情况。

（二）GSM-R 网络干扰定点测试

1. 测试指标要求

通过在铁路正线上的移动测试，初步判定受干扰的区域。在干扰区域内通过频谱仪等专用测试仪表进行定点测试，查找干扰源。

2. 测试系统

测量天线挂高为机车顶部高度，近场区内应无阻挡。测量天线采用全向天线和定向天线，经高频屏蔽同轴电缆与频谱仪匹配连接。

3. 测试方法

选择受干扰区域，确定具体的测试地点，记录测试地点的位置消息及公里标信息。连接频谱仪与全向测量天线，捕捉干扰信号，通过调整定向测量天线确定干扰源的指向。通过频谱仪记录干扰信号强度和方位，确定干扰源。

4. 测试数据统计

通过对有用信号和干扰信号的信号强度进行比较，记录 C/I 值与 C/A 值。

第四节 GSM-R 基站维护

基站维护是确保 GSM-R 网络畅通的必要环节，是系统正常运行的重要保证。本节介绍 GSM-R 基站维护的基本要求和具体任务。

一、GSM-R 基站维护的基本袠求

第一，坚持预防为主、强度与性能并重的原则，科学合理地开展科学维护工作，提高 GSM-R 基站设备运用质量和维护管理水平。

第二，严格按照操作规程进行维护。

第三，维护部门应根据管内设备实际状况，制定维护计划并组织实施，落实各项设备检修、测试和作业标准，确保设备处于完好状态。

第四，不得随意变更系统版本、网络数据、使用频率等。需变动时，需报上级部门批准。变动后要及时修订有关图纸、资料。

第五，对各种技术、测试资料应就建立技术档案，定期分析，指导维护工作。

第六，要建立严格的设备使用管理制度，制定具体的设备操作使用方法，对用户进行设备操作使用的培训。

第七，维护机构应有足够的生产房屋面积，满足设备维护检修测试的需要；配置必要的交通、通信工具，保障设备出现障碍时维护人员能够迅速赶到现场。

第八，维护部门要配备必需的维护器具、仪表。各种仪表应定期进行校检，以保证其测量精度。使用人员应按操作说明和有关规定正确使用，对仪表要指定专人负责维护管理。

第九，维护工作应认真贯彻“安全第一、预防为主”的方针。各级维护单位应建立健全安全生产责任制，维护人员应严格遵守劳动纪律、作业纪律和有关规章制度，保证行车、设备和人身安全。维护工作必须认真执行“三不动”“三不离”“三不放过”及通信纪律“十不准”等基本安全制度和工作纪律。

二、GSM-R基站维护方式

GSM-R基站维护工作中，漏泄同轴电缆、天馈系统、杆塔的维护由维修、中修、大修三个修程组成，其他基站设备实行维修修程。

（一）维修

GSM-R基站设备的维修方式包括日常维护、定期检修、重点整治。

日常维护：是预防和消除设备故障隐患、及时发现问题和快速进行处理的经常性维护作业，包括对系统和设备进行巡视、检查、检测、倒换和排除故障等工作。日常维护的基本任务就是确保通信设备和系统的正常运行。

定期检修：是恢复、改善与提高设备强度和性能的维护作业，包括设备集中检修及系统性能测试和调整等。定期检修的基本任务就是较完整地恢复和改善通信设备的运行质量。

重点整治：是根据设备整机或部件机械强度和电气性能的劣化程度，有计划地对其进行补强、整修和更换，其目的是“整修补强、恢复提高”，以保证设备原有的性能和质量。

（二）中修

中修是针对漏缆、塔（杆）、天线、馈线、直放站短段光缆、防护围栏（墙）、厢式机房等区间设备所进行的具有周期性、集中性的恢复，以提高GSM-R系统设备及相关配套设施强度与特性的维护工作。中修周期为3～5年。

GSM-R系统设备中修项目主要有：GSM-R天线塔（杆）整修；GSM-R天线、馈线及塔顶放大器整修；GSM-R系统线路设备，包括弱场补强设备、漏缆、防雷等的测试、整修；防护围栏（墙）的整治加固；地线测试，不合格地线整治；直放站短段光缆的整治或更换；馈电电缆和电源引入线的整修或更换；区间机房的整修。

（三）大修

大修是根据设备使用期限或设备运用状态，为恢复和提高 GSM-R 系统的质量和能力，对相关设备进行全面彻底的整修。

GSM-R 系统漏泄同轴电缆、天馈系统、杆塔及配套光电缆线路设备已到大修期或由于设备及配线老化、机械强度不足、电气性能指标恶劣，以致造成设备质量下降，不能满足运输生产需要，而正常维修又无法解决时，应进行大修。无线漏缆、天馈系统、杆塔大修周期原则为 15 年。

GSM-R 系统大修主要工作项目有：GSM-R 系统线路设备，包括弱场补强设备、漏泄同轴电缆、光缆线路补强、整修，杆路加固等；天线、馈线及塔顶放大器整修、引入电缆整修、补强或更换；铁塔、天线杆整修、补强或更换；电源系统、馈电电缆和防雷、接地设施整修、更换；防护围栏（墙）的整治加固；区间机房的整修。

三、GSM-R 基站故障处理

基站故障是由于基站所属设备发生故障或失效而影响正常通信的事件。维护部门应随时做好故障抢修的准备，做到在任何时间、任何情况下都能迅速出发抢修。抢修专用的器材、仪表、机具及车辆等应处于待用状态，不得外借或挪作他用。

GSM-R 基站设备发生故障时，应按先抢修后调查的原则，迅速组织抢修，减少对运输生产安全的影响。当网络维护中心管理人员通过监控系统得知某基站出现警告或设备故障时，应通知维护部门。在接到故障报告后，维护人员必须在规定时间之内赶到现场处理。在规定的时限内处理故障后，维护部门要将故障处理的详细经过、更换材料和遗留问题等情况详细记录并上报。

（一）基站故障的分类

基站故障一般分为以下几类：基站硬件故障、基站软件故障、交流引入故障（短路、断路、更换开关、熔丝、更换室内外走线、停电后恢复供电等）、直流故障（更换开关、熔丝、更换整流模块、更换监控模块、修改开关电源参数等）、蓄电池故障、空调故障、基站传输故障、基站动力与环境监控设备故障。

（二）基站故障的处理

基站故障处理的一般流程为：先电源设备，后传输设备，最后主设备。对电源部分，检查开关电源输出、设备电源输出（指示灯）；对传输部分，在传输网管配合下检查 SDH 告警灯，进行远环、近环测试；对主设备部分，检查连线、模块工作状态，在网管配合下进行相应的维护操作。

1. 电源故障

电源部分问题主要有以下几方面。

（1）无交流电压

首先，与当地电业部门、电工确认是否停电，若未停，判断电表是否欠费（磁卡或电子计费类电表）。其次，可能是自用变压器或市电引入部分及交流配电部分有问题，携带发电机进行发电，并联系电工配合处理；若是打雷导致交流空开跳闸或防雷模块损坏，到基站闭合开关，更换模块，并测试基站地阻值，正常单站地阻值应小于5Ω。

（2）交流电压正常，直流电压低

一般为开关电源整流模块部分问题，需要更换相应型号备件。

2. 传输故障

导致传输障碍的主要原因有三方面：供电、光路、电路。检查传输障碍时，要看好并确认标签，不要动与本次障碍无关的设备和线路。在排除供电原因后，根据传输拓扑结构，看是单个基站传输断开，还是相关联的基站传输都断开，若是单个站断开，检查本站及上端站传输设备的工作状态；相关联的多个基站传输断开，一般为光缆问题或两端节点站问题。请传输值班人员配合在传输网管上查看光端机是否有光R-LOSS告警，有告警并且当地或上端站未停电，一般为光缆故障。排除光路问题后，检查2M电路。首先在DDF架对交换侧进行环回，即用终端塞对光端机出来的2 M信号分别进行环、断测试，询问机房传输状态，若正常，说明故障点在基站侧；若原来的状态未改变，说明故障点不在本基站侧，可能是传输机房跳线或电路状态被改变所导致。基站内问题可以逐段排查。

3. 温度导致掉站

当局部温度超出安全范围，设备自动保护、退服。冬季的应急措施是先用电吹风对传感器加热恢复基站运行，再采取升温和保温措施，出入时关严门，避免冷风直接吹到机柜。夏季开门通风降温，解决空调问题。

4. 基站告警

与BSC联系类别及告警代码。根据告警代码分析障碍原因。经常遇到的告警主要有：分集接收或驻波比告警、硬件故障、数据库问题、温度超出安全范围（0～55℃）。

（1）分集接收或驻波比告警

对分集接收和驻波比告警的处理方法基本一样，唯一不同的是分集接收是接收路径上发生的问题，驻波比是发射路径上发生的问题。分集接收丢失告警可能是射频连线或天馈线路障引起的。当驻波比值大于1.4，通过故障定位查出故障点，根据距离判断故障点，一般小于6 m是室内接头问题，主要检查规定接头和室内尾纤与7/8馈线接头、射频连线主要检查接口是否松动、连接是否正确。对板卡复位后，分集接收告警会消失，这并不表示故障解决了，半小时或一两天后还会出现。分集接收告警是当告警计数器达到门限值后才提示，所以必须找到原因并彻底解决。

（2）单板故障

一般的单板出现故障很容易处理，可利用BSC或OMT终端来查看单板的告警代码，从而判断故障原因。

另外，有很多故障并非基站硬件故障，而是因为BSC的参数设置不对。如果参数设置错误，设备也将无法工作。

第五节 GSM-R网络优化

一、网络优化的概念

移动通信网络建成后还要不断地进行网络优化，做好网络优化工作是移动通信网高质量运行的重要保证。

网络优化是通过对现已运行的网络采用话务数据分析、现场测试数据采集、参数分析、硬件检查等手段，找出影响网络质量的原因，并且通过参数的修改、网络结构的调整、设备配置的调整和采取某些技术手段，确保系统高质量运行，使现有网络资源获得最佳效益。

当发现网络中存在诸如覆盖不好、通话质量差、掉话、网络堵塞、切换成功率低、未开通某些新功能等问题时，也需要对网络进行优化。通过不断地网络优化工作，使得呼叫建立时间减少、掉话次数减少、通话话音质量不断改善、网络拥有较高的可用性与可靠性，改善小区覆盖，降低掉话率和拥塞率，提高接通率和切换率。

二、网络优化的工作原理

GSM-R网络优化的工作流程包括五个部分：系统性能收集、数据分析及处理、制定网络优化方案、系统调整、重新制定网络优化目标。

在网络优化时首先要通过OMC-R采集系统信息，还可以通过用户申告、日常CQT测试和DT测试等信息完善问题的采集，了解用户对网络的意见及当前网络存在的缺陷，并对网络进行测试，收集网络运行的数据。然后对收集的数据进行分析及处理，找出问题发生的根源。根据数据分析处理的结果制定网络优化方案，并对网络进行系统调整。调整后再对系统进行信息收集，确定新的优化目标，周而复始直到问题解决，使网络进一步完善。

三、网络优化的方法

GSM-R网络优化的方法有很多，在网络优化的初期，常通过对OMC-R数据分析和路测的结果，制定网络调整的方案。但仅采用上述方法较难发现和解决问题，这时通常会结合用户投诉和CQT测试的方法来发现问题，结合信令跟踪分析法、话务统计分析法和路测分析法，分析查找问题的根源。网络优化最主要的也是最常用的方法有信令分析法、话务统计分析法、路测分析法和CQT测试法。

（一）信令分析法

信令分析法主要是通过对 A 接口、Abis 接口的数据进行采集和分析，找出网络存在的问题。例如由于遗漏切换关系而造成的切换局数据不全、掉话；信令负荷、中继或时隙等硬件上的故障；由于部分数据定义错误、链路不畅等原因造成的话务量不均等问题。

为了取得更佳效果，信令分析法经常与其他方法结合使用，例如常与路测分析结合，进行综合分析，从中找出上、下行链路不匹配造成的问题，如小区覆盖的盲区，无线干扰等方面的问题。

（二）话务统计分析法

话务统计分析法主要是根据 OMC-R 上收集的话务统计报告数据和系统硬件告警信息，如呼叫成功率、掉话率、切换成功率、每时隙话务、无线信道可用率、话音信道阻塞率和信令信道可用率、阻塞率等，从中进一步分析出网络参数设置、网络组织是否合理，话务负荷是否均衡匹配，找出频率干扰的原因及硬件故障，并可对系统中每一个小区的各项指标进行分析，通过调整某些小区或全网参数，使小区的指标得到提高，从而实现提高全网的指标。

（三）路测（DT）分析法

DT 测试通过捕捉 Um 口中 MS 与 BTS 进行通信的指令信息，从而获得 GSM-R 网络的无线质量参数，分析并提供网络质量状况。通过 DT 测试，可以了解基站覆盖情况，如是否存在“盲区”，切换关系、切换次数及切换电平是否正常，下行链路是否有问题、邻频干扰，是否有“孤岛效应”，扇区有无错位等。通过分析呼叫接通情况，找出呼叫成功率低、掉话等问题的原因，制定出相应的网络优化方案。由于路测能反映出网络覆盖和通信质量的实际情况，因此它是制定网络优化方案的主要依据。

1. DT 测试采集的参数

网络识别参数，包括移动国家号（MMC）、移动网号（MNC）、位置区码（LAC）、小区识别（CI）、网络色码（NCC）、基站色码（BCC）。

系统控制参数，包括公共控制信道配置、接入准许保留块数、寻呼信道复帧数、周期位置更新定时器、小区信道描述、无线链路超时（RLT）、邻小区描述、答应的网络色码、最大重发次数（MR）、发送分布时隙数（TI）、小区接入禁止（CBA）、接入等级控制（AC）。

小区选择与重选参数，包括小区重选滞后（CRH）、控制信道最大功率电平（MTMC）、答应接入最小接收电平（RXLEVAccessmin）、小区禁止限制（CBQ）、小区重选参数指示（PI）、小区重选偏置（CRO）、惩罚时间（PT）、临时偏置（TO）。

网络功能参数，包括功率控制指示（PERC）、非连续发送（DTX）、呼叫重建答应（RE）、紧急呼叫答应（EC）、移动分配索引配置（MAIO）、跳频序列号（HSN）。

GPS 参数，包括经度、纬度。性能参数，包括通话接通率、通话失败率、信道利用率、分配失败率、掉话率、切换成功率、切换失败率。

2. DT 测试功能

（1）实时追踪指令，根据信令分析查找各种网络问题

DT 测试能够实时地跟踪各个逻辑控制信道信令以及层 2 和层 3 信令，能够实时采集网络参数以及无线信令，应用于网络优化可以使网络资源获得最佳效益。信令包括：寻呼、鉴权、分配信道、切换、测量报告、位置更新，能显示出通话的起呼、切换、位置更新、结束通话和掉话等各部分的信令流程。将现场采集到的信令与 GSM-R 各类业务的标准信令流程做对比，能够定位到如掉话、TCH（业务通信）拥塞、SDCCH（独立专用控制信道）拥塞等网络故障。

（2）扫频测试

在空闲模式下，对所有频率进行实时扫描。动态显示对应的信号场强和基站色码，实时跟踪所占用 ARFCN（绝对无线频率信道号）受干扰程度。可以检查相邻小区的信号强度，检查小区的覆盖情况和同邻频干扰。

（3）锁频测试

可以观察移动台在某一固定频点下的接收电平的变化。

（4）强制切换

强制切换是在专用模式下允许移动台在未满足切换条件的情况下，强制切换到另一频点的小区。利用强制操作采集 MS 接收到的网络质量状况，其强制区域主要是各小区邻接处，用于发现网络小区规划的合理性、正确性，某些小区的实际覆盖区是否超过了规划区域，同时还可以通过切换信令分析掉话原因。

（5）基站开通测试

网络规划实施后，经常要测试基站信号覆盖范围，查找盲区。路测能够实时采集目前所在小区以及相邻小区的信号强度变化。依托 GPS 定位系统，能够实时打印目前所在的位置，结合 DT 网络测试方法，能够得到测试车所经过的路线上任何一个采集点的信号强度、基站识别码、绝对频点、信号强度。

（6）双手机大话务量呼叫与统计

网络优化过程中，常利用大话务量测试来得到呼叫接通率、掉话率、呼叫失败率、切换成功率等性能参数，来了解网络的健壮性与可行性。

（7）测试 GSM-R 特有业务

GSM-R 特有的业务包括 VGCS、VBS 等，DT 测试能够对 GSM-R 特有业务进行参数采集、信令捕捉。

（四）拨打质量测试（CQT）

CQT 测试是在移动网络覆盖区域中选择多个测试点，在每个点进行一定数量的呼叫，通过呼叫接通情况及测试者对通话质量的评估，分析网络运行质量和存在的问题。

测试点一般选择在通信比较集中的场合，如站场、重要部门、办公楼、机车、车辆等。它是 DT 测试的重要补充手段。通常还可完成 DT 所无法测试的深度室内覆盖及高楼等无线信号较复杂地区的测试，是场强测试方法的一种简单形式。

CQT 测试主要都是以人工测试的方式进行，一般的流程是：先制定一个测试计划，

再交由测试人员到指定地点进行测试。测试工具一般为信号测试专用手机，这种测试过程中所得的数据都是由测试人员人工记录而来，再由他们来对数据进行统计管理，最后人工录入记录并制作出分析报告。

CQT 测试内容可分为语音业务测试指标和数据业务测试指标两类。语音业务测试指标有覆盖率、CQT 接通率、CQT 掉话率、CQT 通话正常率等，数据业务测试指标有数据业务建立成功率、数据业务掉线率、平均 PING 时延等。

CQT 测试可分为常规型（如每周、每月的常规测试，评估测试等）、维护型（如日常维护及抽查，配合工程割接、拨测、验证等）、跟踪型（如客户投诉拨打测试）和保障型（如重点区域的拨打测试）等几种情况。

常规型 CQT 测试在规定时间段内进行，每次测试必须注明测试时间段，每个掉话或 GPRS 传输中断处必须重复测试 3 次，并增加拨打测试次数，记录相应的小区参数以供分析。

维护型 CQT 测试以发现问题、解决问题为主。

跟踪型 CQT 测试任务不定时间，处理时限一般要求在收到客户申告后 24 h 内完成。测试以尽快解决客户投诉问题为主。

保障型 CQT 测试工作包括定期完成一次重点区域场馆室内覆盖系统 CQT 拨打测试和 GPRS 业务的保障测试。

四、网络优化工具

GSM-R 网络优化常用的工具有路测设备、分析仪表和优化软件等。

（一）路测设备

路测设备主要由测试手机、测试仪表、数字地图、测试车辆及车顶天线组成。

通常的测试方法包括测试手机在空闲（Idle）状态下的重选测试、扫频测试、定时拨打测试、持续通话测试等。

路测结果以彩色地图和统计报告的形式输出。如信号质量分布图、接收场强分布图、频率干扰图、小区切换图等，从这些彩图和统计报告中直接反映出网络的覆盖质量、误码率（BER）、干扰等实际情况。

（二）分析仪表

用于移动通信网测试、分析的仪表很多，这里简单介绍最常用的信令分析仪和频谱分析仪。

1. 信令分析仪

信令分析仪是目前移动通信网络中使用最广泛的测试工具，可应用于 GSM-R 系统中 Abis 接口、A 接口、MSC 与 HLR、VLR、AUC 之间的中继接口、No. 7 信令链路接口的维护和优化工作。从接口中提取测量报告，通过与路测得到的下行信号对比，可以全面了解网络运行状态，从而找出掉话、切换失败、拥塞问题发生的环节和部位。

2. 频谱分析仪

频谱分析仪主要是用于测试信号的频域特性，包括频谱测量、快速时域扫描、寄生辐射、互调、邻道功率测量等。在网络优化中，经常使用频谱仪测量电磁环境，进行干扰测试和分析。

（三）网络优化软件

网络优化软件是一种应用工具软件。它和上面所述的硬件构成网络优化的平台。网络优化软件应具备以下基本功能。①数据选择、测试、采集，实时显示，并可在测试中及测试后回放数据。②话务、设备配置、规划等数据的导入。③软件界面应允许生成多个方案，并有不同的选项和数据视图。④用户可自己配置时间表，定义扫描信道列表、扫描信号强度等参数。⑤数字地图显示功能，能同时显示多个视图，实际网络之间的比较。⑥在测试中自动拨号，重复发出呼叫，用户可自定义一些参数。⑦统计和分析功能。⑧测量载波和干扰源，以图形方式显示。

第十章 铁路信号系统网络与信息安全

第一节 信号系统网络通信协议安全

一、安全通信协议

为了保证多个设备在“封闭传输系统上”进行安全的信息交互，欧洲电工标准化委员会（CENELEC）先后制定颁布了EN50126、EN50128、EN50129、EN50159等系列安全标准，其中EN50159专门针对轨道交通（封闭式传输系统）所具备的安全属性、安全功能进行了详细的说明，安全通信系统间的总体结构如图10-1所示。其中A接口为各安全设备间的应用层协议；B接口为应用程序与安全功能模块间的软件内部实现；C接口为安全功能模块安全协议机制，实现对传输系统中的通信威胁防护；D接口为安全功能模块与通信功能模块之间的软件内部实现；E接口为通信功能模块之间的非置信传输，提供物理传输层适配、通信链路冗余处理、数据可靠透明和双向传输以及通道可用性监测等功能。

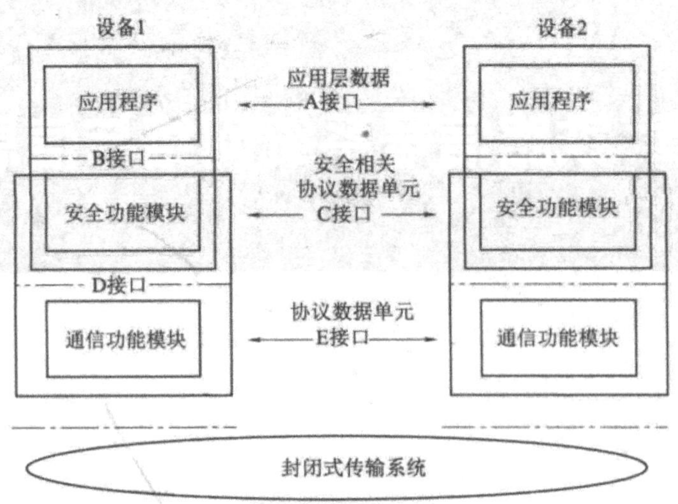

图 10-1　安全通信系统的总体结构

参考欧洲安全标准，我国先后制定了铁路信号安全协议（Railway Signal Safety Protocol，RSSP）标准，包括 RSSP- Ⅰ和 RSSP- Ⅱ两种（其他如 SAHARA 协议主要用在西门子地铁 CBTC 系统中，本书不进行讨论）。RSSP- Ⅰ协议广泛运用在我国高速铁路列控中心的外围系统接口之间，而 RSSP- Ⅱ协议则广泛运用在无线闭塞中心（RBC）及临时限速服务器（TSRS）的外围系统接口之间。下面简要介绍一下这两种协议，并重点分析 RSSP- Ⅱ的安全性。

（一）RSSP- Ⅰ协议简介

RSSP- Ⅰ所需要的通信功能，不依赖底层物理链路的连接方式。安全层（安全相关编 / 解码过程）和通信驱动（非安全编 / 解码过程）是完全分开的，底层数据传输方式可以是串口（RS422、RS232 等），也可以是网络（TCP/UDP 等）。我国铁路一般是基于串口连接，如车站 TCC 与 CTC、LEU 均用串口 RS422 相连。

RSSP- Ⅰ协议主要采用了 3 种帧类型，针对 EN50159 中通信面临的威胁采用了序列号、时间戳、超时、源标识、反馈报文及双重校验等防护技术。RSSP- Ⅰ协议主要从接收端的角度设计保护算法来解决开放传输系统上的通信问题，要求接收端对收到数据进行多种验证，包括：发送端身份鉴别（真实性）；报文正确无误（完整性）；报文更新（时间性）以及报文正确序列（顺序性）。所用算法都要考虑收发双向执行，每个接收端的每个传输方向上设置一个安全认证。

（二）RSSP- Ⅱ协议简介

CTCS-3 级列控系统是 RBC 生成相应的列车行车许可命令，通过 GSM-R 传送至列车，并以此控制列车运行，因此对数据传输的安全性有极高要求。作为面向铁路应用的专用移动通信系统，GSM-R 的安全机制完全继承自公网 GSM 系统，而后者在实际使用中已经暴露出了诸多的安全缺陷，无法满足列控系统信号安全通信的需求。为此，我国参考欧洲列车控制系统（Europe Train Control System，ETCS）系列规范，于2008年制定了《CTCS-3级列控系统规范：铁路信号安全通信协议-Ⅱ》及其配套子协议，规定了信号安全设备之间通过开放式网络进行安全相关信息交互的功能结构和协议。RSSP-Ⅱ协议的层次结构如图10-2所示，其中的消息鉴定安全层和安全应用中间子层被用于提供安全服务。

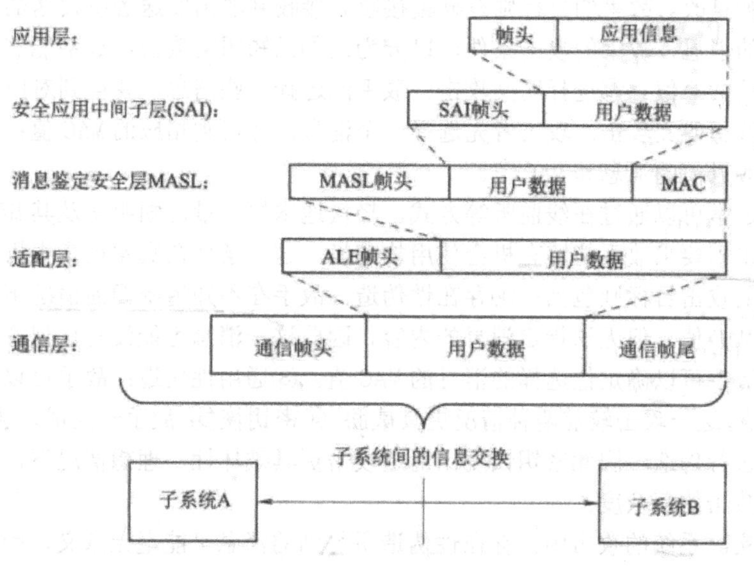

图10-2　RSSP-Ⅱ协议中定义的消息结构

消息鉴定安全层（Message Authentication Safety Layer，MASL）的主要功能是为通信数据包附加消息鉴别码（Message Authentication Code，MAC），从而实现对通信数据包的数据来源鉴别并保障其完整性，防范可能的伪造和篡改。MASL层所采用的MAC方案（以下简称为MASL-MAC）是基于ISO/IEC 9797-1标准中的CBC-MAC推荐结构3（通常称为ANSI Retail MAC）改进而来，底层的分组密码则选用了DES算法。安全应用中间子层（Safe Application Intermediate sub layer，SAI）的主要功能则是为通信数据包添加了序列号（Sequence Number，SN）、执行周期（Execution Cycle，EC）计数器或三重时间戳（Triple Timestamp，TTS）校验标志符，防范对通信数据包的重复、乱序、插入、删除和延迟。结合SAI层附加的校验标志符，改进后的MASL-MAC方案可以很好的抵御针对ANSI Retail MAC的各类已知攻击。

二、RSSP-Ⅱ协议的安全性分析

作为我国CTCS-3级列控通信系统的核心安全协议，RSSP-Ⅱ协议的安全性对高速铁路的运营安全起到了至关重要的作用，而消息鉴别码方案又可被视为整个协议安全功能的核心。

（一）消息鉴别码及其安全性

消息鉴别码作为密码本源之一，是实现数据完整性和数据源鉴别的重要工具。在针对 MAC 方案的分析中通常包括三方，即消息的发送者、接收者，以及敌手。发送方和接收方将使用同一个共享密钥，并依据同样的 MAC 算法，分别计算得到的一段认证标签（通常称为 MAC 值），接收者通过比对收到的标签和计算得到的标签，即可判断消息是否被篡改。敌手的目标则是欺骗接收者接收并非由发送者所发送的消息。依据攻击所用的消息，敌手的攻击条件可以分为：①已知明文攻击：敌手能够得到一些消息及对应的 MAC 值。②选择明文攻击：敌手能选择一些消息，并得到对应的 MAC 值。③自适应选择明文攻击：攻击者先选择一个消息，并得到相应的 MAC 值；下一个消息的选择依赖以前的消息和 MAC 值。

敌手通常可以通过在线监听等方式，轻松地掌握大量已知明文及其 MAC 值，而选择明文攻击则要求敌手能够有机会使用加密机，这一条件在真实场景中极难实现。

敌手的攻击目标则包括：①存在性伪造：敌手在不知道密钥的情况下，可以构造新消息的 MAC 值，但无法指定消息的内容，因此这一消息可能没有任何意义。②选择性伪造：敌手可以确定他选择的消息的 MAC 值。③通用性伪造：敌手可以计算任意消息的 MAC 值，这一攻击较前两种情况更具威胁。④密钥恢复：敌手一旦成功恢复出密钥，即可任意进行伪造。因此密钥恢复比伪造攻击更具破坏性，理想情况下，密钥恢复具有穷搜索攻击的复杂度。

在对实际系统的攻击中，存在性伪造所得到的消息可能毫无意义，因此通常无法构成直接威胁；但如果敌手能够在已知明文条件下，在目前计算边界条件内实现通用性伪造或密钥恢复，则将对方案安全性构成致命威胁。

（二）MASL-MAC 方案概述

CBC-MAC 算法是一种以分组密码算法为核心、工作在密码分组链接链（Cipher Block Chain，CBC）模式下的消息鉴别码。在 1999 年，CBC-MAC 方案成为了 ISO/IEC 9797-1 国际标准，并给出了 6 种推荐结构。RSSP-D 协议所采用的 MASL-MAC 方案即来源于其中的第 3 种推荐结构（通常被称为 ANSI Retail MAC 或简称 Retail MAC），并进行了小幅改进。ANSI Retail MAC 实际上是在原来的标准 CBC-MAC 结构的尾部，额外增加了一轮 DES 解密和一轮 DES 加密操作，并使用不同密钥分别完成加密和解密。MASL-MAC 则在 Retail MAC 基础上，在最后一轮加密中采用了一个全新的密钥，从而将密钥个数从 2 个增加到了 3 个。两个算法的详细描述如下（结构如图 10-3 所示）。

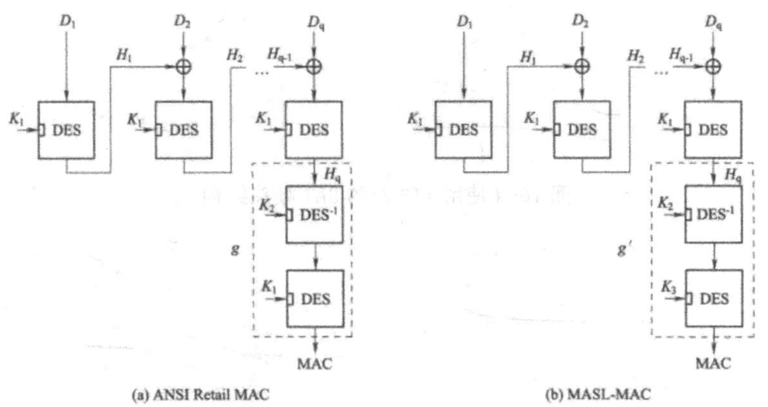

(a) ANSI Retail MAC　　(b) MASL-MAC

图 10-3　ANSI Retail MAC 和 MASL-MAC 的结构示意图

（三）MASL-MAC 针对已有攻击方案的改进

目前对于 CBC-MAC 算法的攻击思路，其基本思想均来源于 Preneel 和 Oorschot 提出的区分迭代 MAC 和随机函数的通用方法，其基本思路是基于生日攻击得到一对 MAC 碰撞消息（即一对不同消息拥有相同 MAC 值），以此识别 MAC 的内部碰撞。在此基础上，Preneel 和 Oorschot 进一步提出了一个针对基于 DES 分组密码的 Retail MAC 方案的密钥恢复攻击，这一攻击需要大约 232.5 个“已知明文 /MAC”和 3•256 次离线计算（其中恢复 K1 需要 257 次 MAC 操作，恢复 K2 需要 256 次 MAC 操作），来恢复出全部的 112 bit 密钥。针对 Retail MAC 的另一类攻击是选择性伪造，典型方案包括 Brincat 和 Mitchell 的伪造攻击，Keting Jia 和 Xiaoyun Wang 的伪造攻击等。此类攻击需要构造大量特定格式的选择明文，从而依据生日悖论得到一对 MAC 碰撞消息，再依据找到的碰撞消息进行后续的拼接伪造。此类伪造攻击无需大量的计算，但却需要由敌手选择特定的明文，并得到相应的 MAC 值，所需的选择“明文 / MAC”对数目约为 232.5。在实际环境中，这一攻击条件极难实现。

有鉴于 Preneel 和 Van Oorschot 的密钥恢复攻击对 Retail MAC 方案带来的威胁，MASL-MAC 额外增加了一个密钥 K3，使得恢复密钥 K2 和 K3 所需的计算量增加到了 2112，而总的离线 MAC 运算数量也提高到了 257+2112，超出了目前的计算能力边界。

此外，RSSP-D 协议还在 SAI 层为消息报文额外添加了唯一序列号、EC 计数器或三重时间戳等校验标志符。其中 EC 和 TTS 这两种校验技术互斥，使用序列号和 EC 计数器防御机制时的 SAI 帧头如图 10-4 所示，使用序列号和 TTS 防御机制时的 SAI 帧头如图 10-5 所示。上述机制可以很好的防止对于消息的重放、乱序、插入和删除。其中的 EC 计数器或 TTS 机制，配合协议中对消息的传输延迟和应答延迟最大值的限制，更可进一步保证消息的新鲜性与及时性。这些校验标识符的存在，使得敌手即使依靠大量选择“明文 /MAC”对，成功得到了一对碰撞消息，通过简单拼接所得到的伪造消息，其校验标识符将无法通过接收端的合法性检验。

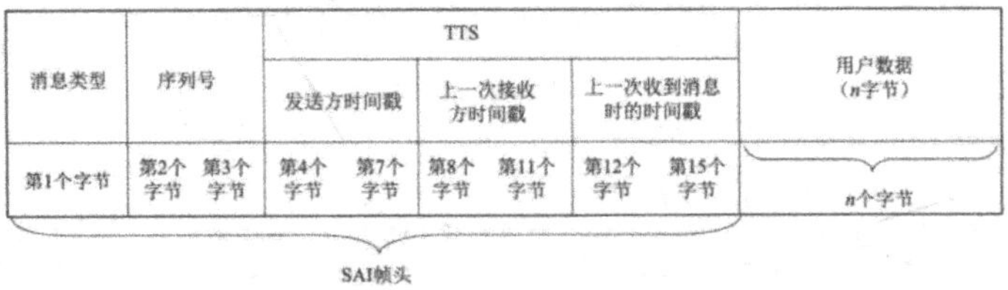

消息类型	序列号	TTS			用户数据（n字节）
		发送方时间戳	上一次接收方时间戳	上一次收到消息时的时间戳	
第1个字节	第2个字节 第3个字节	第4个字节 第7个字节	第8个字节 第11个字节	第12个字节 第15个字节	n个字节

SAI帧头

图 10-4 使用 TTS 时的 SAI 帧头结构

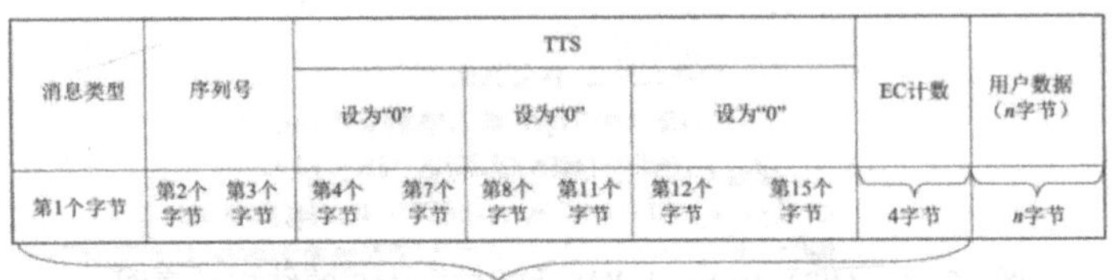

图 10-5 使用 EC 时的 SA1 帧头结构

综上所述，附加了唯一序列号、计数器或三重时间戳等校验标志符的 MASL-MAC 方案可以较好地抵御已知的各类攻击方案。

三、RSSP-Ⅱ改进建议

由于现有 RSSP-Ⅱ协议存在安全隐患，因此迫切需要提出一种有效提高 RSSP-Ⅱ协议安全性的方案，从而解决当前 RSSP-Ⅱ协议中的安全问题，保障铁路信号系统中设备间消息的安全传输。

（一）改进建议

针对现有 RSSP-Ⅱ协议存在的安全性的不足之处，我们提出的 Rssp-n 协议改进建议（权且称之为 RSSP-Ⅲ协议）主要包括：①引入分组密码算法及其工作模式选择协商机制，该机制中添加了分组密码算法列表及分组密码工作模式列表，同时除认证模式外，还引入带有关联数据的认证加密模式作为增强安全模式；②限制单次安全连接的最大允许消息数目；③加强对接收到的报文内容的判断。上述建议的具体描述如下。

1. 分组密码算法及其工作模式选择协商机制

分组密码算法及其工作模式选择协商机制用于通信双方设备选择两者通信所采用的分组密码算法及其工作模式。通过在该机制中添加分组密码算法列表及分组密码工作模式列表选择备选的分组密码算法及其工作模式的依据。

其中分组密码列表用于主叫方向被叫方发送主叫方支持的分组密码算法，通信双方可以灵活选择分组密码列表中的分组密码算法。为保证通信安全性，该列表中的算法推荐选择分组长度等于 128 bit、密钥长度大于或等于 128 bit 的国内外公开分组密码算法。

分组密码工作模式列表用于主叫方向被叫方提供主叫方支持的分组密码工作模式，为保证安全性，所选取的分组密码工作模式推荐选择具备完整的安全性证明、具有较高的实现效率的分组密码工作模式，可考虑采用国际公开标准。分组密码工作模式列表中的分组密码工作模式包含两种类型：认证模式与带关联数据的认证加密模式（Authenticated Encryption with Associated Data，AEAD），认证模式通过计算 MAC 验证消息的完整性，带关联数据的认证加密模式对关联数据进行完整性校验的同时完成非关联数据的加密及完整性校验。

分组密码算法与分组密码工作模式共同作用，根据所选择的分组密码工作模式的不同，对需要处理的消息提供不同的防护功能：当选择认证模式时，对消息进行完整性保护，当选择带关联数据的认证加密模式时，对消息进行完整性及机密性保护。

加密算法选择协商机制工作在主叫设备与被叫设备安全连接建立时的对等实体验证过程中，加入算法选择协商后的对等实体验证过程如图 10-6 所示，该机制包含如下步骤。

步骤 1：主叫方向被叫方发送含有本方支持的分组密码算法列表（Encryption Algorithm Type，ENATY）及分组密码工作模式列表（Mode Type，MDTY）的消息 AU1。

步骤 2：被叫方收到主叫方发送的消息 AU1 后，根据本地安全策略，从主叫方发送的分组密码算法列表及分组密码工作模式列表中选择后续会话采用的分组密码算法及分组密码工作模式，选取的分组密码算法记为 CKENA（CheckedEncryption Algorithm），选取的分组密码工作模式记为 CKMD（Checked Mode）。

步骤 3：被叫方使用 CBC-MAC 计算含主叫方发送的分组密码算法列表（ENATY）、分组密码工作模式列表（MDTY）、己方选定的分组密码算法（CKENA）、分组密码工作模式（CK-MD）字段的 MAC：（CBC-MAC（KS，Texts|RA|CKENA|CKMD|RB|ENATYI MDTY|DA|P））。

步骤 4：被叫方将上述步骤选定的分组密码算法（CKENA）、分组密码工作模式（CKMD）以及封装为的消息 AU2 并将其发送至主叫方。

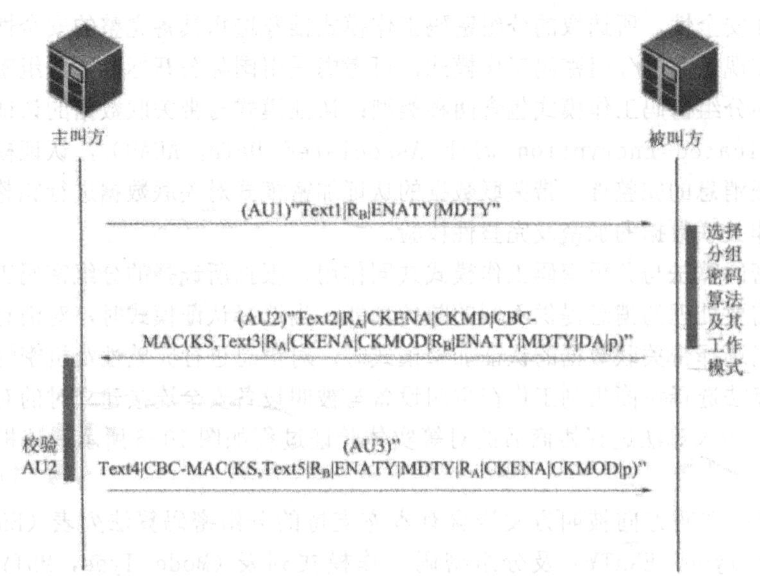

图 10-6　分组密码算法及其工作模式选择协商机制说明图

步骤 5：主叫方接收到消息 AU2 后，使用 CBC-MAC 算法对该消息进行校验，若校验通过，则进入步骤 6，若校验不通过，则主叫方中断连接并重启连接建立程序。

步骤 6：主叫方利用选定的分组密码算法及其工作模式，同时利用 CBC-MAC 计算相关 MAC，并向被叫方发送确认消息 AU3。

2. 限制单次安全连接的最大允许消息数目

如图 10-7 所示，对于限制单次安全连接的最大允许消息数目的步骤如下。

步骤 1：待会话安全连接建立后，被叫方启动消息数目计数器，对此后通信双方的会话消息进行计数。

步骤 2：当主叫方有消息到达或者被叫方有消息发送时，计数器值加一。

步骤 3：当主叫方消息到达或者被叫方消息发送使计数器的值达到所限定的阈值时，被叫方通知主叫方重启安全连接并断开此连接，且关闭消息数目计数器。

步骤 4：安全连接断开后，主叫方重新发送安全连接建立请求以重启安全连接。

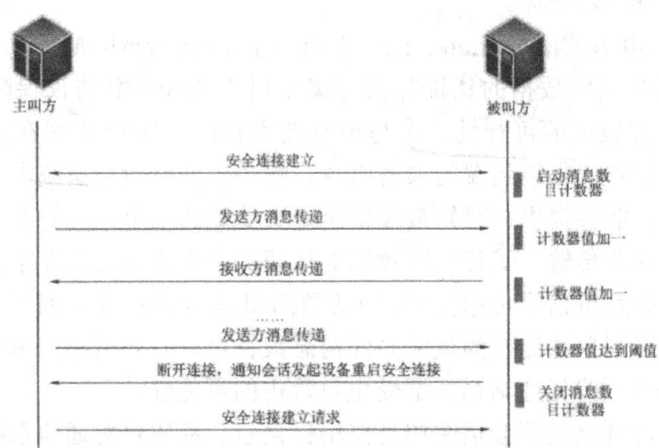

图 10-7　限制单次安全连接最大允许消息数目说明图

为确定单次连接的最大允许消息数，需针对铁路信号系统不同场景设置不同的最大允许消息数，现假定监听者进行了 106 次安全连接监听，为将生日攻击成功概率限制在万分之一以内，建议将单次连接的最大允许消息总数目阈值限制在 216 以内。

3. 加强对接收到的报文内容的判断

当攻击者对报文进行篡改及伪造时，很可能引起报文解析出现异常，因此当收发方在解析数据包过程中出现异常或者连续出现多字节乱码时，应主动断开原连接并重启安全连接。目前的 Rssp-Ⅱ协议对接收报文的内容判断仍不够重视，需要加强对接收到的报文内容，加强判断的方法包括：被叫方对收到的数据包进行判断时，若出现连续 4 字节以上的无意义乱码，则被叫方断开原连接并通知主叫方重建安全连接；被叫方在对数据包进行判断时，若出现数据包无法解析或者连续出现多字节乱码等情况，被叫方应断开原连接并通知主叫方重建安全连接。

（二）改进协议 RSSP-Ⅲ的优势

与现有 RSSP-Ⅱ协议相比，经改进后的 RSSP 协议（我们暂称为 RSSP-Ⅲ协议）具有以下优势：

第一，通过引入分组密码算法列表、分组密码工作模式列表以及算法协商机制，铁路信号系统的安全性、通用性、灵活性、健壮性方面将得到较大提升。①分组密码算法列表中推荐选用的单个分组密码算法的分组长度与密钥长度均达到 128 bit 以上，与 DES 算法采用的 64 位的分组长度及密钥长度相比，其安全性更强，进而提升了整个信号系统的安全性。②采用分组密码算法列表以及分组密码工作模式列表的单个设备可以支持不同国家与地区的安全标准，有利于设备的出口，更有利于中国的高铁出口。③对分组密码算法列表以及分组密码工作模式列表进行改动时，仅需更新相应的算法模块，不影响其他的算法模块，保证了系统的灵活性。④当探测到系统中信号被破解时，使用分组密码算法列表以及分组密码工作模式列表的设备能够支持铁路运营商快速切换分组密码算法及其工作模式，在短时间内对攻击做出及时有效的反应，防止攻击者进一步破坏。

第二，将AEAD方案（Authenticated Encryption with Associated Data，指基于分组密码的带关联数据的认证加密方案）引入RSSP-Ⅱ协议保障铁路系统信号系统安全通信具有较高的可行性。①与现有技术相比，AEAD方案在安全性方面具有突出优势，包括能够提供端到端的加密服务，解决了铁路信号系统中部分消息以明文方式传输的问题；能够提供比已知最强安全定义更高的安全性，将在最大程度上保障铁路系统信号的安全传输。②带关联数据的认证加密模式目前已非常成熟，在功能上完全能够满足铁路系统信号传输需求，而典型的AE方案均提供了对AEAD特性的支持。

第三，通过限制单次连接的最大允许消息数目可以有效减小在单次安全连接内出现MAC碰撞的概率，降低通话系统遭受生日攻击的可能性。

第四，当攻击者已破解会话密钥且使用错误包、乱码包对通信系统进行干扰时，通过加强对接收到的报文内容判断并重启安全连接，提高系统的敏感度，进而阻止攻击者利用已破解的密钥进行后续攻击。

第二节 网络信息安全测评与防护方案

一、测试评估方案

（一）需求分析

信号安全数据网承载着列控中心设备、联锁设备、临时限速服务器及无线闭塞中心设备的通信，是高速铁路信号数据通信的重要组成部分。其中，列控和联锁设备通过以太网接入信号安全数据网，由专用的工控硬件平台和板卡负责数据运算及通信，采用TCP、UDP、RSSP-Ⅰ、RSSP-Ⅱ协议，对列控联锁系统测试评估重点应为系统对数据通信的安全防护和网络设备安全上；临时限速和无线闭塞中心（包括VIA接口服务器）采用传统服务器及操作系统（FreeBSD6.4、RedHat Enterprise Linux 4 Update 3 PPC、RedHat Enterprise Linux 4 Update 7，Windows Server 2003/2008等），除了数据通信安全和网络设备安全，还应着重测试系统和应用的安全。另外，由于应用需求信号设备间需要互联，信号安全数据网和CTC网络有接口，某个网络中的威胁或风险可能引入到其他网络中来，还应测试考察不同线路间信号安全数据网的访问控制策略和配置等。

（二）测试对象描述

测试对象包括整个安全数据网网络本身、相关资产和接口。接口包括三个主要部分，即RBC系统与信号安全数据网交换机接口（通过RBC侧ESW交换机）、RBC系统与CTC中心接口以及信号安全数据网之间接口。

（三）测试内容

信号安全数据网的测试内容包括安全漏洞扫描、安全配置检查、病毒防范检查。

1. 安全漏洞扫描

信号安全数据网安全漏洞扫描将采取系统内本地探测扫描和边界外远程探测扫描相结合的方式。本地扫描主要是把扫描探测器架设在信号安全数据网内部的交换机上，对系统内部的网络设备和主机进行安全漏洞扫描；远程探测扫描把探测测试工具架设在被测试系统的外部并且通过相应边界点连接到被测试系统上，目的为检查测试防火墙、路由器等访问控制设备对系统的边界的安全防护。

2. 安全配置检查

安全配置检查包括网络设备（包括网络安全设备）安全配置检查、主机系统的安全配置检查以及应用系统的安全配置检查等。

3. 病毒防范检查

病毒防范检查主要对防病毒服务器及防病毒客户端进行上机手工核查为主，核查防病毒策略的合理性，包括防病毒系统客户端对服务器配置的访问控制策略、防病毒系统实时防护参数的配置以及防病毒系统升级情况和升级策略等。

4. 信号安全数据网网络设备

（1）网络设备测试内容

①检查网络设备是否为空密码或弱密码；

②检查网络设备的管理员登录地址是否进行了限制；

③测试网络管理协议（如 SNMP）的安全性；

④检查网络设备是否进行了 MAC 地址及 IP 地址绑定；

⑤通过漏洞扫描检查网路设备是否存在已知漏洞；

⑥检查两个信息安全数据网边界网络设备的访问控制策略；

⑦是否启用登录失败处理功能，可采取结束会话、限制非法登录次数和自动退出等措施；

⑧当对网络设备进行远程管理时，是否采取必要措施防止鉴别信息在网络传输过程中被监听；

⑨是否实现设备特权用户的权限分离。

（2）网络设备安全测试部署

测试接入点选择信号安全数据网任一交换机以及两个信号安全数据网接口交换机，测试工具包括 SolarWind，Nmap，OpenVas，Nessus，netwox，hydra 等，测试项包括网络扫描，空密码弱密码攻击，漏洞扫描，ARP 欺骗，MAC 欺骗，snmp 字符串弱密码或默认密码攻击等。

（3）网管系统安全测试

①网管系统防火墙配置安全检测；

②信号安全数据侧向网管系统渗透测试。

（4）网管系统安全测试部署

测试接入点选择信号安全数据网任一交换机 / 电务段网管交换机，测试工具包括 Solar-Wind，Nmap，OpenVas，Nessus，netwox，hydra 等。

5. 无线闭塞中心

（1）无线闭塞中心（RBC）主机安全测试

①检查是否对登录操作系统和数据库的用户进行身份鉴别；

②检查登录操作系统和数据库系统的弱口令或默认口令；

③ RBC 主机漏洞扫描；

④ RBC 主机网络应用程序测试（研究阶段，实验室测试）；

⑤是否启用登录失败处理功能，可采取结束会话、限制非法登录次数和自动退出等措施；

⑥是否为操作系统和数据库的不同用户分配不同的用户名，确保用户名具有唯一性；

⑦是否严格限制默认账户的访问权限，重命名系统默认账户，修改这些账户的默认口令；

⑧是否设置登录终端的操作超时锁定；

⑨当对服务器进行远程管理时，是否采取必要的措施，防止鉴别信息在网络传输过程中被窃听。

（2）RBC 主机测试部署

测试接入点选择 DSW1 交换机，测试工具包括 Hydra，Nessus，Metasploit 等。

6. CTC 中心与 RBC 系统接口安全测试

（1）测试内容

①测试接口服务器对 RBC 系统的隔离和访问控制的安全性；

②接口服务器的安全登录测试；

③接口服务器漏洞扫描；

④接口服务器网络应用测试（研究阶段）；

⑤是否为操作系统和数据库的不同用户分配不同的用户名，确保用户名具有唯一性；

⑥是否严格限制默认账户的访问权限，重命名系统默认账户，修改这些账户的默认口令；

⑦是否设置登录终端的操作超时锁定；

⑧是否启用登录失败处理功能，可采取结束会话、限制非法登录次数和自动退出等措施；

⑨当对服务器进行远程管理时，是否采取必要的措施，防止鉴别信息在网络传输过程中被窃听。

（2）CTC 中心与 RBC 系统接口安全测试部署

测试接入点选择 RBC 机房 CTC 交换机，测试工具包括 Nmap，Hydra，Nessus，Metasploit 等。

7. 临时限速服务器

（1）临时限速服务器（TSRS）主机测试内容

①检查是否对登录操作系统和数据库的用户进行身份鉴别

②检查登录操作系统和数据库系统的弱口令或默认口令；

③ TSRS 主机漏洞扫描；

④ TSRS 主机应用程序测试（研究阶段）；

⑤是否启用登录失败处理功能，可采取结束会话、限制非法登录次数和自动退出等措施；

⑥是否为操作系统和数据库的不同用户分配不同的用户名，确保用户名具有唯一性；

⑦是否严格限制默认账户的访问权限，重命名系统默认账户，修改这些账户的默认口令；

⑧是否设置登录终端的操作超时锁定；

⑨当对服务器进行远程管理时，是否采取必要的措施，防止鉴别信息在网络传输过程中被窃听。

（2）临时限速服务器主机测试部署

对临时限速服务器的内部测试（可以扫描到 VPC_A，VPC_B，VPC_C），测试接入点选择 DSW1 交换机，测试工具包括 Hydra，Nessus，Metasploit 等。

对临时限速服务器主机系统的外部测试（测试 VPC_C 主机对外通信接口安全），测试工具包括 Hydra，Nessus，Metasploit 等。

8. CTC 中心与临时限速服务器系统接口安全测试

（1）接口测试内容

①路由器等设备对临时限速系统的访问控制测试；

② VPC_C 主机的漏洞测试；

③ VPC_C 主机的登录安全测试；

④是否启用登录失败处理功能，可采取结束会话、限制非法登录次数和自动退出等措施；

⑤是否为操作系统和数据库的不同用户分配不同的用户名，确保用户名具有唯一性；

⑥是否严格限制默认账户的访问权限，重命名系统默认账户，修改这些账户的默认口令；

⑦是否设置登录终端的操作超时锁定；

⑧当对服务器进行远程管理时，是否采取必要的措施，防止鉴别信息在网络传输过程中被窃听。

（2）CTC 中心与临时限速服务器系统接口安全测试部署

测试接入点选择 CTC 中心交换机，可以通过路由器访问 TSRS 系统，测试工具包括 Hydra，Nessus，Metasploit 等。

9. 手工检查

安全配置检查和病毒防范检查主要采用上机手工检查的方式进行。主要检测的项目内容如下所述。

（1）安全配置检查

①网络设备安全配置检查。对网络设备（包括网络安全设备）如交换机、路由器、防火墙以及 IDS 等设备的规则配置策略、口令设置策略、网络服务开放策略等等进行安全检查，从而发现潜在的安全隐患。

②主机系统的安全配置检查。该项的工作重点在于了解被检测主机系统的基本安全配置，主要是基于系统级的配置状况和安装在该服务器上提供的应用服务安全。包括口令策略、帐号策略、登录访问策略、文件访问控制策略、系统服务开放策略以及安全审计策略等。

③应用系统的安全配置检查。应用系统也需采取相应的安全措施，才能进一步保证信息系统的整体安全性。检查目标系统应用软件是否采取了如下安全措施：a. 通报系统访问次数；b. 检测证书 UID 并核对登录密码；c. 设置应用密码；d. 首次登录强制性修改默认密码；e. 密码以乱码形式存放并作校验；f. 设置会话密钥。

（2）病毒防范检查

①防病毒系统的访问控制策略。包括客户端是否能够随意关掉防病毒实时防护功能、用户端是否可以随意排除实时防护所扫描的文件、客户不能随意更改隔离机制等。

②防病毒系统实时防护参数的配置策略。包括是否启用修复前先备份的功能和是否启用实时防护隔离机制等。

③防病毒系统升级升级策略。包括是否可以升级病毒定义码和扫描引擎而且不需重启、是否支持在线升级漏洞库和扫描引擎、病毒定义码更新的周期多长等。

（四）部分建议

1. 技术细节层面

第一，对于系统漏洞，应该给出对应的 CVE-ID 及相关修复和补丁方法，特别标记为紧急和高危的漏洞，带来的安全风险极大，建议尽快进行修复。

第二，弱口令和空口令问题要及时修复，建议制定管理制度要求口令最低长度、口令复杂度以及定期更改口令等具体操作规范。

第三，建议关闭多余的远程管理服务（如远程桌面、PCAnyWhere，DameWare 等），只使用具有加密传输功能的远程管理软件。

第四，关闭系统不必要的服务，若必须开启，应在防火墙上制定访问控制措施。

第五，对配置方面的漏洞，可参照安全配置基线进行整改，如应用程序不使用管理组的用户运行，“最小权限”可以保证最大的安全。

2. 网络管控层面

第一，加强运行和维护审计；约束或限制操作权限，包括采取措施对各种操作进行有效管控，如查看系统文件、远程登录、FTP 文件下载等。

第二，避免使用明文传输的 Telnet 协议进行远程登录。

第三，避免使用 SNMP 进行运维，确有需要，建议限制在一个特定子网范围内。

第四，建议配置网络准入机制（如 802.1x），以控制网络授权接入。

第五，加快统一管控研究。

二、TDCS/CTC 系统信息安全防护

TDCS/CTC 信息安全 VI.0 是以防火墙和入侵检测等为基础的传统信息安全解决方案，而 TDCS/CTC 信息安全系统 V2.0 则是以主动防御为原则的高等级信息安全防护系统，通过构建安全管理中心支持下的安全计算环境、安全区域边界、安全通信网络所组成的三重防护体系，保障系统实现专网专用和专机专用。

TDCS/CTC 信息系统等级保护安全建设的体系结构划分成计算环境、区域边界和通信网络三部分，以终端安全为基础对这三部分实施保护，构成由安全管理中心支持下的计算环境安全、区域边界安全、通信网络安全所组成的三重防护体系结构。

安全管理中心对普速和高速铁路 TDCS/CTC 的安全计算环境和安全边界进行统一安全管控，统一进行安全策略（规则）的设置和下发，统一进行安全运行状态的报警监测、统一汇总和显示安全审计日志并生成报表。

安全计算环境通过技术手段对软件程序和配置文件的安装、运行和修改进行控制，确保系统仅允许经过维护部门审批、并经安全管理中心注册扫描的软件程序（含配置文件）安装、运行和修改。此外，通过安装安全加固软件对终端和服务器的光驱等外设接口和 U 盘等移动介质进行控制，防止未经审批接入系统。

安全边界部署在 TDCS/CTC 对外接口、中心局域网与广域网接口，对出入系统边界的数据进行过滤和控制，确保系统仅允许经过维护部门审批的正常业务程序穿越边界，防止未经授权穿越系统边界登录系统、访问或修改业务数据。

V2.0 安全系统是以符合四级等保要求为目标的复杂信息安全系统，随着铁路信息化发展的需求，各种功能仍在不断完善之中。

三、针对协议的边界加固与终端防护

随着计算机和网络技术的发展，特别是信息化与工业化深度融合，工控网络越来越多采用通用协议、通用硬件和通用软件，导致针对传统网络的病毒、木马等威胁不断向工控网络扩散。传统工控网一直凭借与信息网络的隔离而疏于防范，2010 年发生的“震网”病毒充分暴露出物理隔离的专用局域网并非牢不可破。

目前对工控网络的防护，大都采用防火墙技术、入侵检测技术和网络隔离技术等常规网络安全技术，但是这些设备都有很强的针对性和局限性。防火墙通过拒绝放行并丢弃非法数据包来实现安全防御，无法保证放行数据的安全性。入侵检测技术存在严重的漏报和误报，对硬件平台性能要求较高，不能满足工控网中低成本、维护简单的要求。网络隔离技术可以满足高安全防护要求，但实现身份认证、内容过滤、安全审计等机制对硬件性能要求极高，实现成本高，同时不宜管理。且防火墙和网络隔离技术主要用于防御非安全网络对安全网络发起的攻击，不能防御安全网络内部攻击和病毒在网内的传播。采用“白名单”技术，对进出设备的数据包进行从链路层到应用

层深度分析，当各层协议完全符合要求才允许放行，确保放行数据为正常的业务数据包，能防御针对各层的攻击。该隔离系统置于工控网中接入设备入网处，加固局域网中的关键设备，将危害控制在该设备范围内，达到区域隔离的目的，避免网内设备相互攻击和病毒传播。该隔离系统无MAC和IP地址，透明地存在于网络中，因此不易被恶意攻击。

（一）区域隔离系统原理

1. 硬件结构

隔离系统基于ARM（LPC3250）平台，采用双CPU和高速双端口静态RAM结构，ucos实时操作系统。双端口RAM作为两CPU信息交互缓存，两CPU分别集成以太网物理层收发器，负责从线路上捕获数据帧并通过DMA技术缓存到CPU。CPU对缓存数据包进行深度分析，若完全符合通信协议要求，则将数据包写入双端口RAM中，并利用中断通知对端CPU对数据包进行转发；否则直接丢弃。隔离系统通过RS232与监测上位机相连，将对数据包的分析、处理结果实时传送至上位机。这种隔离系统具有成本低、效率高的优势，可以用在控制系统的终端加固或边界防护，当然也无法替代核心安全防护系统。

2. 数据包处理流程

隔离系统对数据包处理流程具体如下。

第一，物理层收发器从线路上捕获一帧数据策缓存至CPU，CPU提取出帧头信息，包括MAC、IP、端口号等。

第二，调用预先存储的合法信息库（存有与该设备通信的所有主机地址信息及相应端口）进行规则匹配，检测源、目的地址以及通信端口是否合法。

第三，若第二检测通过，则进行应用层检测。调用预先存储的业务数据包信息库（存有经过该设备的所有合法业务数据包格式及内容），若应用层检测合法，则放行该数据包并通知上位机进行日志记录；若检测为非法应用层数据，则判定为针对此应用程序的攻击或木马攻击（端口复用），丢弃数据包、通知上位机记录并报警。

第四，若第二检测异常，根据其具体特征调用相应检测模块进行非法意图检测。特征包括信息收集（如主机扫描、端口扫描）、常用攻击（如ARP攻击、木马攻击）等。检测完成后丢弃数据包，并将检测结果传至上位机显示记录并报警。

从数据处理流程可以看出，隔离系统采用“白名单”技术对数据包各层进行深度匹配、分析。“白名单”贯穿于链路层到应用层，当各层协议内容完全符合规范时放行数据包，否则直接丢弃。采用白名单技术的前提是网络结构和网内主机地址相对稳定，设备间通信数据帧格式固定且较少，因为“白名单”需要存储设备间通信的所有业务数据帧格式及内容。

隔离系统可以工作在两种模式，即监听模式和过滤模式。监听模式只负责监听数据包并通过上位机显示，不对数据进行过滤，避免因加入隔离系统对管理员正常管理网络造成不便；过滤模式用于对非法数据包进行过滤，发现异常包直接丢弃。

（二）常用攻击及防御方法

非法信息收集包括主机扫描、端口扫描等，做好信息收集的防御工作是防御网络攻击的第一步。

主机扫描的基本原理是向目标主机发送探测包，根据目标主机是否响应来测试主机的存活状态，包括 Ping 扫描、ARP 扫描等。

端口扫描分为 TCP 和 UDP 扫描，基本原理是向目标主机的不同端口发送探测数据包，并根据目标主机的响应信息判断端口是否开放，进而判断开放端口运行的服务。UDP 扫描原理简单，容易被检测到，且准确率低，很少使用。TCP 全扫描和 SYN 扫描原理简单，准确率高，应用广泛，但隐蔽性较差。隐蔽扫描隐蔽性强，但通用性差，扫描准确率不高。

由主机扫描原理可知，根据链路层和网络层通信协议可识别出主机扫描包。Ping 扫描包将被直接丢弃，ARP 扫描包则需要根据当前源、目的主机连接状态判断是否过滤：若连接正常（主机间已建立正常连接），则丢弃；若未建立连接，则可能为正常 ARP 协议包，予以放行。

隔离系统根据 TCP 端口扫描原理对数据包进行识别、统计，若单位时间内某种特征数据包超过给定阈值，则判定存在端口扫描。对于慢扫描，可通过调节统计时间和阈值来进行防御。

1. ARP 攻击及防御

ARP 协议根据目标 IP 地址来获取相应的 MAC 地址，在设计时存在一个缺陷，没有对 ARP 报文来源的合法性进行验证，导致 ARP 攻击的出现。ARP 攻击基本原理是向目标主机发送源 MAC 地址与源 IP 地址不一致的 ARP 报文，接收端收到报文后立即对自身 ARP 缓存表进行更新，而不会验证来源合法性。

由 ARP 攻击原理可知，防范 ARP 攻击的根本方法是确保 ARP 报文中源 IP 地址的一致性。隔离系统“白名单”中存有与该主机通信的其他主机地址信息，可对流经的 ARP 报文源 MAC、源 IP 对应关系进行检测，有效防范 ARP 攻击。

2. 木马技术

木马是一种基于 C/S 模式的计算机程序，客户端程序运行在入侵者计算机上，服务器端位于被入侵的主机上。入侵者通过客户端给服务器发送攻击指令，服务器响应指令并将攻击结果或窃取的信息返回给客户端。隐蔽性是木马的首要特征，只有实时隐藏，木马才能存活下来。木马的通信隐藏方式主要有端口复用、反弹技术和 IMCP 潜伏技术。

端口复用指木马程序与正常应用程序共用一个端口进行秘密通信，常规网络安全设备很难察觉。隔离系统除了对传输层及以下进行检测外，通过对应用层重点分析进行防御。隔离系统“白名单”中存有设备间正常业务数据包的帧格式及内容，对进出正常端口的数据包应用层数据严格检查、匹配，只允许白名单中的业务数据包通过，过滤掉非法包，从而防御端口复用技术。

反弹技术针对防火墙“外紧内松”的防御特点，服务端主动连接，控制端被动等待连接，而且通常使用不易被察觉的端口进行秘密通信（如 HTTP 端口）。该隔离系统与防火墙“外紧内松”不同，对进出数据包采取相同的处理方式，通信端口也在“白名单”中，内网发出的非法连接和非法数据包将被隔离系统有效拦截，从而防御反弹技术。

ICMP 潜伏技术指木马使用 ICMP 协议中特殊字段进行秘密通信。由于不采用 TCP、UDP 协议，不会有额外端口被打开，通信端口检测功能对此无能为力。该隔离系统通过对 ICMP 报文“选项”字段重点检查，防止木马通过“选项”字段建立非法通信链路。

3. 缓冲区溢出攻击

缓冲区溢出是一种非常普遍、危险的漏洞，在各种操作系统和应用软件中广泛存在。通过往程序的缓冲区写入特殊构造的超长数据内容，造成缓冲区溢出，使程序转而执行其他攻击指令，达到攻击目的。

隔离系统对数据包应用层内容进行严格检查，并且对各种数据帧的长度严格管控，禁止特殊构造的超长数据包通过，防御针对特定应用程序的缓冲区溢出攻击。

第三节　信号系统网络信息安全管理

网络和信息安全领域有一句经常说的话：三分技术，七分管理。任何安全防护措施都不会一劳永逸，安全攻防技术不断发展，道高一尺魔高一丈，没有绝对的安全，因此，通过科学有效的管理手段达到提升安全的目的，是保障我国铁路信号系统网络安全的重要手段之一。

一、信息安全管理组织、人员和制度

在信息安全制度管理方面，应该结合本单位实际情况，编制完整的、全面的、分层次的信息安全制度管理制度和规范，并加以认真贯彻落实。

信息安全的组织机构是实施信息安全管理的必要保证。信息安全管理组织主要包括安全审查和决策机构、安全主管机构、安全运行维护机构、安全审计机构、安全培训和安全工作人员。信息安全问题通常是由单位内部的专门机构控制和管理的，必要时可以也应该与外部相关组织进行沟通协调。

信息安全管理首先要满足符合性（合规性）管理，即单位或组织根据自身业务特点和具体情况所制定的信息安全管理办法和规范，必须符合国家信息安全相关法律、法规的规定。符合性从单位自身微观层次上体现了信息安全管理与国家的宏观的信息安全管理的一致和配合。

其次要强调和强化信息安全的人员管理。人员素质是提高信息安全性至关重要的因素。全面提高人员的技术水平、道德品质、政治觉悟和安全意识是信息安全的重要保障。信息安全工作人员管理包括安全审查、安全保密管理、安全教育培训、岗位安全考核、离岗人员安全管理等几个方面。

（一）安全审查

事实证明，许多安全事件都是由内部人员造成的，因此对于关键岗位必须建立严格的人员安全审查制度，把好人员安全管理的第一关。信息资源的密级直接决定了接触和管理试信息资源的岗位对人员安全等级的要求，依此建立相应的人员安全审查标准。人员的安全审查应该从安全意识、法律意识、安全技能等几个方面进行，应具有政治可靠、思想进步、作风正派、技术合格等基本素质。信息系统关键岗位人员的审查标准应包括几个方面，例如一般必须是单位或组织的正式员工、必须经过严格的政审、背景和资历调查、必须经过业务能力的综合考核、不得出现在其他关键岗位兼职等情况。

（二）安全保密管理

应根据单位或组织相关保密办法与信息安全工作人员签订保密协议，通过保密协议约定工作范围、工作期限以及处罚和审查事项等。

（三）安全教育培训

应定期对安全工作人员进行法律法规、方针政策、操作流程和技能的训练与考核。培训内容主要有三个方面，一是基本安全教育，了解可能存在的威胁和风险，理解相关方针和规章制度，提高安全意识，掌握基本安全操作概念。二是专业安全方面的培训及职业道德教育与岗位相关安全技术理论培训、岗位职能和操作技能培训。三是安全高级培训，包括国家和行业相关法律法规、全面的安全技术理论和知识、全面的安全管理理论、安全工程理论、关键岗位职能与责任的培训等。

（四）安全考核

定期考核，尤其岗位安全考核，主要是从思想政治和业务表现两方面进行。

（五）离岗人员管理

对于离岗人员安全管理，应该按照离岗的不同原因，建立技术人员离岗的安全管理制度。对于正常离岗人员，正常离岗之前要履行移交手续，完成密码、设备、技术资料及相关敏感信息的移交。相关系统必须更换口令，取消该人员所使用过的所有账号，向离岗人员重申安全保密责任和义务。对于强制离岗人员，必须严格办理调离手续，必要时应在调离决定通知其本人之前，立即或者提前进行移交手续，不能拖延。对于因工作问题被解聘人员，应该严格审查其工作问题，严格执行相关处罚，若有触犯法律或法规的行为，应依法追究其法律责任。

二、层次化和系统化安全管理体系

（一）总则

为了规范信号系统信息设备工程建设、开通测试验收管理和日常维护管理，加强信号系统信息安全，制定信息安全管理办法。信息设备供应厂家、管理单位和个人对信息设备操作应遵守以下基本规范或规定。

第一，围绕信号系统信息应用、安全和保密管理，实行控制源头、规范管理、分级负责的原则，加强制度建设，逐步实现科学化和规范化管理。

第二，各信号系统信息网络如果缺乏统一安全管控手段的支撑，应独立成网、封闭运行，信号系统安全数据网、CTC 系统网络、集中监测网均为独立运行的网络，不同网络之间不允许直接连接。信号系统之间或与其他信息系统确有必要进行信息交互，须按铁道部有关文件要求，在固定点进行网络接入，并在做好安全防护措施的基础上方可进行规定信息的连接交互。

第三，信号系统信息网络和设备主要包括信号系统安全数据网络、TDCS/CTC 网络、集中监测网络等，以及网络上连接的网络设备、服务器、应用终端和维护终端。

第四，应规范开通运营的信号系统信息设备更换和软件修改升级，确保新的硬件设备和软件符合信息安全管理要求。

第五，应规范信号系统信息导入和下载等作业流程，防止泄露秘密，以及传播病毒、蠕虫等恶意软件。规范信号系统信息设备供应厂家，明确信息安全维护职责和安全职责。

（二）工作职责

电务设备专业管理部门负责信号系统设备管理技术政策、技术标准制定，并颁布相应的维护管理规章制度。各级信号系统设备维护管理单位设立信息安全机构，并配备充分的资源和人力，落实信息安全工作。根据本单位的实际情况制定详细的维护管理规章制度，负责管内信号系统及相关关联设备信息安全管理，具体包括：

第一，组织落实信息安全管理规定，制定信息安全管理制度，协调相关单位做好信息安全工作、监督检查信息安全保障工作。

第二，审核信号系统信息设备建设项目和施工方案，组织实施信息安全保障项目建设，维护管理信息安全设备。

第三，检测网络和信息系统的安全运行状况，检查运行操作、备份、机房环境和文档等安全管理情况，发现问题及时采取措施，统计分析和协调处置信息安全事件。

第四，定期展开信息安全检查，评估和培训工作。

各信号车间、工区落实信号系统信息安全管理制度，负责信号系统信息设备日常维护工作，具体包括：①严格操作规程，防止误操作、定期修改操作密码并妥善保管，及时进行数据备份。②发现异常情况及时启动紧急预案，并通报相关人员及时处理。③不得在信号系统信息设备上安装与业务系统无关的软件和硬件，不得擅自修改系统机运行环境参数设置。

通信段做好相关通信设备日常维护工作，保证信号系统信息网络通信通道和无线网络安全畅通，未经路局电务处同意，不得擅自中断或变更信息传输方式。

信号系统信息设备供应厂家，包括参与信号系统信息设备建设、运行、维护的厂家技术人员和委保服务人员，应履行以下职责。①不得对外泄漏有关信息，已投入运用的信息设备未经设备维护管理单位授权不得擅自改变系统设置或修改系统生成的任何数据。②主动检查和监控信号系统信息安全的运行状况，对信息硬件设备、系统软件配置的安全性进行优化，系统补丁和防病毒软件定期升级。发现安全隐患及时报告设备维护管理单位，并及时响应和处置。③严格操作管理、测试管理、应急管理、配置管理、变更管理和台账管理制度，做好数据备份工作。

（三）人员管理

人员管理包括信息安全管理人员、计算机安全人员、技术支持人员、业务系统操作人员、一般计算机用户。

各单位工作人员根据不同的岗位或工作范围，履行相应的信息安全保障职责。

1. 信息安全管理人员

各单位应选派思想过硬、具有较高计算机水平的人员从事信息安全管理工作。凡是因违反国家法律法规和铁路有关规定受到过处罚或处分的人员，不得从事此项工作。

各单位信息安全管理人员应主管部门组织的专业培训与审核，培训与审核合格后方可上岗。上岗后，每年至少参加一次信息安全专业培训。

各单位信息安全管理人员在如下职责范围内开展本单位信息安全管理工作。①组织落实上级信息安全管理规定，制定信息安全管理制度，协调部门计算机安全员工作，监督检查信息安全保障工作。②审核信息化建设项目中的安全方案，组织实施信息安全保障项目建设，维护、管理信息安全专用设施。③检测网络和信息系统的安全运行状况，检查运行操作、备份、机房环境与文档等安全管理情况，发现问题，及时通报和预警，并提出整改意见。统计分析和协调处置信息安全事件。④定期组织信息安全宣传教育活动，开展信息安全检查、评估与培训工作。

信息安全管理人员在履行职责时，确因工作需要查询相关涉密信息，须经本单位主管同意后向保密工作委员会办公室提交申请，获得批准后方可查询。

信息安全管理人员实行备案管理制度。信息安全管理人员的配备和变更情况应及时报上一级科技部门备案。信息安全管理人员调离原岗位时应办理交接手续，并履行其调离后的保密义务。

2. 计算机安全人员

各部门应指派素质好、较熟悉计算机知识的人员担任部门计算机安全员，并报本单位管理部门备案。如有变更应做好交接工作，并及时通报相关部门。

部门计算机安全员配合信息安全管理人员工作，并参加各项信息安全技能培训。

计算机安全员在如下职责范围内开展工作。①负责本部门计算机病毒防治工作，监督检查本部门客户端安全管理情况。②负责提出本部门信息安全保障需求，及时与信息安全管理人员沟通信息安全信息。③负责本部门国际互联网使用和接入安全管理，组织开展本部门信息安全自查，协助管理部门完成对本部门的信息安全检查工作。

3. 技术支持人员

技术支持人员是指参与铁路信号系统网络、计算机系统、机房环境等建设、运行、维护的内部技术支持人员和外包服务人员。

铁路内部技术支持人员在履行网络和信息系统建设和日常运行维护职责过程中，应承担如下安全义务。①不得对外泄漏或引用工作中触及的任何敏感信息。严格权限访问，未经业务主管部门授权不得擅自改变系统设置或修改系统生成的任何数据。②主动检查和监控生产系统安全运行状况，发现安全隐患或故障及时报告本部门主管领导，并及时响应与处置。③严格操作管理、测试管理、应急管理、配置管理、变更管理和档案管理等工作制度，做好数据备份工作。

外部技术支持人员应严格履行外包服务合同（协议）的各项安全承诺。提供技术服务期间，严格遵守中国铁路相关安全规定与操作规程，关键操作应经授权，并有铁路内部员工在场。不得拷贝或带走任何配置参数信息或业务数据，不得对外泄漏或引用任何工作信息。

4. 业务系统操作人员

业务系统操作人员是指直接操作业务系统进行业务处理的业务部门工作人员。业务系统操作人员应承担如下安全义务。①严格规程操作，防止误操作。定期修改操作密码并妥善保管，按需、适时进行必要的数据备份。②发现业务系统出现异常及时报告科技部门。③不得在操作终端上安装与业务系统无关的软件和硬件，不得擅自修改业务系统及其运行环境参数设置。

业务系统操作应按照“权限分散、不得交叉任职”原则，严格进行操作角色划分和授权管理。技术支持人员不得兼任业务系统操作人员。

5. 一般计算机用户

一般计算机用户是指使用计算机设备的日常使用人员。一般计算机用户应承担如下安全义务。①及时更新所用计算机的病毒防治软件和安装补丁程序，自觉接受本部门计算机安全员的指导与管理。②不得安装与办公和业务处理无关的其他计算机软件和硬件，不得修改系统和网络配置参数。③未经科技部门检测和授权，不得将接入铁路内部网络的所用计算机转接入国际互联网；不得将便携式计算机接入铁路内部网络；不得随意将个人计算机带入机房或私自拷贝任何信息。

（四）网络安全管理

相关部门负责网络和网络安全的统一规划、设置部署、策略配置和网络资源（网络设备、通信线路、1P 地址和域名等）分配。

各单位网络建设和改造应符合如下基本安全要求：①符合网络安全管理要求，保障网络传输与应用安全。②具备必要的网络监测、跟踪和审计等管理功能。③针对不同的网络安全域，采取必要的安全隔离措施。

各单位应建立健全网络安全运行制度，配备专（兼）职网络管理员。网络管理员负责日常监测和检查网络安全运行状况，管理网络资源及其配置信息，建立健全网络运行维护档案，及时发现和解决网络异常情况。

网络管理员应定期参加网络安全技术培训，具备一定的非法入侵、病毒蔓延等网络安全威胁的应对技能。

各单位应严格网络接入管理。任何设备接入网络前，接入方案、设备的安全性等应经过审核与必要的检测，审核（检测）通过后方可接入并分配相应的网络资源。

各单位应严格网络变更管理。网络管理员调整网络重要参数配置和服务端口前，应书面请示本部门主管领导，变更信息应做好记录。实施有可能影响网络正常运行的重大网络变更，应提前通知所有使用部门，同时做好配置参数的备份和应急恢复准备。

各单位应严格远程访问控制。确因工作需要进行远程访问的部门和人员应向主管部门提出书面申请，并采取相应的安全防护措施。

信息安全管理人员经本部门主管领导批准，有权对本单位或辖内网络进行安全检测、扫描和评估。检测、扫描和评估结果属敏感信息，不得向外界提供。未经授权，任何外部单位与人员不得检测、扫描铁路信号系统内部网络。

（五）计算机系统安全管理

计算机系统是指铁路信号系统业务处理系统、管理信息系统和日常办公自动化系统等，包括相关的数据库、软件和硬件支撑环境等。

计算机系统安全管理包括计算机系统开发与集成、计算机系统运行、业务操作、计算机系统废止。

1. 计算机系统开发与集成

计算机系统开发应符合软件工程规范，依据安全需求进行安全设计，保证安全功能的完整实现。

计算机系统开发单位应在完成开发任务后，将相关技术文档全部移交对应铁路管理部门。外部开发单位还应与铁路管理部门签署相关知识产权保护协议和保密协议，不得将计算机系统采用的关键安全技术措施和核心安全功能设计对外公开。

计算机系统的开发人员不能兼任计算机系统管理员或业务系统操作人员，不得在程序代码中植入后门和恶意代码程序。

计算机系统开发、测试、修改工作不得在生产环境中进行。

涉密计算机系统集成应选择具有国家相关部门颁发的涉密系统集成资质证书的单位或企业，并签订严格的保密协议。

2. 计算机系统运行

各单位计算机系统上线运行实行安全审查制度，未通过安全审查的任何新建或改造计算机系统不得投产运行。具体要求如下。①项目承担单位（部门）应组织制定安全测试方案，进行系统上线前的自测试并形成测试报告，报管理部门审查。②计算机系统应用部门应在计算机系统投产运行前同步制定相关安全操作规定，报管理部门备案。③管理部门应提出明确的测试方案和测试报告审查意见。必要时可组织专家评审或实施计算机系统漏洞扫描检测。④各单位应明确系统管理员，具体负责计算机系统的日常运行管理，并建立重要计算机系统运行维护档案，详细记录系统变更及操作过程。重要业务系统的系统设置要求双人在场。

系统管理员不得兼任业务操作人员。系统管理员确需对业务系统进行维护性操作的，应征得业务部门同意并在业务操作人员在场的情况下进行，并详细记录维护内容、人员、时间等信息。

未经业务主管部门领导书面批准，其他任何人不得擅自使用业务操作人员用机，不得擅自设置、分配、使用、修改、删除操作员代码、口令和业务数据，不得擅自改变用户权限。

3. 业务操作

业务部门负责计算机系统用户和权限设定，管理部门根据授权进行相关设定操作。

业务操作人员严格按照安全操作规程进行业务操作、数据备份，并配合科技部门保障信息安全。一旦发现计算机系统运行异常及时向本部门领导和管理部门报告。

业务操作人员设置本人口令密码。重要计算机系统业务操作人员的密码应由业务部门领导和系统管理员分段设立。

凡是能够执行录入、复核制度的计算机系统，业务操作人员不得一人兼录入、复核两职。未经业务部门主管领导批准，不得代岗、兼岗。

业务操作人员离开操作用机时，应按序退出计算机系统，回到操作系统初始状态，防止业务数据被复制、修改、删除以及误操作。

4. 计算机系统废止

实行计算机系统废止申报、备案制度。使用计算机系统的业务部门根据需要向管理部门提出废止申请，由管理部门组织进行安全检查后予以废止，同时备案。

对已经废止的计算机系统软件和数据备份介质，管理部门按业务规定在一定期限内妥善保存。超过保存期限后需要销毁的，应在本单位保密工作委员会监督下予以不可恢复性销毁。

（六）信息安全专用产品服务管理

信息安全专用产品服务管理包括资质审查与造型购置、使用管理。

1. 业务操作资质审查与选型购置

信息安全专用产品是指铁路信号系统中安装使用的专用安全软件、硬件产品。本规定所称信息安全服务，是指铁路部分向社会购买的专业化安全服务。

铁路相关管理部门负责信息安全服务提供商的资质审查和信息安全专用产品的选型，由集中采购部门按照集中采购程序选购。

各单位购置扫描、检测类信息安全专用产品应报铁路相关管理部门批准、备案。

2. 使用管理

各单位管理部门应建立信息安全专用产品登记使用制度，建立信息安全类固定资产使用登记簿并由专人负责管理。扫描、检测类信息安全专用产品仅限于本单位信息安全管理人员使用。

各单位管理部门随时检查各类信息安全专用产品使用情况，认真查看相关日志和报表信息并定期汇总分析。如发现重大问题，立即采取控制措施并按规定程序报告。

各类信息安全专用产品在使用中产生的日志和报表信息属于重要技术资料，应备份存档至少三个月。

各单位管理部门应及时升级维护信息安全专用产品，凡因超过使用期限的或不能继续使用的信息安全专用产品，按照固定资产报废审批程序处理。

防火墙、入侵检测等安全专用产品原则上应在本地配置。如需要进行远程配置，由管理部门或经管理部门授权在可信网络内并采取了必要的安全控制措施后进行操作。

（七）文档数据与密码应用安全管理

文档数据与密码应用安全管理包括技术文档、存储介质、数据安全、口令密码、密码技术应用管理。

1. 技术文档

技术文档是指铁路信号系统网络、计算机系统和机房环境等建设与运行维护过程中形成的各种技术资料，包括纸质文档、电子文档、视频和音频文件等。

各单位管理部门负责将技术文档统一归档，实行借阅登记制度。未经管理部门领导批准，任何人不得将技术文档转借、复制和对外公布。

2. 存储介质

各单位应建立健全磁带、光盘、移动存储介质、缩微胶片、已打印文档等存储介质管理流程。所有存储介质应保存在安全的物理环境中并有明晰的标识。重要信息系统备份介质应按规定异地存放。

各单位应做好存储介质在物理传输过程中的安全控制，应选择可靠的传递方式和防盗控制措施。重要信息的存取需要授权和记录。

各单位所有部门和个人应加强对移动存储设备（U盘、软盘、移动硬盘）的管理。

各单位应建立存储介质销毁制度，对载有敏感信息的存储介质应采用焚烧或粉碎等方式进行处置并做好记录。

3. 数据安全

数据是指以电子形式存储的铁路信号系统业务数据、办公信息、系统运行日志、故障维护日志以及其他内部资料。

各单位业务部门负责提出数据在输入、处理、输出等不同状态下的安全需求，管理部门负责审核安全需求并提供一定的技术实现手段。

各单位业务部门应严格管理业务数据的增加、修改、删除等变更操作，适时进行业务数据有效性检查，按照既定备份策略执行数据备份任务，并定期测试备份数据的有效性和预演数据恢复流程。

各单位管理部门系统管理员负责定期导出网络和重要计算机系统日志文件并明确

标识存储内容、时间、密级等信息。日志文件应至少保留一年，妥善保管。

各单位业务部门应明确规定备份数据的保存时限和密级，建立备份数据销毁审批登记制度，并根据数据重要性级别分类采取相应的安全销毁措施。

所有数据备份介质应注意防磁、防潮、防尘、防高温、防挤压存放。恢复及使用备份数据时需要提供相关口令密码的，应把口令密码密封后与数据备份介质一并妥善保管。

4. 口令密码

各单位系统管理员、数据库管理员、网络管理员、业务操作人员均须设置口令密码，至少每三个月更换一次。口令密码的强度应满足不同安全性要求。

敏感计算机系统和设备的口令密码设置应在安全的环境下进行，必要时应将口令密码笔录、密封交相关部门保管。未经管理部门主管领导许可，任何人不得擅自拆阅密封的口令密码。拆阅后的口令密码使用后应立即更改并再次密封存放。

各单位应根据实际情况在一定时限内妥善保存重要计算机系统升级改造前的口令密码。

5. 密码技术应用管理

铁路信号系统中涉密网络和计算机系统应严格按照国家密码政策规定，采用相应的加密措施。非涉密网络和信息系统应依据铁路信号系统实际需求和统一安全策略，合理选择加密措施。

各单位选用的密码产品和加密算法应符合国家相关密码管理政策规定，密码产品自身的物理和逻辑安全性应符合铁路的相关安全要求。

各单位应建立严格的密钥管理体制，选择密码管理人员必须十本单位在编的正式员工，并逐级进行备案，规范管理密钥产生、存储、分发、使用、废除、归档、销毁等过程。

各单位应在安全环境中进行关键密钥的备份工作，并设置遇紧急情况下密钥自动销毁功能。

各类密钥应定期更换，对已泄漏或怀疑泄漏的密钥应及时废除，过期密钥应安全归档或定期销毁。

（八）信号系统信息安全工程建设管理

审查信号系统信息设备供应厂家资质（包括营业执照，经营许可及业务许可等相关资质），签订保密协议及设备供应厂家信息安全承诺书：明确各方信息安全责任及安全责任人；审查设备供应厂家信息安全人员配备，信息安全制度以及技术手段；考虑设备供应厂家的信息安全信用评级。

信号系统建设过程必须严格执行铁路总公司标准和文件要求，按要求配置设备并做好信息安全防范措施。

信号系统信息设备建立“安全准入制度”，在系统交付阶段分别对系统的接口与流程的安全性进行评估。未达到安全要求的系统，要求及时进行整改。

信号系统信息设备正式投入运行做好的安全评估、审核，封堵和修补系统、数据库、中间件、应用层的漏洞，升级安全补丁，防止系统被攻击和入侵。

信号系统信息设备供应厂家提供完善的数据传输保护机制，包括数据加密、数据完整性校验等手段。对于跨越不同等级安全域之间的数据传输，必须进行加密，以确保数据传输的安全。

对信号系统之间以及与其他系统接口的所有请求和响应都要进行详细的日志记录，便于后期的故障分析和访问查询。

各信号系统信息设备 IP 地址管理和使用，严格按照铁路总公司有关文件规划要求执行，避免冲突。未经允许，任何单位及个人不得擅自更改正在使用的 IP 地址。工程建设过程各线路网络设计和 IP 地址使用，须报线路所属路局电务处审批后统一安排。

信号系统信息设备在工程建设过程须保证系统配置，安全策略设置均不应存在漏洞。对信号系统信息服务器设备、网络设备和终端设备，主要软件启用设置安全密码，杜绝空口令和弱口令。

信号系统信息软件修改（含数据、配置修改）更换必须进行验证试验室仿真试验，制定现场联锁试验方案明确试验的项目、内容、方法和试验表格。

信号系统信息设备在工程建设完成后必须提交系统有关完整台账，作为验收的重要内容，台账不完整或不正确不予以验收。

（九）信号系统信息安全设备供应厂家管理

信号系统相关软件由供应商负责终身保修，日常维护以设备供应厂家提供的软件维护手册为依据，由各级设备管理单位负责维护。

信号系统信息设备供应厂家提供的应用软件操作说明，应与实际在用软件功能保持一致。

信号系统设备防病毒由厂家定期进行升级，定期扫描终端漏洞及时升级补丁。

信号系统信息设备供应厂家配合设备管理单位定期审查、评价信号系统信息安全管理和技术要求的落实情况，发现系统存在的安全隐患、威胁，并有针对性的提出改进措施及时整改。

信号系统信息设备供应厂家对系统运行过程反馈的故障及时进行处理和分析，并采取相应措施。

信号系统信息设备硬件更换和软件修改，设备供应厂家应保证设备的安全策略配置统一、安装好防病毒软件，按规定流程实施。

（十）信号系统信息安全应急措施

各级信号设备维护管理单位应建立完善快速抢险长效机制，针对可能发生的意外事件并可能导致的故障，甚至系统混乱、崩溃等灾难而采取的应对策略。

各信号设备维护管理单位建立信息安全应急预案，基本内容应包含：总则（目标、原则、适用范围、应急调用关系等）；应急组织机构；预警响应机制（报告、评估、预案启动等）；各类危机处置流程；应急资源保障；事后处理流程；预案管理与维护（生效、演练、维护等）。

应急处置组织机构由各维护管理单位主管领导、工程技术人员、车间技术骨干及设备供应厂家技术人员组成，并配备好抢险必须的应急备品和工具仪表。

各单位定期组织应急预案的演练，并指定专人管理和维护应急预案，根据人员、信息资源等变动情况以及演练情况适时予以更新和完善。

各单位应建立健全故障恢复计划，定期展开培训，重要系统定期进行应急演练，确保紧急情况下抢险队伍组织和各项措施能有效落实。

信号系统信息网络通道中断时，应协调通信段人员共同分析处理。信号系统信息网络安全设备故障造成通信中断应甩开网络安全设备，保持系统通信畅通。设备维护管理单位立即组织有关技术人员对防火墙进行软、硬件检测和故障排查，尽快修复后接入网络运行。

（十一）安全监测、检查、评估与审计

1. 安全监测

各单位管理部门应整合和利用现有网络管理系统、计算机资源监控系统、专用安全监控系统以及相关设备与系统的运行日志等监控资源，加强对网络、重要计算机系统和机房环境等设施的安全运行监测。

各单位管理部门应建立运行监测周报、月报或季报制度，报送本单位计算机安全工作领导小组和上一级科技部门，抄送相关业务部门。

各单位要及时预警、响应和处置运行监测中发现的问题，发现重大隐患和运行事故应及时协调解决，并报上一级单位相关部门。

2. 安全检查

各单位管理部门应至少每年组织一次本单位或辖内的信息安全专项检查，安全检查方式可以是自查、互查或上级检查多种方式。

各单位在开展安全检查前应以安全管理制度为依据制定详细的检查方案和计划，确保检查工作的可操作性和规范性。安全检查完成后应及时形成检查报告，经本单位主管领导批准后将检查整改报告尽快送达被检查单位。要求限期整改的，需要对相关整改情况进行后续跟踪。

各单位参加检查的人员对检查中的涉密信息负有保密责任。所有检查报告和资料应作为铁路内部材料妥善保管，不得向外界泄漏。

各单位应将每次安全检查报告和整改落实情况整理汇总后报上一级管理部门备案。

3. 安全评估

各单位管理部门可采用自评估、检查评估和委托评估等方式，每年至少组织一次对本单位或辖内信息系统的安全评估。

安全评估应在不影响信息系统正常运行的情况下进行。评估开始前，应制定评估方案并进行必要的培训。评估结束后，形成评估报告，提出整改意见报本单位部门主

管领导。

各单位如聘请第三方机构进行安全评估，应报单位领导批准，并与第三方评估机构签订安全保密协议后方可进行。本单位信息安全管理人员全程参与评估过程并实施监督。

各单位应妥善保管信息安全评估报告，未经授权不得对外透露评估信息。

4. 安全审计

各单位管理部门在支持与配合内审部门开展审计信息安全工作的同时，应适时开展本单位和辖内的信息系统日常运行管理和信息安全事件全过程的技术审计，发现问题及时报本单位或上一级单位主管领导。

各单位应做好操作系统、数据库管理系统等审计功能配置管理，应完整保留相关日志记录，一般保留至少一个月，涉及资金交易的业务索统日志应根据需要确定保留时间。

（十二）信号系统信息安全日常维护管理

需要建立严格的信息设备机房管理制度，具体包括但不限于以下几点。①进入主机房至少应当有两人在场，并登记“机房出入管理登记簿”，记录出入机房时间、人员和操作内容。②非本单位人员进入信息设备机房必须经领导许可，并由维护管理人员陪同。维护管理人员必须如实记录来访人员名单、进出机房时间、来访内容等。无关人员原则上不得进入机房，如遇特殊情况报有关部门批准。③建立信息设备机房定期维修保养制度，易受季节、温度等环境因素影响的设备、已逾保修期的设备、近期维修过的设备等应成为保养的重点。保持机房整齐清洁，各种机器设备按维护计划定期进行保养。④工作人员进入信息设备机房必须更换干净的服装和拖鞋。⑤信息设备机房内严禁吸烟、吃东西、会客、聊天等，不得进行与业务无关的活动。严禁携带液体和食品进入机房，严禁携带与上机无关的物品，特别是易燃、易爆、有腐蚀等危险品进入机房。⑥信息设备机房工作人员严禁违章操作，严禁私自将外来软件带入机房在信息设备上使用。⑦严禁在通电的情况下拆卸移动信息设备和部件。⑧定期检查信息设备机房消防器材。⑨信息设备机房内不准随意丢弃存储介质和有关业务保密数据资料，对废弃存储介质和业务保密资料要及时销毁（碎纸），不得作为普通垃圾处理。严禁机房内的设备、存储介质、资料、工具等私自出借或带出。⑩信息设备主机设备主要包括：服务器、操作终端、网络设备等。在信息设备机房中要保持恒温、恒湿、电压稳定，做好静电防护和防尘等工作，保证信息设备的平稳运行。⑪定期对空调系统运行的各项性能指标（如风量、温升、湿度、洁净度、温度上升率等）进行测试，并做好记录，通过实际测量各项参数发现问题及时解决，保证机房空调的正常运行。⑫计算机机房后备不间断电源（UPS）除了电池自动检测外，每年必须充放电一次到两次。

信息设备维护管理单位日常维护加强信息网络网管系统的查看和浏览、网络设备状态的巡视，及时发现异常情况并进行处理。

信号系统信息设备执行严格的台账、账号口令管理，具体包括：①各类密码设置应具有安全性、保密性，不能使用简单的代码和标记。密码是保护系统和数据安全的控制代码，也是保护用户自身权益的控制代码。密码分设为用户密码和操作密码，用户密码是登录系统时所设的密码，操作密码是进入各应用系统的操作员密码。密码设置不应是名字、生日，重复、顺序、规律数字等容易猜测的数字和字符串。②密码应定期进行修改，如发现或怀疑密码遗失或泄漏应立即修改，并在相应登记簿记录用户名、修改时间、修改人等内容。③服务器、路由器等重要设备的超级用户密码由运行机构负责人指定专人设置和管理存档并登记。④系统维护用户的密码应至少由两人共同设置、保管和使用。⑤有关密码授权工作人员调离岗位，有关部门负责人须指定专人接替并对密码立即修改或用户删除，同时在“密码管理登记簿”中登记。⑥各信息设备管理单位负责对信息安全实行动态管理，建立信息安全、网络设备台账，遇施工修改和变更及时更新设备管理资料。

对信息系统数据执行严格的安全管理制度和备份管理，具体包括：①存放备份数据的介质必须具有明确的标识。备份数据必须异地存放，并明确落实异地备份数据的管理职责。②注意重要信息资料和数据存储介质的存放、运输安全和保密管理，保证存储介质的物理安全。③任何数据的使用及存放数据的设备或介质的调拨、转让、废弃或销毁必须严格按照程序进行审批，以保证备份数据安全完整。④信息设备施工前，必须对原环境的数据进行备份，防止有用数据的丢失，同时以便紧急情况下进行恢复保证系统正常。⑤对在使用信息设备溢出数据清理前，必须对数据进行备份，在确认备份正确后方可进行清理操作。历次清理前的备份数据要根据备份策略进行定期保存，数据清理的实施应在天窗点进行，避免对行车造成影响。⑥非本信息设备管理单位技术人员对信息设备、系统等进行维修、维护时，必须由设备管理单位技术人员现场全程监督。⑦信息设备送外维修，须经设备管理机构负责人批准。送修前，需将设备存储介质内应用软件和数据等涉经营管理的信息备份后删除，并进行登记。对修复的设备，设备维修人员应对设备进行验收、病毒检测和登记。⑧信息设备管理部门应对报废设备中存有的程序、数据资料进行备份后清除，并妥善处理废弃无用的资料和介质，防止泄密。⑨在用信息设备未经有关部门不准使用来历不明的载体（包括软盘、光盘、移动硬盘等）。

网络设备、服务器及终端设备防病毒和防入侵维护管理办法按照如下：①运行维护部门需指定专人负责信息设备病毒的防范工作，建立本单位的信息设备病毒防治管理制度。②信息设备不能存储非法资料、不健康资料，不能安装无关软件。严禁在信号系统信息设备接入其他终端对系统数据、配置进行修改，严禁利用信息设备进行与本设备工作之外任何无关的作业。③信号系统信息设备应安装防病毒软件，信息设备维护管理单位配合设备供应厂家定期进行病毒库和安全补丁的升级，确保系统安全防病毒软件和补丁是最新的，并执行了统一的安全策略。④各信息设备管理单位加强对信号系统信息设备的监视，防病毒软件运行情况进行检查，发现异常情况及时处置。⑤加强防火墙及入侵检测、防病毒系统、通信质量监督等信息网络安全设备的监控，确保其良好运用。

移动存储介质管理办法按照如下：①移动存储介质指可与计算机或业务设备连接、进行重复数据导入导出的设备，如USB硬盘、PDA、带USB接口的MP3播放器、具备USB接口的电子盘（优盘）、Compact Flash卡、Secure Digital卡、记忆棒（MemoryStick）、手机存储卡、磁盘等各种具备存储功能并且便于携带的介质。②严禁移动存储介质接入信号系统信息设备，因施工需要须安全认证中心进行授权后使用设备维护单位专用移动存储介质。设备厂家和维护管理人员不得超范围修改软件和配置，不得复制与施工无关数据到外部移动存储介质上。③信号系统信息设备未使用的对外接口必须进行加封，光驱、软驱、USB接口必须采用物理隔离方式断开。

原则上不允许信号系统信息网络直接延伸至非信号机房管辖范围，严格规范和控制信号系统信息网络与其他系统进行信息交换或信息共享。

信号系统信息网络运行管理按照如下：①各信号系统信息网络单位应建立健全网络安全运行制度，配备专（兼）职网络管理员，网络管理员负责日常监测和检查网络安全运行状况，管理网络资源及配置信息，建立健全网络运行档案，及时发现和解决信息网络异常情况。②信号系统信息网络管理员应定期参加网络安全技术培训，具备一定的网络安全知识。③严格接入信号系统信息网络管理，任何设备接入网络前，接入方案、设备的安全性等应经过审核和必要的检测。④严格控制远程访问控制，因工作需要进行远程访问的部门和人员报批技术主管人员，并采取相应的安全防护措施。

软件管理和更换按照如下：①信息设备维护管理单位对所有软件实行版本号管理统一命名法则、命名格式、规范编号，必须保证软件版本台账与现场安装使用的版本一致。设备维护管理单位备份已经投产运用的相关设备软件最新版本。同时做好软件流程框图业务流、信息流，以及相关运行制约条件关系图。②信号系统信息设备有关应用软件修改（含数据、配置修改）由研发单位负责，设备维护管理单位负责做好配合和审批工作。当软件或数据的修改影响上一级或相关系统使用时，应同步进行修改。软件修改或更换软件须报路局电务处批准后执行，应按规定手续，填报软件修改表、提供修改后的软件测试验证表等，并在设备维护单位的配合下进行修改，经验证合格后交付使用，并及时更新备份。

软件运行状态监视。信息设备维护管理单位检查服务器等后台设备软件运行情况，询问各应用终端软件应用情况，及时掌握运行安全情况。

各设备维护管理单位对信息安全技术规格书、维护规格书组织学习，并保存相关文档。

对各维护管理单位信息安全综合管理水平进行考核，主要包括：信息安全人员及责任落实情况、信息安全制度健全及落实情况、信息安全事件上报及时率和通报情况。

信号系统信息设备运用单位须遵照信息安全管理办法，在运用信息设备过程发现异常情况及时反馈设备维护管理单位。

参考文献

[1] 贾毓杰．铁路信号与通信设备（第 2 版）[M]. 北京：中国铁道出版社，2017.

[2] 林瑜筠．铁路信号基础 [M]. 北京：中国铁道出版社，2019.

[3] 王燕梅，迟卓刚．高速铁路信号系统 [M]. 北京：中国建材工业出版社，2019.

[4] 陈永生，罗云飞．高铁信号与控制 [M]. 上海：上海科学技术文献出版社，2019.

[5] 牟文婷，闫骏．车站信号自动控制 [M]. 北京：中国建材工业出版社，2019.

[6] 张江，刘真．机车司机 [M]. 北京：北京交通大学出版社，2019.

[7] 刘玉芝，高静巧．铁路信号基础 [M]. 成都：西南交通大学出版社，2018.

[8] 马润．铁路车站信号系统的控制方法研究 [M]. 长春：东北师范大学出版社，2018.

[9] 王海忠，莫志松．京津城际铁路与石太客运专线信号安全技术研究 [M]. 北京：中国铁道出版社，2018.

[10] 隋东旭，宋贵君．铁道概论 [M]. 北京：北京理工大学出版社，2018.

[11] 陈聪聪，孙瑞青．铁道概论 [M]. 北京：中国建材工业出版社，2018.

[12] 李宏．中国高铁的奥秘 [M]. 广州：广东高等教育出版社，2018.

[13] 郭进，覃燕．铁路信号基础第 2 版 [M]. 北京：中国铁道出版社，2017.

[14] 向慕雨，刘阳．高速铁路移动通信系统与设备维护 [M]. 成都：西南交通大学出版社，2017.

[15] 刘明生．铁道信号概论 [M]. 北京：中国铁道出版社，2017.

[16] 佟立本．高速铁路概论 [M]. 北京：中国铁道出版社，2017.

[17] 石磊．城市轨道交通信号专业课程标准 [M]. 重庆：重庆大学出版社，2017.

[18] 段武．高速铁路列车运行控制技术计算机联锁系统 [M]. 北京：中国铁道出版社，2017.

[19] 李文涛．高速铁路列车运行控制技术 ZPW-2000 系列无绝缘轨道电路系统 [M]. 北京：中国铁道出版社，2017.

[20] 勒俊．高速铁路列车运行控制技术调度集中系统 [M]. 北京：中国铁道出版社，2017.

[21] 李宝旭，佟罡．高速铁路非正常情况下的行车指挥 [M]. 北京：中国铁道出版社，2017.

[22] 李凯．高速铁路列车运行控制技术 CTCS-2 级列车运行控制系统 [M]. 北京：中国铁道出版社，2017.

[23] 刘建国，张仕雄．高速铁路信号与通信 [M]. 北京：中国铁道出版社，2016.

[24] 张胜平．铁路信号基础设备维护 [M]. 成都：西南交通大学出版社，2016.

[25] 郭进．铁路信号系统网络与信息安全 [M]. 北京：中国铁道出版社，2016.

[26] 施蔚．高铁光纤通信系统应用设计研究 [D]. 南京邮电大学硕士论文 .2016.

[27] 蒋肖锋．铁路通信技术在客运专线的应用 [D]. 浙江工业大学硕士论文 .2012.

[28] 黄勇．铁路专用通信．[M]. 北京：中国铁道出版社，2017.

[29] 蓝茜英，蒋笑冰．铁路专用通信 [M]. 北京：中国铁道出版社，2011.

[30] 钟章队． 铁路 GSM-R 数字移动通信系统 [M]. 北京：北京交通大学出版社，2010.

[31] 中国铁路总公司．铁路信号维护规则 [M]. 北京：中国铁道出版社，2015.

[32] 中国铁路总公司．铁路通信维护规则 [M]. 北京：中国铁道出版社，2014.